Daniel Giese

Die SED und ihre Armee

Schriftenreihe
der Vierteljahrshefte für Zeitgeschichte
Band 85

Im Auftrag des Instituts für Zeitgeschichte

Herausgegeben von

Karl Dietrich Bracher, Hans-Peter Schwarz, Horst Möller

Redaktion: Jürgen Zarusky

R. Oldenbourg Verlag München 2002

Die SED und ihre Armee

Die NVA zwischen Politisierung und Professionalismus 1956–1965

Von Daniel Giese

R. Oldenbourg Verlag München 2002

Die Deutsche Bibliothek – CIP-Einheitsaufnahme

Giese, Daniel:
Die SED und ihre Armee : die NVA zwischen Politisierung und Professionalismus 1956 –
1965 / von Daniel Giese. – München : Oldenbourg, 2002
   (Schriftenreihe der Vierteljahrshefte für Zeitgeschichte ; Bd. 85)
   Zugl.: Berlin, Humboldt-Univ., Diss., 2001
   ISBN 3-486-64585-4

© 2002 Oldenbourg Wissenschaftsverlag GmbH, München
Rosenheimer Straße 145, D-81671 München
Internet: http://www.oldenbourg-verlag.de

Gedruckt auf säurefreiem, alterungsbeständigem Papier (chlorfrei gebleicht).
Gesamtherstellung: R. Oldenbourg Graphische Betriebe Druckerei GmbH, München

ISBN 3-486-64585-4
ISSN 0506-9408

Für Nina

Inhaltsverzeichnis

Vorwort

Die vorliegende Studie ist die leicht überarbeitete Fassung meiner Dissertation, mit der ich am 14. Februar 2001 an der Humboldt-Universität zu Berlin promoviert worden bin.

Danken möchte ich an dieser Stelle den vielen, die es mir ermöglicht haben, mein Forschungsprojekt zu vollenden. Der erste Dank gilt meinem Doktorvater und Lehrer, Professor Dr. Ludolf Herbst, dessen geduldiger und konstruktiver Methodenkritik ich viel verdanke, sowie Professor Dr. Heinrich August Winkler, der meine Dissertation als Zweitgutachter betreute. Darüber hinaus danke ich Professor Wilfried Nippel, dem Dekan der Philosophischen Fakultät I der Humboldt Universität zu Berlin, an der die Dissertation angenommen wurde.

Zu Dank verpflichtet bin ich zudem Dr. Rüdiger Wenzke vom Militärgeschichtlichen Forschungsamt in Potsdam, auf den die erste Anregung zu dieser Studie zurückgeht.

Einbeziehen in meinen Dank möchte ich auch die Mitarbeiter der Archive und Bibliotheken, die mich mit Hilfsbereitschaft und großem Sachverstand bei meiner Quellen- und Literaturrecherche unterstützt haben. Dies sind Liane Welke vom ehemaligen Militärischen Zwischenarchiv in Potsdam, Albrecht Kästner vom Militärarchiv im Bundesarchiv in Freiburg i. Br., Silvia Gräfe von der Stiftung Archiv der Parteien und Massenorganisationen der DDR im Bundesarchiv in Berlin-Lichterfelde und Hella Trümpelmann vom Bundesbeauftragten für die Unterlagen des Staatssicherheitsdienstes der ehemaligen DDR in Berlin sowie Renate Stang von der Bibliothek des Militärgeschichtlichen Forschungsamtes in Potsdam.

Darüber hinaus danke ich meinen Freunden für die anregenden Diskussionen, die ich mit ihnen über meine Forschungsarbeit führen durfte. Besonders danke ich dabei Dr. Jörg-Michael Breustedt für seine wertvollen Hinweise und Erläuterungen zur Systemtheorie und Dr. Armin Wagner für seine sachverständigen Anmerkungen zur NVA-Geschichte.

Ein besonderer Dank gilt auch der Gerda Henkel Stiftung in Düsseldorf, die meine Forschungsarbeit durch ein großzügiges Promotionsstipendium gefördert hat.

Ich danke den Herausgebern für die Aufnahme meiner Studie in die Schriftenreihe der Vierteljahreshefte für Zeitgeschichte. Ferner möchte ich meinen Eltern für ihre Unterstützung danken, ohne die ich mein Studium nicht in gleicher Weise hätte absolvieren können, meinem Vater für die Durchsicht einer frühen Fassung dieses Textes und meiner Schwester für ihre Gastfreundschaft während meiner Freiburger Archivbesuche.

Schließlich bin ich meiner Frau Nina zu besonderem Dank verpflichtet. Sie hat die mehrjährige Arbeit an meiner Dissertation mit mir durchlitten. Ihre Hilfe, ihr Zuspruch und ihr Verständnis waren entscheidende Voraussetzungen für das Gelingen meines Forschungsprojektes. Ich danke ihr insbesondere auch für die kritische Durchsicht des Manuskriptes.

Berlin, im Februar 2002   Daniel Giese

Einleitung

Das Inkrafttreten der „Instruktion für die Arbeit der Parteiorganisationen der Sozialistischen Einheitspartei Deutschlands (SED) in der Nationalen Volksarmee (NVA)" am 21. Mai 1957 markiert eine entscheidende Zäsur in den „zivil-militärischen Beziehungen" der Deutschen Demokratischen Republik (DDR). Bereits auf der 3. Parteikonferenz der SED im März 1956 hatte Willi Stoph, 1956–1960 der erste Minister für Nationale Verteidigung der DDR, angekündigt: „Wie die Parteiorganisationen in den Betrieben beim Aufbau des Sozialismus, so werden auch die Parteiorganisationen und Politabteilungen im Ministerium für Nationale Verteidigung und der Nationalen Volksarmee die führende Rolle unserer Partei ... verwirklichen."[1] Dieses Ziel beabsichtigte die SED knapp anderthalb Jahre nach Gründung der NVA am 18. Januar 1956 mittels der neuen Instruktion nunmehr endgültig zu erreichen. Vor allem sollte dies durch die Einführung des kollektiven Führungsprinzips in den Streitkräften geschehen. Die neuen militärischen Führungsgrundsätze ermöglichten es der Partei, jetzt auch die rein militärischen Diskussions- und Entscheidungsprozesse umfassend zu kontrollieren und zu beeinflussen. Auf diese Weise erlangte das Politische in Form der sozialistischen Ideologie Priorität in der militärischen Sphäre. Darüber hinaus bedingte die verstärkte institutionelle Verflechtung von Partei und Streitkräften die Durchdringung des militärischen Systems durch das politische.

Diese konzeptionelle und organisatorische Ausrichtung der SED-Militärpolitik stellte eine klare Absage an die interne Selbständigkeit der NVA dar. Sie war gleichbedeutend mit einer grundsätzlichen Abkehr vom Konzept der militärischen Autonomie professioneller Streitkräfte, das sich im Verlauf der Entwicklung moderner Nationalstaaten herausgebildet hatte: Danach fungiert das Militär als politisch neutrales Instrument des Staates, nicht aber einer einzelnen politischen Gruppierung. Im Gegenzug verfügt es über eine große Eigenständigkeit in seinem Bereich als Voraussetzung für ein hohes Maß an Einsatzbereitschaft und Leistungsfähigkeit[2].

Vor diesem Hintergrund erweisen sich die antinomischen Kategorien „politische Durchdringung" und „militärische Autonomie" für eine Analyse des Verhältnisses zwischen der SED und der NVA von 1956 bis 1965 als besonders fruchtbar. Sie sollen innerhalb der Untersuchung jedoch nicht allein stehen. Vielmehr bilden sie den Rahmen und die Kernelemente eines differenzierten begrifflichen Bezugssystems[3].

---

[1] Stenographische Niederschrift der 3. Parteikonferenz, 24.–30. März 1956, SAPMO-BArch, DY 30/IV 1/3/6, Bl. 833.
[2] Vgl. Perlmutter, The Military and Politics in Modern Times, S. 21 ff.
[3] Vgl. Einleitung Punkt 3 dieser Studie.

1. Fragestellung und Schwerpunkte der Analyse

Auf der Basis dieser beiden analytischen Kategorien ist es möglich, eine übergeordnete Fragestellung zu formulieren, die den Fokus der Analyse des Verhältnisses zwischen SED und NVA präzisiert:

Die zentrale Absicht der Studie ist es, die von der SED betriebene politische Durchdringung der NVA zu untersuchen. Zunächst geht es darum, die theoretischen Grundlagen und politischen Zielsetzungen der Parteiinterventionen zu analysieren. Ferner sollen die organisatorischen Voraussetzungen der politischen Durchdringung herausgearbeitet werden. Daran anknüpfend versucht die Studie, die Implikationen und Folgen der Eingriffe in die Organisationsmechanismen des Militärs zu bestimmen, mit denen die Partei die Ausbildung einer weitreichenden militärischen Autonomie zu unterbinden beabsichtigte. Die Analyse kann dabei aber nicht nur in eine Richtung verlaufen. Es wird auch das Ziel sein, die aus dem umfassenden Kontroll- und Steuerungsanspruch der SED resultierenden Reaktionen des Militärs zu untersuchen. Interessant erscheint hier, ob es Reaktionen gab, die sich direkt gegen die Interventionen der SED richteten. In diesem Zusammenhang stellt sich die Frage, inwiefern Wechselwirkungen zwischen beiden Teilsystemen bestanden und ob die Reaktionen von Seiten der Armee Richtungsänderungen oder Modifikationen in der Militärpolitik der SED verursachten. Zu fragen ist zudem, ob in den zivil-militärischen Beziehungen allein Faktoren auf der Mikroebene – des Verhältnisses zwischen SED und NVA – eine Rolle spielten oder ob die Beziehungen auf der Makroebene auch durch externe politische Einflüsse bedingt wurden.

Vor dem Hintergrund des hier entwickelten Fokus der Analyse läßt sich eine Hypothese formulieren, die der Beantwortung der Fragestellung Richtung und Rahmen zu geben vermag: Die Untersuchung geht dabei von der Annahme aus, daß die politische Durchdringung der militärischen Autonomie die Selbstorganisationsfähigkeit der NVA substantiell störte, weil die Interventionen der SED die Möglichkeiten der Truppenführung, die spezifisch militärischen Belange eigenverantwortlich zu regeln, umfassend einschränkten. Anscheinend hemmten diese politisch motivierten Eingriffe die Effizienz der rein militärischen Diskussions- und Entscheidungsprozesse nachhaltig, weshalb die Einsatzbereitschaft und Leistungsfähigkeit der NVA in den fünfziger Jahren gering gewesen sein dürfte. Die Verhinderung militärischer Autonomie war vermutlich auch die entscheidende Ursache für die Konflikte zwischen der SED und der militärischen Truppenführung nach Gründung der NVA. Bis zum Mauerbau waren diese Auseinandersetzungen offenbar ein bestimmender Faktor in den zivil-militärischen Beziehungen der DDR. Erst nach 1961 scheint es sowohl zu einer Normalisierung des Verhältnisses zwischen der SED und der NVA als auch zu einer internen Konsolidierung der Streitkräfte selbst gekommen zu sein. Die Abgrenzung der DDR dürfte dafür konstitutiv gewesen sein. Eine Reduzierung der extensiven politischen Kontrolle und Einflußnahme war nach Auffassung der Partei anscheinend erst ab diesem Zeitpunkt möglich. Nunmehr wurde offenbar eine beschränkte Autonomisierung des Militärs zugelassen und die Eigenverantwortlichkeit der Truppenführung für spezifisch militärische Entscheidungen erweitert. Diese veränderten Rahmenbedingungen dürften die Voraussetzung für die zunehmende Professionalisierung der NVA und ihre Integration in die Erste Strategische Staffel des Warschauer Paktes bis 1965 gewesen sein.

Um die Plausibilität der hier formulierten Hypothese überprüfen zu können, wird die Analyse folgende thematische Schwerpunkte und Teilprobleme behandeln: Zunächst soll in Kapitel I die Entstehung militärischer Strukturen in der SBZ (Sowjetische Besatzungszone)/DDR vor der NVA-Gründung zwischen 1948 und 1956 skizziert werden. In Kapitel II wird dann die intentionale Dimension untersucht. Welche Rolle spielte das Militär in der Ideologie des Marxismus-Leninismus, und wie wirkten sich die theoretischen Implikationen auf die konkrete Militärkonzeption der SED aus? Die Analyse konzentriert sich dabei vor allem auf das Offizierskorps, da die militärische Truppenführung vor allem vor 1961 im Zentrum der SED-Militärpolitik stand.

Entsprechend der Hypothese ist der Bearbeitungszeitraum der Untersuchung in zwei übergeordnete Abschnitte gegliedert. Der erste Abschnitt wird in den Kapiteln III–VI die Phase der verstärkten politischen Durchdringung der NVA 1956–1961 behandeln. Im zweiten Abschnitt soll in den Kapiteln VII–IX die Phase der Professionalisierung der DDR-Streitkräfte in den Jahren 1961–1965 erörtert werden[4].

In den Kapiteln III und VII wird nach dem jeweiligen Zeitraum gesondert nach den praktischen Zielen der SED-Militärpolitik gefragt sowie den Aufgaben und Funktionen, die der NVA in diesem Zusammenhang zugewiesen wurden. Interessant erscheint dabei, inwiefern es Zielkonflikte zwischen der Herstellung politischer Zuverlässigkeit und militärischer Effizienz gegeben haben könnte. Die Analyse der Einsatzbereitschaft der NVA dürfte ein wichtiger Indikator für den Grad der politischen Durchdringung sein. Fraglich ist zudem, ob der Mauerbau einen Wechsel der militärpolitischen Prioritätensetzung ermöglichte und nach sich zog.

Ein weiterer Schwerpunkt der Analyse ist die Frage, wie sich die politische Durchdringung organisatorisch manifestierte. Diese wird in den Kapiteln IV und VIII diskutiert. Untersucht werden die entscheidenden Elemente der Kontrolle und Steuerung mittels derer die SED versuchte, ihren Einfluß in der NVA sicherzustellen. Die Analyse richtet sich dabei auf vier Bereiche: Zunächst ist das Interesse auf die zentralen Institutionen und Instrumente der SED gerichtet, so unter anderem auf das Politbüro, den Nationalen Verteidigungsrat, die Abteilung für Sicherheitsfragen des Zentralkomitees (ZK) und das Nomenklatursystem. Ferner werden im Bereich des Parteiapparates der SED in der NVA die Politorgane, die Parteiorganisationen und die Kaderpolitik untersucht. Im Bereich des Staatsapparates sind es das Strafrecht, die Militärjustiz und der Staatssicherheitsdienst sowie im Bereich des Militärs die zentralen Führungsgremien, die militärischen Führungsgrundsätze und die innere Ordnung. Im Vordergrund stehen dabei vor allem die Identifizierung organisatorischer Veränderungen, deren Ursachen und die Darstellung der sie auslösenden parteiinternen Diskussionsabläufe. Die Organisationsstrukturen der politischen Durchdringung werden jedoch nur insofern dargestellt, als sie erkennbaren Einfluß auf die spezifisch militärischen Entscheidungsprozesse hatten. Daher wird beispielsweise die politische Erziehung ausgeklammert, nicht zuletzt weil ihre Wirkung empirisch kaum meßbar ist. Das Ziel der Studie ist somit keine Gesamtdarstel-

---

[4] Vgl. bezüglich der Periodisierung Wenzke, Die Nationale Volksarmee (1956–1990), S. 424, 442.

lung[5]. Der Schwerpunkt der Analyse liegt in diesem Zusammenhang auf dem Zeitraum zwischen 1956 und 1961, da hier die entscheidenden organisatorischen Grundlagen für die politische Durchdringung der NVA gelegt wurden, die nach dem Mauerbau offenbar nur noch eine Modifizierung erfuhren. Die Analyse der strukturellen Veränderungen ab 1961 in Kapitel VIII wird daher auch vor dem Hintergrund der Frage erfolgen, ob diese einen Autonomiegewinn des Militärs bewirkten.

Die Etablierung des Interventionssystems der SED in der NVA erfolgte zunächst offenbar ausschließlich nach den Vorgaben der Sowjetunion (UdSSR). Im Zuge der Konflikte zwischen der Partei und der militärischen Truppenführung ist es dann aber wohl zu Abweichungen von den Vorgaben der Hegemonialmacht gekommen. Anscheinend orientierte sich die SED bei der institutionellen Modifizierung und Weiterentwicklung der politischen Durchdringung zwischen 1957 und 1960 verstärkt an der Konzeption, die zur gleichen Zeit in der Volksrepublik (VR) China verfolgt wurde. In Kapitel V wird versucht, die zeitlichen Abläufe des Paradigmenwechsels ebenso herauszuarbeiten wie die institutionellen Abweichungen. Die Militärpolitik der SED soll dabei aber nicht umfassend mit der der UdSSR und Chinas verglichen werden. Vielmehr geht es darum, die Diskussionsprozesse und Entscheidungsspielräume der Partei zu erörtern. Das Kapitel zielt also auf die Analyse der entscheidenden Umweltreferenzen der zivil-militärischen Beziehungen in der DDR ab.

Im übrigen sollen in den Kapiteln VI und IX die jeweils existierenden Reaktionen von Seiten des Offizierskorps auf die politische Durchdringung der militärischen Autonomie erörtert werden. Dabei geht es sowohl um Ausmaß und Erscheinungsformen dieser Reaktionen als auch um die Frage, ob es sich hierbei zum Teil auch um Widerstand gehandelt haben könnte.

2. Der erkenntnistheoretische Ansatz: Systemtheorie und zivil-militärische Beziehungen in der DDR

Welcher erkenntnistheoretische Ansatz erweist sich nunmehr am geeignetsten zur Beantwortung der zuvor entwickelten Fragestellung?

Fast zwangsläufig drängt sich in diesem Zusammenhang die Frage nach der Verwendung der „Totalitarismustheorie" auf. In letzter Zeit hat die Verwendung dieses Theorems – möglicherweise in Ermangelung adäquater Alternativen – hinsichtlich der Analyse der zusammengebrochenen sozialistischen Regime[6] und auch bezüglich der Erforschung der DDR-Geschichte[7] eine Reihe Befürworter gefunden. Hinsichtlich des Untersuchungsgegenstandes dieser Studie haben in diesem Sinne Hi-

---

[5] Aus diesem Grund werden etwa auch die Organisationen der FDJ (Freie Deutsche Jugend) in der NVA nicht behandelt.
[6] Vgl. u. a. Backes/Jesse, Totalitarismus und Totalitarismusforschung, S. 7 ff.; Jesse, Sammelrezension: Totalitarismus auf dem Vormarsch?, S. 247 ff.; Fischer, Totalitarismus als komparative Epochenkategorie, S. 284 ff.; Courtois, Die Verbrechen des Kommunismus, S. 40.
[7] Vgl. u. a. Kocka, Die Geschichte der DDR als Forschungsproblem, S. 9 ff.; Jesse, War die DDR totalitär?, S. 12 ff.; Schroeder, Der SED-Staat, S. 632 ff.

storiker des „Militärgeschichtlichen Forschungsamtes" (MGFA) der Bundeswehr in Potsdam argumentiert, gemäß ihrem „totalitären Führungsanspruch" habe sich die SED „alle staatlichen und gesellschaftlichen Subsysteme" unterworfen und sie in ihrer „auf Dauer angelegten Herrschaft" dominiert[8].

Doch sind auch Zweifel an dieser Annahme totaler Kontrolle geäußert worden: So hat Walter Jablonsky schon 1993 hinsichtlich der zivil-militärischen Beziehungen die Frage gestellt, „wie wirksam der Zugriff der SED auf die NVA tatsächlich" gewesen sei[9]. Die Berücksichtigung dieses Aspektes ist um so wichtiger, als durch die Auswertung der jetzt zugänglichen Quellen die Frage nach Umfang und Ursachen von Konflikten zwischen Partei und militärischer Truppenführung in den Vordergrund rückt. Es entsteht der Eindruck, als habe die SED – zumindest im Bearbeitungszeitraum der Studie – eine totale Kontrolle der NVA nur unzureichend verwirklichen können.

Gerade weil die sozialistischen Herrschaftssysteme weitgehend zusammengebrochen sind, kann heute nicht mehr nur die Analyse dessen, „was diese Herrschaft wirklich zu einer totalen Beherrschung macht"[10], wie Hannah Arendt es formuliert hat, das primäre Ziel sein. Denn an der Verwirklichung dieses Anspruches sind die Regime erkennbar und umfassend gescheitert. Die Analyse der sozialistischen Regime befindet sich daher zwangsläufig in einer neuen Phase. Jetzt gilt es, den Fokus zu verschieben und sich den Ursachen und Gründen für Niedergang und Zerfall zuzuwenden. Konsequenterweise muß die Analyse daher die Dysfunktion sozialistischer Systeme als Folge zentralisierter Planung, hierarchischer Fremdsteuerung und direkter autoritärer Einflußnahme in den Blick nehmen. Dabei geht es um eine kritische Erörterung der Prozesse, die die Gesellschaftssysteme konstituieren. Um hier jedoch einen Erkenntnisgewinn zu erzielen, bedarf es eines komplexeren Theorieentwurfes.

Für einen analytisch fruchtbaren Perspektivwechsel bietet sich die neuere Systemtheorie an[11]. Sie ermöglicht es, die skizzierten methodologischen Schwierigkeiten und Defizite zu überwinden. Aufgrund ihres hohen Abstraktions- und Differenzierungsgrades verfügt dieser erkenntnistheoretische Ansatz hinsichtlich der Untersuchung totalitärer Systeme wie der SED-Parteidiktatur über eine größere Reichweite[12].

---

[8] Diedrich, Im Dienste der Partei, S. X.

[9] Jablonsky, Die NVA im Staat der SED, S. 24f.

[10] Arendt, Elemente und Ursprünge totaler Herrschaft, S. 946.

[11] Systemtheoretische Paradigmen haben bei der historischen Analyse der beiden totalitären Regime in Deutschland bereits Verwendung gefunden: Vgl. u. a. Herbst, Das nationalsozialistische Deutschland 1933–1945; Meuschel, Legitimation und Parteiherrschaft in der DDR.

[12] Der systemtheoretische Ansatz dieser Studie wird zum Teil auch auf Begriffe und Erklärungsmuster der Militärsoziologie zurückgreifen, sofern sich diese als fruchtbar erwiesen haben und sie sich mit dem Ansatz verbinden lassen. Seit dem Ende der fünfziger Jahre entwickelte die Militärsoziologie zwei Theoreme zur Analyse der zivil-militärischen Beziehungen in sozialistischen Staaten. Vgl. den zusammenfassenden Forschungsbericht von Schössler, Militärsoziologie, S. 96 ff. Diese sollten den bis dahin in der Forschung vorherrschenden totalitarismustheoretischen Ansatz überwinden und differenzierte Analyseergebnisse ermöglichen. Das zuerst entwickelte Konvergenz-Modell hat Partei und Militär als zwei eigenständige Institutionen begriffen: Während die Partei darauf abziele, die optimale politische Kontrolle über die Armee auszuüben und diese zu instrumentalisieren, versuche das Militär seine Autonomie zu erweitern und effizienzhemmende Parteiinterventionen zu ver-

Die Grundannahme dieses Ansatzes ist es, daß die Teilsysteme komplexer, funktional differenzierter Gesellschaftsordnungen sich nicht von einer privilegierten Instanz nach einer konkreten Ordnungsvorstellung von außen zentral steuern lassen. Die neuere Systemtheorie als „Theorie selbstreferentieller Systeme" geht vielmehr davon aus, daß sich die Teilsysteme, ebenso wie die Gesellschaft im ganzen, selbst organisieren. Diese Prämisse ermöglicht eine Veränderung des Blickwinkels von dem vorrangigen „Interesse an Design und Kontrolle zu [einem] Interesse an Autonomie und Umweltsensibilität, von Planung zu Evolution, von struktureller Stabilität zu dynamischer Stabilität"[13].

Grundsätzlich unterlag auch die DDR der funktionalen Differenzierung als Organisationsprinzip moderner, komplexer Industriegesellschaften. Diese bilden im Verlauf ihrer Entwicklung Teilsysteme aus, die in der Gesamtgesellschaft jeweils eine spezifische Funktion erfüllen. Durch diese interne Ausdifferenzierung steigern die Gesellschaftssysteme den Grad ihrer Komplexität, wodurch sich die Leistungsfähigkeit und Problemlösungskompetenz verbessert. Politik, Wirtschaft, Wissenschaft, aber auch das Militär[14] sind Beispiele für solche hochspezialisierten Teilsysteme[15]. Die Wirksamkeit dieses Strukturprinzips konnte die SED mittels ihrer Transformationspolitik offenbar nicht außer Kraft setzen, auch wenn sie die Eigenständigkeit der sozialen Teilsysteme weitgehend unterband und diese hierarchisch auf ein Entscheidungszentrum – das Politbüro – ausrichtete. Umfassend verwirklichen ließ sich die gesellschaftliche „Entdifferenzierung" aber nur im außerstaatlichen Bereich, wodurch sich eine „Zivilgesellschaft" nicht entwickeln konnte[16]. Hinsichtlich des Aufbaus und der Funktion der staatlichen Organe und Institutio-

---

mindern. Vgl. u. a. Huntington, The Soldier and the State, S. 59 ff., 80 ff.; Kolkowicz, The Soviet Military and the Communist Party, S. 20 ff., 103 ff.; Perlmutter, The Military and Politics in Modern Times, S. 75 ff. Der unterstellte „natürliche" Gegensatz zwischen Partei und Militär erwies sich jedoch als problematisch. Denn gerade in den siebziger und achtziger Jahren scheint es in den sozialistischen Staaten einen tiefgreifenden Antagonismus zwischen beiden Institutionen nicht gegeben zu haben. Die Defizite dieses Ansatzes sollte das Divergenz-Modell überwinden. Dessen Ausgangspunkt war die Annahme, die zivil-militärischen Beziehungen in sozialistischen Gesellschaftssystemen folgten einer von der westlichen grundsätzlich abweichenden Entwicklungslogik: Partei und Militär seien in hohem Maße integriert. Das Militär stimme daher grundsätzlich in Werten und Zielen mit der Partei überein, weshalb es auch kein prinzipielles Konfliktverhältnis zwischen politischer und militärischer Sphäre gebe. Vgl. u. a. Odom, The Soviet Volunteers, S. 27 ff.; Herspring, Technology and the Changing Political Officer, S. 370 ff.; Colton, Civil-Military Relations in the Soviet Union, S. 213 ff. Im Rahmen des Divergenz-Modells ist die politische Kontrolle der Streitkräfte differenzierter analysiert worden. Die Prämisse eines zivil-militärischen Grundkonsenses ist jedoch durch die historische Entwicklung widerlegt worden, denn das Militär hat sich beim Zusammenbruch der sozialistischen Gesellschaftsordnungen in der Regel nicht für deren Erhalt eingesetzt.

13 Luhmann, Soziale Systeme, S. 27.
14 Vgl. ebenda, S. 242 ff.
15 Vgl. Tyrell, Anfragen an die Theorie der gesellschaftlichen Differenzierung, S. 182 ff. Der Differenzierungsprozeß bewirkt dabei jedoch keine Entkopplung der Teilsysteme. Je mehr ein Teilsystem die Umweltabhängigkeit durch Spezialisierung auf dem Gebiet seiner spezifischen Funktion reduziert, desto mehr erhöht es seine Abhängigkeit in allen anderen Belangen. Auf diese Weise verstärkt sich das komplexe Netz aus Interdependenzen zwischen den Teilsystemen einer Gesellschaft. Vgl. Luhmann, Die Gesellschaft der Gesellschaft, Teilbd. 2, S. 745 f.
16 Vgl. Meuschel, Legitimation und Parteiherrschaft in der DDR, S. 10 f.

nen blieb eine gewisse Differenzierung trotz des Zentralisierungsanspruches der SED erhalten[17]. Dies verdeutlicht zum Beispiel die Existenz von Fachministerien oder hochspezialisierten Forschungseinrichtungen in der DDR.

Es ist daher folgerichtig, die NVA als hochspezialisiertes Teilsystem einer in ihren Kernbereichen funktional differenzierten Gesellschaft zu betrachten. Dafür spricht auch, daß die SED dem Militär nach Gründung der DDR von Anfang an einen spezifischen Funktionsbereich zuwies[18].

Intern organisieren sich die sozialen Teilsysteme jeweils gemäß einem spezifischen Operationsmodus selbst. Die neuere Systemtheorie bezeichnet dieses Konstitutionsprinzip als „operative Geschlossenheit". Selbstreferentielle Systeme erzeugen ihre Elemente selbst, deren Beziehungen zueinander sowie die elementaren Systemoperationen. Auf diese Weise reproduzieren sie sich dynamisch in einem geschlossenen, rekursiven Prozeß. Zugleich bedeutet dies, daß sich jedes System entsprechend seiner eigenen Rationalität selbst steuert. Es verfügt über einen eigenständigen Kommunikationscode, durch den es intern Informationen verarbeitet. Diese Spezialsprache mit ihren spezifischen Regeln und Kriterien ermöglicht es dem System, Informationen anhand von Leitdifferenzen zu strukturieren, zu verdichten und zu selektieren, um sie in seinem Sinne effizient nutzen zu können[19]. So reproduziert sich beispielsweise das Militär als soziales Teilsystem entsprechend einem Kommunikationsmuster, das vor allem an der Leitdifferenz Stärkung beziehungsweise Schwächung der militärischen Einsatzbereitschaft und Leistungsfähigkeit ausgerichtet ist.

Selbststeuerung und Selbstorganisation auf der Basis operativer Geschlossenheit garantieren demnach die Funktionalität eines sozialen Teilsystems. Nur wenn es sich in seinem spezifischen Funktionsbereich unabhängig von politischen Interventionen autonom steuern und kontrollieren kann, ist es in der Lage, seine Stabilität sowie seine Leistungs- und Reformfähigkeit zu bewahren[20]. Die Politik hat hinsichtlich anderer sozialer Systeme daher lediglich die Möglichkeit, Rahmenbedingungen zu setzen, etwa indem sie über die Einsatzoptionen der Streitkräfte oder die allgemeine Organisationsstruktur entscheidet. Die Einflußnahme auf spezifisch militärische Belange, etwa die Führungsgrundsätze oder die Ausbildungsinhalte, verfehlt jedoch ihre Wirkung, da der Kommunikationscode der Politik keine Anschlußfähigkeit an den selbstreferentiellen Operationsmodus des Militärs besitzt[21]. Die Steuerung ist deshalb in das Innere des Systems verlagert. Die internen Voraussetzungen beispielsweise für die Herstellung der optimalen Einsatzbereitschaft der Streitkräfte werden von der Truppenführung durch Selbststeuerung und Selbstkontrolle eigenständig geleistet. Eine derart weitreichende Autonomie und Selbstorganisationskompetenz ist kennzeichnend für den modernen Soldatenberuf als eine „Profession"[22].

---

[17] Besonders der globale ökonomische und wissenschaftlich-technische Wandel erzeugte einen Evolutionsdruck, dem sich auch die sozialistische DDR-Gesellschaft nicht entziehen konnte. Vgl. Willke, Leitungswissenschaft in der DDR, S. 41 ff.
[18] Vgl. Eisert, Zu den Anfängen der Sicherheits- und Militärpolitik, S. 184 ff.
[19] Vgl. Willke, Systemtheorie II, S. 142 ff.
[20] Vgl. ebenda, S. 224 f.
[21] Vgl. Kap. III.3. und V.2. dieser Studie.
[22] Vgl. Willke, Systemtheorie III, S. 98 f.

Welches ist nun der spezifische Code, nach dem sich moderne Streitkräfte autonom organisieren? Das „Professionskonzept"[23] der Militärsoziologie verfügt über einen detaillierten Kriterienkatalog, der militärische Autonomie beschreibt[24]. Diese Kriterien können in Verbindung mit dem systemtheoretischen Ansatz dieser Studie als Elemente eines internen Regelungssystems des Militärs verstanden werden[25].

Moderne Militärorganisationen verfügen über komplexe Selbstorganisationsmechanismen als Grundlage für ihren hohen Spezialisierungsgrad. Militärische Autonomie umfaßt vor allem die Fähigkeit, sich selbst zu verwalten. Das Militär unterliegt dabei einem eigenen Bürokratisierungsprozeß, einer Binnendifferenzierung etwa in Hierarchieebenen – unter anderem Dienstgrade – oder Spezialfunktionen – beispielsweise Waffengattungen. Zudem haben Streitkräfte allgemeinverbindliche Richtlinien etwa über Ausbildungsinhalte und Beförderungsstandards sowie ein eigenständiges Befehlsgefüge, damit sie ihre Funktion optimal erfüllen können[26].

Militär als Profession ist gekennzeichnet durch besonderes Fachwissen. Ein hohes Maß an spezieller Qualifikation und Kompetenz sind die Voraussetzung dafür, daß die Streitkräfte die von der Gesellschaft geforderte ständige Einsatzbereitschaft und eine hohe Leistungsfähigkeit sicherstellen können. Deren konkrete Umsetzung bleibt aber dem Militär selbst überlassen. Es formuliert eigenständig die Einsatzgrundsätze und Ausbildungsmethoden, die zur Erlangung des vorgegebenen Ziels erforderlich sind[27].

Darüber hinaus entwickeln die Angehörigen moderner Streitkräfte unter dem Eindruck ihrer gesellschaftlichen Sonderstellung ein spezifisches Selbstverständnis – eine Gruppenidentität. Dieses professionelle Ethos umfaßt besondere Werte und Normen. Militärorganisationen verfügen dementsprechend über eigene Sozialisationsmuster, anhand derer ihre Angehörigen erzogen und geprägt werden. Ein Bestandteil des militärischen Selbstverständnisses ist das Verantwortungsbewußtsein gegenüber der Gesellschaft als Ganzes. Dieses ist als Folge des Verteidigungsauftrages in erster Linie auf die Herstellung der äußeren Sicherheit des Staates gerichtet.

Im Rahmen des systemtheoretischen Ansatzes dieser Studie gilt es, den von der Militärsoziologie empirisch generierten Autonomiebegriff mit dem Selbstorganisationsparadigma zu verbinden. So erhält der Begriff der militärischen Autonomie eine andere Bedeutung als er im militärsoziologischen Kontext besitzt. Autonomie ist demgemäß als Selbstorganisationsfähigkeit zu begreifen. Dadurch wird der Begriff in seiner analytischen Qualität gesteigert. Autonomisierungsbestrebungen des Militärs sind demnach ebensowenig natürlicherweise vorhanden wie ein prinzipieller Antagonismus der Teilsysteme Politik und Armee. Sie sind vielmehr das Resultat systemfremder Interventionen in den geschlossenen Operationsmodus des Militärs.

---

[23] Vgl. den zusammenfassenden Forschungsbericht von Schössler, Militärsoziologie, S. 160 ff.
[24] Vgl. u. a. Abrahamsson, Military Professionalization and Political Power, S. 21 ff., 59 ff., 71 ff.; Huntington, Officership as a Profession, S. 23 ff.; Johnson, Die Streitkräfte des Warschauer Paktes in Mitteleuropa, S. 113.
[25] Durch die Verknüpfung mit dem Organisationsprinzip der operativen Geschlossenheit erhält auch die Begrifflichkeit des Professionskonzeptes mehr Tiefenschärfe.
[26] Darüber hinaus kontrolliert sich das Militär intern selbst, indem es autonom für die Aufrechterhaltung der Disziplin und der inneren Ordnung sorgt.
[27] Auch befindet das Militär über die Art der Ausrüstung sowie über die Nutzung neuer Technologien, Geräte und Waffen, wobei die Grundsatzentscheidungen hierüber im Austausch mit der Politik gefällt werden.

Erst die Störung der Selbstorganisationsfähigkeit veranlaßt das Militär, die Konfrontation mit der Politik zu suchen und seine Autonomie einzufordern.

Auch die Friktionen in den zivil-militärischen Beziehungen der DDR, vor allem in den fünfziger Jahren, sind offenbar durch die Störung der Selbstorganisationsfähigkeit der NVA verursacht worden. Die SED wollte über moderne Streitkräfte verfügen, die sie daher nach dem klassischen Organisationsschema aufbaute. Andererseits aber wollte sie der NVA eine weitreichende Autonomie nicht zugestehen, widersprach dies doch fundamental ihrer Zielsetzung, in allen Teilbereichen der Gesellschaft die „führende Rolle" der Partei zu verwirklichen. Um ihren Machtanspruch durchzusetzen, installierte sie in der Armee parallel zu den militärischen Strukturen einen eigenen Parteiapparat. Offenbar glaubte die SED-Führung, auf diese Weise sowohl die Leistungsfähigkeit der NVA als auch ihre umfassende politische Kontrolle und Steuerung sicherstellen zu können[28]. Durch die politische Durchdringung der rein militärischen Diskussions- und Entscheidungsprozesse sowie der militärischen Organisationsstrukturen schuf die Partei jedoch zugleich die Voraussetzungen für tiefgreifende Funktionsstörungen der NVA[29]. Auf der Basis des systemtheoretischen Ansatzes dieser Studie lassen sich dabei drei Formen der politischen Durchdringung der militärischen Autonomie identifizieren.

Erstens wurde die Selbstorganisationsfähigkeit der NVA durch die Entdifferenzierung und Zentralisierung der militärischen Entscheidungsprozesse gestört. Aufgrund der fehlenden politischen Gewaltenteilung in der DDR gab es keine rechtlichen Grenzen, die substantielle Interventionen des politischen Teilsystems in das militärische hätten verhindern können. Die SED war daher nicht nur in der Lage, die militärischen Diskussions- und Entscheidungsprozesse weitreichend zu beeinflussen. Wegen der in der DDR bestehenden zentralisierten politischen Steuerung bestand auch eine grundsätzliche Tendenz, dem militärischen Teilsystem spezifische Fragen zu entziehen und diese zur Entscheidung direkt an die höchsten Parteigremien zu verweisen. Der Vorteil einer autonomen, subsidiären und funktional differenzierten Entscheidungsfindung, nämlich ein Optimum an Komplexität verarbeiten zu können, ging so verloren[30].

Dieser Umstand verweist auf das Problem der Unterkomplexität von Planung. Die zentralisierte Steuerung sozialer Prozesse erzeugt ein Komplexitätsgefälle. Da ein sehr großes Maß an Entscheidungshandeln in sozialistischen Systemen bei der jeweiligen zentralen Steuerungsinstanz – dem höchsten Parteigremium – konzentriert ist, reduziert sich zwangsläufig die verfügbare Informationsverarbeitungskapazität. Denn eine zentrale Steuerungseinheit kann Informationen nur dann verarbeiten, wenn diese hochaggregiert und in ihrer Komplexität stark reduziert werden. Die Vereinfachung von Informationen führt jedoch dazu, daß wichtige Details verlorengehen. Auch werden die Informationen nur nach der Rationalität des politischen Systems beurteilt, so daß häufig nur nachrangige Fragen behandelt, essentielle aber nicht erkannt werden. Im Vergleich zu den Leistungen sich selbst organisierender Teilsysteme bleiben die Problemlösungen zentraler Steuerungseinheiten daher in der Regel suboptimal. Militärische Stäbe und Leitungen degenerieren auf diese

---

[28] Vgl. Kap. IV.1.–2. und VIII.1.–2. dieser Studie.
[29] Vgl. Kap. III.3. dieser Studie.
[30] Vgl. Kap. IV.1. und VIII.1. dieser Studie.

Weise von eigenständigen Entscheidungs- zu einfachen Erfüllungsorganen der übergeordneten Parteigremien[31].

Zweitens bewirkte die Existenz des Parteiapparates in der NVA eine Verdoppelung der Entscheidungsgremien und damit eine Übersteuerung der Entscheidungsprozesse. Um diese Wirkung besser veranschaulichen zu können, erweist es sich als hilfreich, auf die Terminologie der Kybernetik zurückzugreifen. Systemsteuerung läßt sich demnach als „negative Rückkopplung" auffassen[32]. Ein System verhält sich dann stabil, wenn die Dynamik der systemimmanenten Prozesse durch die Kopplung an bestimmte Sollwerte eines Regelungssystems gesteuert wird[33]. Entsprechend dem oben eingeführten Paradigma operativer Geschlossenheit verfügt jedes soziale Teilsystem über einen eigenen spezifischen Operationsmodus, der als Regelungssystem aufgefaßt werden kann. Der Parteiapparat in der NVA bedeutete die Etablierung eines weiteren Regelungssystems. Dessen Existenz führte offenbar zu einer für sozialistische Gesellschaften charakteristischen Übersteuerung von Entscheidungsprozessen[34].

Die Existenz zweier grundsätzlich inkompatibler Regelungssysteme dürfte in der Praxis zu einer Überregulierung und Verlangsamung der militärischen Entscheidungsprozesse geführt haben. Die Entscheidungsgremien verwandten demnach ihre zeitlichen und personellen Ressourcen überwiegend zur gegenseitigen Abstimmung beider Regelungssysteme, um die Entscheidungsprozesse der militärischen Truppenführung mit den politischen Zielvorstellungen der SED in Einklang zu bringen. Die im Rahmen dieses Harmonisierungsvorganges verwandten Ressourcen fehlten dann aber dem militärischen System bei der Erzeugung seiner genuinen Systemleistungen. Der betriebene Steuerungsaufwand stand dementsprechend in einem massiven Mißverhältnis zum erbrachten Output[35].

Drittens haben die politischen Interventionen der SED auch zu einer Entdifferenzierung der spezifischen Operationsmodi des Militärs und deren teilweiser Radikalisierung geführt. Vor allem in den fünfziger Jahren löste die Partei offenbar bestimmte Elemente aus dem militärischen Kommunikationszusammenhang heraus. Diese erhielten einen veränderten Bedeutungsgehalt entsprechend dem Kommunikationscode des politischen Teilsystems. Eine Reihe spezifisch militärischer Entscheidungen wurde deshalb primär auf der Grundlage politischer Kriterien gefällt.

Dies läßt sich am Beispiel der Verwendung des Begriffes der „Einsatzbereitschaft" verdeutlichen. Dieser wurde jeweils gemäß der spezifischen Semantik der internen Kommunikation beider Teilsysteme mit völlig unterschiedlichen Implikationen verwandt. Während die Partei zumindest bis Anfang der sechziger Jahre damit offenbar in erster Linie politische Zuverlässigkeit verband, verstand die militärische Truppenführung unter dem Begriff vor allem Leistungsfähigkeit und Effizienz.

---

[31] Vgl. Masuch, Die sowjetische Entscheidungsweise, S. 653 ff.
[32] Vgl. Forrester, Grundsätze einer Systemtheorie, S. 16.
[33] So wird beispielsweise die Heizung eines Hauses durch eine negative Rückkopplung gesteuert. Die eingestellte Temperatur fungiert dabei als Sollwert für die Wärmeerzeugung. Der Thermostat der Heizung reguliert die Energiezufuhr jeweils so, daß der angestrebte Sollwert erreicht wird.
[34] Vgl. Etzioni, Die aktive Gesellschaft, S. 477 ff., 528 f.
[35] Vgl. Kap. III.3. dieser Studie.

Als Folge der Entkopplung eines solchen Begriffes war es der SED problemlos möglich, dessen politische Bedeutung zuzuspitzen[36]. Da eine Rückkopplung an den geschlossenen Operationsmodus des Militärs weitgehend nicht mehr bestand, konnte es im Ergebnis zur ungehemmten Radikalisierung der Diskussions- und Entscheidungsprozesse kommen[37].

Die Wirkung dieser Parteiinterventionen kann mit dem aus der Terminologie der Kybernetik entlehnten Begriff der „positiven Rückkopplung" beschrieben werden[38]. Innerhalb eines Systems verhalten sich Prozesse dynamisch stabil durch die Kopplung an bestimmte Sollwerte. Wird diese Regulierung unterbrochen, kann es zu einem ungebremsten Wachstum der Prozesse kommen[39]. Eine positive Rückkopplung wird nicht an einem bestimmten Punkt durch einen Sollwert begrenzt. Vielmehr gibt das positive Wachstum der Prozesse den Impuls zur weiteren Erhöhung des Sollwertes. Diese wechselseitige Verstärkung wird auch als Iteration von Sollwertverschiebungen bezeichnet. Trotz eines steigenden Ressourcenverbrauches wird wegen der Entkopplung der Kommunikationsprozesse keine Verbesserung der spezifischen Systemleistung erzielt. Überschreitet ein System so die Grenzen seiner Kapazität, bricht es plötzlich in einem nicht zu steuernden, chaotischen Prozeß zusammen[40].

Im Zusammenhang mit der politischen Konditionierung des Begriffes der Einsatzbereitschaft kam es in der NVA zu einer positiven Rückkopplung. Die Partei beabsichtigte, die Leistungsfähigkeit der NVA durch die Erhöhung des politischen Bewußtseins vor allem der Offiziere zu verbessern. Die ohnehin schlechte Leistungsfähigkeit wurde durch die Interventionen, die über keine Anschlußfähigkeit an den militärischen Kommunikationszusammenhang verfügten, jedoch weiter reduziert. Anstatt eine positive Wirkung zu erzielen, wurden die Selbstorganisationsprozesse der Streitkräfte zunehmend gestört. Der Begriff der Einsatzbereitschaft wurde als Reaktion darauf von der SED Ende der fünfziger Jahre weiter zugespitzt, da sie die Negativentwicklung wiederum als Zeichen einer immer noch ungenügenden politischen Zuverlässigkeit wertete. Dieser sich wechselseitig verstärkende Prozeß erzeugte demzufolge eine Radikalisierung der entkoppelten Kommunikationsprozesse in der NVA, ohne daß dies zu einer Verbesserung der militärischen Effizienz geführt hätte[41]. Hieraus resultierte letztlich aber keine existentielle Funktionsstörung des Teilsystems NVA, da die SED vor dem Erreichen einer kritischen Grenze die politische Durchdringung der militärischen Entscheidungsprozesse ab

---

[36] Vgl. Kap. V. dieser Studie.

[37] Eine Regulierung durch die spezifischen Sollwerte des militärischen Teilsystems fand jedoch weitgehend nicht mehr statt.

[38] Vgl. Forrester, Grundsätze einer Systemtheorie, S. 48 f.

[39] Wird etwa die Bindung des Thermostats einer Heizung an eine bestimmte Temperatur als Sollwert entkoppelt, kommt es zu einer positiven Rückkopplung. Trotz der steigenden Temperatur drosselt oder unterbricht der Thermostat die Energiezufuhr nicht. Diese wird vielmehr in einer Wechselwirkung mit der sich erhöhenden Temperatur weiter gesteigert. Überschreitet das Heizungssystem die Grenzen seiner Kapazität, ist dieser Prozeß von einem kritischen Punkt nicht mehr zu steuern. Die positive Rückkopplung schlägt dann in einen chaotischen Prozeß um: die Heizung wird überhitzt und der Kessel explodiert.

[40] Vgl. Deutsch, Politische Kybernetik, S. 267 ff.

[41] Vgl. Kap. III.3. dieser Studie.

1961 wieder reduzierte, wodurch eine gewisse Konsolidierung des Militärs möglich wurde[42].

Der in dieser Studie verwendete systemtheoretische Ansatz ermöglicht es, den Topos kritisch zu hinterfragen, die sozialistischen Staaten seien Gesellschaftsordnungen „neuen Typs" gewesen. In ihrer Entwicklung hätten sie daher einer eigenen Gesetzmäßigkeit unterlegen und seien demzufolge mit dem westlichen Gesellschaftsmodell grundsätzlich nicht zu vergleichen[43]. Obwohl diese Sicht durch die Auflösung der sozialistischen Staaten diskreditiert worden ist, wird deren Zerfall in Fortsetzung der Prämisse immer wieder als Ergebnis externer Faktoren und der Niederlage im Kalten Krieg interpretiert, nicht aber als Folge systemimmanenter Defekte. Am Beispiel des Militärs und seiner politischen Steuerung sollen in der folgenden Studie die dem sozialistischen System der DDR offenbar schon vom Zeitpunkt seiner Konstituierung an innewohnenden Widersprüche veranschaulicht und analysiert werden.

3. Der Forschungsstand

Die historische Analyse der zivil-militärischen Beziehungen in der DDR wurde bis zu deren Auflösung durch die Unzugänglichkeit des Quellenmaterials entscheidend beeinträchtigt. Bis zum Ende des Ost-West-Konfliktes erschien daher nur wenig fundierte Forschungsliteratur über die NVA. Sofern sie westlicher Herkunft ist, basieren die Ergebnisse dieser Arbeiten vor allem auf in der DDR veröffentlichten Quellen, publizistischen Beiträgen oder Aufsätzen in Fachzeitschriften.

In der Bundesrepublik wurden erstmals in den sechziger Jahren Analysen veröffentlicht, die sich mit der Stellung der SED in der NVA befaßten, so vor allem die Arbeiten von Helmut Bohn[44], Friedrich P. Martin[45] und Thomas M. Forster[46]. Im Vordergrund stand dabei zunächst die Aufgabe, die Strukturen des Partei- und Kontrollapparates in den DDR-Streitkräften zu dokumentieren. Einen eigenen erkenntnistheoretischen Ansatz entwickelten diese unter dem Einfluß der Totalitarismustheorie stehenden Arbeiten nicht. Sie wurden vor allem von staatlichen Stellen initiiert[47] und waren maßgeblich durch eine antikommunistische Ausrichtung geprägt[48].

[42] Vgl. Kap. VII.3. dieser Studie.
[43] Diese Auffassung war nicht nur für die Selbstsicht der Regime charakteristisch. Seit den siebziger Jahren setzte sich eine systemimmanente Betrachtungsweise bei der Bewertung der Systeme auch in der westlichen Wahrnehmung zunehmend durch. Vgl. u.a. Zimmermann, Probleme der Analyse bolschewistischer Gesellschaftssysteme, S. 193 ff.; Ludz, Parteielite im Wandel.
[44] Bohn, Die Aufrüstung in der Sowjetischen Besatzungszone Deutschlands.
[45] Martin, SED-Funktionäre in Offiziersuniform.
[46] Forster, NVA. Die Armee der Sowjetzone; ders.: Die NVA. Kernstück der Landesverteidigung der DDR.
[47] Vgl. u.a. die Veröffentlichung des Bundesverteidigungsministeriums: Die Nationale Volksarmee. Politführung und inneres Gefüge.
[48] Wegen ihrer Provenienz gründeten die Analysen vermutlich nicht zuletzt auf den Erkenntnissen westlicher Geheimdienste.

In der DDR stellten die sechziger Jahre in der Militärgeschichtsforschung eine außerordentlich fruchtbare Phase dar. In der Phase der Konsolidierung der DDR nach dem Mauerbau ließ die SED anscheinend eine vergleichsweise kritische Auseinandersetzung mit den Gründungsjahren der NVA zu. Erwähnenswert sind hier vor allem die Aufsätze von Gerhard Bogisch[49], Walter Borning[50], Karl Greese, Alfred Voerster[51] und Günther Glaser[52]. Die Arbeiten behandeln militärpolitische Richtungsentscheidungen sowie die Krisen und Konflikte im Verhältnis zwischen der SED und der NVA in den Jahren nach 1956. Sie hätten westlichen Forschern vor allem hinsichtlich der SED-internen Entscheidungsprozesse als Sekundärquellen dienen können, sind aber kaum rezipiert worden.

Sehr informativ hinsichtlich der entscheidenden Weichenstellungen in der SED-Militärpolitik der fünfziger Jahre und ihrer zentralen Problemstellungen sind die Dissertation von Günther Glaser[53] und die Diplomarbeit von Siegfried Otto[54]. In der DDR blieben sie jedoch unveröffentlicht[55].

In den siebziger und achtziger Jahren nahm sich die westdeutsche Militärgeschichtsforschung und die amerikanisch geprägte Militärsoziologie verstärkt der Untersuchung der zivil-militärischen Beziehungen in der DDR an. Zu nennen sind hier vor allem die Veröffentlichungen von Freimut Duve[56], dem Arbeitskreis für Wehrforschung[57] und Ross A. Johnson[58]. Unter dem Einfluß methodischer Fortschritte zeigte sich die Forschung weitaus sensibler für die spezifischen Bedingungen, denen das Militär in sozialistischen Staaten ausgesetzt war[59]. Vor allem Dale R. Herspring[60] hat dadurch im Rahmen der bis heute detailliertesten Analyse des Parteiapparates in der NVA eine Reihe neuer Erkenntnisse erzielt. Seine Arbeit und die von Peter Jungermann[61] basieren auf der gründlichsten Auswertung der zeitgenössischen DDR-Literatur.

Nach der Wiederherstellung der deutschen Einheit gestaltet sich das Bild uneinheitlich. Arbeiten, die auf einer umfassenden, nicht selektiven Quellenrecherche fußen, sind weiterhin selten. Den größten Anteil machen Veröffentlichungen ehemaliger NVA-Offiziere und Wissenschaftler des Militärgeschichtlichen Instituts (MGI) der NVA in Potsdam aus wie etwa der Sammelband von Wolfgang Wünsche[62] und die Arbeit von Gerhard Merkel[63]. Die Gründe für die Publikationstätigkeit sind

---

[49] Bogisch, Über die militärpolitische Bedeutung der 30. Tagung des ZK, S. 149 ff.
[50] Borning, Die Nationale Volksarmee erfüllt ihre geschichtliche Aufgabe, S. 1635 ff.
[51] Greese/Voerster, Probleme der Auswahl und Förderung der Offizierskader, S. 32 ff.
[52] Glaser, Die Initiative des Zentralkomitees der SED im Mai und Juni 1957, S. 294 ff.
[53] Glaser, Zur Entwicklung der militärischen Einzelleitung.
[54] Otto, Über die Rolle des Zentralkomitees.
[55] Da die Einsicht in die Arbeiten bis 1989 der Genehmigung des Leiters der ZK-Abteilung für Sicherheitsfragen bedurfte, waren sie nur einem privilegierten Leserkreis zugänglich. In der Forschung – zumal im Westen – konnten sie daher keine Wirkung erzielen. Die Studien dokumentieren eine profunde Quellenkenntnis.
[56] Duve, Die Nationale Volksarmee.
[57] Die Nationale Volksarmee der DDR im Rahmen des Warschauer Paktes.
[58] Johnson, Die Streitkräfte des Warschauer Paktes in Mitteleuropa.
[59] Vgl. Einleitung 3. dieser Studie.
[60] Herspring, East German Civil-Military Relations.
[61] Jungermann, Die Wehrideologie der SED.
[62] Wünsche, Rührt euch! Zur Geschichte der Nationalen Volksarmee der DDR.
[63] Merkel/Wünsche, Die Nationale Volksarmee der DDR – Legitimation und Auftrag.

vielfältig: Sie reichen von einer kritischen Aufarbeitung und einem allgemeinen Er-
kenntnisinteresse bis hin zu dem Wunsch, die eigenen Erfahrungen und Erlebnisse
rückblickend darzustellen. Doch werden auch Verbitterung und rechtfertigende
Tendenzen erkennbar. Zudem sind die Arbeiten überwiegend deskriptiv. Ihre wissenschaftliche Aussagekraft leidet häufig unter erkenntnistheoretischer Unschärfe
und wissenschaftlich unseriösen Prämissen[64]. Von den nach 1990 erschienen Publikationen sind darüber hinaus auch die Sammelbände von Manfred Backerra[65] und
Detlef Bald[66] zu nennen.

Eine umfassende Analyse des Verhältnisses zwischen SED und NVA ist nach
dem Ende der DDR bisher nicht vorgelegt worden. Auch die Arbeiten von Militär-
historikern aus den alten Bundesländern bleiben häufig hypothetisch und sind selten quellengestützt[67]. Teilweise entsteht der Eindruck, als befinde sich eine ergeb-
nisoffene Erforschung der NVA-Geschichte bei einigen Historikern auch unter den
Bedingungen eines unbeschränkten Quellenzugangs weiterhin nicht auf der
Agenda[68]. Die Veröffentlichungen von Klaus Naumann[69] und Peter Joachim
Lapp[70] stellen lediglich die Ausgangsposition der Forschung nach der Wiedervereinigung dar. Allein die Publikationen des MGFA und von Otto Wenzel[71] gründen
auf einer umfangreichen Kenntnis der Quellenbestände. Das MGFA erforscht seit

---

[64] Reinhard Brühl, 1961 bis 1989 Leiter des MGI, hat beispielsweise geäußert: „Das Scheitern
des ‚marxistisch-leninistischen‘ Geschichtsbildes ist nicht auch das Aus für jenes kritische,
historische Denken, zu dessen Entwicklung Marx und Engels einen bedeutenden Beitrag leisteten. Die von ihnen begründete dialektisch-materialistische Methode ist auch künftig für
wissenschaftliche Erkenntnis von Bedeutung." Brühl, Klio und die Nationale Volksarmee,
S. 253. Horst Egon Sylla hat der wissenschaftlichen Analyse der NVA-Geschichte schlechthin jede Legitimation abgesprochen, indem er konstatierte: „Es entsteht ein falsches Bild,
wenn Außenstehende nun versuchen, militärisches (professionelles) Handeln der NVA-Sol-
daten zu beschreiben, obwohl sie nur Zaungast des Geschehens waren." Sylla, Die Landstreitkräfte der Nationalen Volksarmee, S. 174.
[65] Backerra, NVA. Ein Rückblick für die Zukunft.
[66] Bald, Die Nationale Volksarmee; Bald, Nationale Volksarmee – Armee für den Frieden.
[67] Vgl. u.a. Jablonsky, Die NVA im Staat der SED; Diefenbach, Militärgeschichte nach dem
Zweiten Weltkrieg, S. 458 ff.
[68] So haben etwa Detlef Bald, Reinhard Brühl und Andreas Prüfert 1995 die Auffassung vertreten, die NVA solle in erster Linie als „staatliches Machtinstrument" betrachtet werden, das
Ursprung und Legitimation im Ost-West-Konflikt gehabt habe. Die Analyse der NVA-Geschichte müsse vor dem Hintergrund ihres „Beitrag[s] für den Frieden" betrieben werden.
Diese „Friedensbindung" sei auch für die Bundeswehr charakteristisch gewesen. Ein solcher
analytischer Zugriff ermögliche daher den Vergleich der beiden deutschen Armeen. Sie haben dementsprechend konstatiert: „Die Neubefragung, -erforschung und -bewertung der
Geschichte der DDR und ihrer Nationalen Volksarmee bleibt ahistorisch, wenn sie erst mit
dem 7. Oktober 1949 bzw. dem 1. März 1956 beginnt und auf eine ‚Innenansicht‘ reduziert
wird." Es sei daher erkenntnistheoretisch falsch, die DDR primär als „Unrechtsregime" zu
perzipieren. Bald, Brühl und Prüfert haben die Vermutung geäußert, einer Analyse der
DDR-Geschichte mit derartigen „Kategorien des ‚Entweder-Oder‘" könnte die Intention
zugrunde liegen, „die Verbrechen des NS-Regimes erneut zu verharmlosen". Wer eine „ra-
tionale Antwort" auf die zeitgeschichtlichen Fragen suche, müsse „dem deskriptiven Gehalt
einen breiten Raum … gewähren, um tendenziell über faktische Zusammenhänge die Sicht
darauf zu ermöglichen, wie es denn wirklich gewesen" sei. Bald, Nationale Volksarmee – Armee für den Frieden, S. 7 ff.
[69] Naumann, NVA: Anspruch und Wirklichkeit.
[70] Lapp, Die Nationale Volksarmee 1956–1990, S. 1900 ff.
[71] Wenzel, Kriegsbereit: Der Nationale Verteidigungsrat der DDR.

1992 systematisch die Militär- und Sicherheitspolitik der DDR und der Geschichte der NVA. Erschienen ist bisher eine Analyse der Jahre 1947–1952[72] sowie eine umfangreiche Studie zur Geschichte der Kasernierten Volkspolizei (KVP) 1952–1956[73]. 1996 hat das MGFA zudem eine Bibliographie zur Militär- und Sicherheitspolitik in der SBZ/DDR veröffentlicht, die einen hilfreichen Überblick über die bis dahin erschienene Literatur gibt[74]; im Hinblick auf die Darstellung der entscheidenden Fakten der DDR-Militärgeschichte gilt dies ebenso für das 1998 erschienene „Handbuch der bewaffneten Organe der DDR"[75]. Außerordentlich informativ und kenntnisreich ist darüber hinaus eine im Auftrag des MGFA von Peter Trommer verfaßte Studie über die Modifikationen im SED-Parteiapparat in der NVA bis 1961, die jedoch unveröffentlicht geblieben ist[76].

Im Rahmen einer Skizzierung des Forschungsstandes gilt es, das Augenmerk vor allem auf zwei Aspekte zu richten, deren Analyse in der vorliegenden Studie einen wichtigen Stellenwert einnimmt: Zum einen ist dies auf der Mikroebene die Organisation der politischen Durchdringung, die bisher widersprüchlich und häufig unzutreffend dargestellt worden ist. Zum anderen ist es auf der Makroebene die Frage der militärpolitischen Orientierung der SED an China, die in der DDR-Militärgeschichtsschreibung ein Tabuthema war[77], im Westen bis 1990 mit einer Ausnahme nicht erkannt wurde und deren Zusammenhänge noch immer weitgehend unerforscht sind.

Günther Glaser hat darauf hingewiesen, daß vor allem der Ungarn-Aufstand die SED dazu veranlaßte, bestehenden „Führungsproblemen in den sozialistischen Streitkräften entsprechende Beachtung zu schenken"[78]. Denn nach der Gründung der NVA, so Walter Borning, hätten Teile des Offizierskorps der NVA Parteibeschlüsse mißachtet[79]. Wie A. Ross Johnson festgestellt hat, ist es nach 1956 das Ziel der SED gewesen, die „innere Autonomie" des Militärs zu verhindern und die „volle Kontrolle über spezifisch militärische Angelegenheiten zu erlangen"[80]. Gerhard Bogisch zufolge wollte die SED die Trennung von politischer und militärischer Führung in der NVA überwinden. Zudem habe die Parteiführung auch die Arbeit der Politorgane in der NVA kritisiert. Die SED habe daher im Anschluß an die 30. ZK-Tagung Anfang 1957 die Kompetenzen der Parteiorganisationen erweitert. Hierauf hätten die „Instruktion für die Arbeit der Parteiorganisationen der SED in der NVA" und die „Bestimmungen für die Arbeit der Politorgane der NVA der DDR" vom Mai 1957 ebenso abgezielt wie die im Juni abgehaltene Beratung von Mitgliedern des Politbüros mit Parteifunktionären in der NVA[81]. Auf dieser sogenannten „Eggersdorfer Tagung", so hat Walter Borning geäußert, seien vor allem von Walter Ulbricht, Hermann Matern, Willi Stoph und Erich Honecker die

---

[72] Thoß, Volksarmee schaffen – ohne Geschrei!.
[73] Diedrich/Wenzke, Die getarnte Armee.
[74] Ehlert, Die Militär- und Sicherheitspolitik in der SBZ/DDR.
[75] Diedrich, Im Dienste der Partei.
[76] Trommer, Struktur, Organisation und Wirkungsweise.
[77] Froh, Das chinesische Prinzip, S. 8.
[78] Glaser, Die Initiative des Zentralkomitees der SED im Mai und Juni 1957, S. 300.
[79] Borning, Die Nationale Volksarmee erfüllt ihre geschichtliche Aufgabe, S. 1639.
[80] Johnson, Die Streitkräfte des Warschauer Paktes in Mitteleuropa, S. 118 f.
[81] Bogisch, Über die militärpolitische Bedeutung der 30. Tagung des ZK, S. 155 ff.

Grundlagen der neuen Militärpolitik der SED erläutert worden[82]. Die zentrale Bedeutung der Tagung war der westlichen Forschung bis 1990 nicht bekannt. Günther Glaser hat darauf verwiesen, daß sich ab diesem Zeitpunkt in der NVA auch die Offiziere, sofern sie SED-Mitglied waren, dem Prinzip der „Kritik und Selbstkritik ohne Ansehen der Person" zu unterwerfen hatten[83]. Dessen Anwendung sei jedoch „vielfach von den Vorgesetzten unterbunden" worden, so Walter Borning. Durch den Politbürobeschluß vom 14. Januar 1958 habe die SED dann versucht, das Zusammenwirken zwischen Kommandeuren und Parteileitungen weiter zu verbessern: Den Parteiorganisationen sei das Recht eingeräumt worden, „die dienstliche Tätigkeit aller Offiziere zu beurteilen" und „Vorschläge zur Verbesserung der Arbeit zu machen"[84].

Burckhard Blanke ist es vor 1990 als einzigem westlichen Autor annähernd gelungen, den Prozeß der politischen Durchdringung der NVA sowohl chronologisch als auch auf der Basis der entscheidenden Parteibeschlüsse zu rekonstruieren[85]. Er hat darauf hingewiesen, daß die Einführung der „kollektiven Führung" 1957 heftige Auseinandersetzungen zwischen der SED und dem Offizierskorps auslöste. Diese Neuerung habe die Autorität der Kommandeure schwer erschüttert[86]. Blankes These, das Politbüro habe daraufhin die Befehlsverhältnisse wieder zugunsten der ungeteilten Befehlsgewalt der militärischen Führer geordnet und die Politoffiziere und Parteiorganisationen hätten sich „zu reinen Erziehungsinstrumenten entwickkelt", läßt sich empirisch aber nicht erhärten[87]. Die SED scheint ihr Konzept vielmehr weiter verschärft zu haben. Dabei bestand die ablehnende Haltung von Seiten der Truppenführung unvermindert fort. Der verstärkte Einfluß der Parteiorganisationen durch die Einführung kollektiver Entscheidungsprozesse wurde von Teilen des Offizierskorps als Widerspruch zur proklamierten „Festigung der Einzelleitung" aufgefaßt[88].

A. Ross Johnson hat dazu bemerkt, die Einflußnahme der Partei in der Armee nach der Institutionalisierung eines eigenen Befehls- und Meldesystems habe ständig für Konflikte gesorgt. Wegen der letztlich übereinstimmenden Interessen der politischen Beauftragten einerseits und der militärischen Führer andererseits sei es aber niemals zu institutionellem Widerstand des Offizierskorps oder des Militärs im ganzen gekommen[89]. Erst kürzlich hat Rüdiger Wenzke als Ursache für die Konflikte zwischen SED und Offizierskorps identifiziert, daß sich viele Offiziere „ausschließlich als militärische Fachleute" gefühlt und sich für die „politische und ideologische Indoktrination ihrer Unterstellten" nicht hätten verantwortlich machen lassen wollen. Diese sei nach Gründung der NVA „offensichtlich auf massive Ablehnung in Teilen des Offizierskorps" gestoßen, ebenso wie der Einfluß der häufig inkompetenten Politoffiziere. Den „sich ausweitenden Unstimmigkeiten" sei die

[82] Borning, Die Nationale Volksarmee erfüllt ihre geschichtliche Aufgabe, S. 1639.
[83] Glaser, Die Initiative des Zentralkomitees der SED im Mai und Juni 1957, S. 303.
[84] Borning, Die Nationale Volksarmee erfüllt ihre geschichtliche Aufgabe, S. 1640.
[85] Blanke, Zum Verhältnis Militär – Partei – Gesellschaft in der DDR, S. 187 ff.
[86] Ebenda, S. 196.
[87] Ebenda, S. 198.
[88] Bogisch, Über die militärpolitische Bedeutung der 30. Tagung des ZK, S. 159.
[89] Johnson, Die Streitkräfte des Warschauer Paktes in Mitteleuropa, S. 118 f.

SED-Führung darauf seit dem Frühjahr 1957 „offen entgegengetreten"[90]. Stein des Anstoßes dürfte jedoch nicht die Ausweitung der Verantwortlichkeit der Offiziere gewesen sein, sondern vielmehr die Verwirklichung der kollektiven Führung in den Streitkräften, bedeutete diese doch das Ende der ungeteilten Befehlsgewalt der Kommandeure. Michael Buddrus hat in diesem Zusammenhang geäußert, nach dem Politbürobeschluß vom 14. Januar 1958 über die Rolle der SED in der NVA sei „eine passive Resistenz des Offizierskorps gegenüber sachfremden politischen Indoktrinationsbemühungen" festzustellen gewesen[91].

Zweifelhaft ist in diesem Zusammenhang Dale R. Hersprings Annahme, es sei der SED möglich gewesen, sowohl die politische Kontrolle als auch die militärische Effizienz und die Technisierung der NVA zu erhöhen. Er meint, die Professionalisierung habe weder zu einem Abbau des politischen Kontroll- und Steuerungsapparates noch des politischen Engagements der Offiziere geführt[92]. Sein Ansatz ist nicht nur deshalb zu kritisieren, weil er den Umfang des Parteiapparates mit dem Grad der politischen Überzeugung gleichsetzt. Auch hat er die Abgrenzung der DDR 1961 als politisch stabilisierenden Faktor unterschätzt, die eine wesentliche Voraussetzung für die Professionalisierung der NVA war.

Bezüglich der strukturellen Verflechtung von SED und NVA hat Helmut Bohn hervorgehoben, die Kommandeure seien nach der Implementierung kollektiver Beratungen mit den Parteileitungen und Parteisekretären weitaus stärker der Kontrolle der SED ausgesetzt gewesen[93]. Die von Friedrich P. Martin in diesem Zusammenhang geäußerte Auffassung, die Kommandeure hätten „automatisch" der Parteileitung in ihrer Einheit angehört[94], dürfte jedoch unzutreffend sein. Zudem hat Helmut Bohn auf den Bedeutungsverlust der Politoffiziere gegenüber den Parteileitungen und Parteisekretären Ende der fünfziger Jahre hingewiesen[95]. Die offenbar zwischen 1957 und 1963 existierende herausgehobene Stellung der Parteisekretäre ist später häufig übersehen worden. So hat Thomas M. Forster fälschlicherweise angenommen, die SED habe die Kontrolle der Kommandeure in erster Linie über die Politorgane und Politoffiziere ausgeübt. Zwar hat er die Kontrollstrukturen vergleichsweise vollständig dargestellt. Zumeist jedoch konnte er keine Einsicht in ihre Wirkungsweise entwickeln. Die institutionelle und funktionale Trennung von Politorganen und Parteiorganisationen etwa ist ihm verborgen geblieben[96]. Die in diesem Zusammenhang von Burckhard Blanke geäußerte Annahme, die Parteisekretäre seien in der Regel zugleich Politstellvertreter der Kommandeure gewesen, erweist sich als unzutreffend[97]. Es zeigt sich, daß eine überzeugende Darstellung der komplexen Wirkungszusammenhänge zwischen Militär und Partei in der DDR weiterhin aussteht.

---

[90] Wenzke, Die Nationale Volksarmee, S. 439.
[91] Buddrus, „Kaderschmiede für den Führungsnachwuchs"?, S. 225.
[92] Herspring, East German Civil-Military Relations, S. 141 ff.
[93] Bohn, Die Aufrüstung in der Sowjetischen Besatzungszone Deutschlands, S. 35.
[94] Martin, SED-Funktionäre in Offiziersuniform, S. 141.
[95] Bohn, Die Aufrüstung in der Sowjetischen Besatzungszone Deutschlands, S. 35.
[96] Forster, NVA. Die Armee der Sowjetzone, S. 93 ff.; ders., Die NVA. Kernstück der Landesverteidigung der DDR, S. 188 ff.
[97] Blanke, Zum Verhältnis Militär – Partei – Gesellschaft in der DDR, S. 202.

Das Motiv für die Implementierung des kollektiven Führungsprinzips in der NVA dürfte primär die Verhinderung militärischer Autonomie gewesen sein. Die von Werner Hübner im nachhinein formulierte Begründung, das Prinzip habe „Mitbestimmung von unten" ermöglichen sollen[98], erscheint daher als grobe Verzerrung der eigentlichen Zielsetzung der Parteiführung. Eberhard Haueis hat diesbezüglich konstatiert, die Parteileitungen hätten die Interessenvertretung der einfachen Soldaten gegen „Erscheinungen des Machtmißbrauchs durch Vorgesetzte" übernommen[99]. Der Machtmißbrauch dürfte jedoch vor allem ein Ergebnis der beschnittenen Eigenverantwortung der NVA-Offiziere durch die Erweiterung des Mitspracherechtes der Partei in militärischen Fragen infolge der Verwirklichung des kollektiven Führungsprinzips gewesen sein.

Der Begriff der sogenannten Einzelleitung ist in der Forschung häufig mißverstanden worden. Anders als Peter Jungermann angenommen hat[100], hat die spezifische Interpretation dieses Führungsprinzips in der NVA die Position der Kommandeure jedoch nicht gestärkt. Vielmehr wurde diese geschwächt, da der Kommandeur, so Günther Glaser, als Einzelleiter zwar die „Einheit von politischer und militärischer Führung" verkörpert habe[101], statt der ungeteilten Befehlsbefugnis habe diese aber die „kollektive Beratung" vorausgesetzt[102]. Die Verwirklichung der Einzelleitung bewirkte daher offensichtlich weder die „Unterordnung der Partei- und Kontrollorgane unter die ungeteilte Befehlsbefugnis des militärischen Führers", wie Karl Diefenbach vermutet[103], noch die Degradierung des Politoffiziers zu einem reinen „Gehilfen" des Kommandeurs, wie Peter-Joachim Lapp geäußert hat"[104].

Obgleich die Analyse des Parteiapparates der SED in der NVA bisher vergleichsweise viele Informationen hervorgebracht hat, existieren zu anderen Instrumenten der politischen Durchdringung bisher kaum erschöpfende Forschungsergebnisse. So bestehen beispielsweise hinsichtlich der Wirkungsweise des Staatssicherheitsdienstes und der Bedeutung des Nomenklatursystems in den Streitkräften noch immer große Forschungslücken. Ziel dieser Analyse ist es daher auch, diesbezüglich auf der Grundlage bisher unberücksichtigter Quellen neue Erkenntnisse zu gewinnen.

Die These, die SED-Militärpolitik habe sich zwischen 1957 und 1960 an China orientiert, ist nicht nur nach der Analyse der nun zugänglichen NVA-Quellen evident. Hinweise darauf wären schon vor 1990 in zeitgenössischen DDR-Publikationen zu finden gewesen[105]. Der Tatbestand ist von der Forschung bisher aber kaum thematisiert worden. Daher ist es ein zentrales Ziel der vorliegenden Analyse, die von Peter Jungermann formulierte These von der „uneingeschränkt anerkannten Vorbildlichkeit der Sowjetarmee für die NVA in jeder Hinsicht"[106] anhand von neuen Quellen zu widerlegen.

---

[98] Hübner, Zur Rolle der Partei in der Nationalen Volksarmee, S. 418.
[99] Haueis, Die führende Rolle der SED in der Nationalen Volksarmee, S. 14.
[100] Jungermann, Die Wehrideologie der SED, S. 86.
[101] Glaser, Die Initiative des Zentralkomitees der SED im Mai und Juni 1957, S. 294.
[102] Ebenda, S. 306.
[103] Diefenbach, Militärgeschichte nach dem Zweiten Weltkrieg, S. 465.
[104] Lapp, Die Nationale Volksarmee 1956–1990, S. 1935.
[105] Vgl. v. a. Tao, Die Geschichte und die besten Traditionen, S. 721 ff.
[106] Jungermann, Die Wehrideologie der SED, S. 96.

Allein Dale R. Herspring hat vor 1990 die von China übernommenen Ansätze, Offiziere der NVA für einige Zeit als Soldat dienen oder in der Produktion arbeiten zu lassen, erwähnt. Dies sei eine Reaktion der SED auf die „general tendency to separate politics from expertise" gewesen[107]. In der militärhistorischen Forschung der DDR sind die chinesischen Erziehungsmethoden in den unveröffentlicht gebliebenen Arbeiten von Günther Glaser[108] und Siegfried Otto[109] behandelt worden.

Nach der Wiedervereinigung sind die „chinesischen Experimente" unter anderem in Aufsätzen von Klaus Froh[110], von Friedrich Elchlepp und Dieter Flohr[111] sowie von Rüdiger Wenzke[112] thematisiert worden. Darüber hinaus wird in einer Reihe autobiographischer Abhandlungen auf diese Erziehungsmethoden hingewiesen[113].

Heinz Hampel hat festgestellt, daß die Orientierung am chinesischen Modell das Ergebnis der Reise einer Militärdelegation der NVA im Oktober 1957 nach China war[114]. Als Erklärung für diese Orientierung hat Rüdiger Wenzke angeführt, die SED-Führung habe die „zum Teil katastrophalen inneren Verhältnisse in der NVA" anhand der „chinesische[n] Erfahrungen" verbessern wollen[115]. Klaus Froh zufolge sollte zudem der entstandene Kastengeist des Offizierskorps beseitigt und seine Verbundenheit zur Arbeiterklasse wieder gestärkt werden[116]. Darüber hinaus, so hat Werner Hübner geäußert, habe es zu dieser Zeit außenpolitisch geboten erschienen, der UdSSR zu signalisieren, „daß man sich nicht in jeder Hinsicht am Vorbild der Sowjetunion orientieren müsse"[117]. Anscheinend gab es darüber hinaus auch Probleme, die sowjetischen Vorgaben bei der Organisation der politischen Durchdringung zu verwirklichen.

Peter-Joachim Lapp hat die Auffassung vertreten, die Maßnahmen seien bei den Offizieren mehrheitlich auf „Unverständnis oder Ablehnung" gestoßen. Entscheidend für die Aufgabe der chinesischen Prinzipien der Truppenführung durch die SED Ende 1960 sei jedoch die Tatsache gewesen, daß die sowjetischen Vertreter des Vereinten Kommandos des Warschauer Paktes in der NVA diese ebenfalls verworfen hätten[118]. Rüdiger Wenzke hat zudem bemerkt, alle diesbezüglichen Befehle und Anordnungen seien außer Kraft gesetzt worden, weil sie nicht die „gewünschten politischen und ideologischen Wirkungen" gezeigt hätten[119]. Eine große Rolle spielte in diesem Zusammenhang wohl auch ein externer Faktor und weniger die Tatsache, daß die Gefechtsbereitschaft wegen unbesetzter Offiziersplanstellen nicht mehr garantiert war, wie Günther Glaser angeführt hat[120]. Die Abkehr von den chi-

---

[107] Herspring, East German Civil-Military Relations, S. 74 ff.
[108] Glaser, Zur Entwicklung der militärischen Einzelleitung, S. 210 ff.
[109] Otto, Über die Rolle des Zentralkomitees, S. 72 f.
[110] Froh, Das chinesische Prinzip, S. 8.
[111] Elchlepp/Flohr, „Chinesische Erziehungsmethoden", S. 26 ff.
[112] Wenzke, Chinesische Experimente, S. 54 ff.
[113] Vgl. u. a. Fricke, Davor – Dabei – Danach, S. 116 ff.; Hampel, Im Ministerium für Nationale Verteidigung, S. 188 ff.; Hasemann, Soldat in der DDR, S. 201 ff.
[114] Hampel, Im Ministerium für Nationale Verteidigung, S. 188.
[115] Wenzke, Die Nationale Volksarmee, S. 440.
[116] Froh, Das chinesische Prinzip, S. 8.
[117] Hübner, Zur Rolle der Partei in der Nationalen Volksarmee, S. 424.
[118] Lapp, Die Nationale Volksarmee 1956–1990, S. 1953.
[119] Wenzke, Die Nationale Volksarmee, S. 441.
[120] Glaser, Zur Entwicklung der militärischen Einzelleitung, S. 239.

nesischen Elementen in der Militärpolitik war vermutlich in noch entscheidende-
rem Maße die Folge der sich verschärfenden politischen Spannungen zwischen der
UdSSR und China 1960/1961, die die SED-Führung gezwungen haben dürfte, diese
Orientierung aufzugeben.

Zuletzt hat Klaus P. Storkmann eine erste umfangreichere Analyse des Einsatzes
von DDR-Offizieren in der Produktion und ihres Dienstes als Soldat in der Truppe
vorgelegt[121]. Seiner Auffassung nach beschränkte sich die Orientierung der SED an
der chinesischen Volksbefreiungsarmee (VBA) allein auf diese Erziehungsmaßnahmen. Er hat daher nicht erkannt, daß auch die Veränderungen des Parteiapparates in
der NVA Ende der fünfziger Jahre zum Teil in Anlehnung an das chinesische Vorbild erfolgten.

4. Quellenlage und quellenkritische Probleme

Für die Erforschung der DDR-Geschichte ist es außerordentlich hilfreich, daß
heute nahezu alle Quellen zugänglich sind[122], weil vor allem die im „Bundesarchiv-
gesetz" genannte Schutzfrist für Akten von 30 Jahren in bezug auf die Archivbe-
stände der ehemaligen DDR keine Anwendung fand[123].

Ein großer Vorteil für die militärgeschichtliche Forschung ist zudem, daß nahezu
die gesamten NVA-Aktenbestände archivarisch erfaßt und katalogisiert sind. Diese
Akten befinden sich jetzt im Bestand des „Militärarchivs im Bundesarchiv"
(BA-MA) in Freiburg i. Br.

Von den NVA-Akten bilden die Quellenbasis der vorliegenden Analyse insbesondere die Bestände des „Ministeriums für Nationale Verteidigung" (BA-MA,
VA-01 und BA-MA, AZN[124]) und der „Politischen Verwaltung" beziehungsweise
der „Politischen Hauptverwaltung"[125] des Ministeriums für Nationale Verteidigung
(BA-MA, VA-P-01). Ferner wurden die Akten der „Sicherheitskommission" des
ZK (BA-MA, DVW 1) und des 1960 aus ihr hervorgegangenen „Nationalen Verteidigungsrates" (BA-MA, DVW 1) ausgewertet. Auch sie befinden sich im Militärarchiv. Darüber hinaus waren auch Akten der „KVP" (BA-MA, DVH 3) für das
Thema relevant. Zusätzlich wurden veröffentlichte Quellen verwandt. Ein Großteil
dieses Materials, so die Dienstvorschriften der NVA, befindet sich in der Bibliothek
des MGFA, in die der Bestand der Bibliothek des MGI eingegangen ist.

Weiterhin wurden für die Arbeit die wesentlichen Akten der „Stiftung Archiv der
Parteien und Massenorganisationen der DDR im Bundesarchiv" (SAPMO-BArch)
in Berlin ausgewertet, in dem sich die Bestände des ehemaligen „Zentralen Partei-
archivs" (ZPA) der SED befinden. Dies sind die Akten des „Politbüros" (SAPMO-

---

[121] Storkmann, Das chinesische Prinzip in der NVA, S. 24 ff.

[122] Eine Ausnahme bilden hier die Akten der Militärstaatsanwaltschaft, die zum Zeitpunkt der
Quellenrecherche noch nicht verfügbar waren.

[123] Vgl. Weber, Immer noch Probleme mit Archiven, S. 580 f.

[124] Akten, die bis 1990 nicht in den katalogisierten Bestand des Militärarchivs der DDR aufgenommen worden sind, sind im Bestand des Militärarchivs im Bundesarchiv unter ihrer
Aktenzugangsnummer (AZN) archiviert.

[125] Die Politische Verwaltung (PV) wurde 1961 in die Politische Hauptverwaltung (PHV) umgewandelt. Vgl. Kap. VIII.1. dieser Studie.

BArch, DY 30/J IV 2/2), des „ZK-Sekretariates" (SAPMO-BArch, DY 30/J IV 2/3), der „ZK-Abteilung für Sicherheitsfragen" (SAPMO-BArch, DY 30/IV 2/12) und des „Büros Ulbricht" (SAPMO-BArch, DY 30/J IV 2/202). Ferner die Akten der „Parteikonferenzen" (SAPMO-BArch, DY 30/IV 1) und „Parteitage" der SED (SAPMO-BArch, DY 30/IV 1), der „ZK-Tagungen" (SAPMO-BArch, DY 30/IV 2/1), der „ZK-Abteilung für Internationale Verbindungen" (SAPMO-BArch, DY 30/IV 2/2), des „Nachlasses Ulbricht" (SAPMO-BArch, NY) und des „Büros Honecker" (SAPMO-BArch, DY 30)[126].

Der dritte Quellenbestand, der die Grundlage der Analyse bildet, sind Akten im Archiv des „Bundesbeauftragten für die Unterlagen des Staatssicherheitsdienstes der ehemaligen DDR" (BStU) in Berlin. Große Teile des entscheidenden Materials sind bisher noch nicht aufgefunden worden. Möglicherweise wurden sie auch vor der Wiedervereinigung vernichtet. Soweit ersichtlich, scheint ein Großteil der für den Bearbeitungszeitraum relevanten Akten des „Büros der Leitung" des Ministeriums für Staatssicherheit (MfS) (BStU, ZA, MfS BdL) sowie der „Hauptabteilung I" des MfS (BStU, ZA, MfS HA I), die im Ministerium für Nationale Verteidigung als „Verwaltung 2000" firmierte, nicht mehr zu existieren. Ausgewertet wurden neben diesen Beständen die vorhandenen Akten der „Zentralen Auswertungs- und Informationsgruppe" des MfS (BStU, ZA, MfS ZAIG), der „Hauptabteilung IX" des MfS (BStU, ZA, MfS HA IX), „archivierte Operative Vorgänge" (BStU, ZA, MfS AOP) sowie Schriften der „Juristischen Hochschule" des MfS (BStU, ZA, JHS) in Potsdam-Eiche.

Einen guten ersten Überblick über einen Teil des umfangreichen Quellenmaterials zu den Beziehungen zwischen der SED und der NVA vermittelt eine Quellenedition des MGI[127].

Vor allem die Quellen aus den Anfangsjahren der DDR dürften für die militärhistorische Forschung besonders ergiebig sein. Mit ihnen lassen sich die internen Diskussions- und Entscheidungsprozesse verhältnismäßig gut nachvollziehen, obwohl auch schon zu dieser Zeit an der Spitze der Staats- und Parteiführung eine offene und sachbezogene Diskussion und Analyse der Lage nur noch bedingt stattfand. Die Quellen sind jedoch nicht ausschließlich polemisch oder beschönigend, da ein gewisser Bezug zur sozialen Realität letztlich eine Existenzfrage war. Kritik an bestehenden Zuständen wurde in der Regel in negative Einzelbeispiele gekleidet, die der vermeintlich positiven allgemeinen Grundentwicklung zuwider gelaufen seien. Gerade in für die SED kritischen Momenten ist der Stil der Akten durchaus pragmatisch. Dies gilt unter anderem für interne Briefwechsel zwischen den Entscheidungsträgern.

Gewisse Entscheidungsprozesse lassen sich auch anhand des umfangreichen Aktenmaterials nicht rekonstruieren. So wurden etwa Diskussionen, die den Beschlüssen des Politbüros und des Nationalen Verteidigungsrates vorausgegangen sein dürften, in der Regel nicht protokolliert. Ebenso ist die Kommunikation zwischen den Entscheidungsgremien der SED und der Kommunistischen Partei der Sowjetunion (KPdSU) hinsichtlich der Stellung der NVA im Bündnis in den DDR-Quel-

---

[126] Einige Akten der hier genannten Bestände führen in der Bestandssignatur zusätzlich ein „A". Bei diesen Akten handelt es sich um Arbeitsprotokolle.
[127] Die Militär- und Sicherheitspolitik der SED 1945 bis 1988.

len nur am Rand dokumentiert. Der Entscheidungsprozeß bezüglich der Integration der NVA in die Erste Strategische Staffel des Warschauer Paktes etwa läßt sich
nur indirekt und sehr lückenhaft rekonstruieren. Diese Forschungslücke dürfte sich
erst nach der Einsicht in die betreffenden Akten in den russischen Archiven schlie-
ßen lassen[128]. Sicherheitsrelevante und aussagekräftige Quellen dürften hier für
westliche Historiker jedoch bis auf weiteres nicht zugänglich sein[129].

Die Zahlen und Daten, die in den Quellen aufgeführt sind, scheinen in der Regel
korrekt und nicht manipuliert zu sein, zumal sie in erster Linie für den internen
Dienstgebrauch bestimmt waren. Der Aussagewert statistischer Analysen ist an
heutigen Kriterien gemessen zum Teil jedoch gering.

---

[128] So sind unter anderem die in deutscher Sprache ausgefertigten Aktenbestände des Warschauer Paktes nach dessen Auflösung 1991 nicht der Bundesrepublik Deutschland übergeben, sondern in die damals noch existierende UdSSR überführt worden.
[129] Vgl. Thoß, Volksarmee schaffen – ohne Geschrei!, S. 16.

I. Die Entstehung militärischer Strukturen in der DDR vor Gründung der NVA 1948–1956

Die Geschichte der DDR-Streitkräfte beginnt nicht erst mit der NVA-Gründung am 18. Januar 1956. Vielmehr hatte die SED bereits von 1948 bis 1952 durch den Aufbau kasernierter Polizeiverbände mit einer verdeckten Aufrüstung begonnen. Im Anschluß schuf sie zwischen 1952 und 1956 mit der KVP die militärische Vorläuferformation der NVA.

Im Mai 1948 erging die Weisung der Sowjetischen Militäradministration in Deutschland (SMAD) zum Aufbau kasernierter Polizeibereitschaften an die Deutsche Verwaltung des Innern[1] (DVdI)[2]. Hierzu wurde im Juli 1948 die Hauptabteilung Grenzpolizei und Bereitschaften (HA GP/B) geschaffen, deren Leiter der spätere Chef Ausbildung im Ministerium für Nationale Verteidigung, Hermann Rentzsch, wurde. Die HA GP/B diente als Führungsorgan für die aufzustellenden kasernierten Polizeiverbände und die Grenzpolizei, die aus der Schutzpolizei herausgelöst worden war. Bis Oktober 1948 entstanden in allen Ländern der SBZ 40 Bereitschaften der Volkspolizei (VP) mit jeweils 250 Mann. Ende desselben Monats begannen die Bereitschaftsangehörigen mit ihrer Ausbildung, die zu diesem Zeitpunkt eindeutig auf eine militärische Befähigung ausgerichtet war. In einem nächsten Schritt wurden die VP-Bereitschaften und die Grenzpolizei auf Befehl des Präsidenten der DVdI, Kurt Fischer, bis Mitte November des Jahres aus den Polizeiformationen der Länder herausgelöst und der HA GP/B direkt unterstellt. Ende 1948 führte man zudem einheitliche Dienstbezeichnungen und Dienstgradabzeichen für die nunmehr insgesamt rund 9900 Bereitschafts- und 9300 Grenzpolizisten ein[3].

Von großer Bedeutung für die weitere Entwicklung der bewaffneten Kräfte war zudem der Beschluß der SED-Führung vom 12. Juli 1948, auch in den Polizeiorganen SED-Parteistrukturen zu etablieren. Es war das Ziel der SED, von Beginn an auch in den VP-Bereitschaften ihre „führende Rolle" durchzusetzen. Zu diesem

---

[1] Die DVdI war schon im Juli 1946 auf Befehl der SMAD geschaffen worden. Ihr sollte die Leitung aller Institutionen der inneren Verwaltung sowie der öffentlichen Sicherheit und Ordnung obliegen. Ab 1948 fungierte sie als zentrales Führungsorgan aller Polizeikräfte und als Hilfsorgan für die effektivere Verwirklichung der sowjetischen Besatzungspolitik. Durch die Besetzung der Leitungspositionen der DVdI ausschließlich mit zuverlässigen Parteifunktionären konnte die SED ihren führenden Einfluß innerhalb des Polizei- und Sicherheitsapparates sicherstellen. Vgl. Eisert, Zu den Anfängen der Sicherheits- und Militärpolitik, S. 148f.

[2] Diese Entscheidung der UdSSR war vor allem ein Resultat der Londoner Konferenz vom Februar 1948. Dort hatten die Westmächte und die Benelux-Staaten den Aufbau eines föderativen Regierungssystems in den westdeutschen Besatzungszonen und deren Beteiligung am Marshallplan beschlossen. Die UdSSR entschied daraufhin ihrerseits, im Rahmen ihrer Doppelstrategie neben einer gesamtdeutsch ausgerichteten Politik den Aufbau staatlicher Strukturen in der SBZ zu verstärken. Dies betraf auch den Sicherheitsapparat als Stütze der neuen Gesellschaftsordnung. Vgl. Diedrich/Wenzke, Die getarnte Armee, S. 20ff.

[3] Vgl. Eisert, Zu den Anfängen der Sicherheits- und Militärpolitik, S. 166ff.

Zweck installierte die Partei bereits Ende 1948 einen speziellen Apparat für Polit-Kultur (PK). Allen Kommandeuren und Dienststellenleitern wurde als 1. Stellvertreter ein PK-Leiter zur Seite gestellt, der die konsequente Berücksichtigung der politischen Vorgaben der SED innerhalb des Dienstbetriebes kontrollierte. Befehle und Anordnungen der Kommandeure und Leiter erlangten erst mit der Zustimmung der PK-Leiter ihre Gültigkeit. Dem PK-Apparat oblag darüber hinaus auch die Anleitung der SED-Parteiorganisationen[4].

Vor allem wegen des teilweise katastrophalen inneren Zustandes der VP-Bereitschaften und der mangelhaften Rekrutierungspolitik[5] bestand allgemein eine schlechte Disziplin unter den Bereitschaftsangehörigen. Zudem gab es viele Desertionen. Dem versuchte die SED-Führung im Zuge des beginnenden Stalinisierungsprozesses ab Anfang 1949 durch eine breit angelegte Entlassungs- und Versetzungswelle zu begegnen[6].

Vor dem Hintergrund der Gründung der NATO (North Atlantic Treaty Organization) und der sich abzeichnenden Teilung Deutschlands fiel in der ersten Jahreshälfte 1949 die Entscheidung, die kasernierten Polizeiverbände zu militärischen Kaderformationen auszubauen. Zunächst wurde im Juli die Grenzpolizei aus der HA GP/B herausgelöst. Auf Beschluß des DVdI-Präsidiums wurde die HA GP/B anschließend als selbständiger Dienstbereich innerhalb der DVdI in Verwaltung für Schulung (VfS) umbenannt. Leiter der VfS als zentralem Führungsorgan war der Vizepräsident der DVdI und spätere Minister für Staatssicherheit, Wilhelm Zaisser[7]. Der VfS kam vorrangig die Aufgabe zu, ein militärisches Offiziers- und Unteroffizierskorps heranzubilden, das den Kaderstamm künftiger Streitkräfte bilden sollte[8].

Parallel dazu wurden die Bereitschaften der VfS gemäß sowjetischer Vorgaben umfassend umstrukturiert. Einerseits verringerte man die Zahl der Bereitschaften auf 35; andererseits aber wurde die Sollstärke je Bereitschaft auf rund 750 bis 1100 Mann erhöht. Zudem stieg die Zahl der VP-Schulen auf 11. Weiterhin erhielten die Schulen und Bereitschaften jetzt jeweils ein spezifisches Ausbildungsprofil und unterschieden sich entsprechend der verschiedenen Truppengattungen[9]. Im Herbst 1949 besaß die VfS eine Gesamtstärke von rund 35 300 Mann. Mit den militärisch ausgebildeten und bewaffneten Polizeiverbänden der VfS verfügte die SED schon vor Gründung der DDR über ein Instrument der Machtsicherung im Innern[10].

Die VfS war letztlich aber nur ein Zwischenschritt auf dem Weg zur Bildung von Organisationsstrukturen mit eindeutig militärischem Charakter, die die SED nach Gründung der DDR am 7. Oktober 1949 zunehmend forcierte. Nach der Bildung

---

[4] Vgl. ebenda, S. 186 f.

[5] Viele der Bereitschaftsangehörigen waren von sowjetischer Seite vor die Alternative gestellt worden, weiter in Kriegsgefangenschaft zu bleiben oder sich freiwillig für den Dienst zu verpflichten. Zudem waren viele der Geworbenen offenbar nicht bereit, in Verbänden zu dienen, die im Konfliktfall auch gegen westdeutsche Bürger eingesetzt werden sollten. Vgl. Diedrich/Wenzke, Die getarnte Armee, S. 28, 33 f.

[6] Vgl. ebenda, S. 33 f.

[7] Auch alle übrigen Führungspositionen der VfS besetzte man mit SED-Kadern.

[8] Vgl. Eisert, Zu den Anfängen der Sicherheits- und Militärpolitik, S. 184 f.

[9] 24 VP-Bereitschaften gehörten zur Infanterie, acht zur Artillerie und drei zur Panzertruppe, dazu kamen fünf Infanterie-, drei Artillerieschulen und eine Panzer-, eine Polit- sowie eine Nachrichten- und Pionierschule.

[10] Vgl. Eisert, Zu den Anfängen der Sicherheits- und Militärpolitik, S. 184 f.

des Ministeriums des Innern (MdI), in das die DVdI integriert wurde, erfolgte die Umbenennung der VfS in Hauptverwaltung für Ausbildung (HVA), der als Führungsorgan nunmehr alle VP-Bereitschaften und Ausbildungseinrichtungen unterstanden. Der Leiter der HVA war dem Minister des Innern direkt unterstellt. Die Leitung der Verwaltung lag bis Februar 1950 bei Zaisser, dann zwei Monate lang bei Heinz-Bernhard Zorn und im Anschluß bei Heinz Hoffmann, der später, von 1960 bis 1985, Minister für Nationale Verteidigung war. Die HVA gliederte sich in den Stab, die Hauptabteilung Polit-Kultur, die Intendantur und die Abteilungen Personal, Allgemeines sowie Ausbildung und Inspektion. Der Ausbildung und Schulung in der HVA lag eine rein militärische Ausrichtung zugrunde. Im April 1950 erhielt sie von der UdSSR erstmals einige Panzer sowie schwere Geschütze und Granatwerfer. In den folgenden Monaten fand der Aufbau der HVA-Strukturen seinen vorläufigen Abschluß[11].

Unter dem Eindruck des Korea-Krieges begann ab Anfang des Ausbildungsjahres 1950/1951 eine grundlegende Reorganisation der HVA. Die VP-Bereitschaften wurden auf 24 reduziert und nach dem Vorbild der Regimentsstruktur in den sowjetischen Landstreitkräften durchgehend einheitlich gegliedert. Dies sollte ein Zusammenwirken der verschiedenen Waffengattungen nach militärischen Einsatzgrundsätzen ermöglichen[12]. Es bestanden jedoch weiterhin schwerwiegende Mängel in der fachlichen Entwicklung vieler VP-Angehöriger sowie in der Ausbildungsplanung und Dienstdurchführung insbesondere der Offiziere. Daraus resultierten vor allem eine schlechte innere Ordnung und eine anhaltend hohe Desertionsrate: 1950 gab es 600 Fahnenflüchtige, 1951 waren es 395. Die SED-Führung schätzte den Stand der politischen Zuverlässigkeit der HVA noch immer als unbefriedigend ein. Aus diesem Grund und wegen allgemein fehlender Eignung wurden 1950 rund 10 000 VP-Angehörige vorzeitig aus dem Dienst entlassen, 1951 waren es nochmals 4000[13].

Darüber hinaus hatte die SED insbesondere nach dem III. Parteitag im Juli 1950 damit begonnen, in der HVA die politisch-ideologische Erziehung systematisch zu verstärken. Die Partei strebte die Bildung eines dezidiert politischen Führerkorps an; vor allem von den Offizieren forderte sie ein klares Bekenntnis zur SED und die Wahrnehmung ihres politisch-ideologischen Erziehungsauftrages. Auch galt es den Anteil der Parteimitglieder in der HVA beständig zu erhöhen. 1951 gehörten von den knapp 52 000 VP-Angehörigen insgesamt 31,5 Prozent der SED an; bei den Offizieren lag der Anteil sogar bei fast 60,0 Prozent[14].

Nach Ablehnung der „Stalin-Note" durch die Westmächte am 25. März 1952 und infolge der bevorstehenden Unterzeichnung des „Deutschland-Vertrages" und des Vertrages über die Europäische Verteidigungsgemeinschaft (EVG) zeichnete sich für die UdSSR deutlich ab, daß die Westintegration der Bundesrepublik nicht mehr zu verhindern sein würde. Nachdem die gesamtdeutsche Option entfallen war,

---

11 Vgl. Diedrich/Wenzke, Die getarnte Armee, S. 40ff.
12 Im Juni 1950 begann mit dem Aufbau der Hauptverwaltung Seepolizei (HVS) zudem die Schaffung einer DDR-Marine. Sie erreichte Ende des Jahres einen Personalbestand von insgesamt 2280 Mann. Bis Anfang 1952 wurde die Aufstellungsphase der HVS im wesentlichen abgeschlossen. Vgl. Ehlert, Die Hauptverwaltung für Ausbildung, S. 273 ff.
13 Vgl. Ehlert, Die Hauptverwaltung für Ausbildung, S. 266 ff.
14 Wenzke, Auf dem Wege zur Kaderarmee, S. 242 ff.

sollte die DDR nun nicht zuletzt auch militärpolitisch dauerhaft in das sozialistische Lager eingebunden werden. Anfang April 1952 wies die sowjetische Führung die SED daher an, in der DDR eine reguläre Armee aufzustellen. Demgemäß befahl der neue Minister des Innern Willi Stoph mit Wirkung vom 1. Juli 1952 die Bildung der KVP aus den Einheiten der HVA. Zugleich wurde die HVS in Volkspolizei-See (VP-See) umgewandelt und mit dem Aufbau der Volkspolizei-Luft (VP-Luft) begonnen. Offiziell war die KVP-Gründung ein Ergebnis der 2. Parteikonferenz der SED vom 9. bis 12. Juli 1952, auf der nicht nur die planmäßige „Errichtung der Grundlagen des Sozialismus" in der DDR, sondern auch die Schaffung „nationaler Streitkräfte" verkündet wurde[15].

Unter dem Deckmantel der KVP begann der Aufbau kampffähiger militärischer Verbände. Der Minister des Innern selbst übernahm die direkte Führung der KVP. Sein 1. Stellvertreter und Chef des Stabes wurde Vincenz Müller. Dem Minister unterstand ferner als Stellvertreter für Politische Arbeit Rudolf Dölling, als Stellvertreter für Ausbildung Heinz Hoffmann, als Stellvertreter für Wirtschaftsfragen Bernd Weinberger sowie als Stellvertreter die Chefs der VP-See Waldemar Verner und der VP-Luft Heinz Keßler, ferner ab 1953 als Stellvertreter für Bauwesen Wilhelm Mayer[16]. Im Januar 1953 konstituierte sich als zusätzliches Beratungsgremium das Kollegium des MdI, dem Ulbricht als Vertreter des Politbüros angehörte. Parallel dazu wurde ab Juni 1952 mit der Territorialverwaltung Pasewalk nach sowjetischem Vorbild das erste Armeekorps der KVP aufgestellt. Der Territorialverwaltung, die über alle Waffengattungen verfügte, unterstanden zwei Infanteriedivisionen (Bereitschaften) und eine mechanisierte Division sowie weitere selbständige Kommandos und Abteilungen (Regimenter und Bataillone). Jede Division war ihrerseits in drei Regimenter untergliedert. Im Herbst begann die kadrierte Aufstellung der Territorialverwaltungen Dresden, Leipzig sowie Dessau, später Schwerin. Ab Mai 1952 wurde die HVA/KVP zudem in größerem Umfang mit sowjetischer Waffentechnik aus dem Zweiten Weltkrieg beliefert, darunter auch mittlere und schwere Kampfpanzer. Am 27. August 1952 befahl Stoph die Einführung militärischer Dienstgrade in der KVP, die im Dezember einschließlich der Luft- und Seeeinheiten eine Gesamtstärke von rund 90 000 Mann erreichte[17].

Im Rahmen des Ausbaus der militärischen Strukturen verstärkte die SED auch den Parteiapparat in der KVP. Zunächst wurde im Ministerium des Innern als politisches Führungsorgan eine Politische Verwaltung geschaffen. Dieser unterstanden die Politorgane aller Einheiten, die bis hinunter auf Kompanieebene existierten. Zur Überwachung ihrer Entscheidungen war jedem Kommandeur und Dienststellenleiter weiterhin ein Politoffizier zur Seite gestellt, der nunmehr als „Polit-Stellvertreter" bezeichnet wurde. Nachdem das Prinzip der doppelten Führung Ende 1952 aufgegeben und die sogenannte „Einzelleitung" eingeführt worden war, erfolgte die Kontrolle durch die Politstellvertreter vor allem indirekt, um die Autorität der Kommandeure zu stärken und die Effizienz der Entscheidungsprozesse zu verbes-

---

[15] Vgl. Diedrich/Wenzke, Die getarnte Armee, S. 73 ff.
[16] Als Fachreferate waren dem Minister zudem relativ selbständige Verwaltungen unter anderem für Panzer, Pionierwesen, Artillerieversorgung, Kfz, Bewaffnung, Finanzen und Kader unterstellt. Vgl. Diedrich/Wenzke, Die getarnte Armee, S. 106.
[17] Vgl. Diedrich, Die Kasernierte Volkspolizei, S. 340 ff.

sern[18]. Die Arbeit der Politorgane und Parteiorganisationen in der KVP erfolgte auf der Basis des „Statuts der Organe für Politarbeit in den nationalen Streitkräften der DDR"[19]. Ende 1952 gab es in den drei Teilen der KVP insgesamt über 3800 Polit-offiziere[20].

Der Volksaufstand am 17. Juni 1953 in der DDR, dessen unmittelbarer Auslöser die Normenerhöhung in der Industrie gewesen war, bedeutete den ersten ernsthaften Test für die Einsatzbereitschaft der KVP. Vor allem wegen des mangelnden Vertrauens der sowjetischen Besatzungsmacht in die politische Zuverlässigkeit kam die KVP während der Unruhen erst spät zum Einsatz, für den sie weder ausreichend ausgebildet noch ausgerüstet war. Am 17. Juni selbst wurden nur 8160 Mann eingesetzt. Die Einheiten hatten vor allem Räum- und Sicherungsaufgaben zu erfüllen, wurden in der Regel aber hinter den sowjetischen Truppen eingesetzt. Insgesamt zeigten sie sich nicht dazu in der Lage, die an sie gestellten Aufgaben zu erfüllen. Erst am folgenden Tag übernahm die KVP mit eindeutigem Schießbefehl hauptverantwortlich die Aufgabe, ein erneutes Aufflammen der Streiks und Demonstrationen zu verhindern. Letztlich bewies die KVP zwar, daß sie als Machtinstrument der SED verfügbar war. Ihr Einsatz während des Volksaufstandes machte aber deutlich, daß sie nach wie vor nicht über die militärische Einsatzbereitschaft und Führungsfähigkeit verfügte, um in einer derartigen Lage selbständig zu operieren. Obwohl sich die überwiegende Mehrheit der KVP-Angehörigen, die unmittelbar beim Aufstand eingesetzt wurden, als politisch zuverlässig erwies, kam es auch zu Desertionen[21]. Befehlsverweigerungen in der KVP und der VP-See wurden offiziell in nur rund hundert Fällen bekannt. Im Anschluß an den Volksaufstand gab es jedoch spürbar mehr Entlassungsgesuche, zudem stieg die Zahl der Desertionen stark an[22]. Diese Fahnenfluchten waren in einem hohem Maß politisch motiviert und verdeutlichten nicht zuletzt den Gewissenskonflikt, in dem sich viele KVP-Angehörige nach dem Einsatz gegen die eigene Bevölkerung befanden. In der Situation entließ die SED-Führung im Rahmen der durch die wirtschaftliche Krise erzwungenen Reduzierung der Gesamtstärke der KVP auf 99 784 Mann auch politisch vermeintlich illoyales Personal; davon waren fast 25 000 KVP-Angehörige betroffen[23].

Darüber hinaus vollzog die SED eine Reorganisation des MdI, in dessen Folge Hoffmann am 1. August 1953 Stellvertreter des Ministers und Chef der KVP wurde. Zudem schuf man im September ein Kollegium der KVP, dem die wichtigsten Vertreter der KVP-Führung angehörten. Im Zuge der Verkleinerung der KVP

---

[18] Vgl. S. 132 ff.

[19] Statut der Organe für Politarbeit in den nationalen Streitkräften der DDR, 1952, BA-MA, DVH 3/3408, Bl. 3 ff. Das Statut wurde 1954 modifiziert.

[20] Vgl. Diedrich/Wenzke, Die getarnte Armee, S. 211.

[21] Diesbezüglich äußerte ein Oberst der KVP: „Wer am 17. Juni mitgemacht hat ... hier in Berlin, der weiß, daß unsere Volkspolizisten in den ersten Tagen eine wirkliche Begeisterung zeigten – aber wir wissen auch, ... wieviele Desertionen es gab, gerade bei diesen Einheiten, die hier in Berlin ihre Aufgabe erfüllten." Protokoll der Parteidelegiertenkonferenz der KVP zur Vorbereitung des IV. Parteitages der SED, 8.–10. März 1954, BA-MA, DVH 3/3416, Bl. 225.

[22] Im September 1953 erhöhte sich die Zahl der Fahnenfluchten gegenüber Januar um 198 Prozent. Im gesamten Jahr desertierten insgesamt 85 KVP-Offiziere. Protokoll Nr. 8/55 der Sitzung des Kollegiums der KVP, 19. Dezember 1955, BA-MA, DVH 3/2055, Bl. 41.

[23] Vgl. Diedrich/Wenzke, Die getarnte Armee, S. 319 ff.

blieben nur noch die Armeekorps Nord und Süd mit jeweils rund 30 000 Mann bestehen, die in drei Divisionen gegliedert waren. Ferner gab es die mechanisierte Bereitschaft Potsdam und 21 Schulen der verschiedenen Waffengattungen. Diese Grundstruktur änderte sich bis zur NVA-Gründung nur noch geringfügig. Insgesamt begann im Ausbildungsjahr 1953/1954 eine Phase der Konsolidierung für die KVP. Personell, organisatorisch und hinsichtlich des Ausbildungsstandes sollten die Grundlagen für den Ausbau der KVP zu regulären Streitkräften geschaffen werden[24].

Nachdem die Ostblock-Staaten im Dezember 1954 beschlossen hatten, im Falle des Inkrafttretens der „Pariser Verträge" vom 23. Oktober des Jahres ein eigenes Militärbündnis zu gründen, leitete die SED-Führung nun endgültig die Umwandlung der KVP als getarnte Militärorganisation in eine schlagkräftige Kaderarmee ein. Diese wurde nach der Aufnahme der Bundesrepublik in die NATO am 5. Mai 1955 weiter intensiviert. Nach Einbeziehung der DDR in den am 14. Mai 1955 gegründeten Warschauer Pakt war es das Ziel der SED, die militärische Leistungsfähigkeit der zukünftigen Streitkräfte, die von vornherein als Koalitionsarmee konzipiert wurden, möglichst schnell an die der übrigen Bündnisarmeen anzugleichen. Durch die Ergänzungen der Verfassung von 1949, die die Volkskammer am 26. September 1955 beschloß, erhielt die DDR formal das Recht zur Landesverteidigung und damit auch zur Aufstellung einer regulären Armee[25].

---

[24] Vgl. ebenda, S. 363 ff.
[25] Diedrich, Die Kasernierte Volkspolizei, S. 357.

II. Die Armee im Staat der SED

1. Die Rolle des Militärs im Marxismus-Leninismus

Zu Beginn der marxistischen Theoriebildung entwickelten Karl Marx und Friedrich Engels keine eigene Militärkonzeption[1]. Im „Manifest der Kommunistischen Partei" von 1848 gingen sie noch davon aus, „daß mit Einführung der sozialistischen Gesellschaftsordnung der Staat sich von selbst auflöst und verschwindet", wie Engels es später formulierte[2]. Mit dem Verschwinden der Klassengegensätze verliere die „politische Gewalt" als „organisierte Gewalt einer Klasse zur Unterdrückung einer anderen" ihren Sinn[3]. Implizit setzte dies auch das Verschwinden des Militärs voraus.

Durch die klare Niederlage der Revolutionäre 1848/1849 gelangten Marx und Engels jedoch zu der Erkenntnis, daß die Bewaffnung der Massen allein der Revolution nicht zum Sieg verhelfen würde. Daher integrierten sie Krieg und Militär unter dem Eindruck fehlender Machtmittel zur Durchsetzung ihrer politischen Zielsetzungen dezidiert in die kommunistische Ideologie. Diese wurden zu Instrumenten der revolutionären Strategie und zu Faktoren im gesellschaftlichen Entwicklungsprozeß.

Engels entwickelte in den folgenden zwei Jahrzehnten ein starkes Interesse an militärischen Fragestellungen[4]. Grundsätzlich bewegten sich seine Überlegungen bis 1871 jedoch im Rahmen der zeitgenössischen Armeekonzeptionen. Engels glaubte zwar, daß die „Emanzipation des Proletariats" in der Zukunft einmal „eine aparte, neue Kriegsmethode erzeugen" werde[5]. Zunächst aber werde die Revolution

---

[1] Vgl. u.a. Höhn, Sozialismus und Heer, S. 31 ff., 121 ff., 211 ff., 339 ff.; Jungermann, Die Wehrideologie der SED, S. 29 ff. Raymond L. Garthoff hat in diesem Zusammenhang geäußert, der Marxismus habe „die militärische Lehre der Partei oder die des künftigen proletarischen Staates vor 1917 nicht festgelegt oder definiert". Garthoff, Die Sowjetarmee, S. 49. Jungermann ist dagegen der Auffassung, daß „mit dem Aufbau der Roten Armee faktisch die von Engels 1851 formulierte wehrpolitische Konzeption in die Tat umgesetzt worden" sei. Jungermann, Die Wehrideologie der SED, S. 32. Tatsächlich dürften beide Positionen einseitig überzeichnet sein. Es scheint sowohl eine Kontinuität der Konzeptionen als auch signifikante Kursänderungen als Reaktion auf die aktuelle politische Lage gegeben zu haben. Dies verweist auf das eigentlich zentrale Charakteristikum der marxistisch-leninistischen Militärkonzeption: die Notwendigkeit, den ideologischen Gesellschaftsentwurf mit dem politisch Opportunen zu verbinden.
[2] Engels an August Bebel in Zwickau [1875], in: Marx/Engels, Ausgewählte Schriften, Bd. 2, S. 32 f.
[3] Marx/Engels, Manifest der Kommunistischen Partei, in: Dies., Ausgewählte Schriften, Bd. 1, S. 45.
[4] Vgl. Wallach, Die Kriegslehre von Friedrich Engels, S. 17 ff.
[5] Engels, Betrachtungen über die Folgen eines Krieges der Heiligen Allianz gegen Frankreich

„Krieg zu führen haben mit den Mitteln und nach den Methoden der allgemeinen modernen Kriegführung"[6]. Um die Anschlußfähigkeit der kommunistischen Ideologie an die gesellschaftliche Wirklichkeit nicht zu gefährden, erteilte er den seiner Ansicht nach unrealistischen „Phantasien von einem Milizheer mit sozusagen gar keiner Dienstzeit" eine Absage[7]. Eine „aus Zivilisten neuformierte Armee" sei einem stehenden Heer vor allem „durch die Organisation, die die Hauptstärke der Regulären" bilde[8], unterlegen. Erst eine „kommunistisch eingerichtete und erzogene Gesellschaft" könne eine – wenn auch nur „asymptotische" – Annäherung an das Milizsystem verwirklichen[9]. Engels verschaffte sich taktisch Entlastung für eine pragmatische Zwischenlösung in der Gegenwart, indem er die Realisierung des Milizgedankens als wenig konkretes Fernziel definierte. Auf diese Weise versuchte er, den erkennbaren Gegensatz zwischen theoretischem Anspruch und praktischer Notwendigkeit zu entschärfen. Die revolutionäre Ideologie und der militärische Fortschritt sollten einander nicht ausschließen.

Engels sprach sich demzufolge für das stehende Heer als Gewaltpotential des Staates nach einer siegreichen Revolution aus. Zweckmäßig sei nur eine „regelmäßige Armee gegen die Invasion" von außen[10]. Zugleich befürwortete er aber auch die allgemeine Wehrpflicht. Er äußerte: „Je mehr Arbeiter in den Waffen geübt werden, desto besser."[11] Im Verlauf des revolutionären Prozesses schlage dann „das Fürstenheer um in ein Volksheer", was zur „Sprengung ... aller stehenden Armeen von innen heraus" führe[12].

Dieser herkömmliche Ansatz wurde aber um ein spezifisch neues Element erweitert: die „proletarische Garde ... zum Dienst im Innern"[13], die „mit selbstgewählten Chefs und eigenem selbstgewählten Generalstabe" parallel zum Heer existieren sollte[14]. Die Garde stellte aber keinen Entwurf für eine proletarische Armee dar. Vielmehr sollte die Revolution über ein innenpolitisches Machtinstrument zur „Drohung gegen die legitimistischen Gegenden"[15] verfügen. Von nun an gehörte der Einsatz der bewaffneten Macht auch gegen Teile der eigenen Bevölkerung zur marxistischen Strategie.

Anders als Engels hatte sich Marx vor 1871 zu militärischen Fragen nur wenig geäußert. Bei ihm jedoch hatte das Milizsystem nicht an Bedeutung verloren. Dessen

im Falle einer siegreichen Revolution im Jahre 1852, in: Ders., Ausgewählte militärische Schriften, Bd. 1, S. 218.

[6] Ebenda, S. 221.

[7] Engels, Die preußische Militärfrage und die deutsche Arbeiterpartei [1865], in: Ders., Ausgewählte militärische Schriften, Bd. 2, S. 319.

[8] Engels, Lehren des amerikanischen Krieges [1861], in: Marx/Engels, Werke, Bd. 15, S. 404.

[9] Engels an Marx vom 16. Januar 1868, in: Marx/Engels, Werke, Bd. 32, S. 21.

[10] Engels, Betrachtungen über die Folgen eines Krieges, in: Ders., Ausgewählte militärische Schriften, Bd. 1, S. 226.

[11] Engels, Die preußische Militärfrage und die deutsche Arbeiterpartei, in: Ders., Ausgewählte militärische Schriften, Bd. 2, S. 331.

[12] Engels, Herrn Eugen Dührings Umwälzung der Wissenschaft [1878], S. 177.

[13] Engels, Betrachtungen über die Folgen eines Krieges, in: Ders., Ausgewählte militärische Schriften, Bd. 1, S. 226.

[14] Marx/Engels, Ansprache der Zentralbehörde an den Bund vom März 1850, in: Dies., Werke, Bd. 7, S. 250.

[15] Engels, Betrachtungen über die Folgen eines Krieges, in: Ders., Ausgewählte militärische Schriften, Bd. 1, S. 227.

Errichtung blieb weiterhin das Ziel einer „allgemeinen Volksbewaffnung". Die Existenz von „kleinen stehenden Heeren" begriff Marx nur als Übergangslösung[16], um die „allgemeine Ausbildung im Waffengebrauch" der proletarischen Massen zu ermöglichen[17].

Der Aufstand der Pariser Kommune 1871 veranlaßte Marx dann aber im Gegensatz zu Engels dazu, einer vornehmlich ideologisch geprägten Militärkonzeption den Vorzug zu geben. In der Pariser Kommune sah Marx seinen revolutionären Gesellschaftsentwurf erstmals zum Teil verwirklicht. Für ihn war damit zugleich auch eine spezifisch eigene Form einer Militärorganisation der Arbeiterklasse geschaffen worden. Die Erfahrungen der Pariser Kommune hätten gezeigt, daß „die Arbeiterklasse ... nicht die fertige Staatsmaschine einfach in Besitz nehmen und diese für ihre eigenen Zwecke in Bewegung setzen" könne[18]. Vielmehr gelte es, die „bürokratisch-militärische Maschinerie" zu zerbrechen[19]. Marx befürwortete daher die „Unterdrückung des stehenden Heeres und seine Ersetzung durch das bewaffnete Volk". Das Gewaltpotential der siegreichen Revolution sollte eine „hauptsächlich aus Arbeitern bestehende Nationalgarde" bilden[20].

Diesen Ansatz übernahm zunächst auch Wladimir I. Lenin[21]. 1903 äußerte er: „Das stehende Heer ist ein Heer, das vom Volke getrennt ist und dafür ausgebildet wird, auf das Volk zu schießen. ... Zur Verteidigung des Staates gegen einen feindlichen Überfall braucht man kein stehendes Heer, dazu genügt eine Volkswehr."[22]

Die russische Revolution von 1905 veranlaßte Lenin jedoch dazu, seine militärtheoretische Konzeption in rascher Folge zu variieren, um programmatisch nicht den Anschluß an die revolutionäre Entwicklung zu verlieren. Der Aufstand auf dem Panzerkreuzer Potjomkin führte bei ihm zunächst zur Aufgabe des Volksbewaffnungsgedankens. Lenin zielte nun situationsbedingt darauf ab, aus Teilen der regulären zaristischen Armee den Kern einer „revolutionären Armee" zu bilden, die „als Stütze einer revolutionären Regierung dienen" sollte. Er konstatierte, die „großen geschichtlichen Fragen" könnten „nur durch Gewalt gelöst werden". Die „Organisation der Gewalt im modernen Kampf aber" sei „eine militärische Organisation"[23]. Die Armee wurde damit auch bei Lenin ein zentrales Instrument im revolutionären Klassenkampf.

Vor dem Hintergrund der gescheiterten Revolution vollzog Lenin jedoch einen erneuten Positionswechsel. Statt einer Ausnutzung der bestehenden militärischen Strukturen plädierte er wieder für die „Abschaffung des stehenden Heeres und

---

[16] Marx, Instruktionen für die Delegierten des Provisorischen Zentralrats zu den einzelnen Fragen [1867], in: Marx/Engels, Werke, Bd. 16, S. 199.

[17] Ebenda.

[18] Marx, Der Bürgerkrieg in Frankreich. Adresse des Generalrats der Internationalen Arbeiterassoziation [1871], in: Marx/Engels, Werke, Bd. 17, S. 336.

[19] Marx an Ludwig Kugelmann in Hannover (Auszug) [1871], in: Marx/Engels, Ausgewählte Schriften, Bd. 2, S. 433.

[20] Marx, Der Bürgerkrieg in Frankreich, in: Marx/Engels, Werke, Bd. 17, S. 338.

[21] Vgl. Jacobs, The Leninist Revival in Soviet Military Doctrine, S. 23 ff.

[22] Lenin, „An die Dorfarmut. Die Ziele der Sozialdemokraten, dargelegt für die Bauern" [1903], in: Ders., Über Krieg, Armee und Militärwissenschaft, Bd. 1, S. 50.

[23] Lenin, Revolutionäre Armee und revolutionäre Regierung [1905], in: Ders., Über Krieg, Armee und Militärwissenschaft, Bd. 1, S. 164.

seine Ersetzung durch die allgemeine Volksbewaffnung" in Form einer „Volks-miliz"[24].

Nach Beginn des Ersten Weltkrieges hielt Lenin zunächst an diesem ideologisch geprägten, auf Entdifferenzierung abzielenden Ansatz fest: Für den Kampf des Proletariats gegen die Bourgeoisie solle eine „proletarische Miliz" geschaffen werden, deren Offiziere durch die Mannschaften zu wählen seien[25]. Mit Bezug auf Marx forderte Lenin, die alte „Staatsmaschine" durch eine neue zu ersetzen, in der „Polizei, Armee und Bürokratie mit dem bis auf den letzten Mann bewaffneten Volk zu einer Einheit verschmolzen" seien[26]. Eine solche „wirkliche Volksmiliz" werde das „ausführende Organ der ‚Sowjets der Arbeiter- und Soldatendeputierten'"[27]. Lenins Militärkonzeption blieb bis zur Oktoberrevolution 1917 deutlich innenpolitisch geprägt. Wichtigstes Ziel der „Bewaffnung des Proletariats" war weiter, die „Bourgeoisie zu besiegen, zu expropriieren und zu entwaffnen"[28].

Auch jetzt glaubte Lenin noch daran, daß die Revolution den Sieg erringen werde, wenn sie sich in ihrer Militärorganisation konsequent an der Pariser Kommune als „Keimform der Sowjetmacht" orientiere[29]. Die oberste Aufgabe blieb für ihn weiterhin die „Abschaffung des stehenden Heeres"[30]. Die neue „sozialistische Rote Armee", so Lenin, werde die angestrebte „allgemeine Volksbewaffnung" verwirklichen, indem „neue Kader der Roten Garde" die „werktätigen Massen für den bewaffneten Kampf" schulten[31]. Die Behauptung, stehende Heere seien aufgrund der „Komplizierung des öffentlichen Lebens" oder der „Differenzierung der Funktionen" alternativlos, bezeichnete er als Phrase[32]. Nach der Entmachtung der Bourgeoisie beginne der Staat abzusterben. Folglich konstatierte Lenin: „An Stelle besonderer Institutionen einer bevorzugten Minderheit (... des stehenden Heeres) kann das die Mehrheit selbst unmittelbar besorgen ... ."[33] Im „harten Bürgerkrieg" werde dann „die neue Militärorganisation der neuen Klasse" geschaffen[34].

Parallel dazu verfestigte sich jedoch Lenins Einsicht in die militärischen Defizite der im Aufbau befindlichen Roten Armee. Er mußte einräumen, daß die „Offensive des imperialistischen Deutschlands gegen die Sozialistische Sowjetrepublik" am Ende des Ersten Weltkrieges „eine bittere, kränkende, harte, aber notwendige, nütz-

---

[24] Ebenda.

[25] Lenin, Das Militärprogramm der proletarischen Revolution [1916], in: Ders., Werke, Bd. 23, S. 80 f.

[26] Lenin, Briefe aus der Ferne. Brief 3. Über die proletarische Miliz [1917], in: Ders., Werke, Bd. 23, S. 340.

[27] Ebenda, S. 342 f.

[28] Lenin, Das Militärprogramm der proletarischen Revolution, in: Ders., Werke, Bd. 23, S. 76.

[29] Lenin, Bericht über die Tätigkeit des Rats der Volkskommissare, 11. (24.) Januar [1918], in: Ders., Werke, Bd. 26, S. 455.

[30] Lenin, Beratung der Regimentsvertreter der Petrograder Garnison. Rede über die Herstellung der Ordnung in der Stadt [1917], in: Ders., Werke, Bd. 26, S. 264.

[31] Lenin, Bericht über die Tätigkeit des Rats der Volkskommissare, in: Ders., Werke, Bd. 26, S. 462 f.

[32] Lenin, Staat und Revolution. Die Lehre des Marxismus vom Staat und die Aufgaben des Proletariats in der Revolution [1918], in: Ders., Werke, Bd. 25, S. 401.

[33] Ebenda, S. 432.

[34] Lenin, Die proletarische Revolution und der Renegat Kautsky [1918], in: Ders., Werke, Bd. 28, S. 284.

liche, wohltätige Lehre" gewesen sei[35]. Hier deutete sich Lenins zunehmende Hinwendung zu einer pragmatischeren Militärkonzeption an.

Es waren schließlich aber wohl vor allem die Erfahrungen des Bürgerkrieges in Rußland nach Ende des Ersten Weltkrieges, die eine Zäsur in Lenins militärtheoretischer Auffassung bewirkten. Der existentiellen Bedrohung der bolschewistischen Herrschaft durch die „weißen" Truppen konnte nur mit einer verbesserten militärischen Leistungsfähigkeit der Roten Armee begegnet werden. Dafür aber mußte Lenin einige seiner bisherigen Leitsätze korrigieren. Jetzt forderte er gezwungenermaßen die „Ausnutzung jenes Vorrats an bürgerlicher Wissenschaft und Technik des Militarismus" durch die proletarische Klasse, „ohne die sie die moderne Technik und die modernen Methoden der Kriegführung nicht meistern" könne[36]. Lenin schränkte aber ein, daß es „ein nicht wiedergutzumachender Fehler" wäre, „deshalb die Frage der Änderung der Grundlagen unserer Militärpolitik zu stellen"[37].

Bei der Begründung seines neuen Konzeptes konstruierte Lenin eine Prämisse, um seinen Positionswechsel abzusichern. Er äußerte: „Die Frage der Struktur der Roten Armee war eine völlig neue Frage, sie war nicht einmal theoretisch gestellt worden."[38] Damit umging Lenin die Gefahr, sich in einen Widerspruch zu der bestehenden Lehrmeinung zu begeben.

Strukturfragen ergaben sich für Lenin dabei zunächst vor allem hinsichtlich des Einsatzes von „bürgerlichen Spezialisten" in der Roten Armee[39]. Auch hier behauptete er, die „früheren Lehrer des Sozialismus" hätten sich zu dieser Frage nicht geäußert: „Sie existierte nicht für sie, denn sie entstand erst, als wir uns an den Aufbau der Roten Armee machten."[40] Diese Argumentation war ebenso taktisch wie dialektisch. Denn Engels etwa hatte sich für das stehende Heer vor allem deshalb ausgesprochen, weil er glaubte, die Revolution würde ohne bürgerliches Fachwissen nicht bestehen können. Nur dadurch, daß Lenin diese bestehenden Überlegungen konsequent ignorierte, erhielt er die Möglichkeit, eine sachlich zwingende Maßnahme als revolutionäre Neuerung in die Ideologie zu integrieren.

Noch Ende 1918 hatte Lenin gefordert, „beim Aufbau der neuen Armee die Kommandeure nur aus dem Volk" zu rekrutieren[41]. Doch schon auf dem VIII. Parteitag der Kommunistischen Partei im März 1919 vertrat er das neue Modell: Den Rumpf des Offizierskorps der Armee der Arbeiterklasse sollten nun in großer Zahl ehemals zaristische Offiziere bilden. Lenin verteidigte diese Kehrtwendung: In der „Frage der Militärfachleute" bekämpfe die Partei die „scheinbar radikale, in Wirklichkeit aber von Unwissenheit zeugende Einbildung ..., als wären die Werktätigen imstande, den Kapitalismus und die bürgerliche Ordnung zu überwinden, ohne von den bürgerlichen Spezialisten zu lernen, ohne sie auszunutzen"[42]. Ohne Militär-

---

35 Lenin, Eine harte, aber notwendige Lehre [1918], in: Ders., Werke, Bd. 27, S. 47.
36 Lenin, VIII. Parteitag der KPR(B), 18.–23. März 1919. Bericht des Zentralkomitees, 18. März, in: Ders., Werke, Bd. 29, S. 139.
37 Lenin, Alle zum Kampf gegen Denikin! (Brief des ZK der KPR [Bolschewiki] an die Parteiorganisationen) [1919], in: Ders., Werke, Bd. 29, S. 438.
38 Lenin, VIII. Parteitag der KPR(B), in: Ders., Werke, Bd. 29, S. 137.
39 Ebenda, S. 141.
40 Ebenda, S. 139.
41 Lenin, Rede am „Tag des roten Offiziers", 24. November 1918, in: Ders., Werke, Bd. 28, S. 190.
42 Lenin, Alle zum Kampf gegen Denikin!, in: Ders., Werke, Bd. 29, S. 439.

fachleute hätte „jene Rote Armee" nicht „geschaffen werden können, die … glänzende Siege … zu erringen" vermocht habe[43].

Mit der Integration der zaristischen Offiziere in die Rote Armee erhielt zwangsläufig die Frage der politischen Kontrolle besondere Bedeutung. Wichtige Kontrollinstrumente waren für Lenin die „verstärkte politische Arbeit in der Armee" und die „Arbeit der Kommissare", die die „Konzentrierung der allseitigen Kontrolle über den Kommandeurstab … in den Händen der Arbeiterklasse" garantieren sollten[44]. Die Leitung der Armee sollte letztlich ausschließlich durch die „Avantgarde, die führende Partei des Proletariats" erfolgen[45].

Entscheidenden Einfluß auf die Weiterentwicklung der kommunistischen Militärkonzeption hatte nach der Errichtung des bolschewistischen Regimes Leo Trotzki, der im März 1918 Kriegskommissar geworden war. Im Zuge des Aufbaus der Roten Armee schuf er die grundlegenden Rahmenbedingungen für die zivil-militärischen Beziehungen in sozialistischen Staaten[46]. Trotzki sah sich dabei gezwungen, trotz massiver innerparteilicher Kritik das militärisch Nötige mit den ideologischen Vorgaben zu verbinden.

Er war sich dieser „Zwiespältigkeit" durchaus bewußt, die er aber mit der „Übergangsperiode von der Herrschaft der Bourgeoisie zur sozialistischen Gesellschaftsordnung" rechtfertigte[47]. In seinen Thesen zur Frage der Armeebildung äußerte Trotzki auf dem VIII. Parteitag 1919, daß der Kampf gegen den „inneren und äußeren Klassenfeind" es verhindert habe, auf „,organischem' Wege zu einer Arbeiter- und Bauernmiliz zu kommen". Wenn es die innen- und außenpolitische Lage jedoch zulasse, solle zu einem territorial gegliederten „Klassenmilizheer" übergegangen werden[48]. Nach Etablierung der sozialistischen Ordnung in allen Ländern werde man schließlich ein „communist people in arms" werden[49].

Nach Ansicht von Trotzki war die Schaffung einer proletarischen „Klassenarmee" wegen der militärischen Zwangslage zunächst aber unausweichlich gewesen. Diese begriff er jedoch nur als einen „Übergangstypus": Dem „sozialen Bestande" nach sei sie ein „Klassenheer", den Ausbildungsmethoden entsprechend ein „,stehendes', ,reguläres' Heer"[50]. Letzteres bedeutete aber ausdrücklich nicht, daß das Militär „außerhalb der Politik" stehen sollte[51]. Trotzki stellte vielmehr klar, der

---

[43] Ebenda, S. 438.
[44] Ebenda, S. 440.
[45] Lenin, IX. Parteitag der KPR (B), 29. März–5. April 1920. Bericht des Zentralkomitees, 29. März, in: Ders., Werke, Bd. 30, S. 440.
[46] Vgl. Deutscher, Trotzki, S. 382 ff., 446 ff.
[47] Trotzki, Die Rote Armee. Rede, gehalten in der Sitzung des Allrussischen Zentralexekutivkomitees am 22. April 1918, in: Ders., Die Geburt der Roten Armee, S. 43.
[48] Trotzki, Unsere Politik in der Frage der Armeebildung. Thesen, angenommen auf dem VIII. Parteitag der KPR, im März 1919, in: Ders., Die Geburt der Roten Armee, S. 168 f.
[49] Trotsky, Theses on going over to the militia system (For the Ninth Congress of the Russian Communist Party [1920], in: How the Revolution Armed, vol. 2, S. 192.
[50] Trotzki, Unsere Politik in der Frage der Armeebildung, in: Ders., Die Geburt der Roten Armee, S. 166, 168.
[51] Trotzki, Die Schaffung der Roten Arbeiter- und Bauernarmee. Bericht auf dem 5. Sowjet-Kongreß in der Sitzung vom 10. Juli 1918, in: Ders., Die Geburt der Roten Armee, S. 86.

„revolutionäre Charakter der Armee" werde letztlich „durch den Charakter des Sowjetregimes bestimmt"[52].

Durch diesen Kunstgriff wurde es Trotzki möglich, spezifisch militärische Fragen zu entideologisieren. In diesem Sinne stand es für ihn außer Zweifel, daß die Rote Armee als eine „army of the professional type" zu organisieren war, wollte Sowjetrußland in der Lage sein, einen drohenden Angriff imperialistischer Staaten abzuwehren[53]. In Anlehnung an Engels äußerte er: „Wir brauchen nicht eine Armee, die auf irgendeinem selbst ausgetüftelten Prinzip aufgebaut ist, sondern … eine … zentralisierte Armee, die auf den Prinzipien der Kriegswissenschaft und Technik basiert."[54] Auf Trotzkis Betreiben wurde so das Leitbild professioneller Streitkräfte dauerhaft in die marxistisch-leninistische Militärkonzeption integriert.

Durch die Eingliederung ehemals zaristischer Offiziere als Folge des Mangels an militärisch qualifizierten Bolschewisten entstand für Trotzki die Notwendigkeit, einen die militärische Truppenführung kontrollierenden Parteiapparat in der Armee zu installieren. Während die Militärfachleute allein in „rein militärischen, operativen Fragen" Entscheidungen treffen sollten[55], war es Aufgabe der Kommissare, „alle militärischen Befehle" zu sanktionieren[56]. Dieser zweigeteilte Kommandoapparat war für Trotzki als „Organisationstypus nicht ideal"[57], nichtsdestoweniger wurde er durch den Beschluß des VIII. Parteitages im März 1919 in der Roten Armee etabliert. Neben den Kommissaren waren die „kommunistischen Zellen" und die „politischen Abteilungen" die zentralen Strukturelemente des Parteiapparates[58]. Der Parteiapparat erwies sich jedoch nur als vermeintliche Übergangslösung. Obwohl er immer wieder partiell modifiziert wurde, blieb er in seiner grundsätzlichen Ausformung bis zum Ende der UdSSR bestehen[59].

Trotzkis zweigleisige, auf Parteikontrolle und Professionalität basierende Militärkonzeption wurde zwischen 1921 und 1924 von Teilen der Partei und der Armee massiv attackiert. Seine Gegner, deren herausragender Protagonist General Michail W. Frunse war, vertraten die Existenz einer eigenständigen, spezifisch proletari-

---

[52] Trotzki, Unsere Politik in der Frage der Armeebildung, in: Ders., Die Geburt der Roten Armee, S. 171.

[53] Trotsky, Report to the Conference of military-education institutions of the Moscow Military District, December 12, 1921, in: How the Revolution Armed, vol. 4, S. 139.

[54] Trotzki, Die Schaffung der Roten Arbeiter- und Bauernarmee, in: Ders., Die Geburt der Roten Armee, S. 96.

[55] Trotzki, Die Rote Armee, in: Ders., Die Geburt der Roten Armee, S. 30.

[56] Trotzki, Unsere Aufgabe [1918], in: Ders., Die Geburt der Roten Armee, S. 25.

[57] Trotzki, Die Rote Armee, in: Ders., Die Geburt der Roten Armee, S. 30.

[58] Trotzki, Unsere Politik in der Frage der Armeebildung, in: Ders., Die Geburt der Roten Armee, S. 170.

[59] Graduelle Veränderungen gab es besonders im Zusammenhang mit der Funktion der Politstellvertreter der Einheiten. Diese ersetzten nach 1924 sukzessive die politischen Kommissare, nachdem das ZK in einem prinzipiellen Beschluß die ungeteilte Befehlsbefugnis in den Streitkräften eingeführt hatte. Bis dahin hatten die Kommissare die Befehle aller Kommandeure gegenzeichnen müssen. Die Politstellvertreter übten dagegen nur eine indirekte Kontrolle gegenüber der militärischen Truppenführung aus. Die Kommissare ersetzten dann nochmals 1937–1940 sowie um 1941/1942 die Politstellvertreter; ihre Funktion wurde im Anschluß jedoch nicht zuletzt wegen der Ineffizienz der Doppelspitze im Zweiten Weltkrieg wieder suspendiert. Vgl. Colton, Commissars, Commanders, and Civilian Authority, S. 14, 44 f., 87 ff.

schen Militärkonzeption und Kriegslehre[60]. Trotzki verurteilte diese „denigration of bourgeois science or bourgeois strategy"[61]. Es sei ein Fehler zu glauben, „a revolutionary Army, based upon consciousness, upon political, revolutionary élan, had no need of regulations"[62]. Die Vorstellung, die Revolution habe eine proletarische, der bürgerlichen überlegene Militärkonzeption hervorgebracht, war für Trotzki nicht mehr als eine „uncritical idealisation" der bolschewistischen Kriegsführung im Bürgerkrieg. Er lehnte daher die Entwicklung einer „so-called ‚unified military doctrine'" als Ergebnis der „generalisation of a new revolutionary strategy and tactics" entschieden ab[63]. Diese barg für Trotzki die latente Gefahr einer Radikalisierung und Entdifferenzierung der Streitkräfte, wodurch jedoch die Einsatzfähigkeit der Roten Armee als professionelle Militärorganisation wieder in Frage gestellt worden wäre.

Frunse seinerseits hatte auf dem X. Parteikongreß der Kommunistischen Partei im März 1921 eigene Thesen für eine „einheitliche Militärdoktrin" aufgestellt[64]. Diese Konzeption sah die Umwandlung der Roten Armee in einen „einheitlichen Organismus" vor. Dieser, so Frunse, solle „von oben bis unten nicht nur durch die Gemeinsamkeit der politischen Ideologie" gekennzeichnet sein, „sondern auch durch die Einheitlichkeit der Anschauungen über den Charakter der … militärischen Aufgaben, der Methoden ihrer Lösung und der Methoden der militärischen Ausbildung der Truppen"[65].

Grundsätzlich akzeptierte Frunse zwar die Verwendung derselben „Formen und Methoden, deren sich auch die bürgerlichen Armeen bedienten"[66]. Er forderte aber, daß ihre Adaption von vornherein „auf der allgemeinen Grundlage der marxistischen Lehre" erfolgen solle[67]. Dementsprechend begriff er die spezifische Organisation der Roten Armee, so etwa ihre „politischen Abteilungen …, deren Rolle als einer Waffe besonderer Art, … die innere Struktur der Armee, die neuen Ideen über Disziplin, das Verhältnis zwischen den Kommandeuren und den Soldaten usw." nicht als pragmatisches Instrument zur Machtsicherung, sondern bereits als genuinen Teil einer proletarischen Militärkonzeption[68].

Der Konflikt um die einheitliche Militärdoktrin erlebte seinen Höhepunkt auf dem XI. Parteikongreß im März 1922. Frunse gelang auch hier keine überzeugende

---

[60] Vgl. Jacobs, Frunze, S. 19ff.

[61] Trotsky, Report. To the Eleventh Congress of the Russian Communist Party (Bolsheviks), March 29, 1922, in: How the Revolution Armed, vol. 4, S. 186.

[62] Trotsky, Speech at a meeting of cadres of the 1st Unified Military School named after the All-Russia Central Executive Committee, November 2, 1921, in: How the Revolution Armed, vol. 4, S. 95.

[63] Trotsky, Report to the Eleventh Congress of the Russian Communist Party, in: How the Revolution Armed, vol. 4, S. 186ff.

[64] Frunse, Die Reorganisierung der Roten Armee [1921], in: Ders., Ausgewählte Schriften, Bd. 1, S. 138.

[65] Ebenda.

[66] Frunse, Die augenblicklichen militärischen Hauptaufgaben. Aus dem Referat und aus dem Schlußwort auf der Beratung der Armeedelegierten des XI. Parteitages der KPR(B) [1922], in: Ders., Ausgewählte Schriften, Bd. 1, S. 213.

[67] Frunse, Die Reorganisierung der Roten Armee, in: Ders., Ausgewählte Schriften, Bd. 1, S. 138.

[68] Frunse, Die augenblicklichen militärischen Hauptaufgaben, in: Ders., Ausgewählte Schriften, Bd. 1, S. 213.

Konkretisierung seiner Konzeption. Als Frunse Trotzki 1925 als Volkskommissar für Militär- und Marineangelegenheiten sowie als Vorsitzender des Revolutionären Kriegsrates ablöste, endete die Debatte. Nach der Entmachtung Trotzkis entfiel die machtpolitische Rivalität in Militärkreisen als ein Motiv der Konfrontation[69]. Im Anschluß kam es zu keiner Revision der von Trotzki maßgeblich entwickelten sowjetischen Militärkonzeption. Vielmehr blieb die Parallelstruktur von regulärer Armee und Parteiapparat auch weiterhin bestehen[70].

2. NVA und Offizierskorps in der Militärkonzeption der SED 1956–1965

Die militärtheoretischen Grundlagen des Marxismus-Leninismus und die Rahmenbedingungen der zivil-militärischen Beziehungen in der UdSSR konditionierten grundsätzlich auch die Militärkonzeption der SED und das prinzipielle Verhältnis zwischen der Partei und dem Militär in der DDR im Jahrzehnt nach der Gründung der NVA[71]. Wie die KPdSU, so vertrat auch die SED die Doktrin, daß das Militär im Verlauf der Transformation der Gesellschaft hin zum Kommunismus überflüssig werde. Die Existenz sozialistischer Streitkräfte, so Heinz Hoffmann, ergebe sich „nicht aus den Gesetzmäßigkeiten der sozialistischen Produktionsweise"[72]. Eine Armee sei vielmehr auch im Fall der DDR wegen der „geschichtlichen Erfahrungen" notwendig, die besagten, daß das „Proletariat nach seiner Machtergreifung gezwungen" sei, die „Errungenschaften der proletarischen Revolution und des sozialistischen Aufbaus im Innern und nach aussen zu verteidigen"[73]. Hoffmann konstatierte jedoch für die Zukunft: „Die innere Funktion der sozialistischen Streitkräfte verliert im Prozeß des Aufbaus des Sozialismus immer mehr an Bedeutung und erlischt mit der Vollendung des Sozialismus ganz und gar." Dann würden sich die „sozialistischen Streitkräfte" von einem „Klasseninstrument der siegreichen Arbeiterklasse" zu einer „Armee des ganzen Volkes zum Schutz des sozialistischen Vaterlandes" wandeln[74].

Während der „Entfaltung des sozialistischen Aufbaus" war die NVA nach Ansicht der SED als Teil der Gesellschaft jedoch „in diesen Umwandlungsprozeß aktiv

---

[69] So hatte Frunse vor der „Schmälerung der Verdienste der kommunistischen Elemente innerhalb der Armee" gewarnt. Frunse, Die augenblicklichen militärischen Hauptaufgaben, in: Ders., Ausgewählte Schriften, Bd. 1, S. 221.

[70] Sowohl die in den zwanziger und dreißiger Jahren neben der regulären Armee existierenden Milizelemente als auch die 1939 eingeführte allgemeine Wehrpflicht resultierten aus einer finanziellen beziehungsweise sicherheitspolitischen Zwangslage, bedeuteten aber keine grundlegende Änderung der Konzeption. Vgl. Gosztony, Die Rote Armee, S. 107 ff., 168 ff.

[71] Vgl. u. a. Blanke, Zum Verhältnis Militär – Partei – Gesellschaft in der DDR, S. 190 ff.; Blanke, NVA und Innere Sicherheit, S. 134 ff.

[72] Hoffmann, Grundfragen der Militärpolitik der Sozialistischen Einheitspartei Deutschlands. Vorlesung an der Parteihochschule „Karl Marx" beim Zentralkomitee der SED, 4. März 1964, in: Ders., Sozialistische Landesverteidigung, T. 1, S. 127.

[73] Entwurf des Referats des Ministers für Nationale Verteidigung für die Eggersdorfer Tagung, 1957, SAPMO-BArch, DY 30/IV 2/12/10, Bl. 1.

[74] Hoffmann, Grundfragen der Militärpolitik, in: Ders., Sozialistische Landesverteidigung, T. 1, S. 128.

eingeschlossen"[75]. Hoffmann wies dem Militär dabei vor allem eine pädagogische Aufgabe zu: „Im sozialistischen Staat hat der Dienst in den Streitkräften große Bedeutung für die sozialistische Erziehung der Jugend und damit für die innere Festigung der sozialistischen Gesellschaft."[76]

Die Theorie vom provisorischen Charakter des Militärs modifizierte die SED 1967 jedoch im Kern, als eine baldige Entwicklung der Gesellschaft hin zum Kommunismus offensichtlich unwahrscheinlich geworden war. Das militärische Gewaltpotential wurde fortan als „organischer Bestandteil" des sozialistischen Gesellschaftssystems aufgefaßt[77]. Mit der Festigung des sozialistischen Staates werde auch das Militär immer stärker werden[78].

Mittelfristig wurde die Existenz des Militärs zunächst jedoch vor allem durch die äußere Bedrohung der DDR und den internationalen Klassenkampf legitimiert. Nach Ansicht der SED belegten dies die historischen Erfahrungen der internationalen Arbeiterbewegung und der sozialistischen Staaten. Hoffmann stellte dementsprechend fest, daß die „äußere Funktion" des Militärs und damit „die Existenz der sozialistischen Armeen überhaupt" notwendig sei, „solange es noch eine mächtige Gruppe imperialistischer Staaten" gebe[79]. Das Politbüromitglied Hermann Matern bemerkte dazu, die kapitalistischen Staaten zielten darauf ab, „die alten Verhältnisse … wiederherzustellen". Aus diesem Grund sei „jedes sozialistische Land verpflichtet …, seinen militärischen Schutz zu organisieren und sich entsprechende bewaffnete Kräfte zu schaffen"[80].

Äußerungen des ersten Ministers für Nationale Verteidigung der DDR Willi Stoph lassen darüber hinaus die in den fünfziger Jahren zumindest intern erwogene radikale Instrumentalisierung der Armee im Rahmen der politischen Konzeption der SED erkennen. Diese widersprach der Politik der „friedlichen Koexistenz", die in dieser Phase bereits die sowjetische Außenpolitik bestimmte[81]. Neben den Verteidigungsaufgaben nach außen und dem „Kampf gegen konterrevolutionäre Kräfte

---

[75] Entwurf der Thesen über die neue Entwicklungsetappe der NVA und die sich daraus ergebenden Aufgaben, 1961, SAPMO-BArch, DY 30/IV 2/12/15, Bl. 147.

[76] Hoffmann, Grundfragen der Militärpolitik, in: Ders., Sozialistische Landesverteidigung, T. 1, S. 128.

[77] Hoffmann, Der VII. Parteitag, S. 757.

[78] Hoffmann begründete diesen programmatischen Wechsel damit, daß zum „Wesensinhalt des entwickelten gesellschaftlichen Systems des Sozialismus" neben der Wirtschaft auch eine „starke sozialistische Staatsmacht" gehöre, die die Gesellschaftsordnung schützen könne. Beide Komponenten bildeten „eine untrennbare Einheit", ein „geschlossenes Gesamtsystem", das die „vollendete sozialistische Gesellschaftsordnung" darstelle. Die Landesverteidigung und die Entwicklung der Armee seien daher „untrennbar mit der gesamten gesellschaftlichen Entwicklung … verbunden". Hoffmann erklärte: „Die Einordnung unserer militärischen Funktion in das gesellschaftliche Gesamtsystem des Sozialismus bedeutet eine neue Stufe der Einheit von Politik, Ökonomie und Landesverteidigung." Hoffmann, Die gesellschaftliche Entwicklung in der Deutschen Demokratischen Republik bis zur Vollendung des Sozialismus und die wachsende Verantwortung der Nationalen Volksarmee für den zuverlässigen Schutz unseres souveränen sozialistischen Vaterlandes. Referat auf der Aktivtagung der Nationalen Volksarmee zur Auswertung des VII. Parteitages der SED, 2. Mai 1967, in: Ders., Sozialistische Landesverteidigung, T. 2, S. 534 f.

[79] Hoffmann, Grundfragen der Militärpolitik, in: Ders., Sozialistische Landesverteidigung, T. 1, S. 128.

[80] Matern, Die Führung der Nationalen Volksarmee durch die SED, S. 198.

[81] Vgl. Heller/Nekrich, Geschichte der Sowjetunion, Bd. 2, 1940–1980, S. 251 f.

im Innern des Landes"[82] wies Stoph der NVA eine weitere Funktion zu. Er sagte: „Die Nationale Volksarmee ist ein Machtinstrument der in unserer Republik unter Führung der Partei herrschenden Arbeiter-und-Bauern-Klasse. Ihr Charakter und ihre Aufgaben werden deshalb von den politischen Zielen des Kampfes der Arbeiterklasse bestimmt." Diese seien darauf gerichtet, „die Macht des Militarismus und Imperialismus in ganz Deutschland zu beseitigen und in ganz Deutschland den Sozialismus aufzubauen". Das sei aber „nur im langwierigen[,] harten Klassenkampf … zu erreichen", wobei die DDR, „in der bereits der Sozialismus aufgebaut" werde, „die staatliche Basis dieses Kampfes" sei. Die NVA „als Instrument des Klassenkampfes" müsse ihre „Aufgaben im Interesse des Kampfes der Arbeiterklasse … erfüllen"[83]. Hier erhielt die NVA eindeutig eine über die Verteidigungsaufgaben hinausgehende, offensive Rolle zugewiesen. Diese Funktion des Militärs dürfte die SED-Führung bis zum Mauerbau durchaus als opportun erachtet haben. Das Motiv für diese Position war vermutlich die massive Bedrohungsperzeption, die die Politik des Regimes während dieser Zeit umfassend dominierte.

In Übereinstimmung mit der Militärkonzeption der UdSSR war es für die SED folgerichtig, die NVA als „reguläre, den Anforderungen eines modernen Krieges entsprechende Armee" zu konzipieren[84]. Demzufolge sollten die DDR-Streitkräfte „nach den allgemeinen Grundsätzen des modernen Militärwesens … aufgebaut und organisiert" werden[85]. Bei der Gründung der NVA orientierte man sich am Leitbild einer professionellen und spezialisierten Militärorganisation. Dieser Ansatz war flexibel genug, um entsprechend der jeweiligen politischen Lage nach 1956 in Verbindung mit dem Freiwilligenprinzip und nach 1961 mit der Wehrpflicht realisiert zu werden.

Anscheinend existierte während der Phase verstärkter politischer Durchdringung der NVA in den fünfziger Jahren durchaus auch die Auffassung in der SED, den Primat der Ideologie auf alle Bereiche der Militärkonzeption auszudehnen. So ließ Matern 1958 eine Distanzierung von der in Teilen entideologisierten Militärkonzeption Trotzkis erkennen, als er konstatierte, die Partei habe „feste wissenschaftliche Auffassungen zu allen militärischen Fragen, die mit den wissenschaftlichen Lehren des Marxismus-Leninismus" übereinstimmten. Demzufolge seien „die wissenschaftlichen Erkenntnisse der Armee von der Wissenschaft des Marxismus-Leninismus abgeleitet und ihr untergeordnet". Daher lägen „allen militärischen Fragen … die Erkenntnisse der Partei zugrunde"[86]. Im Rahmen der Verhinderung der von der SED vermuteten latenten Autonomisierungstendenzen innerhalb der NVA erfolgte zeitweilig anscheinend eine zumindest verbale Orientierung an der „einheitlichen Militärdoktrin" Frunses.

Die SED tendierte in der Aufbauphase der NVA offenbar teilweise dazu, in ihrer Militärkonzeption eigene Ansätze zu formulieren. Die theoretischen und prakti-

---

[82] Entwurf des Referats des Ministers für Nationale Verteidigung für die Eggersdorfer Tagung, 1957, SAPMO-BArch, DY 30/2/12/10, Bl. 2.

[83] Protokoll der Beratung leitender Parteifunktionäre in der NVA mit Mitgliedern des Politbüros des ZK der SED in Eggersdorf, 12./13. Juni 1957 [zit.: Protokoll der Eggersdorfer Tagung, 12./13. Juni 1957], BA-MA, VA-P-01/037, Bl. 43 f.

[84] Protokoll der Eggersdorfer Tagung, 12./13. Juni 1957, BA-MA, VA-P-01/037, Bl. 7.

[85] Ebenda, Bl. 44.

[86] Matern, Die Führung der Nationalen Volksarmee durch die SED, S. 201.

schen Vorgaben der UdSSR wurden daher ausdrücklich „schöpferisch" angewandt. So postulierte die Partei, daß es „zweifelsohne" bei der Organisierung des militärischen Schutzes „Besonderheiten" gebe, die „aus den konkreten Bedingungen der Lage und der Entwicklung der DDR" resultierten. Diese Besonderheiten, die „naturgemäß auch Auswirkungen auf den Aufbau, die Struktur, die Organisation und die Ausbildung und Erziehung in der Armee" hätten, gelte es „gründlich zu erforschen und in der täglichen Arbeit zu berücksichtigen"[87]. Eine solche Position stellte unverhohlen das militärtheoretische Interpretationsmonopol der KPdSU in Frage. Sie ist zudem ein deutlicher Hinweis auf die auch innerhalb des sozialistischen Gesellschaftssystems bestehenden Differenzierungstendenzen.

Für die SED war die NVA eine Armee „neuen Typus"[88] – die „erste wahrhafte Volksarmee in der Geschichte Deutschlands"[89]. Nach Auffassung der Partei bedeutete dies eine Zäsur in der historischen Dimension. In der NVA sollte es zum ersten Mal „keinen militärischen Kommißgeist" mehr geben[90]. Nach Ansicht der SED existierte nunmehr kein Gegensatz mehr zwischen Bevölkerung und Armee. Stoph stellte dementsprechend fest: „Die Angehörigen der Nationalen Volksarmee sind Blut vom Blute unseres werktätigen Volkes."[91] Die NVA sollte folglich geprägt sein durch den „Patriotismus" der Armeeangehörigen, ihre feste „Verbundenheit mit den Werktätigen ...", besonders mit der Arbeiterklasse, zum sozialistischen Internationalismus, zur Freundschaft mit allen Völkern" sowie „zur unverbrüchlichen Freundschaft mit der Sowjetunion und den Armeen der volksdemokratischen Staaten". Die SED verlangte zudem den „unversöhnlichen Haß" der Armeeangehörigen „gegen die westdeutschen Militaristen, gegen den Imperialismus" und alle „Feinde" des Volkes[92] sowie ihre „unerschütterliche Treue zur Partei"[93].

Konstitutiv für die zivil-militärischen Beziehungen in der DDR war der Führungsanspruch der SED in der NVA. Die Partei leitete diesen theoretisch von ihrer historischen Rolle als „Vorhut der Arbeiterklasse" im Gesamtprozeß der gesellschaftlichen Umgestaltung ab. Die „Diktatur des Proletariats" werde „durch die marxistisch-leninistischen Parteien verwirklicht", die die „führende Rolle beim sozialistischen Aufbau" verkörperten[94]. Stoph bemerkte, daß es keine „höhere Organisation des Proletariats als die Partei" gebe, weshalb sie auch die „Führung in der Volksarmee verwirklicht" habe. Er folgerte daraus: „Eine Trennung in militärische und politische Führung ist deshalb nicht zulässig, weil die militärische Tätigkeit im Interesse der Politik des proletarischen Staates erfolgt und ihr untergeordnet ist."[95]

Der theoretische Führungsanspruch der SED konditionierte demzufolge auch die Stellung der Streitkräfte innerhalb der Gesellschaft. Matern äußerte: „Im Arbeiter-und-Bauern-Staat nimmt die Armee eine besonders wichtige Stellung ein. Aber

[87] Thesen der KPdSU – ein wichtiges Lehrbuch, S. 4.
[88] Bogisch, Über die militärpolitische Bedeutung der 30. Tagung des ZK, S. 156.
[89] Protokoll der Eggersdorfer Tagung, 12./13. Juni 1957, BA-MA, VA-P-01/037, Bl. 8.
[90] Stenographische Niederschrift der 3. Parteikonferenz der SED, 24.–30. März 1956, SAPMO-BArch, DY 30/IV 1/3/6, Bl. 834.
[91] Ebenda.
[92] Bestimmungen für die Arbeit der Politorgane, 1958, S. 31 f.
[93] Instruktion für die Arbeit der Parteiorganisationen, 1958, S. 6.
[94] Matern, Die Führung der Nationalen Volksarmee durch die SED, S. 199.
[95] Protokoll der Eggersdorfer Tagung, 12./13. Juni 1957, BA-MA, VA-P-01/037, Bl. 45.

sie hat niemals das Recht, sich über oder neben die Partei und den Staat zu stellen." Jegliche „Bestrebungen, die führende Rolle der Partei zu negieren", müßten die weitere Entwicklung „unweigerlich" schädigen[96]. Politische Neutralität und institutionelle Autonomie der NVA hätten sowohl den ideologischen Grundprinzipien als auch den politischen Zielen und der konkreten Machtsicherung der SED widersprochen.

Aus diesem Grund maß die SED der „Entwicklung eines spezifisch sozialistischen Offizierskorps"[97] beim Aufbau der NVA besondere Bedeutung bei[98]. Dabei propagierte die Partei im Rahmen ihrer Militärkonzeption den „Typ des sozialistischen Offiziers"[99], der einen radikalen Bruch mit der Militärtradition darstellen sollte. Nach Ansicht der SED gab es erstmals in einer deutschen Armee keine Klassengegensätze mehr zwischen Offizieren und Soldaten. Die Offiziere seien „Söhne der Arbeiterklasse", der sie zugleich dienten[100]. Sie bildeten mit den Soldaten eine „politisch-moralische und militärische Einheit", die durch das kameradschaftliche Verhältnis der „Klassenbrüder"[101] und nicht durch Befehl und Gehorsam geprägt sei. Hoffmann äußerte, deshalb könne es „keine Trennung zwischen Offizieren und Soldaten geben". Vielmehr müßten sie „gemeinsam arbeiten, lernen, leben" sowie „sich gegenseitig achten und helfen"[102]. Nach Auffassung der SED unterschieden sich die NVA-Angehörigen „lediglich nach Aufgaben und Verantwortung, die ihnen entsprechend ihrer Befähigung, ihrer Erfahrung und Eignung von Partei und Regierung übertragen wurden"[103].

Der Offizier „neuen Typs"[104] sollte sich zudem durch vorbildliches Verhalten und seine „Verbindung zum werktätigen Volk"[105] auszeichnen. Für die SED war das Leitbild des Offiziers vor allem politisch motiviert: Dieser habe die „Pflicht und Ehre, die ihm unterstellten Soldaten im Sinne des Marxismus-Leninismus zu erziehen und ... so auszubilden, dass sie in jeder Situation treu zu ihrem sozialistischen Vaterland" stünden[106]. Das Ziel der SED war es, die Entstehung eines traditionellen und nicht politisch geprägten korporativen Selbstverständnisses des NVA-Offizierskorps zu verhindern. Sie versuchte statt dessen, ein neues, ideologisch begründetes Leitbild zu konstruieren, das seinerseits jedoch nicht ohne den traditionellen

---

[96] Matern, Die Führung der Nationalen Volksarmee durch die SED, S. 199.
[97] Entwurf des Referats des Ministers für Nationale Verteidigung für die Eggersdorfer Tagung, 1957, SAPMO-BArch, DY 30/IV 2/12/10, Bl. 10.
[98] Vgl. Ilter, Die sozialistische Offizierspersönlichkeit, S. 1543 ff.
[99] Protokoll der 2. Tagung der II. Delegiertenkonferenz der Parteiorganisationen der SED in der NVA, 25./26. März 1959, BA-MA, VA-P-01/556, Bl. 224.
[100] Entwurf des Referats des Ministers für Nationale Verteidigung für die Eggersdorfer Tagung, 1957, SAPMO-BArch, DY 30/IV 2/12/10, Bl. 21.
[101] Matern, Die Führung der Nationalen Volksarmee durch die SED, S. 200.
[102] Protokoll der 2. Tagung der II. Delegiertenkonferenz der Parteiorganisationen der SED in der NVA, 25./26. März 1959, BA-MA, VA-P-01/556, Bl. 67.
[103] Die Lehren aus der Entwicklung der deutschen und internationalen Arbeiterbewegung und des Marxismus-Leninismus über die Rolle, Bedeutung und Entwicklung der Kader und ihre Anwendung für die Arbeit mit den Kadern in der NVA, 1959, SAPMO-BArch, DY 30/IV 2/12/26, Bl. 59.
[104] Glaser, Militärpolitik für Sozialismus und Frieden, S. 46.
[105] Entwurf des Referats des Ministers für Nationale Verteidigung für die Eggersdorfer Tagung, 1957, SAPMO-BArch, DY 30/IV 2/12/10, Bl. 22.
[106] Ebenda, Bl. 21.

Ehrbegriff auskam, der jedoch neu interpretiert wurde. So äußerte Stoph, es gebe „auch in einer Arbeiter- und Bauernarmee eine Offiziersehre". Doch sei „Ehre … nicht gleich Ehre, genauso wie Gewehr nicht gleich Gewehr" sei. Das sei eine „Klassenfrage", und eine „wirkliche Offiziersehre" könne es „nur in einer sozialistischen Armee geben"[107].

Dies implizierte jedoch nicht, daß die SED den sozialistischen Offizier einseitig als proletarischen Klassenkämpfer begriff. Vielmehr sollte er gemäß der Theorie des Marxismus-Leninismus und der praktischen Erfahrungen der KPdSU zugleich auch den Typ des professionellen Soldaten verkörpern. Um beide Bestandteile zu dem intendierten Idealtyp generieren zu können, postulierte die SED die „Einheit von politischer und militärischer Führung": In der Person des sozialistischen Offiziers sollten sich gleichermaßen „gute militärische Kenntnisse und Fertigkeiten mit sozialistischem Bewusstsein und Klassenverbundenheit" paaren[108]. Stoph stellte in diesem Zusammenhang fest: „Es genügt nicht schlechthin Militärspezialist zu sein. Von jedem … Offizier … muss verlangt werden, dass er ein politischer Funktionär und Erzieher ist, der die Entwicklungsgesetze der Gesellschaft richtig begreift und sich bei seiner praktischen Tätigkeit davon leiten läßt."[109] Jeder Offizier sollte in der Lage sein, „seine militärischen Aufgaben mit der Lösung der politischen Fragen zu verbinden"[110]. Als militärischer Führungskader und „Diener der Arbeiterklasse" war der Offizier nach Ansicht der SED daher sowohl an die Beschlüsse der Partei als auch an die der Regierung gebunden, die er in der Armee zu verwirklichen hatte[111]. Rudolf Dölling, der 1958–1959 Stellvertreter des Ministers für Nationale Verteidigung und Chef der Politischen Verwaltung war, sagte: „Diese Forderung wird an jeden Offizier gestellt, ganz gleich, ob er Mitglied der Partei ist oder nicht. Deshalb muß jeder Offizier ein überzeugter Sozialist werden oder sein … ."[112]

Obwohl die SED das „Klassenprinzip als oberstes Prinzip bei der Aufstellung des Offizierskorps" postulierte[113], legitimierte die Praxis der Bolschewiki beim Aufbau der Roten Armee die Eingliederung ehemaliger Wehrmachtsoffiziere als „klassenfremde Militärspezialisten" auch in die bewaffneten Verbände der DDR nach 1948, um fehlenden militärischen Sachverstand zu kompensieren[114]. Dies wurde aber nicht zuletzt aufgrund ihrer vergleichsweise kleinen Zahl nach der NVA-Gründung 1956 in der Militärkonzeption der SED prinzipiell weder öffentlich noch theoretisch begründet.

---

[107] Ebenda, Bl. 20f.

[108] Ebenda, Bl. 7.

[109] Rede des Genossen Minister bei der Eröffnung der Schulung der leitenden Generale und Offiziere, 17. Februar 1958, BA-MA, VA-01/5043, Bl. 109.

[110] Hinweise zur Auswertung der 2. Tagung der Delegiertenkonferenz der NVA. Protokoll Nr. 9/59 der Leitungssitzung der Politischen Verwaltung des Ministeriums für Nationale Verteidigung, 4. April 1959, BA-MA, VA-P-01/023, Bl. 44.

[111] Engels, Die führende Rolle der Partei verstärken, S. 285.

[112] Protokoll der Delegiertenkonferenz der Parteiorganisationen der SED in der NVA, 24.–26. Juni 1958, BA-MA, VA-P-01/038, Bl. 32.

[113] Teilbeitrag der Verwaltung Kader zur Einarbeitung in die Gesamtanalyse und Grundkonzeption der Entwicklung der NVA, 10. März 1967, BA-MA, VA-01/5679, Bl. 4.

[114] Vgl. Wenzke, Auf dem Weg zur Kaderarmee", S. 220ff.

III. Politische Zuverlässigkeit und militärische Effizienz: Die Militärpolitik der SED 1956–1961

1. Die Aufgaben der NVA im Warschauer Pakt und bei der Landesverteidigung

Die Ziele der SED-Militärpolitik nach 1956 wurden entscheidend durch das potentielle Einsatzspektrum der NVA konditioniert. Neben dem Einsatz des Militärs im Innern hatte die NVA ihre militärischen Aufgaben im Rahmen des Warschauer Paktes und bei der Landesverteidigung zu erfüllen.

Die Funktion der NVA nach außen wurde wesentlich bestimmt durch die Mitgliedschaft der DDR im Warschauer Pakt[1]. Als Signatarstaat des Warschauer Vertrages vom 14. Mai 1955 hatte sich die DDR laut Artikel 4 dazu verpflichtet, daß sie im „Falle eines bewaffneten Überfalles ... auf einen oder mehrere Teilnehmerstaaten des Vertrages ... sofortigen Beistand individuell und in Vereinbarung mit den anderen Teilnehmerstaaten des Vertrages mit allen Mitteln, die ihnen[2] erforderlich scheinen, einschließlich der Anwendung militärischer Gewalt, erweisen" würde[3]. Der „Politische Beratende Ausschuß" des Warschauer Paktes, der als Konsultationsgremium der Regierungschefs der Mitgliedsstaaten die formal höchste politische Instanz des Bündnisses war, beschloß auf seiner ersten Tagung am 28. Januar 1956, „die bewaffneten Kontingente der Nationalen Volksarmee nach ihrer Schaffung in

---

[1] Vgl. u. a. Jablonsky, Die NVA in den Vereinten Streitkräften, S. 29 ff.; Lapp, Die Nationale Volksarmee 1956–1990, S. 1904 ff.; Streletz, Der Nationale Verteidigungsrat der DDR, S. 152 ff.

[2] In der polnischen, russischen und tschechischen Fassung des Vertragstextes heißt es abweichend, jeder Vertragsstaat habe „Beistand mit allen Mitteln, die ihm erforderlich scheinen", zu leisten. Der Grund für die Textabweichungen bleibt unklar und umstritten, solange die Verhandlungsprotokolle der Warschauer Konferenz nicht einsehbar sind. Ein Versehen erscheint als Ursache wenig plausibel. Vielmehr dürfte es die Absicht der Vertragsteilnehmer gewesen sein, die militärische und politische Kontrolle der im Aufbau befindlichen DDR-Streitkräfte sicherzustellen. Die rechtliche Folge der divergierenden Vertragstexte bestand nach herrschender Auffassung darin, daß jeder angegriffene Staat selbst oder die Vertragsorganisation im Kollektiv über die mögliche Beistandsleistung der NVA entscheiden konnte, während im Fall eines Angriffs auf die DDR jeder Staat eigenständig bestimmen durfte, ob und in welcher Form er Beistand leisten wollte. Vgl. u. a. Meissner, Der Warschauer Pakt, S. 41 ff.; Strobel, Der Warschauer Vertrag und die nationale Volksarmee, S. 25, 48 ff.; Uschakow/Frenzke, Der Warschauer Pakt und seine bilateralen Bündnisverträge, S. 64 f.

[3] Vertrag über Freundschaft, Zusammenarbeit und gegenseitigen Beistand zwischen der Volksrepublik Albanien, der Volksrepublik Bulgarien, der Ungarischen Volksrepublik, der Deutschen Demokratischen Republik, der Volksrepublik Polen, der Rumänischen Volksrepublik, der Union der Sozialistischen Sowjetrepubliken und der Tschechoslowakischen Republik. Vom 14. Mai 1955, Gesetzblatt (GBl.) der Deutschen Demokratischen Republik Teil I 1955, S. 386.

die Vereinten Streitkräfte einzubeziehen"[4]. Während die Eingliederung der Land-
und Seestreitkräfte der NVA in die Vereinten Streitkräfte offenbar bereits 1956 begann, vollzog sich die der Luftstreitkräfte infolge ihrer verspäteten Aufstellung vom
folgenden Jahr an[5]. Diese wurden 1957 in das „einheitliche System der Luftverteidigung der Länder des Warschauer Vertrages" integriert. Dabei handelte es sich aber
um „keine einheitliche Leitung des Systems der Luftverteidigung", sondern lediglich um eine Institution zur „Koordinierung von Fragen der Luftverteidigung im
System des Kommandos der Vereinten Streitkräfte"[6].

1957 fanden dann zwei integrierte Übungen der Vereinten Streitkräfte nach Plä-
nen des Vereinten Kommandos statt, um die Leistungsfähigkeit und Einsatzbereitschaft der NVA ebenso zu überprüfen wie ihre Fähigkeit, mit anderen Warschauer
Pakt-Truppen zusammenzuwirken. Bereits im Juni 1957 nahmen zwei Flottillen der
NVA-Seestreitkräfte zum ersten Mal an einer gemeinsamen taktischen Übung in
der Ostsee zusammen mit der Baltischen Flotte der UdSSR und der Polnischen Seekriegsflotte teil[7]. Zwei Monate später fand die erste gemeinsame Truppenübung der
NVA mit Verbänden und Führungsstäben der Gruppe der Sowjetischen Streitkräfte
in Deutschland (GSSD) auf dem Territorium der DDR statt. An dieser Übung, die
der Oberkommandierende der GSSD, Marschall der Sowjetunion Andrej A.
Gretschko (1960–1967), leitete, war die NVA unter anderem mit einer Motorisierten Schützendivision (MSD), dem größten taktischen Verband ihrer Landstreitkräfte, und rund 11 000 Soldaten[8] beteiligt[9]. Die Verbände der NVA zeigten im
Rahmen dieser Manöver anscheinend ein so hohes Leistungsniveau, daß der Politische Beratende Ausschuß auf seiner Tagung am 24. Mai 1958 einen Beschluß fassen
konnte, „der die Einbeziehung der Nationalen Volksarmee der Deutschen Demokratischen Republik in das Vereinte Oberkommando bestätigte"[10], wie der Chef
der Politischen Verwaltung der NVA Dölling feststellte. Dies ist zudem ein Hinweis darauf, daß anscheinend ausnahmslos alle NVA-Truppenteile den Vereinten
Streitkräften unterstellt wurden. Die Integration der NVA in den Warschauer Pakt
war damit auf dieser Ebene abgeschlossen[11].

Die NVA wurde, wie Hoffmann äußerte, „von Anfang an als Teil der sozialistischen Militärkoalition" entwickelt[12]. Die Funktion der NVA als Koalitionsarmee

---

[4] Hoffmann, Nationale Volksarmee und Warschauer Vertrag. Interview für die Zeitschrift
„Militärwesen", Mai 1968, in: Ders., Sozialistische Landesverteidigung, T. 2, S. 708.
[5] Vgl. Wenzke, Die NVA ist fest in der sozialistischen Verteidigungskoalition verankert, S. 9 ff.
[6] Gretschko an Hoffmann, 22. Dezember 1961, BA-MA, VA-01/8758, Bl. 78.
[7] Vgl. Greese, Die Bedeutung der ersten gemeinsamen Übung, S. 92 ff.
[8] An diesem Manöver nahm die NVA also mit rund einem Neuntel ihrer Soldaten teil. Diese
verhältnismäßig große Zahl weist auf die Bedeutung der Übung hin. Die Gesamtstärke der
NVA war auf der Grundlage eines Ministerratsbeschlusses vom 28. Juni 1956 durch das Politbüro am 16. Oktober 1956 entgegen der zunächst geplanten Zahl von 120 000 dauerhaft
auf 90 000 Mann festgesetzt worden. Beschluß über die Entwicklung der NVA von 1956 bis
1960 in Abänderung des Beschlusses des Politbüros vom Februar 1956. Protokoll Nr. 49/56
der Sitzung des Politbüros des ZK der SED, 16. Oktober 1956, SAPMO-BArch, DY 30/J IV
2/2/503, Bl. 2, 4.
[9] Vgl. Armee für Frieden und Sozialismus, S. 163.
[10] Protokoll der Delegiertenkonferenz der Parteiorganisationen der SED in der NVA,
24.–26. Juni 1958, BA-MA, VA-P-01/038, Bl. 14.
[11] Vgl. Wolf, Gedanken zu einer gemeinsamen Truppenübung, S. 67.
[12] Hoffmann, Nationale Volksarmee und Warschauer Vertrag, S. 708.

im Rahmen des östlichen Militärbündnisses beeinflußte die Organisationsstrukturen, das Einsatzspektrum und damit auch die operativen Möglichkeiten der DDR-Streitkräfte. Die NVA besaß nicht die Fähigkeit, selbständig größere Militäroperationen durchzuführen. Von Seiten des Hauptstabes der NVA war vermutlich 1959 angeregt worden, eine „operative Gruppe" innerhalb des Ministeriums für Nationale Verteidigung zu schaffen, die im Kriegsfall „zur Lösung der dem Ministerium ... gestellten Aufgaben" hätte eingesetzt werden sollen, sowie um „gleichzeitig die unmittelbare Verbindung zwischen dem auf dem westlichen Kriegsschauplatz (DDR) handelnden Oberkommando und dem militärisch-politischen Führungsorgan der DDR" herzustellen. Von sowjetischer Seite wurde dieser Vorstoß, der letztlich die Bildung eines autonomen Führungsstabes des DDR-Militärs einschließlich Kommandobefugnis bedeutet hätte, als „im Kriegsfalle nicht ... zweckmäßig" abgelehnt[13]. Die Bildung einer solchen Einrichtung dürfte auch politisch kaum in ihrem Interesse gelegen haben, zumal das Ende des Zweiten Weltkrieges weniger als 15 Jahre zurücklag. Die sowjetischen Militärs stellten daher klar, daß die „operative Führung der deutschen Streitkräfte organisiert und durchgeführt" werde „durch das Oberkommando" der auf dem Gebiet der DDR aktiven Truppen des Warschauer Paktes. Die Verwirklichung des Vorschlages der DDR würde eine „zusätzliche Erschwerung" der Verbindungswege und die „Behinderung der einheitlichen Befehlsgewalt durch den Oberkommandierenden" nach sich ziehen[14]. Die UdSSR verfolgte zu dieser Zeit anscheinend die Absicht, die militärischen Kapazitäten der DDR nachhaltig zu steigern. Gleichzeitig sollten sich die NVA-Verbände aber unter der umfassenden und direkten Kontrolle der sowjetischen Streitkräfte befinden, die im Warschauer Pakt zu jeder Zeit den Oberkommandierenden stellten. Generaloberst Joachim Goldbach, der 1979–1990 Stellvertreter des Ministers für Nationale Verteidigung war, hat rückblickend bemerkt, die NVA habe „nie eine eigenständige Rolle spielen können". Ihre operativen Aufgaben im Bündnis seien im sowjetischen Generalstab erarbeitet und durch den Oberkommandierenden der Vereinten Streitkräfte übermittelt worden[15].

In den Jahren bis 1961 zielte die SED entsprechend den Vorgaben des Kommandos der Vereinten Streitkräfte darauf ab, die Leistungsfähigkeit der NVA im Zusammenhang mit ihrer Funktion innerhalb des Bündnisses weiter zu verbessern[16]. Mittelfristig galt es, Rahmenbedingungen zu schaffen, die eine Integration der NVA in die Erste Strategische Staffel des Warschauer Paktes zuließen: Die NVA sollte zur „Abwehr eines überraschenden Überfalls des Gegners mit Atomwaffen und anderen Massenvernichtungsmitteln gemeinsam mit den anderen Armeen der Teilnehmerstaaten des Warschauer Vertrages und seiner Vernichtung auf seinem eigenem *[sic!]* Territorium" befähigt werden. Hierbei war vor allem die „Organisation des Zusammenwirkens zwischen den Teilen und Waffengattungen der Nationalen Volksarmee und den Truppen der Gruppe der sowjetischen Truppen in Deutsch-

---

[13] Niederschrift über die Konsultationen beim Vereinten Kommando in Moskau, 16.–20. Juni 1959, BA-MA, AZN/32594, Bl. 30.
[14] Ebenda, Bl. 30 f.
[15] Goldbach, Die Nationale Volksarmee, S. 128.
[16] Vgl. Empfehlungen des Vereinten Kommandos der Vereinten Streitkräfte im Warschauer Vertrag, 4. November 1959, BA-MA, VA-01/5059, Bl. 274 ff.

land, mit der Baltischen Rotbannerflotte und [der] Polnischen Seekriegsflotte" zu verbessern[17].

Im Vordergrund stand jedoch, die Bündnisfähigkeit der NVA im Rahmen von Angriffsoperationen herzustellen. Die DDR-Streitkräfte sollten zu einer „schnellen und gedeckten Entfaltung der Truppen [und] zu ihrem überraschenden Übergang zum Angriff aus der Bewegung" in der Lage sein. Sie waren zu befähigen, die Offensivoperationen im Rahmen „massierter Raketen- und Atomschläge in Verbindung mit anderen Feuermitteln auf die gesamte Tiefe der operativen Gliederung des Gegners" vorzutragen[18]. Dabei waren die NVA-Verbände vor allem zum „Forcieren von Wasserhindernissen aus der Bewegung auf breiter Front" zu befähigen[19].

Neben dem Einsatz im Bündnis war nach Ansicht der SED-Führung die zweite militärische Funktion der NVA nach außen die Landesverteidigung. Offensichtlich ging man davon aus, daß die DDR dazu gezwungen sein könnte, eigenständig einen begrenzten Angriff der Bundesrepublik Deutschland abwehren zu müssen. So bemerkte die ZK-Abteilung für Sicherheitsfragen 1959: „Je nach der politischen Situation kann auch der Fall eintreten, daß die Nationale Volksarmee mit den anderen bewaffneten Organen der DDR für eine kurze Zeitspanne den Kampf gegen den Aggressor allein führen muss."[20] Angesichts der massiven Präsenz sowjetischer Truppen und der fehlenden sicherheitspolitischen und operativen Selbständigkeit der DDR war diese Überlegung wenig realistisch. SED-intern dürfte das Szenario bis zum Mauerbau aber als durchaus möglich perzipiert worden sein.

Die SED unterstellte der Bundesrepublik die Absicht, im Rahmen der „neuen NATO-Konzeption vom ‚begrenzten' Krieg"[21] die DDR „gewaltsam erobern" zu wollen[22]. Nach Einschätzung der Sicherheitskommission vom 9. Januar 1958 wurde der „Versuch einer gewaltsamen Lösung der Deutschlandfrage … als lokalisierte Aktion" von der Bundesrepublik „angestrebt und vorbereitet". Die DDR solle daher „aktive Handlungen des Gegners aus eigener Kraft verhindern und schon im Anfangsstadium zerschlagen" können, um einen „großen Krieg zu verhindern". Aufgabe der NVA sei es dabei, „die Staatsgrenze und die Hoheitsgewässer … sowie den Luftraum der DDR gegen Banden und reguläre westdeutsche Truppen zu verteidigen"[23]. Gerechnet werden müsse „mit dem aktiven Einsatz des Bundesgrenzschutzes und von Polizeiformationen" sowie mit einem „offenen Einsatz" der Bundeswehr. Letzterer werde wegen der Stationierung sowjetischer Truppen in der DDR jedoch „nur in begrenztem Umfang" erfolgen[24].

---

[17] Grundsätze der politischen und militärischen Arbeit der NVA im Ausbildungsjahr 1961. Protokoll Nr. 51/60 der Sitzung des Politbüros des ZK der SED, 1. November 1960, SAPMO-BArch, DY 30/J IV 2/2/732, Bl. 29 f.

[18] Ebenda, Bl. 31 f.

[19] Ebenda, Bl. 32

[20] Konzeption zur Auswertung des Brigadeeinsatzes im Ministerium für Nationale Verteidigung, 1959, SAPMO-BArch, DY 30/IV 2/12/21, Bl. 56.

[21] Beschluß über die Maßnahmen zur Stärkung der Verteidigungsbereitschaft der DDR. Protokoll der 19. Sitzung der Sicherheitskommission des ZK der SED, 9. Januar 1958, BA-MA, DVW 1/39561, Bl. 6.

[22] Ebenda.

[23] Ebenda, Bl. 2 ff.

[24] Ebenda, Bl. 7. Die SED-Führung betrachtete die NATO-Pläne „DECO II" und „Outline" als konkrete Konzeptionen für die Führung eines begrenzten Krieges der Bundeswehr zur

Ulbricht präzisierte die Erwartungen der SED-Führung 1960, indem er ausführte, daß eine derartige Konfrontation vermutlich dadurch ausgelöst werde, daß der Westen einigen grenznah stationierten Divisionen der Bundeswehr „Handlungsfreiheit" gebe. Sollten sie es schaffen, in die DDR vorzudringen, werde man mit weiteren Truppen „planmäßig" nachstoßen. Gelinge dies nicht, dann werde der Westen vorgeben, die betreffenden Truppen seien „von der DDR provoziert" worden. Ulbricht betonte: „Das ist also ihre Taktik. Sie versuchen auszuprobieren, was möglich ist."[25]

Die Erwartung eines begrenzten, innerdeutschen Krieges in dieser Zeit war nicht zuletzt vor allem auch wegen der Dislozierung ausländischer Streitkräfte und des fehlenden außenpolitischen Handlungsspielraumes der Bundesrepublik unrealistisch. Darüber hinaus verhinderte die beinahe vollständige Integration der westdeutschen Streitkräfte in die NATO-Strukturen und das Fehlen eines bundesdeutschen Generalstabes jede eigenständige Militäroperation der Bundeswehr[26].

Charakteristisch für eine mögliche militärische Auseinandersetzung zwischen beiden deutschen Staaten war nach Auffassung der SED, daß diese „besonders in der Anfangsperiode, durch starke Elemente des Bürgerkrieges gekennzeichnet sein" würde[27]. Diese Prämisse verknüpfte einen möglichen militärischen Konflikt mit der innenpolitischen Lage in der DDR.

2. Die innenpolitische Funktion der NVA

Kam es in der DDR zu Protesten oder gewaltsamen Unruhen unter der Bevölkerung, handelte es sich für die SED um den Versuch einer Konterrevolution. Dieser wurde nach Auffassung der Partei immer von außen initiiert und gelenkt, da die DDR-Bürger angesichts des fortschrittlicheren Stadiums der gesellschaftlichen Entwicklung von sich aus keine Motivation besitzen konnten, die politische Ordnung durch konterrevolutionäre Aktionen zu beseitigen. Im Fall von inneren Unruhen war somit zugleich ein gegen die DDR gerichteter militärischer Angriff der Bundes-

---

„Okkupation der DDR". So hieß es, der Outline-Plan fixiere die „politisch-strategische Konzeption" für eine militärische Intervention. Nach einer Phase der „psychologische[n] Kriegführung zur Aufweichung der DDR" plane man die „Auslösung konterrevolutionärer Aktionen ... mit dem Ziel, einen Bürgerkrieg zu entfesseln". Im Anschluß gebe es „Aggressionen gegen die DDR als Voraussetzung für die Verwirklichung der aggressiven Pläne gegen die sozialistischen Länder". Bei dem Plan „DECO II" handelte es sich nach Ansicht der SED um die „konkrete Festlegung der vorgesehenen militärischen Maßnahmen". Vorgesehen sei ein „schlagartiges Zusammenwirken von Land-, Luft- und Seeverbänden, Propagandaeinheiten und den vor Anlaufen der militärischen Operationen nach Ostberlin und anderen strategisch wichtigen Punkten der SBZ" eingeflossenen „Einheiten des Gegners", so das Zitat aus der westlichen Quelle. Diese würden „politische, staatliche, wirtschaftliche, kommunale, Nachrichten- und Verkehrszentren schlagartig besetzen". Konzeption zur Auswertung des Brigadeeinsatzes im Ministerium für Nationale Verteidigung, 1959, SAPMO-BArch, DY 30/IV 2/12/21, Bl. 55.

[25] Diskussionsbeitrag des 1. Sekretärs des ZK der SED Ulbricht auf der Parteiaktivtagung der NVA, 8. April 1960, BA-MA, VA-P-01/7535, Bl. 335 f.

[26] Vgl. Haftendorn, Sicherheit und Entspannung, S. 36, 145 f.

[27] Konzeption zur Auswertung des Brigadeeinsatzes im Ministerium für Nationale Verteidigung, 1959, SAPMO-BArch, DY 30/IV 2/12/21, Bl. 56.

republik evident. Dieser begann nach Ansicht der SED immer mit der „Auslösung von konterrevolutionären Provokationen, Morden und Sabotageakten"[28]. Honecker betonte, daß die Provokationen zur „Vorbereitung eines ‚kleinen Krieges' bestimmte taktische Aufgaben" erfüllten, vor allem für die „in Bereitschaft stehenden Divisionen" der Bundeswehr. Er folgerte daraus: „Da die Grenzen zwischen Provokationen und den [sic!] nachfolgenden Einsatz der Truppen schwer zu bestimmen sind, verhindern wir mit der konsequenten Zerschlagung von Provokationen die geplante Auslösung eines Krieges."[29] Diese Sichtweise ermöglichte nicht nur einen Einsatz des Militärs im Innern im Rahmen der Landesverteidigung bei einem Angriff von außen. Vielmehr legitimierte sie den inneren Einsatz der NVA bereits vor dem Angriff, da innere Unruhen ausschließlich als genuiner Bestandteil einer westlichen Aggression gewertet wurden, wodurch der vermeintlich zwangsläufige Ausbruch eines allgemeinen Krieges zwischen den Blöcken frühzeitig verhindert werden sollte.

Neben militärischen Aufgaben kam der NVA in der Militärpolitik der SED also auch die Aufgabe der Wahrung und Wiederherstellung der inneren Sicherheit zu[30]. Schon nach dem Volksaufstand am 17. Juni 1953 hatte Otto Grotewohl auf der 14. Tagung des ZK in der „Erklärung über die unmittelbaren Aufgaben der Partei" gefordert, die DDR müsse sich selbst verteidigen können, und festgestellt: Die „von Westberlin aus" angeleitete „Kriegsprovokation" sei „zusammengebrochen, nicht durch unsere eigene Kraft, sondern durch das Eingreifen unserer sowjetischen Freunde". Daraus folgerte er, daß zukünftig in der DDR die „Staatsmacht selbst so stark und so diszipliniert sein" müsse, um diese „Aufgabe in solchen Situationen be-

---

[28] Beschluß über die Maßnahmen zur Stärkung der Verteidigungsbereitschaft der DDR. Protokoll der 19. Sitzung der Sicherheitskommission des ZK der SED, 9. Januar 1958, BA-MA, DVW 1/39561, Bl. 6.

[29] Eröffnungsvorlesung des 7. zentralen Lehrganges für Kampfgruppen-Kommandeure, 20. April 1959, SAPMO-BArch, DY 30/2513, ohne Paginierung (o. Pag.).

[30] Vgl. u. a. Blanke, NVA und Innere Sicherheit, S. 134 ff.; Diedrich, Die bewaffneten Organe der DDR, S. 27 ff. Die Frage, inwieweit die NVA nach 1956 im Innern hätte eingesetzt werden sollen, ist in der Forschung ebenso umstritten wie die Bewertung eines solchen Einsatzes. Klaus Schirmer hat dazu geäußert, die Verfassung der DDR habe „zu keiner Zeit einen militärischen Einsatz der NVA im Inneren der DDR" vorgesehen. Jedoch sei „diese Linie zumindest in Auswertung der Ungarn-Ereignisse 1956 zeitweilig unterlaufen" worden. Spätestens aber nach dem Beschluß des Nationalen Verteidigungsrates vom 6. April 1962 sei die „innere Sicherheit der DDR ausschließlich durch die dafür vorgesehenen Kräfte und nicht durch die NVA zu gewährleisten" gewesen. Schirmer, Auftrag und Legitimation der NVA, S. 83 f. Gerhard Merkel hat in diesem Zusammenhang betont: „Es ist abwegig, wie es hier und dort bei der Aufarbeitung der Geschichte der NVA geschieht, den Einsatz von Streitkräften im Innern eines Landes als ein Markenzeichen ausschließlich stalinistisch geprägter Herrschaftssysteme zu kennzeichnen." Der „Einsatz von Militär bei inneren Unruhen" werde „auch in demokratisch legitimierten Staaten nicht als illegitim aufgefaßt". So werde auch „im Grundgesetz der Bundesrepublik Deutschland eine Einsatzoption für die Bundeswehr im Innern in Verbindung mit der Notstandsgesetzgebung offengehalten". Merkel, Entstehung und Charakter der NVA, S. 14. Rüdiger Wenzke hat dagegen bemerkt, die NVA habe vor allem in den Aufbaujahren „eine innere Funktion zu erfüllen" gehabt. Unter Verweis auf den Beschluß des Nationalen Verteidigungsrates vom 6. April 1962 betont er: „Eine gewisse Option für einen wie auch immer gearteten inneren Einsatz der Armee blieb jedoch auch nach 1962 bestehen." Wenzke hat in diesem Zusammenhang gezeigt, daß die NVA schon im Rahmen der regimekritischen Demonstrationen im Herbst 1989 in der DDR, also durchaus frühzeitig, eingesetzt worden ist. Wenzke, Die Nationale Volksarmee, S. 432, 511 f.

wältigen" zu können[31]. Auf die SED wirkte es offenbar dauerhaft traumatisierend, daß sie 1953 nicht dazu in der Lage gewesen war, den Protest der Bevölkerung unter Kontrolle zu halten. Die Parteiführung wollte daher in Zukunft möglichst wirkungsvoll ausschließen, noch einmal auf die militärische Unterstützung der GSSD angewiesen zu sein. Ein solcher Einsatz hätte die Legitimation des sozialistischen Gesellschaftssystems in der DDR erneut schwer erschüttert.

Als Mitte der fünfziger Jahre die politische Monopolstellung der kommunistischen Parteien in Osteuropa massiv herausgefordert wurde, gewann die Frage eines möglichen innenpolitischen Einsatzes der gerade gegründeten DDR-Streitkräfte für die SED-Führung eine äußerst reale Bedeutung. Unter dem Eindruck des erst durch sowjetische Truppen niedergeschlagenen Volksaufstandes in Ungarn im Oktober 1956 sagte Stoph: „Wir wissen selbstverständlich, daß die sowjetische Armee in der Deutschen Demokratischen Republik jederzeit auch für uns auf Friedenswacht steht. Aber es wäre falsch, wenn wir uns darauf verlassen und unsere eigene Kraft nicht mobilisieren würden."[32] Das Politbüro stellte im November 1956 in diesem Zusammenhang fest, daß die DDR als „souveräner Staat" dazu verpflichtet sei, „mit ihren eigenen Kräften die Ruhe und Ordnung auf ihrem Territorium aufrecht zu erhalten und alle konterrevolutionären Aktionen zu unterdrücken und zu zerschlagen"[33]. Im Entwurf der Rede Stophs für die Eggersdorfer Tagung, auf der Ulbricht und weitere Mitglieder des Politbüros die Implementierung des kollektiven Führungsprinzips in der NVA erläuterten, wird deutlich, für wie wahrscheinlich die SED-Führung einen inneren Einsatz der NVA während dieser Zeit hielt. Dort heißt es, es sei davon auszugehen, daß die „NVA im wesentlichen Aufgaben nach innen und Aufgaben nach außen zu erfüllen" habe: „In ihrer Aufgabenstellung nach innen gehen wir davon aus, dass sie gemeinsam mit den übrigen bewaffneten Kräften der DDR bereit sein muss, alle Versuche des Gegners[,] konterrevolutionäre Aktionen auszulösen und die Errungenschaften unserer Republik anzutasten[,] im Keime zu ersticken".[34]

Bereits am 8. November 1956 hatte das Politbüro die „Maßnahmen zur Unterdrückung konterrevolutionärer Aktionen" beschlossen und darin auch die Rolle der NVA geregelt. Der Einsatz der bewaffneten Kräfte sollte sich demnach in drei Etappen vollziehen: In der ersten Etappe sahen die Planungen den Einsatz der Volkspolizei, der bewaffneten Kräfte des Staatssicherheitsdienstes und der Kampfgruppen vor. Die „Unterstützung durch die Nationale Volksarmee" sollte nur „in Einzelfällen" erfolgen. Hätten die Kräfte der ersten Etappe nicht ausgereicht, wären sie der NVA unterstellt worden, die die Lösung der Aufgabe übernommen hätte[35].

---

31 Protokoll der 14. Tagung des ZK der SED, 21. Juni 1953, SAPMO-BArch, DY 30/IV 2/1/117, Bl. 17.
32 Stenografische Niederschrift der 29. Tagung des ZK der SED, 12.–14. November 1956, SAPMO-BArch, DY 30/IV 2/1/166, Bl. 100f.
33 Maßnahmen zur Unterdrückung konterrevolutionärer Aktionen. Protokoll Nr. 57/56 der Sitzung des Politbüros des ZK der SED, 8. November 1956, SAPMO-BArch, DY 30/J IV 2/2/511, Bl. 8f.
34 Entwurf des Referats des Ministers für Nationale Verteidigung für die Eggersdorfer Tagung, 1957, SAPMO-BArch, DY 30/IV 2/12/10, Bl. 17.
35 Maßnahmen zur Unterdrückung konterrevolutionärer Aktionen. Protokoll Nr. 57/56 der Sitzung des Politbüros des ZK der SED, 8. November 1956, SAPMO-BArch, DY 30/J IV 2/2/511, Bl. 8f.

In dieser Phase sollte das Militär jedoch nicht mehr deeskalierend wirken. Der Politbürobeschluß stellte vielmehr klar: „Wenn und wo es zu militärischem Einsatz kommt, werden Verhandlungen nicht geführt."[36] Hätte die NVA die Lage nicht mehr kontrollieren können, sollten in der dritten Etappe die sowjetischen Truppen eingreifen, allerdings erst „auf Anordnung" der DDR-Regierung[37].

Die SED schätzte den intendierten Einsatz des Militärs im Innern auch NVA-intern als so brisant ein, daß sie die Planungen hierzu sogar innerhalb des Parteiapparates leugnete. So betonte Ulbricht auf der Eggersdorfer Tagung, daß „die Kampfgruppen der Arbeiter ... gemeinsam mit den bewaffneten Kräften der Volkspolizei die Aufgabe" hätten, „das Innere des Landes vollständig zu sichern ohne jede Hilfe der Nationalen Volksarmee"[38].

Daß ein derartiger Einsatz des Militärs von der Parteiführung jedoch besonders nach dem Volksaufstand in Ungarn diskutiert wurde, zeigt gerade der Entwurf von Stophs Rede für die Eggersdorfer Tagung. Aus ihm wird ersichtlich, „dass die Partei die Forderung nach verstärkter Ausbildung [der NVA] im Strassen- und Häuserkampf gestellt" hatte „in Anbetracht der nationalen und internationalen Lage und in Auswertung der Ereignisse in Ungarn"[39]. In seiner Rede wies Stoph dann letztlich allein darauf hin, daß die Kommandeure auch dazu befähigt werden sollten, „die Truppenführung unter den Bedingungen ... der Abwehr bewaffneter Provokationen zu meistern"[40]. 1959 forderte die ZK-Abteilung für Sicherheitsfragen in diesem Zusammenhang, die Ausbildungsprogramme der NVA seien dahingehend zu verändern, „daß mehr als bisher – neben der Hauptorientierung – auch der Kampf zur Liquidierung konterrevolutionärer Aktionen berücksichtigt" werde[41]. Dieser sollte unter anderem die „Vernichtung" von „Diversionsgruppen und konterrevolutionären Banden im Hinterland" umfassen[42].

Wie weit die Planungen für einen Einsatz des Militärs im Innern seit dem Politbürobeschluß vom 8. November 1956 vorangetrieben und konkretisiert wurden, beweist der „Beschluß über die Maßnahmen zur Stärkung der Verteidigungsbereitschaft der DDR", den die Sicherheitskommission am 9. Januar 1958 faßte. Dort heißt es: „Zu schneller Zerschlagung innerer Unruhen können kurzfristig auf Anforderung der Einsatzleitungen Einheiten ... der Nationalen Volksarmee dort eingesetzt werden, wo die Kräfte des Ministeriums des Innern nicht ausreichen, durch Heranführen von Reserven des Ministeriums des Innern Zeitverlust entsteht und bei Gefahr im Verzuge. Der Einsatz der Hauptkräfte der Nationalen Volksarmee erfolgt der jeweiligen Lage entsprechend. Dort, wo Teile der Nationalen Volksarmee zum Einsatz gelangen, geht die Befehlsgewalt über alle an der Erfüllung dieser Aufgabe beteiligten Kräfte in der Regel an den zuständigen Kommandeur der Nationa-

---

[36] Ebenda, Bl. 12.
[37] Ebenda, Bl. 9.
[38] Protokoll der Eggersdorfer Tagung, 12./13. Juni 1957, BA-MA, VA-P-01/037, Bl. 145.
[39] Entwurf des Referats des Ministers für Nationale Verteidigung für die Eggersdorfer Tagung, 1957, SAPMO-BArch, DY 30/IV 2/12/10, Bl. 17f.
[40] Protokoll der Eggersdorfer Tagung, 12./13. Juni 1957, BA-MA, VA-P-01/037, Bl. 58.
[41] Erhöhung der Gefechtsbereitschaft der NVA. Vorlage an die Sicherheitskommission, 29. Juni 1959, SAPMO-BArch, DY 30/IV 2/12/38, Bl. 32.
[42] Ebenda, Bl. 40f.

len Volksarmee über."[43] Die so festgelegten Rahmenbedingungen stellten rechtlich eine Generalklausel dar. Es lag letztlich an der SED-Führung, nach Gutdünken zu entscheiden, wann sie die innenpolitische Lage für so labil hielt, daß dies den Einsatz des Militärs rechtfertigte. Die Bestätigung eines Einsatzes durch die Volkskammer oder die Regierung der DDR sah der Beschluß nicht vor.

Der Beschluß beinhaltete auch eine detaillierte Aufzählung der politischen Gegner der SED, gegen die sie bei gewaltsamen inneren Unruhen offenbar automatisch beabsichtigte, auch das Militär einzusetzen. Im einzelnen waren es „kapitalistische Kreise; Kreise, die mit früheren Konzern- und Großgrundbesitzern eng verbunden sind; Kreise, die für das Ostbüro *[der Sozialdemokratischen Partei Deutschlands (SPD)]* arbeiten, beeinflußt waren und sind; Kreise der ehemaligen aktiven Faschisten, insbesonders *[sic!]* ehemalige faschistische Offiziere und Angehörige der SS *[Schutzstaffel]* und SA *[Sturmabteilung]*; Teilnehmer an der Provokation am 17. 6. 1953, die zum Teil nicht bestraft oder bereits entlassen wurden; Teile, die unter starkem reaktionärem *[sic!]* kirchlichen Einfluß stehen; Teile der Jugend, die an den Hochschulen, Fachschulen, Universitäten durch die Aufweichung zersetzt wurden; Personen, die die ideologische Diversion unterstützen, zurückgekehrte Republikflüchtlinge und solche Personen, die erstmalig Aufenthaltsberechtigung erhalten; ehemalige Strafgefangene und negativ angefallene *[sic!]* Personen wie auch schwankende kleinbürgerliche Elemente (Kleingewerbetreibende, Künstler, ehemalige Beamte, Handwerker)"[44].

Bei diesem Personenkreis handelte es sich um keine kleine Gruppierung, deren radikales Ziel der gewaltsame Sturz des Systems war, sondern im Grunde um große Teile der Bevölkerung. Konkret umfaßte die Beschreibung genau die Kreise, die die SED zu diesem Zeitpunkt politisch und faktisch nicht zu kontrollieren glaubte. Sie wurden von Honecker als „profaschistische Elemente" und „kaltblütige Vollstrecker" diffamiert, die „ohne Gewissen" handelten und „gedungene Berufsmörder" seien[45]. Diese Einschätzung folgte letztlich einem einfachen Freund-Feind-Muster. Von der Parteilinie abweichende gesellschaftliche und politische Forderungen der aufgeführten Bevölkerungsgruppen konnte die SED wegen ihres ideologisch bestimmten Gesellschaftsentwurfes nicht anders wahrnehmen, außer als Angriff auf ihre Machtposition. In der Zeit vor dem Mauerbau 1961 wäre die NVA bei einem innenpolitischen Einsatz nicht nur zur Aufrechterhaltung der staatlichen Ordnung eingesetzt worden, sondern in erster Linie zur Machtsicherung der SED. Infolge der politischen Durchdringung wäre das Militär dazu gezwungen gewesen, gegen das eigene Volk zu kämpfen.

---

[43] Beschluß über die Maßnahmen zur Stärkung der Verteidigungsbereitschaft der DDR. Protokoll der 19. Sitzung der Sicherheitskommission des ZK der SED, 9. Januar 1958, BA-MA, DVW 1/39561, Bl. 4.

[44] Ebenda, Bl. 7 f.

[45] Eröffnungsvorlesung des 7. zentralen Lehrganges für Kampfgruppen-Kommandeure, 20. April 1959, SAPMO-BArch, DY 30/2513, Bl. 24 f.

3. Zielkonflikt und Priorität des Politischen

Die Aufgaben der NVA im Warschauer Pakt und bei der Landesverteidigung sowie ihre Funktion im Innern fixierten die übergeordneten Rahmenbedingungen der SED-Militärpolitik zwischen 1956 und 1961. Diese war darauf gerichtet, die Voraussetzungen dafür zu schaffen, daß die DDR-Streitkräfte beide Anforderungen erfüllen konnten. Die Militärpolitik verfolgte zu diesem Zweck zwei Hauptzielsetzungen: zum einen die Erlangung einer hohen militärischen Effizienz und Leistungsfähigkeit, zum anderen die Herstellung eines optimalen Maßes an politischer Zuverlässigkeit der NVA-Angehörigen – insbesondere der Offiziere.

Aufgrund der Integration der NVA in die Vereinten Streitkräfte des Warschauer Paktes war es nötig, die militärische Leistungsfähigkeit der Streitkräfte nachhaltig und zügig zu steigern – nicht zuletzt, um die bestehenden Bündnisverpflichtungen erfüllen zu können. Vor allem die Qualität des Offizierskorps mußte in kurzer Zeit verbessert werden, da sich die Anforderungen an das taktische Verständnis und die Führungsfähigkeiten durch die zunehmend komplexeren Bedingungen der Gefechtsführung stark erhöhten. Die SED sah sich jedoch damit konfrontiert, daß nach der Umwandlung der KVP in die NVA 1956 rund 90 Prozent der Offiziere eine Ausbildung besaßen, „die für die Lösung der neuen Aufgaben nicht mehr ausreichte"[46]. Dies bedeutete, daß der Bildungsgrad und die fachliche Qualifikation besonders der NVA-Offiziere nach 1956 sukzessive verbessert werden mußten. Zusätzlich ließ die Umrüstung der NVA mit modernen sowjetischen Waffen und neuer Technik zwangsläufig die Intensivierung der militärischen Ausbildung und die Spezialisierung der Streitkräfte notwendig werden. So wurden beispielsweise die Panzerdivisionen der Landstreitkräfte mit modernen sowjetischen T-54 Kampfpanzern ausgerüstet. Die Luftstreitkräfte führten ab 1957 moderne sowjetische MIG-Kampfflugzeuge ein[47].

Die Militärpolitik der SED zielte jedoch ebenso darauf ab, die politische Zuverlässigkeit der NVA zu erhöhen. Diese Intention resultierte vor allem aus dem möglichen Aufeinandertreffen von NVA- und Bundeswehreinheiten in einem militärischen Konflikt. Zudem gab es eine anhaltend hohe Zahl Desertionen von NVA-Angehörigen in die Bundesrepublik[48]. Diese schwächten die Einsatzbereitschaft der Einheiten und ließen die SED an der Loyalität des Militärs zweifeln. Insbesondere aber wegen der Instabilität des SED-Regimes in den fünfziger Jahren sollte die Armee gerade im Hinblick auf einen Einsatz im Innern politisch verläßlich sein. Dabei wirkten die Erfahrungen während des Volksaufstandes 1953 nach, weshalb sich die Partei nicht sicher war, ob die Armee bereit sein würde, gegen die eigene Bevölkerung vorzugehen[49]. Gerade hinsichtlich dieser Aufgabe war die politische Bindung des Offizierskorps und der NVA an die SED unerläßlich, zumal bei der SED als Ergebnis des Ungarn-Aufstandes Befürchtungen aufkamen, die NVA könnte in einer vergleichbaren Lage der Parteikontrolle entgleiten. Aus den Reihen

---

[46] Teilbeitrag der Verwaltung Kader zur Einarbeitung in die Gesamtanalyse und Grundkonzeption der Entwicklung der NVA, 10. März 1967, BA-MA, VA-01/5679, Bl. 6.
[47] Vgl. Wenzke, Die Nationale Volksarmee, S. 430 ff.
[48] Vgl. Kap. VI. dieser Studie.
[49] Vgl. Kap. I. dieser Studie.

des ZK war in diesem Zusammenhang zu hören, daß das „Beispiel in Ungarn"
lehre, „daß es nicht damit getan" sei, „über gut ausgerüstete militärische Kräfte zu
verfügen, sondern daß das Vorhandensein qualifizierter, sozialistischer Führungskader und ein hohes politisches Bewußtsein der Armeeangehörigen genauso wichtig" seien[50]. Daher konnte die Parteiführung zu diesem Zeitpunkt auch nicht damit
einverstanden sein, daß die „Ausbildung im Strassen- und Häuserkampf ... nur
schlechthin nach den militärischen Vorschriften durchgeführt" wurde und „nicht
die Besonderheiten des Einsatzes im Innern des Landes gegen konterrevolutionäre
Kräfte in Betracht" zog[51]. „Diese Aufgabe" setzte für die SED folglich „neben
fachlichen Anforderungen besonders politische Klarheit bei den Angehörigen der
NVA voraus"[52].

Die parallele Verfolgung dieser Hauptzielsetzungen der SED-Militärpolitik erzeugte jedoch zwangsläufig einen Zielkonflikt. Beide Ziele ließen sich nur schwer
miteinander vermitteln, da bei ihrer Realisierung jeweils nicht kompatible Bedingungen maßgebend waren: Während die Frage politischer Zuverlässigkeit primär
nach politisch-ideologischen Kriterien zu behandeln war, ließ sich die militärische
Effizienz und Einsatzbereitschaft nur unter fachspezifischen Gesichtspunkten beurteilen. Dieser Umstand erzeugte bis 1961 ein permanentes Spannungsverhältnis
zwischen den Zielsetzungen, welches die SED-Militärpolitik bis 1961 prägte und
Folgen für beide Bereiche hatte. Der politischen Zuverlässigkeit räumte die SED-
Führung wegen der gegebenen innen- und außenpolitischen Rahmenbedingungen
in dieser Phase anscheinend jedoch Priorität ein[53]. Während dieser Zeit war es für
die Partei offenbar opportun, die Bemühungen um den militärischen Wert der NVA
erst an zweiter Stelle einzuordnen. So formulierte Dölling 1959 den Grundsatz, in
der NVA müsse „an der Spitze" der praktischen Arbeit die „politische Aufgabenstellung" und die „Durchsetzung des richtigen politischen Standpunktes" stehen,
„weil auf dieser Grundlage dann auch die militärischen Aufgaben erfolgreich gelöst
werden" könnten[54].

Einsatzbereitschaft und militärische Effizienz der NVA waren für die SED jedoch trotzdem von zentraler Bedeutung. Sie beurteilte diese jedoch nicht allein
unter spezifisch militärischen Gesichtspunkten[55]. Vielmehr koppelte die SED das
Kriterium der Einsatzbereitschaft an das Kriterium der politischen Zuverlässigkeit
in der Absicht, den Zielkonflikt zu lösen und auf diese Weise das entstandene Dilemma in ihrer Militärpolitik zu überwinden. Die politische Überzeugung der Soldaten bildete daher nach Auffassung der SED auch die Grundlage für die militärische Leistungsfähigkeit. Die „Gefechtsbereitschaft" beruhte demnach sogar in er-

---

[50] Otto, Die politische Verantwortung des Kommandeurs, S. 4.
[51] Entwurf des Referats des Ministers für Nationale Verteidigung für die Eggersdorfer Tagung,
1957, SAPMO-BArch, DY 30/IV 2/12/10, Bl. 17 f.
[52] Ebenda, Bl. 17.
[53] Herspring, East German Civil-Military Relations, S. 83 f.
[54] Protokoll der 2. Tagung der II. Delegiertenkonferenz der Parteiorganisationen der SED in
der NVA, 25./26. März 1959, BA-MA, VA-P-01/556, Bl. 302.
[55] Horst Egon Sylla hat den Begriff „Einsatzbereitschaft" für die Aufbauphase der NVA rückblickend so definiert, als habe sich sein Bedeutungsgehalt ausschließlich aus militärischen
Kriterien zusammengesetzt. Die politische Dimension des Begriffs, die dieser nach Auffassung der SED offenbar hatte, hat er jedoch übersehen oder ausgeblendet. Sylla, Die Landstreitkräfte der Nationalen Volksarmee, S. 185 f.

ster Linie auf der „politisch-ideologische[n] Klarheit aller Armeeangehörigen". Erst dann folgte die „Beherrschung der Waffen, stets einsatzbereite technische Kampfmittel und eine feste militärische Disziplin und Ordnung". Für die SED bildeten beide Faktoren einen „dialektischen Zusammenhang", den eine „wechselseitige Bedingtheit" kennzeichnete[56]. Diese Priorität des Politischen hatte zur Folge, daß die Partei als Grund für den schlechten militärischen Ausbildungsstand einer Einheit in der Regel das vermeintlich mangelnde sozialistische Bewußtsein und die fehlende Moral der Soldaten ansah. Demzufolge propagierte Dölling, daß die „Erhöhung der Einsatzbereitschaft der Nationalen Volksarmee von der Erhöhung des sozialistischen Bewußtseins" abhänge[57]. „Die Parteiführung" ging daher „von dem wichtigen Prinzip aus, dass die politische Arbeit nicht Selbstzweck, sondern das Hauptmittel zur Erhöhung der Kampfkraft der Armee" war[58]. Stoph betonte, „mit moderner Technik allein" könne man keinen Krieg entscheiden: „An Hand der geschichtlichen Erfahrungen des Großen Vaterländischen Krieges der Sowjetunion, des heroischen jahrzehntelangen Kampfes der chinesischen Volksbefreiungsarmee, der Kriege in Korea und Vietnam müssen wir unseren Genossen immer wieder aufzeigen, daß letzten Endes die Moral der Armee ... das Entscheidende für den Ausgang des Kampfes ist."[59]

Nach Gründung der NVA zielte die SED-Militärpolitik im allgemeinen auf eine stärkere Politisierung der militärischen Sphäre. Dem lag die Intention zugrunde, den Einfluß der Partei in den Streitkräften genauso wie in allen anderen Gesellschaftsbereichen zu vergrößern[60]. Unter dem Eindruck des XX. Parteitages der KPdSU im Februar 1956 beschloß die SED auf der 3. Parteikonferenz im folgenden Monat, die Stellung der Parteiorganisationen und die „Kollektivität" der Parteileitungen zu stärken, um so endgültig die umfassende Kontrolle der Entscheidungsprozesse in allen Bereichen des Staatsapparates durchzusetzen[61]. Kurz zuvor hatte Stoph bereits gefordert, so wie die SED bei „der Schaffung der Grundlagen des Sozialismus" in der DDR „insgesamt die führende Kraft" sei, so sollten „die Parteiorganisationen und die Mitarbeiter des Polit-Apparates im Ministerium für Nationale Verteidigung und in der gesamten Nationalen Volksarmee die führende Rolle" der Partei verwirklichen[62]. Doch mußte der 1. Stellvertreter des Ministers für Nationale Verteidigung Generalmajor Friedrich Dickel, der 1956 kurzzeitig Chef der Politischen Verwaltung gewesen war, nur einen Monat später zugeben, daß es die SED

---

[56] Protokoll der 2. Tagung der II. Delegiertenkonferenz der Parteiorganisationen der SED in der NVA, 25./26. März 1959, BA-MA, VA-P-01/556, Bl. 17.

[57] Protokoll der Delegiertenkonferenz der Parteiorganisationen der SED in der NVA, 24.–26. Juni 1958, BA-MA, VA-P-01/038, Bl. 18.

[58] Entwurf des Referats des Ministers für Nationale Verteidigung für die Eggersdorfer Tagung, 1957, SAPMO-BArch, DY 30/IV 2/12/10, Bl. 5.

[59] Protokoll der Eggersdorfer Tagung, 12./13. Juni 1957, BA-MA, VA-P-01/037, Bl. 33.

[60] Vgl. u.a. Bogisch, Über die militärpolitische Bedeutung der 30. Tagung des ZK, S. 149 ff.; Glaser, Die Initiative des Zentralkomitees der SED im Mai und Juni 1957, S. 294 ff.; Glaser, Militärpolitik für Sozialismus und Frieden, S. 50 ff.

[61] Vgl. Ulbricht, Grundfragen der Politik, S. 92 ff.

[62] Protokoll der Delegiertenkonferenz der Parteiorganisationen der SED im Dienstbereich des Ministeriums für Nationale Verteidigung, 5.–11. März 1956, BA-MA, VA-P-01/036, Bl. 2.

bisher „nicht fertig" gebracht habe, die „Kader zu überzeugen und fest für die Sache" der „Arbeiter- und Bauernmacht zu gewinnen"[63].

Nach der 30. ZK-Tagung Anfang 1957 verstärkte die SED ihre Anstrengungen, um ihrem politischen Führungsanspruch nun auch in der Armee nachhaltig zum Durchbruch zu verhelfen. Als Instrumentarium hierfür sollten die neuen „Bestimmungen für die Arbeit der Politorgane der NVA" und die neue „Instruktion für die Arbeit der Parteiorganisationen der SED in der NVA" dienen, die das ZK am 21. Mai 1957 bestätigte. Durch sie wurden in den DDR-Streitkräften kollektive Führungsmechanismen verbindlich eingeführt[64]. Ihre Anwendung zur verstärkten politischen Durchdringung des Militärs erläuterte eine Delegation von Mitgliedern des Politbüros und des ZK unter der Leitung Ulbrichts, der unter anderem auch Matern, Stoph und Honecker angehörten, auf der „Eggersdorfer Tagung" im Juni 1957 den leitenden Parteifunktionären in der NVA. Hier machte Stoph deutlich, daß nach Ansicht der SED „die entscheidende Voraussetzung für die Erhöhung der Kampf- und Einsatzbereitschaft der Nationalen Volksarmee die volle Entfaltung der Kraft der Parteiorganisationen" war, weshalb diese „noch größere Verantwortung für die Lösung der … Ausbildungs- und Erziehungsaufgaben" erhielten[65].

Die ZK-Abteilung für Sicherheitsfragen mußte jedoch rückblickend zugeben, daß die politische Arbeit auf der Eggersdorfer Tagung zwar einer „kritischen Analyse unterzogen" worden sei, die die „Unzulänglichkeiten" aufgezeigt" habe. Im Ergebnis der Beratung habe man die „erforderliche Wendung" jedoch „nur ungenügend erreicht"[66]. Ulbricht hob auf der 34. ZK-Tagung im November 1957 erneut hervor, daß es in der NVA „Unklarheiten über die Rolle der Partei" gebe[67]. Das Militär sollte unter keinen Umständen weiterhin die Möglichkeit haben, sich zu einer ideologie- und politikfreien Sphäre innerhalb des Staates zu entwickeln. Stoph forderte daher, die politische Arbeit in der Armee „so zu gestalten, dass überall konsequent die Führung der Parteiorganisation, die Führung der Parteifunktionäre gegenüber den parteilosen Offizieren, gegenüber den in militärischen und auch anderen Funktionen sitzenden Offizieren gewährleistet" werde[68].

Am 14. Januar 1958 fällte das Politbüro deshalb den programmatischen Beschluß „Über die Rolle der Partei in der NVA", um den Widerständen im Offizierskorps gegen die politische Durchdringung des Militärs endlich substantiell zu begegnen, wurde doch die „politisch-ideologische Arbeit … besonders durch eine Reihe von Offizieren unterschätzt und gegenüber der rein militärfachlichen Ausbildung vernachlässigt"[69]. Der Beschluß konkretisierte die Kompetenzen des Parteiapparates innerhalb der NVA. Durch ihn sollte das Prinzip der kollektiven Führung im Rahmen der militärischen Truppenführung endgültig durchgesetzt werden. Die so for-

---

[63] Protokoll Nr. 3/56 über die Sitzung des Kollegiums des Ministeriums für Nationale Verteidigung, 23. April 1956, BA-MA, VA-01/2028, Bl. 11.

[64] Vgl. zum Folgenden Kap. IV.2. dieser Studie.

[65] Protokoll der Eggersdorfer Tagung, 12./13. Juni 1957, BA-MA, VA-P-01/037, Bl. 6.

[66] Beitrag zum Bericht des ZK der SED an den Parteitag, 19. Mai 1958, SAPMO-BArch, DY 30/IV 2/12/9, Bl. 58 f.

[67] Stenografische Niederschrift der 34. Tagung des ZK der SED, 27. November 1957, SAPMO-BArch, DY 30/IV 2/1/189, Bl. 166.

[68] Ebenda, Bl. 166.

[69] Über die Rolle der Partei in der NVA. Protokoll Nr. 4/58 der Sitzung des Politbüros des ZK der SED, 14. Januar 1958, SAPMO-BArch, DY 30/J IV 2/2/576, Bl. 191.

mulierten Grundsätze fanden ihren Niederschlag in den überarbeiteten Fassungen der „Instruktion für die Arbeit der Parteiorganisationen der SED in der NVA" und der „Bestimmungen für die Arbeit der Politorgane in der NVA", die das ZK am 17. Juni 1958 bestätigte[70].

Aufgrund der Tatsache, daß die SED ihren Einfluß in der NVA jedoch weiterhin nicht zufriedenstellend durchsetzen konnte, vollzog sie in der Folgezeit eine qualitative Veränderung in ihrer Militärpolitik. Die politische Durchdringung erfolgte nun nicht mehr primär organisatorisch, sondern setzte verstärkt auch auf ein erzieherisches Moment. Honecker äußerte im Juni 1958, daß die Vollendung des sozialistischen Aufbaus in der DDR „eine gewisse Verschärfung des Klassenkampfes" voraussetze, weshalb „Fragen der Bewußtseinsbildung auch noch viel stärker als bisher in der Armee zu entwickeln" seien[71]. „Es geht darum, daß wir in der Erziehung der Offizierskader eine neue Qualität erreichen", führte Dölling näher aus. Die Offiziere sollten eine „engere Verbindung" zum Aufbau des Sozialismus entwickeln und „immer und überall ein klares Bekenntnis zur Arbeiter-und-Bauern-Macht abgeben"[72]. Um die politische Loyalität durch eine Umerziehung der Offiziere zu verbessern, hatte der V. Parteitag der SED im Juli 1958 beschlossen, Offiziere ohne Produktionserfahrung zur Bewußtseinsbildung in die Produktion zu schicken. Diese Maßnahme wurde auf der 4. ZK-Tagung im Januar 1959 noch erweitert: Ein Teil der Offiziere sollte zudem für einige Zeit im Rang eines Mannschaftsdienstgrades in der Truppe Dienst leisten[73]. Letztlich blieb der Grad der Politisierung der NVA bis zum Mauerbau annähernd unverändert hoch.

Die Priorität des Politischen beeinflußte nachhaltig auch die Grundsätze der Rekrutierung und Personalentwicklung in den Streitkräften, die explizit „politisches Vertrauen vor militärischer Fähigkeit" einordneten[74]. Im Rahmen der Auswertung des Politbürobeschlusses vom 14. Januar 1958 betonte die Politische Verwaltung deshalb unmißverständlich, bei Kaderentscheidungen müsse „an erster Stelle die Frage nach der politischen Verläßlichkeit, nach der sozialistischen Überzeugung, nach der Haltung des Betreffenden zum Aufbau des Sozialismus stehen". Weiter hieß es: „Erst auf dieser Grundlage können die militärfachlichen Fragen und Eigenschaften des betreffenden Offiziers richtig beurteilt und entschieden werden." In jedem Fall müsse eine streng „parteiliche Entscheidung getroffen werden"[75].

Da die Qualifikation eines Offiziers letztlich nicht vollends ignoriert werden konnte, war auch die Personalentwicklung des Offizierskorps[76] nach Gründung der NVA mit einer symptomatischen Gegensätzlichkeit der Zielsetzungen belastet. Po-

---

[70] Vgl. S. 92ff.

[71] Protokoll der Delegiertenkonferenz der Parteiorganisationen der SED in der NVA, 24.–26. Juni 1958, BA-MA, VA-P-01/038, Bl. 343.

[72] Ebenda, Bl. 402f.

[73] Vgl. Kap. V.2. dieser Studie.

[74] Entwurf des Referats des Ministers für Nationale Verteidigung für die Eggersdorfer Tagung, 1957, SAPMO-BArch, DY 30/IV 2/12/10, Bl. 2.

[75] Plan zur Auswertung und Durchführung des Beschlusses des Politbüros vom 14. Januar 1958 „Über die Rolle der Partei in der NVA", 1. Februar 1958, BA-MA, VA-P-01/7535, Bl. 161.

[76] Vgl. u.a. Greese/Voerster, Probleme der Auswahl und Förderung der Offizierskader, S. 32ff.; Hanisch/Wenzke, Die Geschichte des Offizierskorps der ehemaligen NVA, S. 61ff.; Fingerle, Waffen in Arbeiterhand?, S. 119ff.

litische Zuverlässigkeit manifestierte sich für die SED vor allem durch Parteizugehörigkeit und Klassenverbundenheit. 1956 waren 77,7 Prozent der Offiziere[77] Mitglieder oder Kandidaten der SED[78]. Diese Zahl konnte die Partei bis 1957 auf 86,0 Prozent steigern[79]. Gleichzeitig stammten 1956 nach Angaben der SED 81,5 Prozent der Offiziere aus der Arbeiterklasse. 3,1 Prozent waren ihrer Herkunft nach Bauern[80]. Diese Verteilung änderte sich bis Anfang 1957 nur marginal: der Arbeiteranteil lag jetzt bei 81,9 Prozent, der der Bauern bei 2,5 Prozent[81]. Die überwiegende Rekrutierung von Angehörigen dieser sozialen Gruppen hatte großen Einfluß auf das Bildungsniveau der Offiziere. 1956 hatten 78,7 Prozent der Offiziere eine höchstens achtjährige Volksschulbildung, 10,5 Prozent besaßen die Mittlere Reife und nur 10,8 Prozent verfügten über das Abitur[82]. 1957 lag der Anteil der Volksschüler immer noch bei 77,3 Prozent. Die Mittlere Reife hatten 10,4 Prozent der Offiziere und erst 12,3 Prozent das Abitur[83].

Da die SED ehemalige Wehrmachtsoffiziere nur in kleiner Zahl in das Offizierskorps der NVA aufgenommen hatte[84], war die militärische Qualifikation der neuen Offiziere zwangsläufig überwiegend gering. 1956 verfügten 27,4 Prozent über eine einjährige, 16,3 Prozent über eine zweijährige und 10,3 Prozent der Offiziere über eine dreijährige Offiziersausbildung. 18,2 Prozent hatten einen Qualifizierungslehrgang absolviert. Nur 0,2 Prozent der Offiziere hatten bis dahin eine Militärakademie besucht, 2,4 Prozent waren Absolventen ziviler Hochschulen[85]. 1957 hatten 25,7 Prozent eine einjährige, 13,7 Prozent eine zweijährige und 12,8 Prozent eine dreijährige Offiziersausbildung absolviert sowie 23,4 Prozent einen Sonder- oder Qualifizierungslehrgang. 0,3 Prozent der Offiziere hatten eine Militärakademie, 24,1 Prozent jedoch überhaupt keine militärische Schule besucht[86].

Nach rund zwei Jahren vollzog die SED eine Kursänderung in ihrer Rekrutierungspolitik, die die Situation aber eher noch verschärfte. Die „vorrangige Auswahl

---

[77] Die Gesamtstärke des Offizierskorps der NVA betrug bis zum Mauerbau zwischen 21 012 Offizieren im Januar 1957 und 21 386 Offizieren im Januar 1961. Stärkenachweisbuch – Gesamtbestand an Offizieren, Januar 1957–Juni 1967, BA-MA, VA-01/32458, Bl. 2 ff.

[78] Bericht über die Erfahrungen bei der Durchführung der Bestimmungen für die Dienstlaufbahn und über die Lage im Offiziersbestand der NVA. Protokoll der Sitzung des Kollegiums des Ministeriums für Nationale Verteidigung, 31. März 1959, BA-MA, AZN/28179, Bl. 97.

[79] Auswertung über die Personalstatistik des Offiziersbestandes der NVA, 1. Januar 1962, SAPMO-BArch, DY 30/IV 2/12/29, Bl. 129.

[80] Teilbeitrag der Verwaltung Kader zur Einarbeitung in die Gesamtanalyse und Grundkonzeption der Entwicklung der NVA, 10. März 1967, BA-MA, VA-01/5679, Bl. 5.

[81] Auswertung über die Personalstatistik des Offiziersbestandes der NVA, 1. Januar 1962, SAPMO-BArch, DY 30/IV 2/12/29, Bl. 127.

[82] Teilbeitrag der Verwaltung Kader zur Einarbeitung in die Gesamtanalyse und Grundkonzeption der Entwicklung der NVA, 10. März 1967, BA-MA, VA-01/5679, Bl. 5.

[83] Auswertung über die Personalstatistik des Offiziersbestandes der NVA, 1. Januar 1962, SAPMO-BArch, DY 30/IV 2/12/29, Bl. 137.

[84] Ehemalige Wehrmachtsoffiziere wurden mangels qualifizierten Personals aus den Reihen der SED in erster Linie in Stabs- und Leitungsfunktionen eingesetzt, da die Partei auf ihren Sachverstand beim Aufbau der NVA zunächst nicht verzichten konnte. Ihr Anteil lag im Juli 1956 bei 2,8 Prozent. Vgl. Wenzke, Auf dem Wege zur Kaderarmee, S. 270 f.

[85] Teilbeitrag der Verwaltung Kader zur Einarbeitung in die Gesamtanalyse und Grundkonzeption der Entwicklung der NVA, 10. März 1967, BA-MA, VA-01/5679, Bl. 6.

[86] Auswertung über die Personalstatistik des Offiziersbestandes der NVA, 1. Januar 1962, SAPMO-BArch, DY 30/IV 2/12/29, Bl. 136.

von Abiturienten und ihre sofortige Einstellung an den Offiziersschulen" hatte sich als kontraproduktiv erwiesen[87], da ein großer Teil von ihnen bereits nach kurzer Zeit wegen fehlenden Engagements und mangelnder politischer Überzeugung wieder aus der NVA ausgeschieden war. Eine „unzureichende politische Qualifikation" war nach Ansicht der SED auch die Hauptursache, warum bis 1958 mehr als 50 Offiziere von den Militärakademien abberufen werden mußten, von denen die Hälfte sogar entlassen wurde[88]. Schon auf der Eggersdorfer Tagung im Juni 1957 hatte Stoph geäußert, daß sich die „bisherige Praxis, viele junge Menschen, darunter Parteilose, direkt aus dem Zivilleben für die Offiziersschulen zu werben, … als falsch erwiesen" habe. Das „Reservoir für den Kadernachwuchs" seien vielmehr vor allem die Mitglieder der Parteileitungen, die Parteigruppenorganisatoren, die Agitatoren, FDJ-Sekretäre und Leitungsmitglieder sowie jene jungen Soldaten und Unteroffiziere, die „bereits militärische Kenntnisse" hätten und „politische Aktivität" zeigten[89].

Jetzt waren „bevorzugt Arbeiterelemente" zu berücksichtigen[90]. Dieser Forderung trug die Direktive vom 16. August 1958 Rechnung, die die Auswahlprinzipien für die Offiziere neu festlegte. Die Kader für die Offizierslaufbahn sollten in erster Linie aus den „besten, zuverlässigsten und entwicklungsfähigsten Soldaten und Unteroffizieren" rekrutiert werden. Ausgewählt wurden jedoch nur diejenigen, die „auf Grund ihrer sozialen Herkunft und Tätigkeit vor Eintritt in die Nationale Volksarmee Arbeiter und werktätige Bauern" gewesen waren. Die Offiziersbewerber sollten darüber hinaus „in der Regel eine 10-Klassen- bzw. Grundschule erfolgreich absolviert haben und über eine abgeschlossene Berufsausbildung verfügen"[91]. Die Auswahlkriterien waren derart selektiv, daß Soldaten und Unteroffiziere mit Mittlerer Reife oder Abitur, die jedoch keinen Beruf erlernt hatten, nur dann Offiziere werden konnten, wenn ihr sozialer Hintergrund proletarisch war. Für den Besuch der Militärakademie wurden fortan nur Offiziere ausgewählt, die „politisch zuverlässig" waren, ein „hohes sozialistisches Bewußtsein" besaßen und eine „mindestens 3-jährige Mitgliedschaft" in der SED vorweisen konnten. Zudem sollten sie eine abgeschlossene Berufsausbildung besitzen oder mindestens für ein Jahr in der Produktion beziehungsweise der sozialistischen Landwirtschaft tätig gewesen sein[92].

Die Priorität der politischen Auswahlkriterien bewirkte, daß die Zahl der Mitglieder und Kandidaten der SED unter den NVA-Offizieren zwischen 1958 und

---

87 Die Prinzipien der Auswahl des Offiziers-Nachwuchses und der Entwicklung der Offiziere in der NVA. Protokoll Nr. 2/58 über die Sitzung des Kollegiums des Ministeriums für Nationale Verteidigung, 26. März 1958, BA-MA, AZN/28178, Bl. 128.
88 Analyse über die Zusammensetzung und Entwicklung der Kader der Volksarmee vom stellvertretenden Regimentskommandeur aufwärts für die Zeit vom 1. Januar 1956 bis 1. Januar 1958, SAPMO-BArch, DY 30/IV 2/12/27, Bl. 62.
89 Protokoll der Eggersdorfer Tagung, 12./13. Juni 1957, BA-MA, VA-P-01/037, Bl. 60.
90 Protokoll Nr. 1/58 über die Sitzung des Kollegiums des Ministeriums für Nationale Verteidigung, 24. Februar 1958, BA-MA, AZN/28178, Bl. 17.
91 Prinzipien für die Auswahl der Kader für das Studium an Militärakademien und für die Auswahl von Soldaten und Unteroffizieren für die Offizierslaufbahn. Direktive Nr. 3/58 des Ministers für Nationale Verteidigung, 16. August 1958, BA-MA, VA-01/4372, Bl. 16 f.
92 Ebenda, Bl. 18 f.

1959 von 89,2 Prozent[93] auf 91,7 Prozent[94] anstieg. Das soziale Profil der Offiziere bewegte sich weiter auf gleichem Niveau: 1959 waren 81,4 Prozent der Offiziere ihrer sozialen Herkunft nach Arbeiter und 2,8 Prozent Bauern[95]. Charakteristisch blieb aber zugleich, daß sich die Lage hinsichtlich der Bildung und Qualifikation des Offizierskorps anhaltend mangelhaft darstellte. Die politische Zuverlässigkeit als dominierendes Auswahlkriterium verhinderte hier offensichtlich eine spürbare Verbesserung. 1959 hatten 76,5 Prozent der Offiziere weiterhin nur die Volksschule besucht. 11,5 Prozent besaßen die Mittlere Reife und 12,0 Prozent das Abitur[96]. 10,5 Prozent der Offiziere hatten eine einjährige, 10,4 Prozent eine zweijährige und 23,5 Prozent eine dreijährige Ausbildung an einer Offiziersschule absolviert. Doch immer noch 28,9 Prozent waren nur durch einen Qualifizierungslehrgang für ihre Offiziersverwendung ausgebildet worden. 1,9 Prozent der Offiziere hatten eine Militärakademie, 2,5 Prozent Sonderlehrgänge, 6,1 Prozent eine zivile Hochschule und 16,2 Prozent überhaupt keine militärische Schule besucht[97].

Nicht zuletzt als Folge der unzureichenden Personalpolitik wurden 1959 insgesamt 1568 Offiziere aus dem aktiven Dienst entlassen; nach Angaben der SED unter anderem 18,6 Prozent wegen schlechter politischer und fachlicher Leistungen und 24,8 Prozent wegen „moralischer Vergehen, Interessenlosigkeit, Nichteinhaltung der Verpflichtung, Verstoß gegen Befehle"[98]. Im übrigen entstand ein massiver Engpaß bei der Rekrutierung des Offiziersnachwuchses, da „die Bereitschaft der Soldaten und Unteroffiziere, die Offizierslaufbahn einzuschlagen[,] sehr gering" war. So waren die Offiziersschulen im Herbst 1958 nur bis zu 60 Prozent ausgelastet[99]. Auch benötigte die NVA rund 12 Prozent Kader mit akademischer Bildung. Diesen Bedarf konnte die SED als ein weiteres Ergebnis ihrer Kaderpolitik 1960 nur zu 2,5 Prozent, den „hohen Bedarf an wissenschaftlich-technischen Kadern für die Besetzung der Ingenieurs- und Spezialistenplanstellen" nur zu rund 35,0 Prozent dekken[100].

Da die SED die Rahmenbedingungen ihrer Personalpolitik bis zum Mauerbau im wesentlichen beibehielt, vermochte sie keine tiefgreifende Veränderung dieser Situation herbeizuführen. Im Januar 1961 waren zwar mittlerweile 95,6 Prozent Mitglie-

---

[93] Thesen über die Ergebnisse der Arbeit mit den Kadern im Ausbildungsjahr 1958 und über die weiteren Aufgaben, BA-MA, VA-01/5051, Bl. 143.
[94] Bericht über die Erfahrungen bei der Durchführung der Bestimmungen für die Dienstlaufbahn und über die Lage im Offiziersbestand der NVA. Protokoll der Sitzung des Kollegiums des Ministeriums für Nationale Verteidigung, 31. März 1959, BA-MA, AZN/28179, Bl. 97.
[95] Bericht über die Durchführung der Direktive Nr. 3/59 des Ministers für Nationale Verteidigung vom 17. März 1959, 6. Januar 1960, BA-MA, VA-01/4839, Bl. 244.
[96] Bericht über die Erfahrungen bei der Durchführung der Bestimmungen für die Dienstlaufbahn und über die Lage im Offiziersbestand der NVA. Protokoll der Sitzung des Kollegiums des Ministeriums für Nationale Verteidigung, 31. März 1959, BA-MA, AZN/28179, Bl. 99.
[97] Ebenda, Bl. 98.
[98] Bericht über die Durchführung der Direktive Nr. 3/59 des Ministers für Nationale Verteidigung vom 17. März 1959, 6. Januar 1960, BA-MA, VA-01/4839, Bl. 238 ff.
[99] Einschätzung des Standes der Erziehung, Ausbildung und Gefechtsbereitschaft der Einheiten, Truppenteile und Verbände der NVA, 1959, SAPMO-BArch, DY 30/IV 2/12/38, Bl. 60.
[100] Begründung zum Beschluß über die schnellere und allseitige Qualifizierung der Kader der NVA, 1960, SAPMO-BArch, DY 30/IV 2/12/26, Bl. 92.

der oder Kandidaten der SED[101] und der Herkunft nach 79,0 Prozent Arbeiter und 3,7 Prozent Bauern[102]. Die bildungsmäßigen Voraussetzungen der Offiziere hatten sich aber nur unbedeutend verbessert: Die große Mehrheit, 71,8 Prozent, verfügte weiterhin nur über eine Volksschulbildung. Allein 12,1 Prozent besaßen die Mittlere Reife und 16,1 Prozent das Abitur[103]. Auch die militärische Qualifikation blieb mehrheitlich problematisch. 10,9 Prozent der Offiziere hatten für ein Jahr die Offiziersschule besucht, 9,8 Prozent für zwei Jahre, 25,7 Prozent für drei Jahre und 2,0 Prozent für vier Jahre. Während 3,7 Prozent an einer Militärakademie ausgebildet worden waren, hatten 31,5 Prozent nur einen Sonder- oder Qualifizierungslehrgang und 16,4 Prozent keine Schule besucht[104].

Als besonders nachteilig erwies sich die Vernachlässigung rein militärfachlicher Kriterien auch bei der Auswahl und Ausbildung der Politoffiziere[105], von denen viele immerhin als Stellvertreter des Kommandeurs für politische Arbeit eingesetzt wurden[106]. Grundsätzlich sollten sich die Politoffiziere der NVA nach der Vorstellung der SED sowohl „durch politische Klarheit und durch parteimässige Prinzipienfestigkeit" als auch „durch fundamentierte [sic!] militärische Kenntnisse und grosse Fähigkeiten der Truppenführung auszeichnen"[107]. Letzteres ließ sich jedoch nur sehr unvollkommen verwirklichen, da eine große Zahl der Politoffiziere zuvor zivile Parteifunktionäre gewesen war. Sie verfügten über keine adäquate militärische Qualifikation, wurden aber im Rahmen ihrer Verwendung in den Politorganen direkt in der Truppe eingesetzt. Nach Einschätzung der ZK-Abteilung für Sicherheitsfragen war daher Mitte 1957 „der Stand der militärischen Ausbildung der Politarbeiter äusserst unbefriedigend". Auch arbeiteten nur wenige Politstellvertreter „ernsthaft" an ihrer militärischen Qualifizierung[108]. So hatten etwa von den 168 leitenden Politoffizieren in der NVA 44 „noch keinerlei militärische Lehrgänge" besucht[109]. Insgesamt verfügten 49,6 Prozent der Politoffiziere über eine zweijährige und 10,5 Prozent über eine einjährige Ausbildung an einer Offiziersschule. 25,2 Prozent hatten einen militärischen Qualifizierungslehrgang, 14,7 Prozent jedoch überhaupt keine militärische Schule absolviert[110].

---

[101] Auswertung über die Personalstatistik des Offiziersbestandes der NVA, 1. Januar 1962, SAPMO-BArch, DY 30/IV 2/12/29, Bl. 129.

[102] Ebenda, Bl. 127.

[103] Ebenda, Bl. 137.

[104] Ebenda, Bl. 136.

[105] Vgl. u.a. Greese/Voerster, Probleme der Auswahl und Förderung der Offizierskader, S. 32 ff.; Fingerle, Waffen in Arbeiterhand?, S. 119 ff.

[106] 1956 gab es in der NVA 3020 Politoffiziere. 1961 waren es 2790. Stärkenachweisbuch – Gesamtbestand an Offizieren der NVA, Januar 1957–Juni 1967, BA-MA, VA-01/32458, Bl. 2 ff.

[107] Entwurf des Referats des Ministers für Nationale Verteidigung für die Eggersdorfer Tagung, 1957, SAPMO-BArch, DY 30/IV 2/12/10, Bl. 13.

[108] Probleme für einen Diskussionsbeitrag zur Beratung von Mitgliedern des Politbüros mit leitenden Parteifunktionären in der NVA, 1957, SAPMO-BArch, DY 30/ IV 2/12/9, Bl. 14 f.

[109] Analyse über die Zusammensetzung und Entwicklung der Kader der Volksarmee vom stellvertretenden Regimentskommandeur aufwärts für die Zeit vom 1. Januar 1956 bis 1. Januar 1958, SAPMO-BArch, DY 30/IV 2/12/27, Bl. 60.

[110] Teilbeitrag der Verwaltung Kader zur Einarbeitung in die Gesamtanalyse und Grundkonzeption der Entwicklung der NVA, 10. März 1967, BA-MA, VA-01/5679, Bl. 12.

Die SED war bestrebt, diesem Mangel an militärischem Fachwissen zu begegnen, jedoch ohne in irgendeiner Weise Abstriche bei der politischen Zuverlässigkeit und der Klassenverbundenheit der Politoffiziere machen zu wollen. Sie änderte daher 1957 ihre Rekrutierungspraxis. Wie bei den Truppenoffizieren sollten für den Nachwuchs der Politoffiziere nunmehr vor allem Parteifunktionäre aus den Dienstgradgruppen der Soldaten und Unteroffiziere gewonnen werden, die politisch aktiv waren und über gute militärische Kenntnisse verfügten[111]. Als Folge dieser Maßnahme blieb das Bildungsniveau der Politoffiziere jedoch weiterhin hinter dem der Truppenoffiziere zurück. 1957 verfügten 81,1 Prozent der Politoffiziere über eine Volksschulbildung, 13,5 Prozent hatten die Mittlere Reife und nur 5,4 Prozent das Abitur[112]. Trotzdem versuchte die SED, Politoffiziere zunehmend auch für militärische Führungspositionen zu qualifizieren[113].

Die Priorität politischer Bewertungskriterien in der Personalpolitik zeigte sich auch besonders deutlich daran, wie die SED mit der Frage des Verbleibs der ehemaligen Wehrmachtsoffiziere in der NVA umging[114]. Seit der Gründung der NVA war ihre Zahl innerhalb eines Jahres bis zum Januar 1957 nur leicht um 36 auf 464 Offiziere gesunken[115]. Im folgenden Monat beschloß das Politbüro, die „Offiziere, die führend in der Reichswehr und Hitler-Armee tätig" gewesen waren, „z. B. Offiziere des Generalstabes, Kandidaten für den Generalstab, Teilnehmer am Überfall auf Spanien usw." bis Ende 1957 in die Reserve zu versetzen. Hinsichtlich aller übrigen ehemaligen Wehrmachtsoffiziere war dies bis Ende 1959 vorgesehen. Ausnahmen über die Zeit nach 1960 hinaus sollten nur zugelassen werden, sofern die Offiziere Funktionen etwa als Lehrer oder wissenschaftlicher Mitarbeiter ausübten. Stabs- und Kommandostellen konnten sie jedoch nicht mehr bekleiden. Vor allem ging es dem Politbüro darum, innerhalb kurzer Zeit jede „Konzentration" ehemaliger Wehrmachtsoffiziere in Leitungen und Stäben zu beenden: War ein NVA-Kommandeur Wehrmachtsoffizier gewesen, durfte dieses Kriterium auf seinen Stellvertreter nicht mehr zutreffen[116].

Die SED-Führung begründete ihren Beschluß unter anderem mit der beabsichtigten „weiteren Stärkung und Festigung der Kampfbereitschaft der Nationalen Volksarmee"[117]. Das Politbüro mußte jedoch gleichzeitig zugeben, daß etwa für den Chef des Hauptstabes Generalleutnant Vincenz Müller und den Chef der Panzer-

---

[111] Die Auswahl von Kadern zur Entwicklung zum Politoffizier aus den Truppenteilen der NVA. Richtlinie Nr. 3/57 des Chefs der Politischen Verwaltung des Ministeriums für Nationale Verteidigung, 16. Juni 1957, BA-MA, VA-P-01/016, Bl. 77 f.

[112] Teilbeitrag der Verwaltung Kader zur Einarbeitung in die Gesamtanalyse und Grundkonzeption der Entwicklung der NVA, 10. März 1967, BA-MA, VA-01/5679, Bl. 12.

[113] Auswahl von Politoffizieren für den Besuch der Militärakademie der NVA, der Politoffiziersschule und von Qualifizierungslehrgängen. Anordnung Nr. 37/58 des Ministers für Nationale Verteidigung, 24. Juli 1958, BA-MA, VA-01/4376, Bl. 10 ff.

[114] Vgl. u. a. Wenzke, Die Nationale Volksarmee, S. 434 f.; Wenzke, Wehrmachtsoffiziere in den DDR-Streitkräften, S. 143 ff.; Hanisch/Wenzke, Die Geschichte des Offizierskorps der ehemaligen NVA, S. 65 ff.

[115] Wenzke, Wehrmachtsoffiziere in den DDR-Streitkräften, S. 149.

[116] Kaderfragen im Ministerium für Nationale Verteidigung. Protokoll Nr. 8/57 der außerordentlichen Sitzung des Politbüros des ZK der SED, 15. Februar 1957, SAPMO-BArch, DY 30/J IV 2/2/507, Bl. 10 f.

[117] Ebenda, Bl. 10.

truppen Generalmajor Arno von Lenski in der NVA „z. Zt. kein Ersatz" vorhanden war[118]. Hierdurch wird deutlich, daß diese Maßnahme in erster Linie nicht sachlich, sondern politisch motiviert war. 1959 stellte man rückblickend fest, sie habe zu einer „Verbesserung der sozial-politischen Zusammensetzung" der NVA geführt[119].

Im Juni 1959 versahen 178 ehemalige Wehrmachtsoffiziere ihren aktiven Dienst in der NVA. Aufgrund des Fehlens eines geeigneten Ersatzes verblieben auch nach 1960 zunächst noch zehn ehemalige Wehrmachtsoffiziere in Kommando- oder Stabsfunktionen[120]. Im Januar 1960 gab es dann immer noch insgesamt 129 ehemalige Wehrmachtsoffiziere in der NVA[121]. Ihr Anteil blieb in einigen Bereichen unverändert hoch. So waren von den sieben leitenden Offizieren der im Januar 1959 gegründeten Militärakademie „Friedrich Engels" drei bereits Offizier in der Wehrmacht gewesen. Da die wissenschaftliche Qualifikation der übrigen vier „nur bedingt ausreichend" war und nur der Kommandeur der Akademie, Generalmajor Friedrich Johne (1959–1963), über Erfahrungen als Truppenführer verfügte, nahm es die SED sogar hin, daß dessen 1. Stellvertreter, Generalmajor Heinrich Heitsch, nicht nur Wehrmachtsoffizier, sondern auch „Unterbannführer" der Hitler-Jugend (HJ) gewesen war[122].

Die bevorzugte Berücksichtigung politischer Bewertungsmaßstäbe – nämlich politischer Zuverlässigkeit und proletarischer Klassenverbundenheit – in der Personalpolitik der NVA entfaltete hinsichtlich der militärischen Qualifikation des Offizierskorps bis Ende der fünfziger Jahre eine äußerst negative Wirkung. Die Beförderungs- und Rekrutierungspraxis als eigentlicher Kernbereich militärischer Selbstorganisation folgte einer primär politischen, nicht jedoch der militärischen Logik, da der Bildungsgrad und das fachliche Können nur noch zweitrangig waren. Dies war insofern folgerichtig, als die SED politische Zuverlässigkeit als Voraussetzung für militärische Leistungsfähigkeit definiert hatte. Entsprechend der politischen Rationalität mußte daher vor allem die politische Zuverlässigkeit des Offizierskorps verbessert werden, um seine Qualität im ganzen zu erhöhen. Dieser Ansatz war jedoch nicht dazu angetan, das Leistungsniveau der Offiziere zu erhöhen, da er im systemspezifischen Operationsmodus des Militärs über keine Anschlußfähigkeit verfügte.

---

[118] Arbeitsprotokoll Nr. 8/57 der Sitzung des Politbüros des ZK der SED, 15. Februar 1957, SAPMO-BArch, DY 30/J IV 2/2A/550, o. Pag.

[119] Bericht über die Durchführung des Politbürobeschlusses vom 15. Februar 1957. Protokoll der 26. Sitzung der Sicherheitskommission des ZK der SED, 3. August 1959, BA-MA, DVW 1/39568, Bl. 53. Entgegen der Zielsetzung hatte sich die Zahl der ehemaligen Wehrmachtsoffiziere in manchen Bereichen bemerkenswerterweise 1957 sogar kurzzeitig leicht erhöht, so beispielsweise auf der Ebene der Chefs der Militärbezirke der Seestreitkräfte, der Luftstreitkräfte und Luftverteidigung und ihrer Stellvertreter von vier auf fünf von insgesamt 13 Stellen. Analyse über die Zusammensetzung und Entwicklung der Kader der Volksarmee vom stellvertretenden Regimentskommandeur aufwärts für die Zeit vom 1. Januar 1956 bis 1. Januar 1958, SAPMO-BArch, DY 30/IV 2/12/27, Bl. 59.

[120] Bericht über die Durchführung des Politbürobeschlusses vom 15. Februar 1957. Protokoll der 26. Sitzung der Sicherheitskommission des ZK der SED, 3. August 1959, BA-MA, DVW 1/39568, Bl. 50 ff.

[121] Wenzke, Wehrmachtsoffiziere in den DDR-Streitkräften, S. 149.

[122] Einschätzung der leitenden Kader der Militärakademie „Friedrich Engels", 1961, SAPMO-BArch, DY 30/IV 2/12/29, Bl. 230 f.

Durch die Entkopplung der Personalpolitik aus dem militärischen Organisationszusammenhang spielten militärische Kategorien als regulierendes Korrektiv kaum mehr eine Rolle. Als der Erfolg des politischen Ansatzes jedoch ausblieb, kam es daher wegen fehlender Alternativen zwangsläufig zu einer Radikalisierung der politischen Steuerungskriterien. Die SED hatte zunächst versucht, die Qualität des Offizierskorps über eine Steigerung des Anteils an Parteimitgliedern zu verbessern. Der ausbleibende Erfolg dieser Maßnahme führte zu einer weiteren Verschärfung des politisch geprägten Ansatzes, insbesondere durch die Direktive des Ministers für Nationale Verteidigung vom August 1958[123]. Zusätzlich sollten die Offiziersbewerber gemäß ihrer sozialen Herkunft und ihres Berufes jetzt auch Arbeiter oder werktätige Bauern sein. Diese Zuspitzung verschärfte in einem Prozeß wechselseitiger Verstärkung nunmehr wiederum die Funktionsstörungen innerhalb der Truppenführung, da sich die militärfachliche Qualifikation der Offiziere im Gegensatz zu den rasant steigenden Anforderungen nur minimal erhöhte. Anstatt die intendierte Zielsetzung zu erreichen, verfehlten die Eingriffe jedoch ihre Wirkung und erwiesen sich als kontraproduktiv. Wenn sich die militärische Qualifikation des Offizierskorps und damit die Leistungsfähigkeit der NVA bis 1961 überhaupt verbesserte, dann als selbsterzeugte Leistung des militärischen Systems und nicht wegen, sondern trotz der politischen Durchdringung der Personalpolitik durch die SED.

Die Störung einer autonomen Personalentwicklung der Streitkräfte durch die Interventionen der Partei stellte eine der maßgeblichen Ursachen für die mangelnde Einsatzbereitschaft der NVA nach 1956 dar. Vor allem die mangelnde Qualifikation der Offiziere erwies sich als ein Hauptproblem. Generalmajor Ewald Munschke, 1956–1961 Chef der Verwaltung Kader, monierte die „Schwierigkeiten" von Offizieren „im einfachen Bruchrechnen und in der russischen Sprache"[124]. Generalleutnant Müller fügte hinzu, viele beherrschten auch „zum Teil die deutsche Sprache schlecht"[125]. Nachteilig wirkte sich zudem aus, daß ein großer Teil der Offiziere in Stabsfunktionen die militärischen Vorschriften nur „unzureichend" kannte[126].

Zweieinhalb Jahre nach Gründung der NVA äußerte Hoffmann, zu dieser Zeit 1. Stellvertreter des Ministers für Nationale Verteidigung, daß der „Ausbildungsstand der Stäbe der Militärbezirke, der Divisionen und des Ministeriums mit nicht mehr als befriedigend eingeschätzt werden" könne. Diese seien nur dazu in der Lage, unter „einfachen, unkomplizierten Bedingungen zu führen"[127]. Im Oktober 1958 stellte die SED fest, eine „wesentliche" Erhöhung der Einsatzbereitschaft der

---

[123] Prinzipien für die Auswahl der Kader für das Studium an Militärakademien und für die Auswahl von Soldaten und Unteroffizieren für die Offizierslaufbahn. Direktive Nr. 3/58 des Ministers für Nationale Verteidigung, 16. August 1958, BA-MA, VA-01/4372, Bl. 15 ff.

[124] Protokoll Nr. 3/56 über die Sitzung des Kollegiums des Ministeriums für Nationale Verteidigung, 23. April 1956, BA-MA, VA-01/2028, Bl. 9.

[125] Ebenda, Bl. 18.

[126] Bericht über die Ergebnisse der Kampfausbildung der Land-, Luft- und Seestreitkräfte in der Winterperiode des Ausbildungsjahres 1955/56. Protokoll Nr. 4/56 über die Sitzung des Kollegiums des Ministeriums für Nationale Verteidigung, 30. Mai 1956, BA-MA, VA-01/2029, Bl. 23.

[127] Protokoll Nr. 4/58 über die Sitzung des Kollegiums des Ministeriums für Nationale Verteidigung, 30. Juli 1958, BA-MA, VA-01/4383, Bl. 6.

NVA sei noch „bei weitem nicht" in einem befriedigenden Maß erreicht worden[128]. Erst 1959 erreichten die DDR-Streitkräfte ein Leistungsstand, der es ihnen erlaubte, auch „teilweise unter schwierigen Bedingungen" Gefechtshandlungen durchführen[129].

Einem Bericht an die Sicherheitskommission vom Oktober des Jahres zufolge fehlte es allgemein an der Kenntnis der Strukturen, Kampfeigenschaften und taktisch-technischen Einsatzmöglichkeiten der Teilstreitkräfte und Truppengattungen, was deren effizientes Zusammenwirken behinderte. Mangelhaft sei vor allem die Durchführung von Angriffsoperationen[130]. Zudem wurde kritisiert, daß die Verbände und Truppenteile in der Regel weder eigene Atomschläge schnell ausnützten noch selbst den Schutz vor Massenvernichtungsmitteln in der Gefechtsausbildung genügend berücksichtigten. Auch seien die Einheiten „im gewaltsamen Überwinden von Flüssen aus der Bewegung nicht genügend ausgebildet". Darüber hinaus habe die NVA bezüglich der Führung von Gefechtshandlungen bei Nacht praktische Erfahrungen erst im Bataillonsrahmen gesammelt[131].

Nach Auffassung von Marschall Iwan S. Konew, der 1955–1960 Oberkommandierender der Vereinten Streitkräfte war, hatte die NVA 1959 in der Gefechtsausbildung ihre Aufgaben zwar „im wesentlichen" erfüllt. Er kritisierte aber unter anderem, das „Niveau der operativ-taktischen Ausbildung und besonders der militärtechnischen Kenntnisse" vieler Generale und Offiziere bleibe hinter den „modernen Forderungen" zurück. Zudem hätten sich viele Kommandeure und Stäbe „noch nicht von den veralteten Methoden der Truppenführung losgesagt"[132].

Auch im Verlauf des Jahres 1960 mußte die SED-Führung feststellen, daß die Einsatzbereitschaft der NVA weiterhin gravierende Schwächen aufwies. So wurde beispielsweise im März im Rahmen einer Alarmierungsübung die Einsatzbereitschaft des Stabes der 1. Motorisierten Schützendivision überprüft. Die ZK-Abteilung für Sicherheitsfragen mußte zusammenfassend feststellen, daß es dabei einen „völligen Zusammenbruch" gegeben habe. Die Offiziere seien zu spät oder gar nicht in der Dienststelle eingetroffen. Ferner seien Munition, Treibstoff und Verpflegung nicht ausreichend vorhanden gewesen. Auch sei die Verlegung aus dem Objekt „unorganisiert" erfolgt. Diese Erfahrung wirkte insofern desillusionierend, als dieser Stab nur in 10 Kilometer Entfernung von einer amerikanischen Panzereinheit stationiert war, und die NVA zu dieser Zeit die Fähigkeit besitzen sollte, einen überraschenden Angriff von NATO-Einheiten abzuwehren[133].

---

[128] Bericht über den Stand der Durchführung der Beschlüsse des V. Parteitages der SED in der NVA, 20. Oktober 1958, SAPMO-BArch, DY 30/IV 2/12/10, Bl. 250.

[129] Einschätzung des Ausbildungsjahres 1958/59, 1959, SAPMO-BArch, DY 30/IV 2/12/11, Bl. 394.

[130] Bericht über die Ergebnisse der partei-politischen und militärischen Erziehungsarbeit in der NVA und den Stand der Einsatz- und Gefechtsbereitschaft aller Einheiten. Protokoll der 27. Sitzung der Sicherheitskommission des ZK der SED, 23. Oktober 1959, BA-MA, DVW 1/39569, Bl. 18 f.

[131] Ebenda, Bl. 24 f.

[132] Einschätzung der Einsatzbereitschaft der NVA durch den Oberkommandierenden der Vereinten Streitkräfte Marschall Konew, 4. November 1959, SAPMO-BArch, DY 30/IV 2/202/244, o. Pag.

[133] Material für das Parteiaktiv der NVA, 1960, SAPMO-BArch, DY 30/IV 2/12/14, Bl. 128.

Im Juni 1960 fand unter der Leitung des Ministers für Nationale Verteidigung Hoffmann eine zweiseitige Kommandostabsübung statt, an der Einheiten aller Teilstreitkräfte sowie unter anderem die Stäbe der Militärbezirke III und V beteiligt waren. Bei dieser Übung versuchte die NVA erstmals „real", die Bedingungen der Anfangsperiode eines Krieges zu berücksichtigen. Alle „formalen, schematischen" Praktiken wurden daher „über Bord geworfen", wie die ZK-Abteilung für Sicherheitsfragen feststellte[134]. Aus diesem Grund hätten die Kommandeure auch erstmals „weitgehende Entschlußfreiheit" gehabt, die ihnen „aktives, schnelles und initiativreiches Handeln" habe ermöglichen sollen[135]. Anscheinend hatte die SED damit auf den Hinweis des Oberkommandierenden der Vereinten Streitkräfte Konew vom November 1959 reagiert, daß die Rolle der Divisions- und Regimentskommandeure in der NVA zu erhöhen sei. Er hatte ferner gefordert: „Es ist eine entschiedene Verbesserung des Stils und der Methoden der konkreten Truppenführung durch die Kommandeure ... zu erzielen. Alle Arten der Kontrolle sind zu systematisieren und einzuschränken."[136] Der Verlauf der Übung zeigte jedoch, daß die Kommandeure und Offiziere der Stäbe zu diesem Zeitpunkt darauf nicht vorbereitet waren, weshalb sie diesen Anforderungen „noch nicht voll gerecht wurden". Sie arbeiteten „zu stark schablonenhaft", hielten „an alten taktischen Grundsätzen und Normen" fest und waren in ihrer Entschlußfassung oft zu „starr"[137]. Dieser Eindruck verfestigte sich erneut bei einer Übung der 7. Panzerdivision im Oktober 1960. Hier zeigte sich, daß die Kommandeure aller Stufen auch weiterhin „ungenügend die Erfordernisse des modernen Gefechts" beherrschten[138]. Die ZK-Abteilung für Sicherheitsfragen äußerte: „Das Niveau der Kommandeure und Stäbe in der praktischen Truppenführung ist noch nicht ausreichend."[139]

Die anhaltenden Probleme, die Einsatzbereitschaft der NVA grundlegend zu verbessern, scheinen ab 1959 in Teilen des Ministeriums für Nationale Verteidigung einen Umdenkprozeß in Gang gesetzt zu haben. Vor allem Hoffmann, der 1955–1957 die Generalstabsakademie der sowjetischen Streitkräfte absolviert hatte und 1958 Chef des Hauptstabes geworden war, gelangte in seiner neuen Funktion offenbar zu der Überzeugung, daß eine zu starke Betonung des politischen Moments in allen militärischen Belangen eine schnelle Verbesserung der Leistungsfähigkeit der NVA verhindern würde. Mit dieser Position befand er sich vermutlich in einem zunehmenden Widerspruch zum Chef der Politischen Verwaltung. Dölling hatte im Juni 1958 klargestellt, daß die „Erhöhung der Einsatzbereitschaft" vor allem „von der

---

[134] Gedanken zu der zweiseitigen, zweistufigen Kommandostabsübung im Gelände mit Nachrichtenmitteln vom 19. bis 25. Juni 1960, 1960, SAPMO-BArch, DY 30/IV 2/12/38, Bl. 117.

[135] Bericht über die zweiseitige, zweistufige Kommandostabsübung der NVA mit Teilen der bewaffneten Kräfte des Ministeriums des Innern, 1. Juli 1960, SAPMO-BArch, DY 30/IV 2/12/38, Bl. 110.

[136] Einschätzung der Einsatzbereitschaft der NVA durch den Oberkommandierenden der Vereinten Streitkräfte Marschall Konew, 4. November 1959, SAPMO-BArch, DY 30/IV 2/202/244, o. Pag.

[137] Bericht über die zweiseitige, zweistufige Kommandostabsübung der NVA mit Teilen der bewaffneten Kräfte des Ministeriums des Innern, 1. Juli 1960, SAPMO-BArch, DY 30/IV 2/12/38, Bl. 111.

[138] Einige Bemerkungen zur einseitigen Divisionsübung der 7. Panzerdivision vom 17. bis 20. Oktober 1960, 25. Oktober 1960, SAPMO-BArch, DY 30/IV 2/12/38, Bl. 130.

[139] Ebenda, Bl. 132.

Erhöhung des sozialistischen Bewußtseins" abhänge[140]. Diese Linie vertrat er erneut auf der 2. Tagung der II. Delegiertenkonferenz der Parteiorganisationen der SED in der NVA im März 1959[141]. Spätestens hier wurde ein Gegensatz zwischen beiden Seiten erkennbar. Denn Hoffmann kritisierte auf derselben Tagung indirekt die einseitige Priorität des Politischen, indem er forderte, die Partei und „jeder Genosse in der Armee" solle sich „mehr als bisher der militärischen Ausbildung[,] der Herstellung der militärischen Disziplin und Ordnung zuwenden"[142]. In den „letzten Jahren" habe man sich „angewöhnt, ... zu viel zu reden, zu erläutern[,] zu belehren, zu agitieren, aufzuklären", aber niemand gebe „einen klaren Befehl" und verlange eine „klare Befehlsdurchführung"[143].

Es bleibt unklar, ob es in dieser Frage innerhalb des Ministeriums einen über die beiden Protagonisten hinausgehenden Richtungsstreit zwischen der Truppenführung einerseits und der Politischen Verwaltung andererseits gegeben hat. Auffällig ist jedoch, daß Dölling nach nur zwei Jahren am 1. August 1959 als Chef der Politischen Verwaltung durch Vizeadmiral Waldemar Verner abgelöst und zum DDR-Botschafter in der UdSSR ernannt wurde[144]. Hoffmann seinerseits ersetzte am 14. Juli 1960 Stoph als Minister für Nationale Verteidigung[145]. Es läßt sich in dem Zusammenhang nur darüber spekulieren, ob und inwieweit die KPdSU diese Personalentscheidungen maßgeblich beeinflußte. In jedem Fall fanden die personellen Veränderungen in einem Zeitraum statt, in dem auch die SED in ihrer Militärpolitik eine grundlegende Neuorientierung vollzog. Denn die Verschärfung des politischen Konfliktes zwischen der UdSSR und China 1960 bewirkte zwangsläufig auch eine sukzessive Abkehr vom chinesischen Modell der politischen Einflußnahme und Kontrolle des Militärs, das die SED teilweise adaptiert hatte. Seine Anwendung hatte zwar eine breite Politisierung der NVA bewirkt, eine konsequente Modernisierung und Professionalisierung aber verhindert[146]. Diese wurde aber offenbar von den sowjetischen Militärs und der Führung der KPdSU vor dem Hintergrund der fortschreitenden Integration der NVA in den Warschauer Pakt verstärkt gefordert, da nur so die notwendige Steigerung der Effizienz und Leistungsfähigkeit der DDR-Streitkräfte zu erreichen war[147].

Die sich ab 1960 ankündigende Verschiebung der Prioritäten in der SED-Militärpolitik zeigte sich unter anderem an dem grundsätzlichen Kurswechsel in der Nachwuchsgewinnung der Politoffiziere. Diesen leitete die SED ein, als erkennbar wurde, daß eine Verbesserung der Allgemeinbildung und militärischen Qualifikation der Politoffiziere anhand der bisherigen Rekrutierungspraxis nicht zu erreichen war. 1960 hatten noch immer 46,9 Prozent der Politoffiziere keine militärische

---

[140] Protokoll der Delegiertenkonferenz der Parteiorganisationen der SED in der NVA, 24.–26. Juni 1958, BA-MA, VA-P-01/038, Bl. 18.
[141] Protokoll der 2. Tagung der II. Delegiertenkonferenz der Parteiorganisation der SED in der NVA, 25./26. März 1959, BA-MA, VA-P-01/556, Bl. 13 ff.
[142] Ebenda, Bl. 241.
[143] Ebenda, Bl. 246.
[144] Zeittafel zur Militärgeschichte, S. 115.
[145] Ebenda, S. 128.
[146] Vgl. Kap. V.2.–3. dieser Studie.
[147] Vgl. Kap. VII.1. dieser Studie.

Schule besucht[148]. Das Politbüro beschloß daher, die separate Politoffiziersausbildung aufzugeben. Die Politoffiziersschule wurde dementsprechend zum 1. Januar 1960 in eine „Parteischule" der NVA umgewandelt, die in Zukunft Parteimitglieder aller Dienstgrade und Dienststellungen ausbilden sollte[149]. Zudem formulierte die Leitung des Ministeriums für Nationale Verteidigung im Juli 1960 neue „Grundsätze für die Ergänzung und Entwicklung des Politoffiziersbestandes". Nunmehr sollten die Truppen- wie auch die Politoffiziere die gleiche politische und militärische Qualifikation besitzen, um „als Kommandeur oder Politstellvertreter eingesetzt werden" zu können. Die Politoffiziere waren in Abkehr von der bisherigen Praxis in Zukunft aus dem „Gesamtoffiziersbestand" der NVA zu gewinnen und dabei vor allem „aus den Reihen der politisch aktivsten Fachoffiziere" auszuwählen, die eine „abgeschlossene militärische Ausbildung" und „gute Erfahrungen in der politischen und militärischen Arbeit" besaßen. Im Zuge der neuen Rekrutierungspolitik sollten Politoffiziere, die bereits als Politstellvertreter in den Kompanien, Bataillonen und Regimentern eingesetzt waren, im Rahmen von Lehrgängen militärisch soweit weiterqualifiziert werden, daß sie die Befähigung erhielten, in ihrer Einheit auch die Kommandeursfunktion auszuüben[150].

Eine grundlegende Verbesserung der militärischen Kenntnisse der Politoffiziere und ihrer Verwendbarkeit als Truppenführer konnten diese Maßnahmen bis 1961 kurzfristig jedoch nicht erzielen. Auch hinsichtlich der Qualität des Offizierskorps im ganzen und der Einsatzbereitschaft der NVA bewirkte die beginnende Neuorientierung in der Militärpolitik bis zum Mauerbau 1961 keine substantiellen Veränderungen mehr.

[148] Stellungnahme zu den Grundsätzen für die Ergänzung und Entwicklung des Politoffiziersbestandes, 30. Mai 1960, SAPMO-BArch, DY 30/IV 2/12/28, Bl. 112.
[149] Schaffung der Politschule der NVA. Befehl Nr. 27/60 des Ministers für Nationale Verteidigung, 18. Juni 1960, BA-MA, VA-01/5899, Bl. 84.
[150] Grundsätze für die Ergänzung und Entwicklung des Politoffiziersbestandes. Protokoll der Sitzung der Leitung des Ministeriums für Nationale Verteidigung, 9. Juli 1960, BA-MA, AZN/28068, Bl. 317 ff.

IV. Die Organisation der politischen Durchdringung der NVA 1956–1961

1. Zentrale Institutionen und Instrumente der SED zur Steuerung des Militärs

Politbüro, Sicherheitskommission und Nationaler Verteidigungsrat

Das Politbüro des ZK der SED war für die konkrete Ausformung der zivil-militärischen Beziehungen in der DDR von zentraler Bedeutung[1]. In diesem Gremium wurden die militärpolitischen Grundsatzentscheidungen getroffen. Nominell kam dem Politbüro allein die Aufgabe zu, zwischen den Plenartagungen die politische Arbeit des ZK zu leiten[2]. Faktisch fungierte jedoch das Politbüro und nicht der Parteitag, wie vom Statut der SED festgesetzt[3], als wichtigstes politisches Führungsorgan der SED[4]. Auf der Basis des „demokratischen Zentralismus" kontrollierte die Parteiführung damit den gesamten Parteiapparat, da dieser zentralisiert auf das Politbüro ausgerichtet war. Wegen der fehlenden Gewaltenteilung in der staatlichen Ordnung der DDR hatte die Parteiführung über diesen Parteiapparat wiederum Zugriff auch auf alle staatlichen und gesellschaftlichen Institutionen, da die Untergliederungen der Partei diesen vorgelagert waren[5]. Demzufolge war beim Politbüro auch die übergeordnete Entscheidungskompetenz auf militärischem Gebiet konzentriert. Das höchste Parteigremium konnte nach eigenem Ermessen alle wichtigen Fragen, die die Streitkräfte und ihr Verhältnis zur SED betrafen, an sich ziehen[6].

So beschloß das Politbüro beispielsweise am 8. November 1956 den Einsatz der NVA zur Unterdrückung konterrevolutionärer Aktionen[7]. Darüber hinaus ent-

---

[1] Vgl. u. a. Brunner, Staatsapparat und Parteiherrschaft in der DDR, S. 1003 ff.; Diedrich, Die bewaffneten Organe der DDR, S. 8 f.; Schroeder, Der SED-Staat, S. 397 ff.
[2] Statut der Sozialistischen Einheitspartei Deutschlands, 1954, S. 118.
[3] Ebenda, S. 117.
[4] Vgl. Brunner, Staatsapparat und Parteiherrschaft in der DDR, S. 1003 f.
[5] Schroeder, Der SED-Staat, S. 411 f.
[6] Nach den Erkenntnissen der Staatsanwaltschaft II beim Berliner Landgericht war das Politbüro das „höchste und unkontrollierte Machtorgan" in der DDR. In der Anklageschrift gegen frühere Mitglieder des Politbüros heißt es, über eine „umfassende Instrumentalisierung des gesamten Staatsapparates" habe es „Aufbau, Organisation, Struktur und personelle Zusammensetzung" der für Militär- und Sicherheitsfragen zuständigen staatlichen Organe und bewaffneten Kräfte gesteuert. Die Entscheidungen des Politbüros seien für alle Gremien und Organe nicht nur der SED, sondern auch des Staates verbindlich gewesen. Diese seien anschließend „durch formal vorgeschaltete staatliche Organe übernommen und bestätigt, im übrigen durch Entscheidungen nachgeordneter Organe und Funktionsträger konkretisiert und ergänzt" worden. Jochum, „Das Politbüro auf der Anklagebank", S. 134.
[7] Maßnahmen zur Unterdrückung konterrevolutionärer Aktionen. Protokoll Nr. 57/56 der

schied das Politbüro auch über alle wichtigen Personalfragen. So wurde etwa Generalmajor Heinrich Dollwetzel durch den Beschluß vom 3. Juli 1956 wegen mangelnder Fähigkeiten von der kommissarischen Leitung des Ministeriums für Nationale Verteidigung entbunden[8]. Von herausragender Bedeutung für das Verhältnis zwischen der SED und der NVA waren darüber hinaus vor allem die Grundsatzentscheidungen des Politbüros zur Stellung und zu den Kompetenzen der Partei in den Streitkräften. Darunter fällt unter anderem der Beschluß „Über die Rolle der Partei in der NVA" vom 14. Januar 1958, der nach Gründung der NVA hinsichtlich der Einflußnahme auf die rein militärischen Diskussions- und Entscheidungsprozesse maßgebliche organisatorische Voraussetzungen neu fixierte[9]. Auch der Beschluß über den zeitweiligen Dienst von Offizieren und Generalen als Soldaten in den unteren Einheiten wurde am 20. Januar 1959 durch das Politbüro gefällt[10]. Er ist exemplarisch für die Eingriffe des höchsten Parteigremiums in die innere Ordnung der NVA, die die spezifisch militärischen Organisationszusammenhänge tiefgreifend berührten.

Aufgrund der Fülle von Themen, mit denen sich das Politbüro befaßte, fand eine eingehende Erarbeitung und Beratung vieler Beschlüsse nicht statt[11]. Vielmehr erfolgte die Beschlußfassung zumeist auf der Grundlage bereits zuvor ausgearbeiteter Vorlagen. In militärischen Belangen wurden diese vor allem von der Sicherheitskommission, dem Nationalen Verteidigungsrat, der ZK-Abteilung für Sicherheitsfragen oder dem Ministerium für Nationale Verteidigung verfaßt. So war etwa der Beschluß „Über die Rolle der Partei in der NVA" bereits am 8. Januar 1958 in der Sicherheitskommission beschlossen worden. Doch erst nachdem ihn das Politbüro in dieser Fassung am 14. Januar 1958 bestätigt hatte, trat er in Kraft[12]. Nach der Beschlußfassung wurden die Vorgänge zur Umsetzung an die jeweils zuständigen Parteigremien und militärischen Institutionen verwiesen. Am 28. April 1958 beispielsweise berichtete Stoph über notwendige Veränderungen in der Struktur und Bewaffnung der NVA, die im Rahmen einer Beratung des Ministeriums für Nationale Verteidigung mit dem Vereinten Kommando entwickelt worden waren. Das Politbüro beschloß diese neue Konzeption, mit deren Verwirklichung wiederum der Minister beauftragt wurde[13].

In Phasen, in denen die SED-Führung ihren Einfluß in der NVA gefährdet sah oder aber die Verwirklichung von Parteibeschlüssen – wie im Fall der neuen „Bestimmungen für die Politorgane der NVA" und der „Instruktion für die Parteiorga-

Sitzung des Politbüros des ZK der SED, 8. November 1956, SAPMO-BArch, DY 30/J IV 2/2/511, Bl. 2, 8 ff.

[8] Protokoll Nr. 32/56 der Sitzung des Politbüros des ZK der SED, 3. Juli 1956, SAPMO-BArch, DY 30/J IV 2/2/468, Bl. 7.

[9] Über die Rolle der Partei in der NVA. Protokoll Nr. 4/58 der Sitzung des Politbüros des ZK der SED, 14. Januar 1958, SAPMO-BArch, DY 30/J IV 2/2/576, Bl. 190 ff.

[10] Beschluß über den zeitweiligen Einsatz von Generalen, Admiralen und Offizieren in den unteren Einheiten als Soldaten. Protokoll Nr. 4/59 der Sitzung des Politbüros des ZK der SED, 20. Januar 1959, SAPMO-BArch, DY 30/J IV 2/2/628, Bl. 10, 152 ff.

[11] Vgl. Brunner, Staatsapparat und Parteiherrschaft in der DDR, S. 1004 f.

[12] Über die Rolle der Partei in der NVA. Beschluß der Sicherheitskommission des ZK der SED, 8. Januar 1958, SAPMO-BArch, DY 30/IV 2/12/9, Bl. 36 ff.

[13] Protokoll Nr. 19/58 der Sitzung des Politbüros des ZK der SED, 28. April 1958, SAPMO-BArch, DY 30/J IV 2/2/591, Bl. 6, 68.

nisationen der SED in der NVA" von 1957 – als problematisch antizipiert wurde, beschloß das Politbüro, die Umsetzung selbst federführend zu übernehmen[14]. Herausragendes Beispiel hierfür ist die „Eggersdorfer Tagung" vom Juni 1957, auf der eine Abordnung des Politbüros den leitenden Parteiarbeitern in der NVA den zukünftigen Kompetenzzuwachs des Parteiapparates in den Streitkräften erläuterte, der vor allem auf der Veränderung der militärischen Führungsprinzipien beruhte[15].

Im September 1953 hatte das Politbüro die Einsetzung einer „Kommission für Sicherheitsfragen" beschlossen. Diese sogenannte Sicherheitskommission[16] diente als ein Fachorgan des höchsten Parteigremiums, dessen Aufgabe es war, sich mit Fragen der „Sicherheit und Verteidigung des Landes" zu befassen[17]. Nach Angaben von Ulbricht, dem Vorsitzenden der Sicherheitskommission, war deren Existenz „nur den leitenden Funktionären" der SED bekannt, die auf diesem Gebiet tätig waren. Entsprechend den spezifischen Aufgaben gehörten dem Gremium zuletzt unter anderem Grotewohl als Vorsitzender des Ministerrates, Stoph als Minister für Nationale Verteidigung, Mielke als Minister für Staatssicherheit, Karl Maron als Minister des Innern und Honecker als ZK-Sekretär für Sicherheitsfragen an[18].

Die Sicherheitskommission befaßte sich vorrangig mit Fragen der inneren Sicherheitslage. Nach den Erfahrungen des 17. Juni 1953 sollte sie insbesondere Rahmenbedingungen zur Absicherung des SED-Regimes in der DDR schaffen und die dahingehenden Maßnahmen koordinieren[19]. Die Sicherheitskommission fällte zudem eine Reihe von Beschlüssen, die den militärischen Bereich und die Beziehungen der SED zur NVA betrafen. Im Zusammenhang mit dem Komplex innere Sicherheit etwa legte die Sicherheitskommission im „Beschluß über die Maßnahmen der Stärkung der Verteidigungsbereitschaft der DDR" vom 9. Januar 1958 den Einsatz der NVA bei der „Zerschlagung innerer Unruhen" fest[20]. Sie fällte aber beispielsweise auch hinsichtlich der Besetzung der höchsten militärischen Führungspositionen weitreichende Entscheidungen. So beschloß die Kommission am 15. April 1957 die

---

[14] Vgl. Protokoll Nr. 21/57 der Sitzung des Politbüros des ZK der SED, 16. Mai 1957, SAPMO-BArch, DY 30/J IV 2/2/541, Bl. 6.

[15] Protokoll der Eggersdorfer Tagung, 12./13. Juni 1957, BA-MA, VA-P-01/037, Bl. 1 ff.

[16] Vgl. u. a. Wenzel, Kriegsbereit: Der Nationale Verteidigungsrat der DDR, S. 17 ff.; Diedrich, Die bewaffneten Organe der DDR, S. 14.; Wagner, Der Nationale Verteidigungsrat der DDR, S. 173 ff. Die Staatsanwaltschaft II am Berliner Landgericht hat konstatiert, die Sicherheitskommission sei dem Politbüro als „Hilfsorgan" in der Entscheidungskompetenz nachgeordnet und an dessen Vorgaben gebunden gewesen. Die Sicherheitskommission habe Beschlüsse gefaßt zum Teil parallel zum Politbüro und auch „über dessen Beschlüsse hinaus, jedoch stets in Übereinstimmung mit der vom Politbüro vorgegebenen Grundlinie". Jochum, „Das Politbüro auf der Anklagebank", S. 134, 138.

[17] Wagner, Der Nationale Verteidigungsrat der DDR, S. 173 f.

[18] Bildung des Nationalen Sicherheitsrates. Ulbricht an Chruschtschow, SAPMO-BArch, DY 30/IV 2/202/66, Bl. 73. Die Zusammensetzung der Sicherheitskommission wurde offenbar maßgeblich von Ulbricht als 1. Sekretär des ZK der SED bestimmt. Vgl. Arbeitsprotokoll Nr. 8/58 der Sitzung des Politbüros des ZK der SED, 12. Februar 1958, SAPMO-BArch, DY 30/J IV 2/2A/613, o. Pag.

[19] Wagner, Der Nationale Verteidigungsrat der DDR, S. 173.

[20] Beschluß über die Maßnahmen zur Stärkung der Verteidigungsbereitschaft der DDR. Protokoll der 19. Sitzung der Sicherheitskommission des ZK der SED, 9. Januar 1958, BA-MA, DVW 1/39561, Bl. 2 ff.

„Nomenklatur der leitenden Kader des Ministeriums für Nationale Verteidigung", die festlegte, daß diese Positionen durch das Politbüro beziehungsweise durch die Sicherheitskommission, also durch Parteigremien zu besetzen waren[21].

Am 8. Dezember 1959 bestätigte das Politbüro den „Entwurf des Gesetzes über die Bildung des Nationalen Verteidigungsrates der DDR"[22], der durch den Beschluß der Volkskammer vom 10. Februar 1960 in Kraft trat[23]. Damit ging die Funktion der Sicherheitskommission auf diese formal staatliche Institution über, die als das „zentrale militärische Führungsorgan" nunmehr die Aufgabe hatte, die „allseitige staatliche Sicherung" und die „Verteidigung der Republik" zu organisieren[24]. Der Vorsitzende und die Mitglieder des Nationalen Verteidigungsrates wurden formal vom Präsidenten der DDR berufen und durch die Volkskammer bestätigt[25]. Diese Kompetenz ging im September 1960 auf den neugebildeten Staatsrat über[26]. Tatsächlich war die Zusammensetzung des Nationalen Verteidigungsrates schon im Vorfeld durch das Politbüro beschlossen worden. Unter dem Vorsitz von Ulbricht gehörten dem Gremium, dessen Sekretär Honecker war, ausschließlich hohe SED-Funktionäre an. 1960 waren von Seiten der NVA Mitglieder zum einen Stoph mit vollem Stimmrecht, der noch bis Mitte des Jahres den Posten des Ministers für Nationale Verteidigung innehatte, ferner mit nur beratender Stimme Hoffmann zunächst als Chef des Hauptstabes und ab Juli 1960 als Minister für Nationale Verteidigung sowie Waldemar Verner als Chef der Politischen Verwaltung[27].

Im Grundsatz lag die Zuständigkeit, „alle Gesetzesvorlagen zu Fragen des militärischen Schutzes und der Sicherheit" zu bestätigen, bevor sie in der Volkskammer beraten wurden, beim neugeschaffenen Staatsrat als formal höchstem Exekutivorgan der DDR. Die Vorlage der Gesetzentwürfe für den Staatsrat erfolgte jedoch durch den Nationalen Verteidigungsrat[28], der „in Friedenszeiten die Entwürfe aller Gesetze und Verordnungen auf militärischem Gebiet und auf dem Gebiete der Si-

---

[21] Nomenklatur der leitenden Kader des Ministeriums für Nationale Verteidigung. Protokoll der 16. Sitzung der Sicherheitskommission des ZK der SED, 15. April 1957, BA-MA, DVW 1/39558, Bl. 6, 9 ff.

[22] Protokoll Nr. 54/59 der Sitzung des Politbüros des ZK der SED, 8. Dezember 1959, SAPMO-BArch, DY 30/J IV 2/2/678, Bl. 124.

[23] Vgl. u. a. Lapp, Die Nationale Volksarmee 1956–1990, S. 1921 ff.; Wenzel, Kriegsbereit: Der Nationale Verteidigungsrat der DDR, S. 29 ff.; Wagner, Der Nationale Verteidigungsrat der DDR, S. 169 ff. Die Staatsanwaltschaft II am Berliner Landgericht hat im Rahmen des Politbüroprozesses festgestellt, der Nationale Verteidigungsrat sei „als formal selbständiges und oberstes, kollektives Führungsorgan der Landesverteidigung" zwar mit „weitreichenden Kompetenzen versehen" gewesen. In der Entscheidungsbefugnis sei er jedoch dem Politbüro „nachgeordnet und an dessen Vorgaben gebunden" gewesen. Jochum, „Das Politbüro auf der Anklagebank", S. 134.

[24] Statut des Nationalen Verteidigungsrates der DDR. Protokoll Nr. 54/59 der Sitzung des Politbüros des ZK der SED, 8. Dezember 1959, SAPMO-BArch, DY 30/J IV 2/2/678, Bl. 129 f.

[25] Ebenda, Bl. 129.

[26] Änderung bzw. Ergänzung des Statuts des Nationalen Verteidigungsrates. Protokoll der 4. Sitzung des Nationalen Verteidigungsrates der DDR, 20. Januar 1961, BA-MA, DVW 1/39461, Bl. 9.

[27] Protokoll Nr. 54/59 der Sitzung des Politbüros des ZK der SED, 8. Dezember 1959, SAPMO-BArch, DY 30/J IV 2/2/678, Bl. 124.

[28] Grundsätze über die Zuständigkeit der höchsten Staatsorgane für Fragen des militärischen Schutzes und der Sicherheit der DDR. Protokoll der 5. Sitzung des Nationalen Verteidigungsrates der DDR, 3. Mai 1961, BA-MA, DVW 1/39462, Bl. 66 f.

cherung der Verteidigungskraft der Republik" zu bestätigen hatte[29]. Da seine „grundsätzlichen Beschlüsse" aber wiederum zunächst dem Politbüro zur Bestätigung vorzulegen waren[30], wird deutlich, daß es sich beim Nationalen Verteidigungsrat tatsächlich um keine staatliche Institution, sondern primär um ein sicherheits- und militärpolitisches Fach- und Koordinationsorgan des Politbüros handelte.

Auch durch die Kontrolle des Nationalen Verteidigungsrates stellte die SED-Führung ihren Einfluß in der NVA sicher, da der Nationale Verteidigungsrat „die oberste militärische Kommandogewalt ... gegenüber allen bewaffneten Kräften der DDR" ausübte[31]. In Friedenszeiten fungierte der Hauptstab der NVA als sein militärisches „Planungs- und Koordinationsorgan". Im Kriegsfall übernahm die 1. operative Führungsstaffel des Ministeriums für Nationale Verteidigung die Funktion als militärisches „Planungs- und Führungsorgan"[32]. Dem Nationalen Verteidigungsrat oblag die „Ausarbeitung der militärischen Konzeption der DDR auf der Grundlage der politischen Zielsetzung der Regierung ... und in Übereinstimmung mit der militärischen Planung des Vereinten Kommandos der Länder des Warschauer Vertrages"[33]. Auf militärischem Gebiet sollte er dementsprechend die Hauptaufgaben der bewaffneten Kräfte – also auch der NVA – im Rahmen der Landesverteidigung und der Aufrechterhaltung der staatlichen Sicherheit bei konterrevolutionären Putschversuchen festlegen sowie ihre Gesamtstärke und die Prinzipien für die Gliederung, Ausbildung und Ausrüstung. Ferner hatte er die Funktion, den Einsatz der bewaffneten Kräfte im Innern sowie im Kriegsfall zu leiten und mit dem Vereinten Kommando des Warschauer Paktes zu koordinieren[34].

ZK-Abteilung für Sicherheitsfragen und Politische Verwaltung des Ministeriums für Nationale Verteidigung

„Für die praktische Durchführung der Politik und der Beschlüsse der Partei" bestanden im ZK der SED spezifische Abteilungen[35]. In bezug auf die DDR-Streitkräfte und alle militärischen Belange oblag diese Aufgabe der ZK-Abteilung für Sicherheitsfragen und ihrem „Sektor NVA". Die Abteilung wurde bis 1956 von Gustav Röbelen, 1956–1959 und 1961–1972 von Walter Borning sowie zwischenzeitlich 1959–1960 von Bruno Wansierski geleitet[36]. Sie stand ihrerseits unter der

---

[29] Zuständigkeitsbereich und Aufgabengebiet des Nationalen Verteidigungsrates der DDR. Protokoll Nr. 54/59 der Sitzung des Politbüros des ZK der SED, 8. Dezember 1959, SAPMO-BArch, DY 30/J IV 2/2/678, Bl. 137.

[30] Protokoll Nr. 54/59 der Sitzung des Politbüros des ZK der SED, 8. Dezember 1959, SAPMO-BArch, DY 30/J IV 2/2/678, Bl. 124.

[31] Statut des Nationalen Verteidigungsrates der DDR. Protokoll Nr. 54/59 der Sitzung des Politbüros des ZK der SED, 8. Dezember 1959, SAPMO-BArch, DY 30/J IV 2/2/678, Bl. 130.

[32] Ebenda.

[33] Ebenda, Bl. 129.

[34] Zuständigkeitsbereich und Aufgabengebiet des Nationalen Verteidigungsrates der DDR. Protokoll Nr. 54/59 der Sitzung des Politbüros des ZK der SED, 8. Dezember 1959, SAPMO-BArch, DY 30/J IV 2/2/678, Bl. 134 f.

[35] Statut der Sozialistischen Einheitspartei Deutschlands, 1954, S. 119.

[36] Vgl. u. a. Diedrich, Die bewaffneten Organe der DDR, S. 8 ff.; Fricke, Die DDR-Staatssicherheit, S. 78 ff.; Lapp, Die Nationale Volksarmee 1956–1990, S. 1929 ff.

Aufsicht des jeweiligen ZK-Sekretärs für Sicherheitsfragen[37]. Bis 1956 war dies Alfred Neumann, anschließend bis 1983 Erich Honecker.

Die ZK-Abteilung für Sicherheitsfragen hatte in bezug auf die NVA vor allem drei Aufgaben[38]. Erstens mußte sie als militärisches Fachreferat für die übergeordneten Entscheidungsgremien – vor allem das Politbüro, die Sicherheitskommission und den Nationalen Verteidigungsrat – die Beratungen und Beschlüsse vorbereiten. So hatte das Politbüro im Rahmen des Beschlusses „Über die Rolle der Partei in der NVA" vom 14. Januar 1958 die „Änderungen: 1. der Instruktion für die Arbeit der Parteiorganisationen" und „2. der Bestimmungen für die Arbeit der Politorgane" festgelegt. „Die Dokumente wurden von der Politischen Verwaltung in Zusammenarbeit mit der Abteilung für Sicherheitsfragen des Zentralkomitees und unter Mitwirkung der Mitglieder des Zentralkomitees in der Nationalen Volksarmee ausgearbeitet." Daraufhin gingen sie als Vorlage der ZK-Abteilung für Sicherheitsfragen am 12. Juni 1958 zur Beschlußfassung an das Politbüro[39], das die Neufassungen am 17. Juni 1958 bestätigte.

· Zweitens mußte die ZK-Abteilung für Sicherheitsfragen als nachgeordneter Arbeitsausschuß die Beschlüsse der übergeordneten Entscheidungsinstanzen an die Parteiorgane und die staatlichen Institutionen weiterleiten, ihre Implementierung im Detail vorbereiten und diese anschließend überwachen. Beispielsweise unterrichtete der Leiter der ZK-Abteilung für Sicherheitsfragen Wansierski am 9. Februar 1960 den Chef der Verwaltung Kader des Ministeriums für Nationale Verteidigung Munschke über die Kaderentscheidungen, die die Sicherheitskommission am 28. Januar 1960 beschlossen hatte. Diese hatte unter anderem Kursteilnehmer für den Besuch der Höheren Militärakademie des Generalstabes der sowjetischen Streitkräfte, den neuen Kommandeur der 1. Flieger-Division und die Zusammensetzung des Kollegiums des Ministeriums für Nationale Verteidigung bestätigt. Die Verwaltung Kader wurde jetzt ihrerseits damit beauftragt, diese Beschlüsse der Sicherheitskommission umzusetzen[40].

Drittens fungierte die ZK-Abteilung für Sicherheitsfragen als ständige Kontrollinstanz der Parteiführung innerhalb der Streitkräfte, die jedoch unabhängig von den militärischen Organisationsstrukturen agierte. Ihre Überwachungsaufgaben richteten sich dabei sowohl auf den rein militärischen Bereich als auch auf den Parteiapparat der SED in der NVA.

Die ZK-Abteilung für Sicherheitsfragen führte auf diese Weise im Parteiauftrag parallel zum Ministerium für Nationale Verteidigung Dienstaufsicht in den Streitkräften. Sie überprüfte etwa bei Stabsübungen und Truppenmanövern den allgemeinen Stand der Einsatzbereitschaft[41]. In der Regel kontrollierte die Abteilung im Rahmen sogenannter Brigadeeinsätze die Arbeit der einzelnen Dienstbereiche der NVA. Hier ging es vor allem darum, bestehende Mängel zu analysieren und diese durch direkte Interventionen zu beseitigen. Dabei waren zudem immer wieder die politischen Zielvorstellungen der SED zu erläutern sowie sicherzustellen, daß diese

---

37 Lapp, Die Nationale Volksarmee 1956–1990, S. 1930.
38 Ebenda, S. 1929f.
39 Vorlage an das Politbüro, 12. Juni 1958, SAPMO-BArch, DY 30/IV 2/12/9, Bl. 61.
40 Wansierski an Munschke, 9. Februar 1960, SAPMO-BArch, DY 30/IV 2/12/28, Bl. 24f.
41 Vgl. Bericht über die allseitige Überprüfung des Standes der Einsatzbereitschaft des Stabes der 1. MSD am 18. März 1960, 1960, SAPMO-BArch, DY 30/IV 2/12/22, Bl. 194ff.

im Rahmen der praktischen Arbeit berücksichtigt wurden. So führte die ZK-Abteilung für Sicherheitsfragen beispielsweise vom 24. März bis 30. April 1960 einen Brigadeeinsatz in der Verwaltung Kader des Ministeriums für Nationale Verteidigung durch. In dessen Ergebnis wurde hinsichtlich der Personalentwicklung des Offizierskorps das „Fehlen eines umfassenden Systems der Qualifizierung der Kader" sowie „konkreter und damit meßbarer Qualifikationsmerkmale für die einzelnen Dienststellungen" moniert[42].

Einer permanenten kritischen Einschätzung unterzog die ZK-Abteilung für Sicherheitsfragen auch das Ministerium für Nationale Verteidigung und die militärische Truppenführung. So teilte etwa Wansierski Ende 1961 Honecker mit, das Referat des Ministers für Nationale Verteidigung zur Auswertung des Ausbildungsjahres 1961 habe nach Meinung der Abteilung den „Anforderungen" entsprochen. „Offene Kritik" an der Arbeit des Ministeriums sei aber „fast nicht vorhanden" gewesen[43]. Darüber hinaus wurde ebenso auch die Tätigkeit anderer staatlicher Institutionen in der NVA überprüft, so etwa des MfS[44] und der Militärstaatsanwaltschaft[45].

Eine entscheidende Aufgabe der ZK-Abteilung für Sicherheitsfragen war die Steuerung und Kontrolle der Kaderpolitik. Ihr Leiter Borning äußerte, man gehe davon aus, „maßgeblich für die Entwicklung der Kader in der Nationalen Volksarmee verantwortlich" zu sein[46]. So meldete er beispielsweise im Januar 1961 dem Sekretär des Nationalen Verteidigungsrates Honecker eine „Verletzung der Prinzipien der Arbeit mit den Nomenklaturkadern des Nationalen Verteidigungsrates durch das Ministerium für Nationale Verteidigung". Der Minister hatte die Neubesetzung des Stellvertretenden Chefs des Hauptstabes befohlen. Dieser Kaderbefehl war aber offenbar weder mit der ZK-Abteilung für Sicherheitsfragen abgesprochen noch dem Nationalen Verteidigungsrat zur Bestätigung vorgelegt worden[47].

Die ZK-Abteilung für Sicherheitsfragen fungierte zudem auch als externe Kontrolleinheit für den innerhalb der militärischen Strukturen installierten Parteiapparat der SED – also die Politorgane unter Leitung der Politischen Verwaltung und die Parteiorganisationen der SED in der NVA, auf deren Tagungen und Delegiertenkonferenzen sie beispielsweise präsent war. Die Abteilung kontrollierte die gesamte praktische Arbeit des Parteiapparates wie auch des politischen Führungspersonals in der NVA. So äußerte sie etwa im Juni 1958 insbesondere als Reaktion auf die Schwierigkeiten der Politischen Verwaltung, den Politbürobeschluß „Über die Rolle der Partei in der NVA" umzusetzen, diese befinde sich „nicht immer auf der

---

[42] Bericht der Brigade des ZK der SED in der Verwaltung Kader des Ministeriums für Nationale Verteidigung, 15. Juni 1960, SAPMO-BArch, DY 30/IV 2/12/22, Bl. 271.

[43] Information über die Auswertung des Ausbildungsjahres 1961 durch das Ministerium für Nationale Verteidigung und die Kommandos Grenze und Volksmarine, 19. Dezember 1961, SAPMO-BArch, DY 30/IV 2/12/15, Bl. 187 f.

[44] Erfahrungen und Schlußfolgerungen aus den Brigadeeinsätzen des ZK der SED in der 1. MSD, 4. MSD, in Sonderobjekten und Objekten der Luftverteidigung, 23. Juni 1959, SAPMO-BArch, DY 30/IV 2/12/21, Bl. 242 ff.

[45] Bericht der Brigade der ZK-Abteilung für Sicherheitsfragen über die Überprüfung der Militäroberstaatsanwaltschaft, 1960, SAPMO-BArch, DY 30/IV 2/12/23, Bl. 6 ff.

[46] Borning an Honecker, 26. September 1957, SAPMO-BArch, DY 30/IV 2/12/30, Bl. 1.

[47] Borning an Honecker, 5. Januar 1961, SAPMO-BArch, DY 30/IV 2/12/29, Bl. 2.

Höhe ihrer Aufgaben". Vor allem Dölling als Chef der Verwaltung erkenne „nicht immer richtig die Schwerpunkte in der Arbeit", weshalb es „keine klare Orientierung" gebe[48].

Weiterhin kontrollierte die ZK-Abteilung für Sicherheitsfragen auch die Personalpolitik innerhalb des Parteiapparates. So mußte etwa der neue Sekretär einer Regimentsparteiorganisation nicht nur durch das übergeordnete Politorgan, sondern gemäß der Kadernomenklatur auch durch die ZK-Abteilung für Sicherheitsfragen in seiner Dienststellung bestätigt werden[49].

Die Politische Verwaltung des Ministeriums für Nationale Verteidigung wiederum fungierte innerhalb der Streitkräfte als zentrale Kontrollinstanz der SED[50]. Um diese Funktion erfüllen zu können, sollte sie „alle wichtigen Organe der Nationalen Volksarmee durchdringen"[51]. Die Politische Verwaltung war das „leitende Organ der politischen Arbeit in den Verbänden und Truppenteilen". Dementsprechend waren ihr „alle übrigen Politorgane unterstellt", deren „Anleitung und Kontrolle" sie zu organisieren hatte[52]. Als politisches Führungsgremium innerhalb des Ministeriums oblag ihr die Aufgabe, die „systematische Hebung der Kampfbereitschaft, die Festigung der Disziplin und die Erhöhung des politischen Bewußtseins und der Moral" der NVA-Angehörigen anhand des Parteiapparates in der NVA zu steuern. Die Politische Verwaltung mußte nicht nur die politische Ausbildung, sondern aus der Perspektive der Partei auch die militärische Ausbildung analysieren und bewerten[53]. Dies geschah nicht zuletzt im Rahmen von Inspektionen und Brigadeeinsätzen in der Truppe[54].

Eine zentrale Aufgabe der Politischen Verwaltung war die Einflußnahme auf die Entscheidungen des Ministeriums in Personalfragen[55]. Dabei hatte sie nicht nur „Auswahl, Ausbildung und Einsatz der politischen Kader" zu koordinieren. Vielmehr war die Politische Verwaltung darüber hinaus zuständig für die „Einreichung von Vorschlägen über Einsatz und Beförderung von Kadern, die der Nomenklatur der Regierung und des Zentralkomitees" angehörten[56]. Dies betraf Führungspositionen sowohl im Parteiapparat als auch in der Truppenführung. Die Verwaltung prüfte den jeweiligen Kadervorschlag dabei in erster Linie hinsichtlich seiner politischen Eignung. So war etwa die Beförderung des Chefs der Luftstreitkräfte/Luft-

[48] Einschätzung der verantwortlichen Kader der Politischen Verwaltung und Vorschläge zur qualifizierten Besetzung einiger wichtiger Funktionen, 9. Juni 1958, SAPMO-BArch, DY 30/IV 2/12/27, Bl. 25 f.
[49] Vgl. Wansierski an Verner, 29. Februar 1960, SAPMO-BArch, DY 30/IV 2/12/29, Bl. 39.
[50] Vgl. u. a. Lapp, Die Nationale Volksarmee 1956–1990, S. 1932 ff.
[51] Material für die Aussprache des Genossen Ulbricht mit dem Genossen Verner, 1959, SAPMO-BArch, DY 30/IV 2/12/11, Bl. 466.
[52] Bestimmungen für die Arbeit der Politorgane, 1957, S. 12 f.
[53] Ebenda, S. 6 f.
[54] Vgl. Maßnahmen zur Durchführung der Beschlüsse des 4. Plenums des ZK und des Beschlusses des Kollegiums des Ministeriums für Nationale Verteidigung über die Veränderung der Arbeitsweise der leitenden Organe, 1959, SAPMO-BArch, DY 30/IV 2/12/11, Bl. 97.
[55] Vgl. Mitteilung der Abteilung Kader der Politischen Verwaltung an Wansierski, 19. Februar 1960, SAPMO-BArch, DY 30/IV 2/12/28, Bl. 36.
[56] Bestimmungen für die Arbeit der Politorgane, 1957, S. 15.

verteidigung Generalmajor Heinz Keßler zum Generalleutnant erst möglich, nachdem sie von der Politischen Verwaltung „befürwortet" worden war[57].

Der Chef der Politischen Verwaltung war zugleich „Stellvertreter für politische Arbeit des Ministers für Nationale Verteidigung"[58]. 1956 bekleidete diesen Posten Generalmajor Friedrich Dickel, 1956–1957 Oberst G. Grünberg, 1958–1959 Generalmajor Rudolf Dölling und 1959–1978 Vizeadmiral Waldemar Verner. Formal unterstand die Politische Verwaltung daher dem Ministerium. Diese Zuordnung innerhalb der Struktur der NVA wurde aber dadurch relativiert, daß sie darüber hinaus „mit den Rechten einer Abteilung des Zentralkomitees" der SED ausgestattet war[59]. Entsprechend dem daraus resultierenden doppelten Unterstellungsverhältnis hatte die Politische Verwaltung sowohl dem ZK als auch dem Minister „über alle grundlegenden Fragen der politischen Arbeit" in der NVA Bericht zu erstatten[60].

Eine präzisere Festlegung der übergeordneten Weisungsbefugnis hatte die SED-Führung anscheinend zunächst nicht für nötig erachtet. Aufgrund der Tatsache, daß der Aufbau der Streitkräfte direkt durch die Partei kontrolliert wurde, hielt man eine Kompetenzenkollision zwischen den politischen und militärischen Führungsinstanzen innerhalb des Ministeriums offenbar nicht für wahrscheinlich. Insofern fanden die betreffenden Regelungen im „Statut für die politischen Organe, Partei- und Jugendorganisationen der KVP der DDR" von 1954[61] zunächst auch Eingang in die „Bestimmungen für die Arbeit der Politorgane der NVA" von 1957. Dabei hatte die SED-Führung jedoch offensichtlich die Autonomisierungstendenzen innerhalb der neugeschaffenen Militärbürokratie unterschätzt, die sich nach der Umwandlung der KVP in reguläre Streitkräfte verstärkt entfalteten.

Bereits durch den Politbürobeschluß vom 14. Januar 1958 leitete die SED eine Klärung der Kompetenzen ein[62], die dann in die überarbeiteten „Bestimmungen für die Arbeit der Politorgane der NVA" von 1958 einging. Die Berichterstattung der Politischen Verwaltung erfolgte jetzt zwar weiterhin an das ZK und den Minister[63]. Die Parteiführung hatte jedoch eindeutig festgelegt, daß die Politische Verwaltung „in ihrer Eigenschaft als leitendes Parteiorgan" nunmehr „ausschließlich dem Zentralkomitee verantwortlich" war[64]. Dem Minister für Nationale Verteidigung wurde allein das Recht eingeräumt, ihr „Hinweise für die Inangriffnahme und die Lösung bestimmter Aufgaben zu geben und Informationen anzufordern"[65].

Parallel zur Reduzierung der ministeriellen Einflußnahme wurden jedoch die Kompetenzen der Politischen Verwaltung in militärischen Fragen erweitert und damit gleichzeitig ihre Stellung als Kontrollorgan der Parteiführung innerhalb der

---

[57] Verner an die ZK-Abteilung für Sicherheitsfragen, 14. August 1959, SAPMO-BArch, DY 30/IV 2/12/27, Bl. 119.

[58] Bestimmungen für die Arbeit der Politorgane, 1957, S. 12.

[59] Ebenda.

[60] Ebenda, S. 13.

[61] Statut für die politischen Organe, Partei- und Jugendorganisationen der KVP der DDR, 1954, BA-MA, DVH 3/2010, Bl. 95 f.

[62] Über die Rolle der Partei in der NVA. Protokoll Nr. 4/58 der Sitzung des Politbüros des ZK der SED, 14. Januar 1958, SAPMO-BArch, DY 30/J IV 2/2/576, Bl. 193.

[63] Bestimmungen für die Arbeit der Politorgane, 1958, S. 41.

[64] Ebenda, S. 40.

[65] Ebenda, S. 30.

NVA betont. Der Chef der Verwaltung war jetzt explizit dazu verpflichtet, „Bedenken, Unstimmigkeiten in der Befehlsgebung, Verletzung der Parteibeschlüsse und der Gesetze der Arbeiter-und-Bauern-Macht durch Kommandeure sowie schwerwiegende besondere Vorkommnisse sofort an das Zentralkomitee zu melden"[66].

Das Kadernomenklatursystem

Während die führenden Parteigremien die Kontrolle der NVA vor allem auf institutioneller Ebene verwirklichen sollten, indem sie den militärischen Führungsorganen vorgeschaltet waren, diente das Kadernomenklatursystem[67] auf personeller Ebene als zentrales Steuerungsinstrument. Anhand des Kadernomenklatursystems entschied die SED-Führung über die Vergabe der Führungspositionen innerhalb des Staatsapparates, die sie – so auch in den Streitkräften – auf diese Weise ausschließlich mit hohen Parteikadern besetzen konnte. So wurde etwa Stoph als Mitglied des Politbüros und des ZK 1956 Minister für Nationale Verteidigung[68]. Die Führungspositionen waren in spezifischen Verzeichnissen, den Kadernomenklaturen, zusammengefaßt, die den leitenden Parteiorganen der SED zugeordnet wurden. Diese hatten die Verantwortung „für die personelle Besetzung der wichtigsten Funktionen mit geeigneten Genossen"[69]. Im Zentrum des Kadernomenklatursystems stand die Hauptnomenklatur des ZK, auf die sich die Kadernomenklaturen der übrigen leitenden Parteiorgane bezogen[70]. „Nur mittels der Nomenklatur" war es nach Auffassung der SED „möglich, die gesamte Kaderarbeit auf der Grundlage des demokratischen Zentralismus … von einem Zentrum aus, dem Zentralkomitee, zu leiten"[71]. Die SED-Funktionäre, die durch das Kadernomenklatursystem in staatliche Führungspositionen wie die des Ministers für Nationale Verteidigung gelangt waren, garantierten die Verwirklichung dieses Prinzips ihrerseits auch auf den nachgeordneten Bürokratieebenen anhand eigener Kadernomenklaturen.

Die politische Zielsetzung, die der Anwendung des Kadernomenklatursystems zugrunde lag, formulierte die SED programmatisch in den „Vorläufigen Richtlinien für die Arbeit mit der Kadernomenklatur des ZK der SED" vom September 1960: „Die Anwendung der Kadernomenklatur trägt dazu bei, in personeller Hinsicht die führende Rolle der Arbeiterklasse in der DDR entsprechend den Prinzipien des

---

[66] Ebenda, S. 44 f.

[67] Vgl. u. a. Lapp, Die Nationale Volksarmee 1956–1990, S. 1956 ff.; Wagner, Das Nomenklatursystem, S. 3 ff.; Wagner, Gerüst der Macht, S. 87 ff.; Wenzel, Kriegsbereit: Der Nationale Verteidigungsrat der DDR, S. 46 ff.

[68] Auch Hoffmann, Keßler und Verner waren als führende Militärs bereits bei Gründung der NVA Mitglieder des ZK. Dölling wurde 1958 als Kandidat ins ZK gewählt.

[69] Vorläufige Richtlinien für die Arbeit mit der Kadernomenklatur des ZK der SED. Protokoll Nr. 36/60 der Sitzung des Sekretariats des ZK der SED, 26. September 1960, SAPMO-BArch, DY 30/J IV 2/3/704, Bl. 228.

[70] Die Nomenklaturkader der NVA wurden ausschließlich durch die leitenden Parteiorgane ZK, Politbüro und Nationaler Verteidigungsrat bestätigt. In der Kadernomenklatur des Ministerrates als höchstem Organ der Exekutive waren die Führungspositionen der Streitkräfte im Gegensatz zu denen des übrigen Staatsapparates nicht aufgeführt. Vgl. Wagner, Gerüst der Macht, S. 91, 98 f.

[71] Vorläufige Richtlinien für die Arbeit mit der Kadernomenklatur des ZK der SED. Protokoll Nr. 36/60 der Sitzung des Sekretariats des ZK der SED, 26. September 1960, SAPMO-BArch, DY 30/J IV 2/3/704, Bl. 227.

Marxismus-Leninismus zu sichern."[72] Die Übertragung des Kadernomenklatursystems vom Parteiapparat auch auf die staatlichen Institutionen war allerdings erst möglich geworden, nachdem die SED die verantwortlichen Positionen der staatlichen Bürokratie mit leitenden Parteikadern besetzt hatte[73]. Erst jetzt war die SED dazu in der Lage, das Kadernomenklatursystem als alleiniges Entscheidungsinstrument bei der Besetzung von Führungspositionen innerhalb der gesamten staatlichen Bürokratie durchzusetzen. Rein fachspezifische Auswahlkriterien wie Qualifikation oder persönliche Eignung hatten dadurch nur noch eine nachrangige Bedeutung. Im Rahmen des Kadernomenklatursystems entschieden die jeweils zuständigen Parteiorgane nunmehr primär über die „zweckmäßigste Auswahl und Verteilung der politisch zuverlässigsten Partei- und prinzipienfesten Genossen". Erst in zweiter Linie wurden sie „nach ihren Fähigkeiten und Kenntnissen" beurteilt, jedoch in jedem Fall „entsprechend den Gesamtinteressen der Partei"[74]. Dieser Grundsatz des Kadernomenklatursystems hatte wie auch im Fall der NVA die entscheidende Konsequenz, daß das reguläre bürokratische Dienst- beziehungsweise Vorgesetztenverhältnis ausgehöhlt wurde. So war beispielsweise ein General nicht mehr allein dem Minister als Dienstherrn unterstellt. Vielmehr unterlag er als Nomenklaturkader auch einer parteimäßigen Rechenschaftspflicht. Als Funktionär war er „für die Erfüllung seiner Aufgaben" zudem auch „dem leitenden Parteiorgan gegenüber verantwortlich, das ihn entsprechend der Nomenklatur gewählt, bestätigt und eingesetzt" hatte[75].

Bei Gründung der NVA waren alle militärischen Führungskader bereits in der Nomenklatur der leitenden Kader des Ministeriums des Innern erfaßt. In ihr war detailliert festgelegt, welche leitenden Parteiorgane die Besetzung von Führungspositionen der KVP zu bestätigen hatten[76]. Die Listen der Nomenklaturkader des Po-

---

[72] Ebenda.

[73] 1952 hatte das Sekretariat des ZK der SED die „Richtlinien für die Personalpolitik im Staatsapparat und der volkseigenen Wirtschaft" beschlossen. Demnach sollte zur Verwirklichung einer „einheitlichen Personalpolitik" nunmehr der „Grundsatz der Nomenklatur in allen Zweigen des Staatsapparates und der volkseigenen Wirtschaft" angewandt werden. Richtlinien für die prinzipiellen Fragen der Personalpolitik des Staatsapparates sowie der Wirtschaftsorgane. Protokoll Nr. 175/52 der Sitzung des Sekretariats des ZK der SED, 26. Juni 1952, SAPMO-BArch, DY 30/J IV 2/3/304, Bl. 6, 26 ff.

[74] Vorläufige Richtlinien für die Arbeit mit der Kadernomenklatur des ZK der SED. Protokoll Nr. 36/60 der Sitzung des Sekretariats des ZK der SED, 26. September 1960, SAPMO-BArch, DY 30/J IV 2/3/704, Bl. 228.

[75] Ebenda.

[76] Das Politbüro hatte in bezug auf die KVP folgende Dienststellungen zu bestätigen: Den Chef der KVP und alle seine Stellvertreter, den Stellvertreter des Chefs des Stabes, die Chefs Rückwärtige Dienste, für Bauwesen und Unterbringung, für Ausbildung und Lehranstalten und für Bewaffnung sowie alle Chefs der selbständigen Verwaltungen, ferner alle Chefs der territorialen Verwaltungen, alle Kommandeure der Bereitschaften und den Chef der KVP-Hochschule Dresden, zudem die Chefs der Verwaltungen Aero-Klub und VP-See sowie deren Stellvertreter und den Chef der Flottenbasis der VP-See. Darüber hinaus mußte das Politbüro sämtliche Ernennungen innerhalb der Dienstgrade Oberst bis Generalmajor zustimmen. Das Sekretariat des ZK hatte alle Chefs der unselbständigen Verwaltungen und deren Stellvertreter zu bestätigen, ferner alle Abteilungsleiter des Stabes der KVP im Generalrang, alle Leiter der Offiziersschulen, alle Stellvertreter der Chefs der Territorialen Verwaltungen, den Chef der Politschule, den Politstellvertreter und alle Stellvertreter des Chefs der Flottenbasis VP-See sowie den Stabschef der Flottenbasis, die Leiter des Seehydrographi-

litbüros und des ZK-Sekretariates wurden in der „Hauptnomenklatur des ZK der SED" vom 6. September 1955 nochmals leicht verändert[77]. 1956 wurden beide Kadernomenklaturen unter Berücksichtigung der neuen Bezeichnungen für die militärischen Ränge und Dienststellungen dann offenbar direkt auf die NVA übertragen. Sie galten im Grundsatz bis zum Inkrafttreten der neuen ZK-Hauptnomenklatur 1961.

Anscheinend sah es die SED aber aufgrund der strukturellen Veränderungen innerhalb der Militärorganisation nach der Umwandlung der KVP in die NVA als notwendig an, bei Nomenklaturen der militärischen Führungskader einige Modifikationen vorzunehmen. Dies geschah vor allem durch den Beschluß der Sicherheitskommission vom 15. April 1957. Er bestätigte die „Nomenklatur der leitenden Kader des Ministeriums für Nationale Verteidigung". Der Beschluß hatte insbesondere zur Folge, daß die Zuständigkeit zur Besetzung eines Großteils der militärischen Nomenklaturkader, die bisher vom Politbüro bestätigt wurden, auf die Sicherheitskommission übertragen wurde. Das Politbüro bestätigte anschließend nur noch die Dienststellungen aller Stellvertreter des Ministers für Nationale Verteidigung, ferner der Chefs der Verwaltung Kader, der Rückwärtigen Dienste, der Seestreitkräfte und der Militärbezirke sowie sämtliche Ernennungen zum General und Admiral, darüber hinaus alle Beförderungen innerhalb der Generalsdienstgrade[78]. Der Nationale Verteidigungsrat wiederum beschloß auf seiner konstituierenden Sitzung am 16. März 1960 eine eigene Nomenklatur, die die Nomenklatur der Sicherheitskommission in bezug auf die militärischen Führungskader in einigen wesentlichen Positionen modifizierte. Bis auf den Posten des Ministers ging die Kompetenz zur Besetzung der Spitzenfunktionen der NVA, die bis dahin noch zur Nomenklatur des

schen Dienstes und der Offiziersschulen der VP-See, darüber hinaus die Stellvertreter des Chefs des Stabes der Verwaltungen des Aero-Klubs und der VP-See, alle Stellvertreter des Chefs des Aero-Klubs, alle Leiter der Schulen der Verwaltung des Aero-Klubs sowie den Standortältesten von Groß-Berlin und seinen Politstellvertreter. Die ZK-Abteilung für Sicherheitsfragen hatte hinsichtlich des Parteiapparates in der KVP folgende Nomenklaturkader zu bestätigen: Die Parteisekretäre der Parteiorganisation des Stabes der KVP, der Parteiorganisation bei der Verwaltung VP-See und der Parteiorganisation bei der Verwaltung des Aero-Klubs, ferner alle Abteilungsleiter der Politverwaltung, alle Politstellvertreter der Regimentskommandeure, alle Stellvertreter des Chefs der Politschule, den Politstellvertreter des Seehydrographischen Dienstes der VP-See und die Leiter der Politabteilungen der Sonderobjekte. Bei den militärischen Dienststellungen waren es alle Stellvertreter der Chefs der Bereitschaften, alle Regimentskommandeure, alle Stellvertreter der Leiter der Offiziersschulen und Schulen der drei Teilstreitkräfte, den Stadtkommandanten von Groß-Berlin, alle Chefs der Divisionen der VP-See sowie den Leiter der Kaderabteilung der VP-See, die Chefs des Waffenarsenals sowie des Bergungs- und Rettungskommandos der VP-See, zudem den Leiter der Ausbildungsabteilung der Verwaltung des Aero-Klubs und der Leiter der Kaderverwaltung des Aero-Klubs. Darüber hinaus waren alle Beförderungen zum Oberst zu bestätigen. Nomenklatur der leitenden Kader des Ministeriums des Innern. Protokoll Nr. 11/54 der Sitzung des Politbüros des ZK der SED, 23. Februar 1954, SAPMO-BArch, DY 30/J IV 2/2/349, Bl. 6, 33 ff.

[77] Hauptnomenklatur des ZK der SED. Protokoll Nr. 41/55 der Sitzung des Politbüros des ZK der SED, 6. September 1955, SAPMO-BArch, DY 30/J IV 2/2/438, Bl. 13 ff., 21.

[78] Nomenklatur der leitenden Kader des Ministeriums für Nationale Verteidigung. Protokoll der 16. Sitzung der Sicherheitskommission des ZK der SED, 15. April 1957, BA-MA, DVW 1/39558, Bl. 9 ff.

Politbüros gehört hatte, nunmehr ebenso auf den Nationalen Verteidigungsrat über[79].

Grundlegend neu festgelegt wurde die Liste der militärischen Führungskader dann in der „Hauptnomenklatur des ZK der SED", die das Politbüro am 17. Januar 1961 bestätigte[80]. Der Sektor Nationale Verteidigung der Nomenklatur bestand jetzt aus insgesamt 400 Kaderpositionen. Bezüglich des Politbüros wurden die Festlegungen der Nomenklatur des Nationalen Verteidigungsrates von 1960 übernommen. Die Nomenklatur des Nationalen Verteidigungsrates umfaßte nun einschließlich der Politfunktionen die Dienststellungen des 1. Stellvertreters des Ministers und Chefs des Hauptstabes, des Stellvertreters des Ministers und Chefs der Luftstreitkräfte und Luftverteidigung, des Stellvertreters des Ministers und Chefs der Politischen Verwaltung und des Stellvertreters des Ministers für Ausbildung, ferner des Chefs Rückwärtige Dienste sowie der Chefs der Verwaltungen Kader, Ausbildung, Panzer, Artillerie, Nachrichten, Pionierwesen und Aufklärung. Außerdem gehörten zur Nomenklatur des Nationalen Verteidigungsrates die Stellvertreter der Chefs des Hauptstabes, der Verwaltung Kader und der Politischen Verwaltung sowie die Chefs der 12., 14. und 15. Verwaltung, darüber hinaus die Chefs der Militärbezirke und des Kommandos der Seestreitkräfte und deren Stellvertreter sowie die Stellvertreter des Chefs der Luftstreitkräfte/Luftverteidigung, die Kommandeure der Divisionen der Landstreitkräfte, Luftstreitkräfte/Luftverteidigung und der Flottillen der Seestreitkräfte sowie der Kommandeur und 1. Stellvertreter der Militärakademie „Friedrich Engels" und der Leiter des Instituts für deutsche Militärgeschichte. Schließlich umfaßte die Nomenklatur auch die Dienststellungen des Leiters der Auslandsabteilung, des Militärattachés in der UdSSR, in der VR Polen, in der ČSR und in der VR China sowie des Militäroberstaatsanwaltes.

Die Nomenklatur enthielt jedoch nur wenige Funktionen des Parteiapparates, die statt dessen in der Nomenklatur der ZK-Abteilung für Sicherheitsfragen geführt wurden. Dies mag daran gelegen haben, daß der Nationale Verteidigungsrat formal als staatliches Organ gelten sollte. In der Nomenklatur der ZK-Abteilung für Sicherheitsfragen waren rund 335 Nomenklaturkader aufgeführt, zu denen neben leitenden Funktionen des Parteiapparates[81] Dienststellungen der militärischen Truppenführung[82] gehörten.

---

[79] Nomenklatur des Nationalen Verteidigungsrates der DDR. Protokoll der 1. Sitzung des Nationalen Verteidigungsrates der DDR, 16. März 1960, BA-MA, DVW 1/39458, Bl. 3, 21 f.

[80] Hauptnomenklatur des ZK der SED. Protokoll Nr. 3/61 der Sitzung des Politbüros des ZK der SED, 17. Januar 1961, SAPMO-BArch, DY 30/J IV 2/2/745, Bl. 7, 22 ff.

[81] Hier bestätigte die ZK-Abteilung für Sicherheitsfragen den Sekretär der Kreisleitung des Ministeriums für Nationale Verteidigung, die Abteilungsleiter der Politischen Verwaltung, die Leiter der Politabteilungen der Sonderobjekte des Ministeriums, der Divisionen der Landstreitkräfte, Luftstreitkräfte und der Flottillen der Seestreitkräfte, deren Stellvertreter sowie die Parteisekretäre der Kommandos der Militärbezirke, der Luftstreitkräfte/Luftverteidigung, der Seestreitkräfte und des Ministeriums. Zudem umfaßte die Nomenklatur die Leiter der Politabteilungen der Sonderobjekte der Kommandos der Teilstreitkräfte, ferner die Parteisekretäre der Regimenter der Militärbezirke, der Luftstreitkräfte/Luftverteidigung, der Regierungsfliegerstaffel, des Ministeriums und der Schulen sowie die Parteisekretär und den Leiter der Politabteilung der Militärakademie. Nomenklatur des Sektors Nationale Verteidigung, 1961, SAPMO-BArch, DY 30/IV 2/12/29, Bl. 208 ff.

[82] Im einzelnen waren es die Dienststellungen der Chefs der Verwaltungen Finanzen, Kraftfahrzeuge, Organisation-Planung, Werbung und Auffüllung sowie der Medizinischen Ver-

2. Der Parteiapparat

Die Politorgane

Die Politorgane waren nach Gründung der NVA zunächst die entscheidende Institution in den Streitkräften, die der SED eine direkte Kontrolle der Diskussions- und Entscheidungsprozesse auf allen Ebenen der militärischen Truppenführung garantieren sollte[83]. Unterhalb der Politischen Verwaltung des Ministeriums für Nationale Verteidigung setzten sie sich zunächst aus den Politabteilungen der Militärbezirke der Landstreitkräfte sowie der Kommandos der Seestreitkräfte und der Luftstreitkräfte/Luftverteidigung zusammen. Auf der anschließenden Ebene befanden sich die Politabteilungen der Divisionen und aller gleichgestellten Einheiten der übrigen Teilstreitkräfte[84]. Die Leiter der Politabteilungen waren jeweils Stellvertreter für politische Arbeit ihrer Kommandeure[85]. Politstellvertreter gab es in der NVA darüber hinaus von der Regiments- hinunter bis zur Kompanieebene.

Nominell waren die Politorgane die „leitenden Organe" der SED für die „politische Arbeit" in der NVA[86]. Sie hatten die Verantwortung für die verschiedenen Formen der politischen Erziehung[87]. Die davon ausgehende Politisierung der Armeeangehörigen war auf die „systematische Hebung der Kampfbereitschaft, die Festigung der Disziplin und die Erhöhung des politischen Bewußtseins und der Moral gerichtet"[88]. Eine weitere Aufgabe der Politorgane war die Anleitung und Kontrolle der Arbeit der Parteiorganisationen der SED in der NVA, die sie bei der Erziehung der Parteimitglieder unterstützen sollten[89].

Die zentrale Funktion der Politorgane war es aber, das militärische Führungspersonal aller Einheiten und Truppenteile zu überwachen und sicherzustellen, daß es die politischen Vorgaben und Zielsetzungen der SED berücksichtigte. Die „Bestimmungen für die Arbeit der Politorgane der NVA" von 1957 kleideten dies in die

---

waltung, ferner der Chefs Chemische Dienste und Transportwesen. Darüber hinaus gehörten zu der Nomenklatur die Abteilungsleiter der Verwaltung Kader, die Chefs Operativ der Kommandos der Militärbezirke und der Seestreitkräfte, die Leiter der Kaderabteilungen der Teilstreitkräfte, die stellvertretenden Divisionskommandeure der Landstreitkräfte, Luftstreitkräfte und der Flottillen der Seestreitkräfte, Stabsdienststellungen im Kommando Luftstreitkräfte/Luftverteidigung, die Kommandeure der Schulen sowie die Chefs der Bezirkskommandos und der Chef der Organisations-Abteilung Berlin. Auch die Regimentskommandeure der Teilstreitkräfte und des Ministeriums für Nationale Verteidigung mußten durch die ZK-Abteilung für Sicherheitsfragen bestätigt werden. Die Tatsache, daß die SED-Führung die Vergabe von Kommandeursposten in den Streitkräften durch ein leitendes Parteiorgan sogar noch auf dieser verhältnismäßig niedrigen Ebene kontrollierte, zeigt, wie groß das Sicherheitsbedürfnis der Partei war. Zudem bestätigte die ZK-Abteilung für Sicherheitsfragen alle Beförderungen zum Oberst und die Delegierungen an die Militärakademien der UdSSR. Nomenklatur des Sektors Nationale Verteidigung, 1961, SAPMO-BArch, DY 30/IV 2/12/29, Bl. 206 ff.
83 Vgl. u. a. Glaser, Zur Entwicklung der militärischen Einzelleitung, S. 102 ff.; Haueis, Die führende Rolle der SED in der Nationalen Volksarmee, S. 435 ff.
84 Bestimmungen für die Arbeit der Politorgane, 1957, S. 12, 16, 21.
85 Ebenda, S. 12, 22.
86 Ebenda, S. 5.
87 Ebenda, S. 13 f.
88 Ebenda, S. 6 f.
89 Ebenda, S. 8 f.

Formel, es sei Aufgabe der Politorgane, die „Autorität der Kommandeure und Vorgesetzten" zu festigen, weshalb sie diese „bei der Erfüllung ihrer Pflichten" unterstützen und ihnen „bei ihrer ideologischen, militärischen und kulturellen Entwicklung" helfen sollten[90]. Tatsächlich aber nahmen die Politorgane nicht mittels der politischen Erziehung Einfluß auf die militärische Truppenführung. Entscheidend war vielmehr das Kontrollmoment. Denn die Politorgane hatten auch die Pflicht, „das politische Bewußtsein und die Moral in den Verbänden und Truppenteilen regelmäßig zu analysieren" und den Kommandeuren und übergeordneten Politorganen über deren „Zustand" zu berichten[91]. Die Politorgane und Politstellvertreter wirkten in diesem Zusammenhang nicht nur direkt auf die Truppenführung ein. Sie fungierten darüber hinaus als separater Kontroll- und Meldeweg neben der militärischen Befehlskette, der bei den zentralen Entscheidungsgremien der SED-Führung endete. Die Partei verfügte somit über ein eigenes Instrument, mit welchem sie die Situation in den Streitkräften auf allen Ebenen permanent überwachen konnte.

Die Kompetenz der Politorgane beschränkte sich jedoch nicht nur auf den politischen Bereich. Sie sollten sich auch „intensiv mit allen Fragen der militärischen ... Ausbildung beschäftigen und rechtzeitig Maßnahmen zur Beseitigung der Mängel ergreifen, die die Erhöhung der Kampfbereitschaft der Truppen behinderten"[92]. Dabei hatten vor allem die Leiter der Politabteilungen eine herausgehobene Stellung. Als Stellvertreter für politische Arbeit der Kommandeure der Militärbezirke, Kommandos und Divisionen der Teilstreitkräfte hatten sie die Pflicht, „Bedenken, Unstimmigkeiten in der Befehlsgebung, Verletzungen der Parteibeschlüsse und der demokratischen Gesetze durch Kommandeure und schwerwiegende besondere Vorkommnisse" an die übergeordneten politischen Organe zu melden[93]. Aber auch die Politstellvertreter von der Regiments- bis hinab zur Kompanieebene waren berechtigt, die Befehle der Kommandeure zu überwachen und Einfluß auf deren Inhalt zu nehmen. Die latente Drohung, negativ über die Arbeit der Kommandeure und Stäbe zu berichten, ermöglichte es, die militärische Entscheidungsfindung im Sinne der Partei zu beeinflussen. Die Stellung der Politstellvertreter innerhalb des militärischen Befehlsgefüges wurde nach Gründung der NVA anfangs noch zusätzlich durch ihre dienstrechtlichen Befugnisse gestärkt. Aufgrund der Tatsache, daß die Innendienstvorschrift der KVP nach 1956 zunächst offenbar in Ermangelung eines Ersatzes weiterhin gültig blieb, unterstand ein Politstellvertreter dienstlich zwar seinem Kommandeur, zugleich war er aber „der direkte Vorgesetzte des gesamten Personalbestandes" der Einheit[94]. Diese Regelung stärkte seine ohnehin schon exponierte Stellung zusätzlich.

Die Effizienz der Politorgane und ihr Einfluß auf die militärische Truppenführung blieben zunächst aber anscheinend hinter den Erwartungen der SED zurück. Ihre Arbeit wurde als „unbefriedigend" eingeschätzt[95].

---

[90] Ebenda, S. 7 f.
[91] Ebenda, S. 10.
[92] Ebenda, S. 7.
[93] Ebenda, S. 21, 28.
[94] Vorläufige Innendienstvorschrift der Kasernierten Volkspolizei DV-10/3, 1953, S. 24.
[95] Entwurf des Referats des Ministers für Nationale Verteidigung für die Eggersdorfer Tagung, 1957, SAPMO-BArch, DY 30/IV 2/12/10, Bl. 10.

Viele Kommandeure wehrten sich nachhaltig gegen die politischen Eingriffe in ihren fachlichen Zuständigkeitsbereich, weshalb die Kontrolle durch die Politorgane nur eine beschränkte Wirkung erzielte[96]. Offenbar wurde im Offizierskorps die „Zweckmäßigkeit" der Politorgane massiv angezweifelt und „verschiedentlich ihre Liquidierung vorgeschlagen"[97]. Stoph mußte Mitte 1957 zugeben, daß es in der NVA noch immer „den sogenannten unpolitischen Offizier, den Nurfachmann" gab[98]. Die SED forderte deshalb, die Politorgane müßten „ihren Einfluss auf die militärische Führungsarbeit unbedingt verstärken". Es dürfe „keine militärische Handlung geben[,] bei der der Politstellvertreter seine Meinung nicht geltend" mache[99]. Die Politorgane seien „das politische Organ der Truppenführung"[100]. Doch mußte die Partei einräumen, daß etwa während der Aufstände in Polen und Ungarn 1956 nicht jeder Leiter der Politabteilungen in der Lage gewesen sei, „selbständig die politische Führung zu gewährleisten"[101].

Die Probleme waren nicht zuletzt auch das Ergebnis organisatorischer Defizite. Ursächlich hierfür war die zentralistische Struktur der Politorgane, weshalb die Steuerung und Kontrolle jeder Ebene allein über die übergeordnete Instanz, nicht aber horizontal ausgeübt werden konnte. Die Schwierigkeiten wurden noch dadurch verstärkt, daß die Leiter der Politabteilungen und die Politstellvertreter in ihren Einheiten zugleich auch Vorgesetzte mit Disziplinarbefugnis waren. Dies sei, so Stoph, der Grund dafür gewesen, warum sie oftmals den Vorgesetzten „zu stark herausgekehrt, und anstelle der Hilfe und Anleitung einfach kommandiert" hätten[102].

Die SED sah sich damit konfrontiert, daß viele Politstellvertreter eine ähnliche Verhaltensweise wie die Kommandeure entwickelten, der sie eigentlich entgegentreten sollten. So reklamierten auch sie eine unabhängige Entscheidungsgewalt in ihrem Tätigkeitsbereich. Die Mitarbeiter der Politorgane begannen offenbar zum Teil selbst, sich der Parteikontrolle zu entziehen. Das führte dazu, daß Parteiprinzipien ignoriert und die Parteiorganisationen zunehmend anhand von Befehlen militärisch geführt wurden. Diese Tendenz verstärkte sich noch dadurch, daß die Leiter der Politabteilungen das Recht hatten, Beschlüsse der Parteigrundorganisationen der SED in der NVA eigenständig aufzuheben[103]. Stoph äußerte als Reaktion darauf, die Disziplinargewalt der Politoffiziere müsse sich auf „die ihnen unmittelbar unterstellten Genossen beschränken". In der Parteiorganisation sei der Politoffizier „gleichberechtigtes Mitglied"[104].

[96] Vgl. Kap. VI. dieser Studie.
[97] Entwurf des Referats des Ministers für Nationale Verteidigung für die Eggersdorfer Tagung, 1957, SAPMO-BArch, DY 30/IV 2/12/10, Bl. 8.
[98] Protokoll der Eggersdorfer Tagung, 12./13. Juni 1957, BA-MA, VA-P-01/037, Bl. 47.
[99] Entwurf des Referats des Ministers für Nationale Verteidigung für die Eggersdorfer Tagung, 1957, SAPMO-BArch, DY 30/IV 2/12/10, Bl. 13.
[100] Ebenda, Bl. 10.
[101] Ferner hieß es, die Politstellvertreter warteten im allgemeinen „noch zu sehr auf Anweisungen von oben". Einschätzung des politisch-moralischen Zustandes und der Stimmungen der Verbände und Truppenteile, 1956, BA-MA, VA-01/1752, Bl. 92 f.
[102] Protokoll der Eggersdorfer Tagung, 12./13. Juni 1957, BA-MA, VA-P-01/037, Bl. 53.
[103] Ebenda.
[104] Ebenda.

Die Parteiführung nahm diese Mißstände offenbar ab Mitte 1957 zum Anlaß, hinsichtlich der Kompetenzen der Politorgane organisatorische Veränderungen einzuleiten. Intern hieß es, es sei falsch zu denken, daß von den Politorganen „die ganze politische Arbeit geleistet" werden müsse[105]. Die SED-Führung verlangte daher von der Politischen Verwaltung, „die Qualität der politischen Führungsarbeit zu verbessern". Die operative Anleitung und Kontrolle beschränke sich bisher fast ausschließlich auf die Politorgane und Politstellvertreter, während die Parteisekretäre und Parteileitungen vernachlässigt würden[106]. Die Politorgane hätten als leitende Parteiorgane jetzt aber vor allem „die Aufgabe[,] die Parteiorganisation durch ihre Anleitung zu befähigen[,] die führende Rolle [der SED] in der Armee zu verwirklichen"[107].

Deutlich sichtbar wurden die eingeleiteten organisatorischen Veränderungen in bezug auf die Aufgaben der Politorgane dann im Politbürobeschluß „Über die Rolle der Partei in der NVA" vom 14. Januar 1958. Dort heißt es unter anderem, die Politstellvertreter seien „verantwortlich für die gewissenhafte Durchführung der Befehle und Direktiven des Ministers für Nationale Verteidigung und ihrer vorgesetzten Kommandeure auf den Gebieten der politischen Massenarbeit, der Kulturarbeit, des Politunterrichtes usw."[108]. In spezifisch militärischen Fragen kam den Politstellvertretern jetzt primär eine Überwachungsfunktion zu. Die direkte Einflußnahme auf Entscheidungen der militärischen Truppenführung sollte fortan im Rahmen kollektiver Entscheidungsprozesse verwirklicht werden, indem die Kommandeure verpflichtet wurden, alle wichtigen militärischen Maßnahmen vor der Beschlußfassung in den Parteileitungen der Einheiten und den Militärräten zu beraten[109]. Diese organisatorische Verschiebung und die Aufwertung der Parteiorganisationen im System der politischen Durchdringung des Militärs war bereits durch die neue „Instruktion für die Arbeit der Parteiorganisationen der SED in der NVA" von 1957 eingeleitet worden[110]. Gleichzeitig verloren die Politstellvertreter damit aber auch an Einfluß innerhalb des Parteiapparates. Denn gegenüber den Parteiorganisationen hatten sie nunmehr „unter Wahrung der innerparteilichen Demokratie ausschließlich das Recht und die Pflicht der Beratung"[111]. Im Hinblick auf die dienst- und disziplinarrechtlichen Konsequenzen dieser Veränderungen blieb der Politbürobeschluß jedoch ungenau und verwies nur auf die „allgemeingültigen Bestimmungen"[112]. Eine detaillierte Regelung dieser Frage scheint es aber zunächst nicht gegeben zu haben[113].

---

[105] Entwurf des Referats des Ministers für Nationale Verteidigung für die Eggersdorfer Tagung, 1957, SAPMO-BArch, DY 30/IV 2/12/10, Bl. 11.

[106] Probleme für einen Diskussionsbeitrag zur Beratung von Mitgliedern des Politbüros mit leitenden Parteifunktionären in der NVA, 1957, SAPMO-BArch, DY 30/IV 2/12/9, Bl. 18.

[107] Entwurf des Referats des Ministers für Nationale Verteidigung für die Eggersdorfer Tagung, 1957, SAPMO-BArch, DY 30/IV 2/12/10, Bl. 11.

[108] Über die Rolle der Partei in der NVA. Protokoll Nr. 4/58 der Sitzung des Politbüros des ZK der SED, 14. Januar 1958, SAPMO-BArch, DY 30/J IV 2/2/576, Bl. 194.

[109] Ebenda, Bl. 193.

[110] Vgl. S. 99 ff.

[111] Über die Rolle der Partei in der NVA. Protokoll Nr. 4/58 der Sitzung des Politbüros des ZK der SED, 14. Januar 1958, SAPMO-BArch, DY 30/J IV 2/2/576, Bl. 194.

[112] Ebenda.

[113] Vgl. Plan zur Auswertung und Durchführung des Beschlusses des Politbüros vom 14. Ja-

Die überarbeiteten „Bestimmungen für die Arbeit der Politorgane der NVA" vom Juni 1958 schufen in dieser Frage vorläufig Klarheit. So unterstanden die Leiter der Politabteilungen dem Kommandeur ihrer Einheit ausschließlich in ihrer Funktion als Stellvertreter für politische Arbeit. „Disziplinar *[sic!]*" waren sie jedoch dem „nächsthöheren Kommandeur unterstellt"[114]. Auf diese Weise wurden die Politstellvertreter dem direkten Zugriff ihrer jeweiligen Einheitsführer entzogen, was die Erfüllung ihres Kontrollauftrages erleichterte. Die Unabhängigkeit der Politorgane gegenüber der militärischen Truppenführung verbesserte sich auch dadurch, daß sie nicht mehr „vom Minister für Nationale Verteidigung auf Vorschlag des Chefs der Politischen Verwaltung"[115], sondern allein „entsprechend der Nomenklatur auf Vorschlag des Chefs der Politischen Verwaltung und der Leiter der Politabteilungen" eingesetzt wurden[116].

Anscheinend gab es innerhalb des Parteiapparates massive Probleme, die organisatorischen Veränderungen zu vermitteln. Möglicherweise scheute sich die Parteiführung auch, vor allem den Einflußverlust der Politstellvertreter sofort im Detail bekanntzugeben. Zumindest bewirkte der Politbürobeschluß zunächst offenbar keine Klärung über die veränderten Kompetenzen, was innerhalb der Politorgane zu einer gewissen Unsicherheit hinsichtlich der eigenen Rolle führte. Im März 1958 konstatierte die ZK-Abteilung für Sicherheitsfragen, es gebe über „die Rolle und Funktion des Politstellvertreters ... zur Zeit noch grosse Diskussionen"[117]. Einige Politstellvertreter fragten sich, ob ihre „Funktion überhaupt noch notwendig" sei[118]. Unter anderem kam es zu Auseinandersetzungen zwischen Politstellvertretern und Parteisekretären hinsichtlich der Frage, wer die „größeren ‚Machtbefugnisse'" habe[119]. Die Irritationen innerhalb der Politorgane gingen sogar so weit, daß geäußert wurde, es gebe „in absehbarer Zeit keine Politstellvertreter mehr ...", sondern nur noch Parteisekretäre"[120]. Anscheinend erzeugte die unklare Lage bei einem Teil der Politoffiziere eine gewisse Verweigerungshaltung. Im folgenden Monat kritisierte die ZK-Abteilung für Sicherheitsfragen, daß viele Politstellvertreter „nicht von dem Wunsch erfüllt" seien, „zum Sekretär der Parteiorganisation gewählt zu werden"[121].

Die Politische Verwaltung war in dieser Phase offenbar nicht dazu in der Lage, die strukturellen Änderungen gegenüber den unterstellten Politorganen schlüssig zu erklären und umzusetzen. Daraus resultierte unter anderem eine „falsche Ausle-

---

nuar 1958 „Über die Rolle der Partei in der NVA", 1. Februar 1958, BA-MA, VA-P-01/7535, Bl. 155 f.

[114] Bestimmungen für die Arbeit der Politorgane, 1958, S. 29 f.

[115] Bestimmungen für die Arbeit der Politorgane, 1957, S. 5.

[116] Bestimmungen für die Arbeit der Politorgane, 1958, S. 30.

[117] Arbeitstagung der Abteilungsleiter für Sicherheitsfragen, 28./29. März 1958, SAPMO-BArch, DY 30/IV 2/12/5, Bl. 7.

[118] Ebenda, Bl. 9.

[119] Bericht über die Stimmungen der Armeeangehörigen und Erscheinungen in der politischen Arbeit in der zweiten Monatshälfte März 1958, 1958, BA-MA, VA-01/1752, Bl. 82.

[120] Bericht über die Stimmungen der Armeeangehörigen und Erscheinungen in der politischen Arbeit in der ersten Monatshälfte März 1958, 1958, BA-MA, VA-01/1752, Bl. 75.

[121] Information über die bisherige Auswertung der Beschlüsse des 35. Plenums des ZK und des Beschlusses des Politbüros vom 14. Januar 1958 in der NVA, 21. April 1958, SAPMO-BArch, DY 30/IV 2/12/9, Bl. 48.

gung des Politbürobeschlusses" durch einige Politabteilungen. Diese sahen sich veranlaßt, „einen einfachen Umtausch durchzuführen, d. h. automatisch alle Politstellvertreter zu Parteisekretären zu wählen"[122]. Offenbar hatten die Politorgane auf dieser Ebene noch nicht realisiert, daß der Politstellvertreter nicht etwa durch den Parteisekretär ersetzt werden sollte, sondern daß es die Absicht war, letzteren in seiner Funktion parallel zum Politstellvertreter zu stärken.

Ursächlich war die Fehlentwicklung offensichtlich dadurch ausgelöst worden, daß die Politische Verwaltung unter Federführung ihres Chefs Dölling die Existenz des Politbürobeschlusses zunächst nur den Leitern der Politabteilungen und den Kommandeuren im Rahmen einer Beratung bekanntgegeben hatte. Der Beschluß wurde ihnen jedoch nur in Teilen „sinngemäß" erläutert. Die Parteiorganisationen ihrerseits erfuhren ihn im Wortlaut erst sehr viel später, was einen „erheblichen Zeitverlust" zur Folge hatte[123]. Der Grund hierfür könnte gewesen sein, daß sich die Politische Verwaltung anfangs selbst unsicher war, welche praktischen Konsequenzen der Politbürobeschluß haben würde, und sie sich wegen des Fehlens präziser Hinweise der führenden Parteigremien hinsichtlich der Auslegung nicht selbständig vorwagen wollte. Möglicherweise aber wurde die Umsetzung wegen des Einflußverlustes der Politstellvertreter auch bewußt verzögert.

Der Leiter der ZK-Abteilung für Sicherheitsfragen Borning kritisierte die Politische Verwaltung in diesem Zusammenhang sogar öffentlich in der Zeitung „Die Volksarmee": „Die unmittelbare operative[,] praktische Hilfe bei der Durchführung des Beschlusses in den Grundorganisationen wurde durch die Politische Verwaltung nur ungenügend verwirklicht."[124] Dieser ungewöhnliche Schritt sollte möglicherweise von eigenen Versäumnissen ablenken. Die Ursache für die mangelhafte Umsetzung des Politbürobeschlusses dürfte nicht zuletzt bei der ZK-Abteilung für Sicherheitsfragen selbst gelegen haben, die offenbar nicht dazu in der Lage gewesen war, die Politische Verwaltung mit den entscheidenden Informationen zu versorgen. Für diese Vermutung spricht, daß sie zweieinhalb Monate nach dem Politbürobeschluß etwa hinsichtlich der neuen Stellung des Politstellvertreters im Regiment, über die offensichtlich noch immer „keine völlige Klarheit" bestand, eher tastend als bestimmt bemerkte: „Unsere Meinung zu dieser Frage ist, da im Regiment eine gewählte Parteileitung besteht und dazu ein hauptamtlicher Parteisekretär, dass dieser, wenn man so sprechen will, auch der höchste Parteifunktionär ... ist."[125] Die „Korrektur dieser unklaren Linie", konnte dann anscheinend erst durch das direkte Eingreifen Honeckers als zuständigem ZK-Sekretär für Sicherheitsfragen erreicht werden[126].

[122] Bericht über die Vorbereitung und Durchführung der Berichtswahlversammlung in den Parteiorganisationen der NVA, Mai 1958, BA-MA, VA-P-01/031, Bl. 11 f.

[123] Information über die bisherige Auswertung der Beschlüsse des 35. Plenums des ZK und des Beschlusses des Politbüros vom 14. Januar 1958 in der NVA, 21. April 1958, SAPMO-BArch, DY 30/IV 2/12/9, Bl. 46.

[124] Borning, Unter Führung der Partei erringen wir Erfolge, S. 2.

[125] Vgl. Arbeitstagung der Abteilungsleiter für Sicherheitsfragen, 28./29. März 1958, SAPMO-BArch, DY 30/IV 2/12/5, Bl. 7 f.

[126] Bericht über den Stand der Durchführung der Beschlüsse des V. Parteitages der SED in der NVA, 20. Oktober 1958, SAPMO-BArch, DY 30/IV 2/12/10, Bl. 239.

Diese offensichtlichen Abstimmungsschwierigkeiten waren aber vermutlich auch auf die Tatsache zurückzuführen, daß die SED in dieser Phase keine langfristig geplante, in sich schlüssige Militärpolitik verfolgte. Die zunehmende Orientierung der SED-Führung an der chinesischen Militärpolitik, deren zentrales Element die politische Durchdringung des Militärs mittels der Parteiorganisationen und nicht der Politorgane war, dürfte eine weitere Ursache für die auftretenden Probleme gewesen sein. Anscheinend gab es kein ausgereiftes Konzept für die Implementierung des chinesischen Ansatzes. Der Umstand, daß dieses Modell nicht einfach kopiert werden konnte, sondern mit dem bereits bestehenden sowjetischen verbunden werden mußte, erzeugte zusätzliche Friktionen. Ulbricht selbst hatte auf der Eggersdorfer Tagung im Juni 1957 die Unsicherheit des Politbüros hinsichtlich der Veränderungen des Parteiapparates in der NVA zum Ausdruck gebracht, indem er sagte: „Wir behaupten nicht, daß das die endgültige abgeschlossene Auffassung ist."[127]

Dienstrechtlich wurden die Stellung und Aufgabe der Politorgane und Politstellvertreter dann schließlich in der neuen Innendienstvorschrift der NVA geregelt, die am 1. Februar 1959 in Kraft trat. Sie bestätigte die Festlegungen, die durch das Politbüro und die „Bestimmungen für die Arbeit der Politorgane der NVA" von 1958 zuvor fixiert worden waren. In der Innendienstvorschrift heißt es etwa in bezug auf den Stellvertreter für politische Arbeit eines Regimentes, er unterstehe in seiner spezifischen Funktion dem Kommandeur und sei diesem rechenschaftspflichtig. Der Politstellvertreter war jedoch nur noch innerhalb seines Verantwortungsbereiches „anordnungs- und weisungsberechtigt". Dies bedeutete eine Zurückstufung in der militärischen Hierarchie, denn seine Stellung als Vorgesetzter des gesamten Personalbestandes der Einheit hatte er jetzt eingebüßt. Diese Bestimmung der Vorläufigen Innendienstvorschrift war in der neuen Innendienstvorschrift nicht mehr enthalten. Sie ließ darüber hinaus aber auch den Kompetenzverlust des Politstellvertreters innerhalb des Parteiapparates klar hervortreten. So hatte der Politstellvertreter eines Regimentes zwar weiter die politische Arbeit zu organisieren und die „Stellvertreter für politische Arbeit der Bataillone und der Kompanien anzuleiten", gegenüber den Parteiorganisationen besaß er von nun an jedoch „unter Wahrung der innerparteilichen und innerverbandlichen Demokratie ausschließlich das Recht der Beratung"[128].

Eine endgültige Klärung der Kompetenzen der Parteisekretäre und Politstellvertreter erbrachte dies anscheinend noch immer nicht. Die Zuständigkeiten dürften sich in der Praxis zudem oft überschnitten haben, so daß eine sachlogische Zuordnung der konkreten Entscheidungen vermutlich nicht immer ohne weiteres möglich war. So sah sich Dölling noch Anfang 1959 dazu gezwungen, die weiter bestehende Frage zu klären, ob „der Parteisekretär dem Politstellvertreter etwas zu sagen" habe „oder umgekehrt". Eine solche Gegenüberstellung des Parteisekretärs und des Politstellvertreters sei jedoch falsch, so Dölling. Er versuchte dieses Problem letztlich aufzulösen, indem er beide auf ein gemeinsames Ziel festlegte: Als qualifiziertes

---

[127] Protokoll der Eggersdorfer Tagung, 12./13. Juni 1957, BA-MA, VA-P-01/037, Bl. 150.
[128] Innendienstvorschrift der Nationalen Volksarmee DV-10/3, 1959, S. 22 f.

Parteimitglied habe der Politstellvertreter „entscheidenden Anteil an der Formulierung der Beschlüsse der entsprechenden Parteiorganisation"[129].

Die Parteiorganisationen

Mit den Parteiorganisationen verfügte die SED über ein weiteres Instrument der politischen Kontrolle und Einflußnahme in den Streitkräften[130]. In den Parteiorganisationen waren unabhängig vom Dienstgrad alle SED-Mitglieder in der NVA organisiert. Ihre Aufgabe war zunächst vor allem die „politisch-ideologische und moralische Erziehung" nicht nur der Parteimitglieder, sondern aller Armeeangehörigen „im Geiste des Marxismus-Leninismus". Auf diese Weise sollten sie die „Durchführung der Beschlüsse der Partei" in der militärischen Sphäre sicherstellen[131]. Dabei waren die Parteigrundorganisationen der SED auf der Ebene der Bataillone und selbständigen Kompanien die eigentlichen Träger der Parteiarbeit in der NVA, die die „führende Rolle" der SED in der Armee verwirklichen sollten[132]. Sie waren dazu verpflichtet, die Parteimitglieder „zum aktiven parteimäßigen Handeln"[133] zu erziehen sowie zwischen ihnen und „den parteilosen Angehörigen der Armee enge Verbindungen herzustellen"[134]. Das übergeordnete Ziel der Parteiarbeit war dabei „die Schaffung einer stets kampfbereiten, disziplinierten und schlagkräftigen" NVA[135].

Um dies zu erreichen, sollten vor allem die Grundorganisationen an der Basis einen „kompromißlosen Kampf gegen alle Mängel und Unzulänglichkeiten, die die Erfüllung des Ausbildungsprogrammes" behinderten, führen. In diesem Zusammenhang hatten sie „alle Mitglieder zur selbstkritischen Einschätzung ihrer Arbeit zu erziehen und die Kritik von unten zu entwickeln"[136]. Formal galt dies auch für die Arbeit der Kommandeure. Denn die Parteiorganisationen hatten auch die Aufgabe, deren „Autorität ... ständig zu festigen" sowie „auf die militär-wissenschaftli-

---

[129] Protokoll der 2. Tagung der II. Delegiertenkonferenz der Parteiorganisationen der SED in der NVA, 25./26. März 1959, BA-MA, VA-P-01/556, Bl. 77.
[130] Vgl. u.a. Wenzke, Die Nationale Volksarmee, S. 439; Hübner, Zur Rolle der Partei in der Nationalen Volksarmee, S. 416 ff.; Haueis, Die führende Rolle der SED in der Nationalen Volksarmee, S. 442 ff.
[131] Instruktion für die Arbeit der Parteiorganisationen, 1957, S. 4.
[132] Ebenda, S. 10 f. Die Grundorganisationen konnten wiederum auf der darunterliegenden Ebene der Kompanien der Bataillone und der Züge der selbständigen Kompanien in Parteigruppen unterteilt werden. Auf Regimentsebene wurden die Grundorganisationen ihrerseits der Parteileitung einer Regimentsparteiorganisation unterstellt. Instruktion für die Arbeit der Parteiorganisationen, 1957, S. 17 ff. Diese Struktur wurde durch die neue Instruktion vom Juni 1958 insofern modifiziert, als die Parteigrundorganisationen jetzt auf der darüberliegenden Ebene der Regimenter und selbständigen Bataillone gebildet wurden. Auf der Ebene der Bataillone und selbständigen Kompanien konnten nunmehr Parteiorganisationen mit den Rechten einer Grundorganisation gegründet werden, während auf der darunterliegenden Ebene der Kompanien der Bataillone und der Züge der selbständigen Kompanien weiterhin Parteigruppen gebildet wurden. Instruktion für die Arbeit der Parteiorganisationen, 1958, S. 12 ff.
[133] Instruktion für die Arbeit der Parteiorganisationen, 1957, S. 5.
[134] Ebenda, S. 9.
[135] Ebenda, S. 3.
[136] Ebenda, S. 10 f.

che Bildung der Offiziere Einfluß zu nehmen und die notwendige Kontrolle auszuüben"[137].

Hinsichtlich der militärischen Truppenführung fiel den Parteiorganisationen eine grundsätzliche Kontrollfunktion zu. Die Grundorganisationen sollten mit den Kommandeuren und Politstellvertretern die Stimmungen der Armeeangehörigen und die Mängel im Leben der Truppe beraten und diesen „Vorschläge zur Verbesserung der Ausbildungs- und Erziehungsarbeit" machen. Bei deren Nichtbeachtung hatten sie „das Recht und die Pflicht", sich an alle übergeordneten Polit- und Parteiorgane bis zum ZK zu wenden[138]. Obwohl die gesamte Parteiarbeit in der NVA von der Politischen Verwaltung geleitet wurde[139], waren die Parteiorganisationen somit berechtigt, die Politorgane zu umgehen und sich notfalls direkt an die SED-Führung zu wenden. Diese besaß mit den Parteiorganisationen eine von den Politorganen getrennte Institution zur Kontrolle der militärischen Führer.

Während die Mitglieder der Parteiorganisationen auf allen Ebenen der NVA regelmäßig zu Delegiertenkonferenzen, Parteiaktivtagungen und Mitgliederversammlungen zusammenkamen, organisierten die gewählten Parteileitungen die laufende Arbeit der Parteiorganisationen. Die Leitungen wurden von der Mitgliederversammlung der Parteiorganisation für ein Jahr gewählt. Ihre Mitglieder durften während der Wahlperiode in keine andere Einheit versetzt werden. Für die Arbeit der Parteileitung als „kollektives Leitungsorgan" war ein hauptamtlicher Parteisekretär verantwortlich, der aus dem Kreis der Leitungsmitglieder gewählt wurde und anschließend von der übergeordneten Politabteilung bestätigt werden mußte[140].

Im Anschluß an den XX. Parteitag der KPdSU, auf dem Nikita S. Chruschtschow, 1953–1964 Erster Sekretär des ZK, Stalins Alleinherrschaft verurteilt hatte, kam auch im militärischen Bereich die Frage nach der Stellung und den Kompetenzen der Parteiorganisationen der SED auf die Tagesordnung. Stoph sagte im März 1956, es sei jetzt notwendig, die „Normen des Parteilebens hinsichtlich der kollektiven Führung streng einzuhalten"[141]. Nach dem XX. Parteitag müsse man erkennen, daß die „größte Kraft" der SED in der NVA die Parteiorganisationen seien[142].

Diese Zielvorstellung und der wirkliche Einfluß der Parteiorganisationen in den Streitkräften vor allem auf die militärische Truppenführung klafften jedoch weit auseinander. Der damalige Chef der Politischen Verwaltung Dickel mußte im März 1956 einräumen, es gebe „noch immer solche Parteiorganisationen, deren Parteiarbeit unregelmäßig und losgelöst von den praktischen Aufgaben ihrer Einheit organisiert" werde[143]. Ein halbes Jahr später bemerkte der Chef der Verwaltung Kader Munschke, die Parteiorganisationen spielten nicht die Rolle „wie draußen im zivilen

---

[137] Ebenda, S. 4 f.
[138] Ebenda, S. 12.
[139] Ebenda, S. 7.
[140] Ebenda, S. 13 ff.
[141] Protokoll der Delegiertenkonferenz der Parteiorganisationen der SED im Dienstbereich des Ministeriums für Nationale Verteidigung, 5.–11. März 1956, BA-MA, VA-P-01/036, Bl. 229.
[142] Ebenda, Bl. 236.
[143] Ebenda, Bl. 27.

Leben". Ihre Arbeit werde „eingeengt, weil die Kritik beim Kommandeur" aufhöre[144].

Um diese aus Sicht der SED-Führung unbefriedigende Situation zu ändern, zeigte sich Stoph daher „damit einverstanden", in der Frage der Kritik die „bisher geübte Praxis" zu überprüfen. Er stellte jedoch klar: „Aber ich möchte nochmals unterstreichen, Befehle werden nicht kritisiert. Aber man kann sich unterhalten über die Ausführung der Befehle bzw.[,] wenn es notwendig ist[,] auch über den Mißbrauch von Befehlen."[145] Hier zeigte sich die Sorge des Ministers für Nationale Verteidigung, die Autorität der Vorgesetzten könnte einen substantiellen Schaden nehmen mit nicht zu kontrollierenden Folgen für die militärische Ordnung.

Insbesondere auf der 30. ZK-Tagung im Januar 1957 beschloß die SED-Führung, den Einfluß der Parteiorganisationen in den Streitkräften ebenso wie im gesamten Staatsapparat massiv zu verstärken. Daran anknüpfend war die Partei bestrebt, im Rahmen der Neuwahl der Parteileitungen im Februar 1957 nunmehr in allen Einheiten der NVA Parteiorganisationen und Parteigruppen zu bilden[146]. Stoph hob die neue Position der Parteiführung zur Rolle der Parteiorganisationen in der NVA auf der Eggersdorfer Tagung im Juni 1957 hervor: „Das Politbüro läßt sich davon leiten, daß die entscheidende Voraussetzung für die Erhöhung der Kampf- und Einsatzbereitschaft der Nationalen Volksarmee die volle Entfaltung der Kraft der Parteiorganisationen ist und überträgt ihnen deshalb eine noch größere Verantwortung für die Lösung der ... Ausbildungs- und Erziehungsaufgaben."[147]

Vor allem sollten die Parteiorganisationen in der NVA neben ihrer Funktion als Erziehungs- und Mobilisierungsorgane jetzt auch auf die Diskussions- und Entscheidungsprozesse der militärischen Truppenführung Einfluß nehmen. Dazu mußten jedoch zuerst die organisatorischen Voraussetzungen geschaffen werden. Dies geschah durch die neue „Instruktion für die Arbeit der Parteiorganisationen der SED in der NVA", die am 21. Mai 1957 in Kraft trat. Den Parteiorganisationen wurde das Recht eingeräumt, auf Parteiversammlungen und Beratungen „zu allen die Parteiorganisation interessierenden Fragen Stellung zu nehmen"[148]. Auf diese Weise implementierte die Instruktion das kollektive Führungsprinzip, da es den Parteiorganisationen nun explizit erlaubt war, „dem Kommandeur ihrer Einheit Vorschläge zur Verbesserung" der Erziehung, Ausbildung und Kaderarbeit zu machen[149]. Dieses Recht beinhaltete auch Verbesserungsvorschläge bezüglich der „Kampfausbildung und aller Seiten des Lebens der Truppe"[150].

Diese Regelungen griffen massiv in die Entscheidungsautonomie der militärischen Truppenführung ein, da der Partei jetzt ein umfassendes Mitspracherecht in

---

[144] Protokoll Nr. 7/56 über die Sitzung des Kollegiums des Ministeriums für Nationale Verteidigung, 21. September 1956, BA-MA, VA-01/2030, Bl. 114.

[145] Ebenda, Bl. 123.

[146] Zeittafel zur Militärgeschichte, S. 76. Denn nach Gründung der Streitkräfte hatte Anfang 1956 in 14,7 Prozent der Einheiten auf Kompanieebene noch keine Parteiorganisation existiert. Protokoll der Delegiertenkonferenz der Parteiorganisationen der SED im Dienstbereich des Ministeriums für Nationale Verteidigung, 5.–11. März 1956, BA-MA, VA-P-01/036, Bl. 438.

[147] Protokoll der Eggersdorfer Tagung, 12./13. Juni 1957, BA-MA, VA-P-01/037, Bl. 6.

[148] Instruktion für die Arbeit der Parteiorganisationen, 1957, S. 6 f.

[149] Ebenda, S. 6.

[150] Ebenda, S. 13.

spezifisch militärischen Belangen zugestanden wurde. Die Tatsache, daß die Instruktion „Kritik an Befehlen, Dienstvorschriften und an jener Tätigkeit der Kommandeure, die unmittelbar mit der militärischen Führung" zusammenhing, wie von Stoph gefordert, nicht gestattete[151], konnte jedoch in der Praxis nicht die unabhängige Entscheidungsfindung der Vorgesetzten sicherstellen. Die Trennung zwischen der unerlaubten Kritik an Befehlen einerseits und den erlaubten Verbesserungsvorschlägen andererseits dürfte sich als kaum praktikabel erwiesen haben. Eine Überschneidung war vermutlich in der Praxis nicht zu vermeiden. Denn die Instruktion forderte ausdrücklich, „die Kritik und Selbstkritik ohne Ansehen der Person zu entfalten"[152]. Sie verpflichtete die Parteiorganisationen, „dafür Sorge zu tragen, daß unterschiedslos für alle Mitglieder eine einheitliche Parteidisziplin ... gesichert" wurde[153]. Das bedeutete, auch Offiziere und Kommandeure mußten sich nunmehr für ihre Dienstdurchführung öffentlich vor den Mitgliedern ihrer Parteiorganisation, die ihnen zugleich dienstlich unterstellt waren, selbstkritisch rechtfertigen und sich möglicherweise durch diese sanktionieren lassen.

Anscheinend war sich Stoph darüber im klaren, daß angesichts dieses Eingriffes in die militärische Autonomie ein Konflikt zwischen Partei und Offizierskorps drohte. Auf der Eggersdorfer Tagung im Juni 1957 versuchte er daher zu vermitteln: Es gebe „Verwirrungen", in welchem Umfang man Kritik am Kommandeur zulassen könne. Stoph betonte, das „Prinzip der Einzelleitung", der ungeteilten Befehlsgewalt, müsse „ständig und für alle Befehle" gelten: „Deshalb ist es auch nicht zulässig, die Befehle und Vorschriften auf Parteiversammlungen zu kritisieren." Das bedeute jedoch nicht, daß der Kommandeur „eine Sonderstellung in der Partei" einnehme. Weder könne er „in der Partei befehlen" noch stehe er „außerhalb der Kritik". Ohne Kritik und Selbstkritik sei es „unmöglich, die vorhandenen Mängel in der Ausbildung und Erziehung zu beseitigen". Stoph stellte fest: „So wie die Parteiorganisation mit dem Kommandeur gemeinsam darüber berät, wie sie die Befehle des Kommandeurs unterstützen kann, wird sie und muß sie den Kommandeur kritisieren, wenn es in seiner Arbeit, in seinem persönlichen Verhalten Mängel und Schwächen gibt."[154] Stophs Ausführungen waren jedoch nicht dazu geeignet, die Grenze der Parteikontrolle klarer zu bestimmen. In erster Linie sollten sie daher vermutlich der akuten Verunsicherung der Offiziere und dem vorhandenen Protest begegnen.

Tatsächlich ließ sich die kollektive Führung im Rahmen von Versammlungen der Parteiorganisationen nur schwer verwirklichen. Zum einen wehrte sich das Offizierskorps massiv gegen den drohenden Kompetenzverlust. Zum anderen erwies sich dieser strukturelle Ansatz als außerordentlich ineffizient, da die Parteiorganisationen im ganzen als kollektives Entscheidungsgremium zahlenmäßig zu groß waren. Anstatt die Entscheidungen etwa eines Kommandeurs im Sinne der Partei zu beeinflussen, konnte in den Parteiversammlungen in erster Linie nur eine Grundsatzkritik geübt werden, die die Stellung der Vorgesetzten aber dauerhaft beschädigen mußte.

---

151 Ebenda, S. 6.
152 Ebenda.
153 Ebenda, S. 5.
154 Protokoll der Eggersdorfer Tagung, 12./13. Juni 1957, BA-MA, VA-P-01/037, Bl. 50f.

Dies war ein entscheidender Grund, warum die Instruktion in der zweiten Jahreshälfte 1957 nur eine begrenzte Wirkung entfalten konnte. Das Politbüro mußte sich Anfang 1958 eingestehen, daß einige Kommandeure und leitende Offiziere „die Parteiorganisationen noch immer als Organe" ansähen, „die ausschließlich zur Unterstützung ihrer Arbeit zur Verfügung" stünden. Sie glaubten, deren „Tätigkeit befehlen zu können" und würden die Anwendung der Kritik und Selbstkritik unterbinden, was die weitere „Entwicklung der Arbeit der Parteiorganisationen in der Armee" hemme. Eine Reihe von Offizieren habe noch immer die „falsche Einstellung", „daß das Prinzip der Einzelleitung, die Befehlsgebung und die Struktur der Armee nicht mit den allgemeinen Prinzipien der Parteiarbeit und der innerparteilichen Demokratie zu vereinbaren" seien[155].

Als Reaktion darauf war die SED-Führung dann offenbar ab Ende 1957 zu der Auffassung gelangt, daß es „auf Grund der vorhandenen Unzulänglichkeiten in der politischen Arbeit und der Tätigkeit der Parteiorganisationen" notwendig war, „einige tiefgreifende Veränderungen vorzunehmen"[156].

Daher wurde im Politbürobeschluß vom 14. Januar 1958 „Über die Rolle der Partei in der NVA" die „kollektive Beratung aller wichtigen politischen und militärischen Maßnahmen der Kommandeure mit den Parteiorganisationen und in den Militärräten" nunmehr ausdrücklich festgeschrieben. Die Parteiorganisationen sollten also schon zu den Maßnahmen Stellung nehmen, bevor sie durch den Kommandeur befohlen wurden, und nicht, wie bisher, erst im nachhinein das Ergebnis der Maßnahmen kritisch bewerten. Dieses Recht der Parteiorganisationen wurde vor allem im Hinblick auf die Arbeit der militärischen Truppenführung weiter gestärkt: Der Politbürobeschluß gab den Parteiorganisationen das Recht, „in Parteiversammlungen kritisch die Ergebnisse der Erziehung und Ausbildung, den Zustand der Einsatzbereitschaft und die dienstliche Tätigkeit aller Offiziere zu beurteilen sowie Vorschläge zur Verbesserung der Arbeit zu machen", wobei der Grundsatz der „bedingungslosen Ausführung von Befehlen" nicht berührt werden sollte, jedoch die „Ergebnisse der durchgeführten Befehle kritisch geprüft" werden konnten[157]. Der Politbürobeschluß implementierte jedoch insofern eine grundlegende strukturelle Modifikation, als die Parteiversammlungen jetzt in erster Linie als Sanktionsinstanz fungierten, während die eigentliche Steuerung der militärischen Truppenführung anhand der kollektiven Führung von den Parteisekretären ausgeübt werden sollte. Hier zeigte sich deutlich eine Tendenz zur Ausdifferenzierung des Kontrollapparates. Die Kommandeure wurden jetzt ihrerseits dazu verpflichtet, „die Sekretäre der Parteiorganisationen der Bataillone, der Regimenter und selbständigen Einheiten in der Regel zu den Beratungen der jeweiligen militärischen Leitungen hinzuzuziehen und vor wichtigen Entscheidungen zu hören"[158]. In den Grundorganisationen war

155 Über die Rolle der Partei in der NVA. Protokoll Nr. 4/58 der Sitzung des Politbüros des ZK der SED, 14. Januar 1958, SAPMO-BArch, DY 30/J IV 2/2/576, Bl. 191 f.
156 Stellungnahme der ZK-Abteilung für Sicherheitsfragen, 30. Dezember 1957, SAPMO-BArch, DY 30/IV 2/12/9, Bl. 2.
157 Über die Rolle der Partei in der NVA. Protokoll Nr. 4/58 der Sitzung des Politbüros des ZK der SED, 14. Januar 1958, SAPMO-BArch, DY 30/J IV 2/2/576, Bl. 193.
158 Ebenda, Bl. 193.

damit „der Parteisekretär der höchste Parteifunktionär … und nicht mehr, wie bisher, der Politstellvertreter"[159].

Trotz der erweiterten Kompetenzen der Parteiorganisationen bestand noch immer die Gefahr, daß die militärische Truppenführung die Parteisekretäre über wichtige Entscheidungen nicht informierte. Dem begegnete die SED auf zweifache Art. Erstens legte die neue „Instruktion für die Arbeit der Parteiorganisationen der SED in der NVA" von 1958 fest, daß die Parteisekretäre nicht mehr nur von den militärischen Leitungen gehört werden mußten, sondern jetzt sogar das Recht hatten, selbständig „an den Beratungen der militärischen Leitung der betreffenden Einheit oder Dienststelle teilzunehmen und dort ihre Meinung zu sagen"[160]. Dies wertete ihre Position gegenüber der militärischen Truppenführung auf und gab ihnen die Möglichkeit, auf alle Diskussions- und Entscheidungsprozesse schon innerhalb der militärischen Führungsstäbe direkten Einfluß zu nehmen.

Zweitens zielte die SED darauf ab, nicht nur die Parteisekretäre in die militärischen Stäbe zu integrieren, sondern umgekehrt die vorgesetzten Offiziere, vor allem die Kommandeure, in die Leitungen der Parteiorganisationen zu wählen. Auf diese Weise erreichte die Partei gewissermaßen automatisch eine Transparenz der militärischen Entscheidungsprozesse, da trotz der institutionellen Trennung der Leitungsgremien eine personelle Übereinstimmung hergestellt wurde. Die Umsetzung dieser Zielsetzung leitete das Politbüro mit dem Hinweis ein, „die erfahrensten und qualifiziertesten Parteimitglieder" seien in die Parteileitungen zu wählen[161]. Dölling führte dazu aus: „In die Parteileitungen kommen die besten und erfahrensten Parteimitglieder, wozu selbstverständlich auch die Kommandeure zählen."[162] Zum Sinn dieser Maßnahme fügte die Politische Verwaltung erläuternd hinzu: „Um … den Kommandeur zu einem richtigen parteimäßigen Verhalten und Handeln zu bringen, ist die Wahl … in die Parteileitungen wünschenswert."[163] Die in den Jahren zuvor „vorhandene Tendenz, keine Kommandeure … in die Parteileitungen zu wählen", konnte jetzt zunehmend „überwunden" werden[164]. Im Rahmen der Parteiwahlen im Frühjahr 1958 wurden zum Beispiel 58 Prozent der Regimentskommandeure in die Parteileitungen der Grundorganisationen gewählt[165]. In der Regel waren der Kommandeur, der Parteisekretär und der Politstellvertreter jetzt in beiden Leitungsgremien vertreten. War der Kommandeur kein Mitglied der Parteileitung, wurde er üblicherweise zu den Leitungsbesprechungen der Parteiorganisation hinzugezogen[166]. Eine Trennung der fachlichen Zuständigkeiten sowie der mi-

---

[159] Vorschläge zur Durchsetzung und Erfüllung des Beschlusses des Politbüros vom 14. Januar 1958, SAPMO-BArch, DY 30/IV 2/12/9, Bl. 32.

[160] Instruktion für die Arbeit der Parteiorganisationen, 1958, S. 10.

[161] Über die Rolle der Partei in der NVA. Protokoll Nr. 4/58 der Sitzung des Politbüros des ZK der SED, 14. Januar 1958, SAPMO-BArch, DY 30/J IV 2/2/576, Bl. 194.

[162] Protokoll Nr. 1/58 über die Sitzung des Kollegiums des Ministeriums für Nationale Verteidigung, 24. Februar 1958, BA-MA, AZN/28178, Bl. 16.

[163] Plan zur Auswertung und Durchführung des Beschlusses des Politbüros vom 14. Januar 1958 „Über die Rolle der Partei in der NVA", 1. Februar 1958, BA-MA, VA-P-01/7535, Bl. 148.

[164] Bericht über die Vorbereitung und Durchführung der Berichtswahlversammlung in den Parteiorganisationen der NVA, Mai 1958, BA-MA, VA-P-01/031, Bl. 11.

[165] Armee für Frieden und Sozialismus, S. 170.

[166] Bericht über die Ergebnisse des Brigadeeinsatzes des Sektors Nationale Verteidigung des

litärischen und der politischen Diskussions- und Entscheidungsprozesse war nun kaum mehr einzuhalten, wodurch die Verwirklichung der kollektiven Führung in der NVA in einem umfassenden Maß garantiert wurde[167]. Die Politische Verwaltung konstatierte im Mai 1958 zufrieden: „Die Parteileitungen setzen immer mehr die Forderungen des Politbürobeschlusses durch und fordern von den Kommandeuren die kollektive Beratung der politischen und militärischen Fragen."[168] Die funktional nicht notwendige Dopplung der Führungsgremien bewirkte in der Folgezeit offenbar, daß die Beratungen in den militärischen Stäben und Leitungen zunehmend zu reinen Befehlsausgaben denaturierten, während konstruktive fachliche Kritik zumeist nur noch in den Parteileitungen geübt wurde[169].

Die Parteiorganisationen konnten ihren Einfluß auf die militärische Truppenführung so entscheidend erweitern, daß sich die Entwicklung teilweise sogar in das entgegengesetzte Extrem verkehrte. Die ZK-Abteilung für Sicherheitsfragen kritisierte, daß in dem „Bestreben der Parteisekretäre und Parteileitungen, den Parteiorganisationen die ihnen zustehenden Rechte einzuräumen und die führende Rolle der Partei zu sichern, ... eine Reihe von Parteileitungen über das Ziel hinausschießen" würde und sogar „funktionelle Pflichten der Kommandeure" übernähme[170].

Wie stark sich der Einfluß der Partei in der NVA vergrößerte, zeigt sich insbesondere daran, daß seit 1958 nun auch gegen Offiziere verstärkt Parteistrafen[171] ausgesprochen wurden[172]. Für sich genommen, wären diese Parteistrafen unerheblich ge-

---

ZK in der 6. Flottille der NVA, 15.–25. Juli 1959, SAPMO-BArch, DY 30/IV 2/12/21, Bl. 303.

[167] Von Seiten der ZK-Abteilung für Sicherheitsfragen hieß es diesbezüglich: „In der Regel werden alle wichtigen politischen und militärischen Entscheidungen im Kollektiv beraten und festgelegt, wobei die Meinung der jeweiligen Parteileitung maßgeblich berücksichtigt wird. Hierbei wirkt sich die Wahl zahlreicher Kommandeure und leitender Offiziere in die Parteileitungen positiv aus. Einschätzung der Erfüllung des Politbürobeschlusses vom 14. Januar 1958, 1959, SAPMO-BArch, DY 30/IV 2/12/9, Bl. 243.

[168] Bericht über die Vorbereitung und Durchführung der Berichtswahlversammlung in den Parteiorganisationen der NVA, Mai 1958, BA-MA, VA-P-01/031, Bl. 8.

[169] Vgl. Volk/Squarr, Zum inneren Zustand der NVA, S. 253.

[170] Einleitung für die Aussprache und Beratung mit den Parteisekretären zu dem Thema: „Die Ergebnisse bei der Erfüllung des Beschlusses des Politbüros vom 14. Januar 1958 auf dem Gebiet der Verwirklichung der führenden Rolle der Partei in den Einheiten und Truppenteilen des MB III", 1958, SAPMO-BArch, DY 30/IV 2/12/9, Bl. 125.

[171] In den §§ I. 7. ff. des Parteistatuts der SED von 1954 heißt es: „Wer gegen die Einheit und Reinheit der Partei verstößt, ihre Beschlüsse nicht erfüllt, die innerparteiliche Disziplin nicht achtet, die Parteidisziplin verletzt oder seine Mitgliedschaft und ihm übertragene Funktionen mißbraucht, im öffentlichen Leben sich eines Parteimitgliedes nicht würdig zeigt, ist von der Grundorganisation oder einem höheren Parteiorgan zur Verantwortung zu ziehen. Je nach der Art des Vergehens können folgende Parteistrafen beschlossen werden: a) die Verwarnung, b) die Rüge, c) die strenge Rüge, d) die Versetzung in den Kandidatenstand auf die Dauer eines Jahres, e) der Ausschluß aus der Partei." Statut der Sozialistischen Einheitspartei Deutschlands, 1954, S. 112.

[172] Im Jahresbericht der „Parteikontrollkommissionen" (PKK) von 1958 heißt es, während es 1957 auf der Basis „der damaligen Instruktion ... ein Parteiverfahren gegen Offiziere durch seine *[sic!]* Grundorganisation so gut wie nicht gegeben" habe, seien 1958 „allein in der 1. Hälfte des Berichtsjahres von 118 Parteiverfahren" gegen Offiziere „102 in den Mitgliederversammlungen behandelt" worden. Jahresbericht der PKK'en in der NVA für das Jahr 1958, SAPMO-BArch, DY 30/IV 2/12/9, Bl. 146. Parteikontrollkommissionen gab es in der

blieben. Sie waren jedoch zumeist mit disziplinar- beziehungsweise strafrechtlichen Sanktionen verknüpft, die bei nicht parteikonformem Verhalten gleichzeitig drohten. Aus diesem Grund kam es dann zu Doppel- oder Mehrfachbestrafungen von Offizieren. So bedeutete etwa ein Parteiausschluß in der Regel gleichzeitig die Entlassung aus der NVA[173].

Diese Entwicklung wurde vor allem durch zwei institutionelle Neuerungen ermöglicht. Zum einen waren die Parteiorganisationen in der modifizierten „Instruktion für die Arbeit der Parteiorganisationen der SED in der NVA" vom Juni 1958 jetzt dazu angehalten, auf Parteiversammlungen eine ausdrücklich „kämpferische Atmosphäre zu schaffen", um „die Ergebnisse der Erziehung und Ausbildung, den Zustand der Einsatzbereitschaft, die dienstliche und gesellschaftliche Tätigkeit aller Armeeangehörigen" – also auch der Offiziere – „sowie die Ergebnisse der durchgeführten Befehle kritisch zu beurteilen und Vorschläge zur Verbesserung der Arbeit zu machen"[174]. Gestrichen worden war damit die Bestimmung in der Instruktion von 1957, die die Kritik an Befehlen, Dienstvorschriften und der Tätigkeit der Kommandeure verbot, die in unmittelbarem Zusammenhang mit der militärischen Führung standen. Denn diese Bestimmung, so die Politische Verwaltung, sei „vielfach dazu benutzt" worden, „um unter dem Deckmantel ‚dienstlicher Belange' eine Kritik an fehlerhafter Arbeit, Mängeln, Versäumnissen einzelner Offiziere ... zu unterbinden"[175].

Zum zweiten wurde die Regelung in der „Instruktion für die Durchführung von Parteiverfahren gegen Mitglieder und Kandidaten der SED in der NVA" von 1957, daß bei Offizieren vom Bataillonskommandeur an aufwärts Parteiverfahren „in der Regel" durch die Parteikontrollkommissionen durchgeführt werden sollten[176], in der Neufassung der Instruktion von 1958 gestrichen. Alle Parteiverfahren – eben auch die der höheren Offiziere – waren jetzt in der Regel „in der Mitgliederversammlung der Grundorganisation" durchzuführen. Nur noch bei „besonders schweren Vergehen gegen das Parteistatut, insbesondere dann, wenn die Behandlung in der Grundorganisation die militärische Disziplin zersetzen oder militärische Geheimnisse gefährden" konnte, sollten Parteiverfahren an eine Parteikontrollkommission verwiesen werden[177].

Zusätzlich zu diesen internen Veränderungen verstärkte die SED-Führung die politische Durchdringung des Militärs auch anhand des militärexternen Parteiapparates. Der Politbürobeschluß vom 14. Januar 1958 schuf die organisatorischen

NVA bei den Politabteilungen und der Politischen Verwaltung. Sie waren Schiedsgerichte der SED zur Durchführung nichtöffentlicher Parteiverfahren. Vgl. Instruktion für die Arbeit der Parteiorganisationen, 1957, S. 29.

[173] Haueis, Die führende Rolle der SED in der Nationalen Volksarmee, S. 435.
[174] Instruktion für die Arbeit der Parteiorganisationen, 1958, S. 9.
[175] Plan zur Auswertung und Durchführung des Beschlusses des Politbüros vom 14. Januar 1958 „Über die Rolle der Partei in der NVA", 1. Februar 1958, BA-MA, VA-P-01/7535, Bl. 134.
[176] Instruktion für die Durchführung von Parteiverfahren gegen Mitglieder und Kandidaten der SED in der NVA. Protokoll Nr. 22/57 der Sitzung des Politbüros des ZK der SED, 21. Mai 1957, SAPMO-BArch, DY 30/J IV 2/2/542, Bl. 44.
[177] Instruktion für die Durchführung von Parteiverfahren gegen Mitglieder und Kandidaten der SED in der NVA. Protokoll Nr. 26/58 der Sitzung des Politbüros des ZK der SED, 17. Juni 1958, SAPMO-BArch, DY 30/J IV 2/2/598, Bl. 94.

Grundlagen für Interventionen ziviler Parteiorganisationen in die militärische Sphäre[178]. Die Bezirks- und Kreisleitungen der SED wurden „verpflichtet, die Arbeit der Parteiorganisationen innerhalb der in ihrem Bereich liegenden Einheiten zu unterstützen und die Durchführung der Beschlüsse der Partei zu kontrollieren". Die Parteileitungen, Politabteilungen und Politstellvertreter in den NVA-Einheiten hatten ihrerseits mit den zivilen Parteileitungen nicht nur eine enge Verbindung zu halten, sondern „sie in allen wesentlichen Fragen der politischen und gesellschaftlichen Arbeit zu konsultieren"[179]. Über die Verbindung des militärischen mit dem zivilen Parteiapparat realisierte die SED zugleich auch dessen Vernetzung mit den militärischen Institutionen auf der jeweiligen Organisationsebene.

Die Kaderpolitik

Prinzipiell galt in der Personalpolitik der DDR-Streitkräfte[180] der Grundsatz: „Für die Arbeit mit den Offizieren in der Nationalen Volksarmee sind die Kommandeure verantwortlich." Diese mußten die ihnen unterstellten Offiziere nach ihrer „politischen, militärischen, fachlichen und moralischen Eignung und Qualifikation beurteilen". Auf dieser Grundlage sollten sie „Schlußfolgerungen über deren Entwicklungs- und Verwendungsfähigkeit" anstellen sowie Vorschläge über die Besetzung von Planstellen in den jeweiligen Truppenteilen, Einheiten und Dienststellen ausarbeiten. Zudem hatten sie Empfehlungen hinsichtlich der Versetzung von Offizieren oder ihrer Qualifizierung – etwa an den Militärakademien – auszusprechen[181].

Tatsächlich jedoch verfügten die Kommandeure nur über einen sehr geringen Gestaltungsspielraum in Personalfragen. Sie hatten grundsätzlich nicht die Kompetenz, Entscheidungen unabhängig und eigenverantwortlich zu treffen. Das lag zum einen an der starken Zentralisierung der Kaderpolitik der NVA, zum anderen aber vor allem an ihrer umfassenden politischen Durchdringung durch die Organe der SED.

Schon Ende 1956 waren durch den Befehl Nr. 129/56 des Ministers für Nationale Verteidigung innerhalb der NVA spezielle Kadernomenklaturen geschaffen worden: Zum einen waren dies auf der Ebene des Ministeriums für Nationale Verteidigung die Nomenklaturen für den Minister sowie für den Chef der Politischen Verwaltung, zum anderen auf der Ebene der Teilstreitkräfte die Nomenklaturen der Chefs der Militärbezirke der Landstreitkräfte und der Chefs der Luftstreitkräfte/ Luftverteidigung sowie der Seestreitkräfte. 1960 wurde dann zusätzlich unterhalb dieser beiden Ebenen eine Kadernomenklatur der Divisionskommandeure geschaffen[182]. Die Kadernomenklaturen regelten die Zuständigkeit dieser Nomenklaturvorgesetzten für die Ernennung, Beurteilung, Beförderung und Versetzung der Offiziere, die nicht in den Kadernomenklaturen der leitenden Parteiorgane – Polit-

---

[178] Vgl. Instruktion für die Arbeit der Parteiorganisationen, 1958, S. 8.
[179] Über die Rolle der Partei in der NVA. Protokoll Nr. 4/58 der Sitzung des Politbüros des ZK der SED, 14. Januar 1958, SAPMO-BArch, DY 30/J IV 2/2/576, Bl. 196.
[180] Vgl. Lapp, Die Nationale Volksarmee 1956–1990, S. 1944 ff.
[181] Bestimmungen über die Arbeit mit den Offizieren der NVA, 18. Juni 1957, BA-MA, VA-01/5038, Bl. 3.
[182] Teilbeitrag der Verwaltung Kader zur Einarbeitung in die Gesamtanalyse und Grundkonzeption der Entwicklung der NVA, 10. März 1967, BA-MA, VA-01/5679, Bl. 157.

büro, Sicherheitskommission beziehungsweise Nationaler Verteidigungsrat und ZK-Abteilung für Sicherheitsfragen – geführt wurden[183]. Dabei umfaßten die Kadernomenklaturen des Ministers und des Chefs der Politischen Verwaltung – jeweils gesondert nach Truppen- und Politoffizieren – alle Offiziersdienststellungen vom Regimentskommandeur an aufwärts sowie alle Offiziersdienststellungen des Ministeriums und der ihm unmittelbar unterstellten Truppenteile und Dienststellen. Der Minister war im übrigen für die Ernennung zum ersten Offiziersdienstgrad und alle Beförderungen oberhalb des Dienstgrades Hauptmann zuständig[184]. Die Kadernomenklaturen der Chefs der Militärbezirke der Landstreitkräfte und der übrigen Teilstreitkräfte enthielten in der Fassung von 1961 die Dienststellungen der Bataillonskommandeure und stellvertretenden Regimentskommandeure, die bis dahin zur Kadernomenklatur des Ministers gehört hatten, sowie alle Dienststellungen ihrer Kommandos und der unmittelbar unterstellten Truppenteile. Zudem wurde den Chefs der Militärbezirke und Teilstreitkräfte auch die Zuständigkeit für Beförderungen im Dienstgrad bis zum Hauptmann übertragen[185]. Die 1960 geschaffenen Nomenklaturen der Kommandeure der Verbände umfaßten jetzt alle Offiziersdienststellungen bis zum stellvertretenden Bataillonskommandeur und gleichgestellte Funktionen[186].

Die zentrale Zuständigkeit für die operative Kaderarbeit lag jedoch bei der „Verwaltung Kader" des Ministeriums für Nationale Verteidigung und für die Politoffiziere bei der „Abteilung Kader der Politischen Verwaltung". Auf der darunterliegenden Ebene der Teilstreitkräfte steuerten die „Kaderabteilungen" der Militärbezirke, der Seestreitkräfte und der Luftstreitkräfte/Luftverteidigung die Personalführung[187]. Darüber hinaus gab es in den Einheiten spezielle Kaderoffiziere, die die Kaderarbeit gemeinsam mit den Kommandeuren zu organisieren hatten. Einerseits sollten die Kaderoffiziere diese „bei der Auswahl, Verteilung, Qualifizierung und Beförderung" der Offizierskader beraten, andererseits hatten sie zugleich die Aufgabe, die Kaderpolitik der Kommandeure zu überwachen, denn sie mußten „die Einhaltung der festgelegten Prinzipien" kontrollieren und Verstöße melden[188].

Von der Verwaltung Kader des Ministeriums bis zu den Kaderoffizieren der Einheiten führten die Kaderorgane Perspektivpläne über die Offiziere der jeweiligen Einheiten, die anhand der „Vorschläge und Entscheidungen der Kommandeure" er-

---

[183] Ebenda, Bl. 155. Der Nomenklaturvorgesetzte eines militärischen Führungskaders war jedoch nicht automatisch auch sein direkter Vorgesetzter. Hier existierten parallel zueinander zwei Unterstellungsverhältnisse.

[184] Entwurf der Grundsätze für die Arbeit mit der Kadernomenklatur in der NVA und die Verantwortung der Vorgesetzten für die Arbeit mit den Kadern. Protokoll der Sitzung der Leitung des Ministeriums für Nationale Verteidigung, 23. Januar 1961, BA-MA, AZN/28072, Bl. 222.

[185] Ebenda, Bl. 222, 224, 226.

[186] Ebenda, Bl. 222. Bis dahin waren sie neben den Regimentskommandeuren, für die diese Regelung weiter galt, ausschließlich dazu berechtigt gewesen, Offiziere außerhalb der Kadernomenklatur in den Dienststellungen Kompaniechef und Zugführer sowie Gleichgestellte innerhalb ihrer Einheit in eine gleiche Dienststellung zu versetzen. Teilbeitrag der Verwaltung Kader zur Einarbeitung in die Gesamtanalyse und Grundkonzeption der Entwicklung der NVA, 10. März 1967, BA-MA, VA-01/5679, Bl. 156.

[187] Bestimmungen über die Arbeit mit den Offizieren der NVA, 18. Juni 1957, BA-MA, VA-01/5038, Bl. 6 f.

[188] Ebenda, Bl. 4.

stellt wurden und als wichtige Grundlage bei den Personalentscheidungen dienten[189]. Die Hinweise der Kommandeure hatten in erster Linie aber nur informati-
ven Charakter. Korrigieren konnten sie die Entscheidungen der Kaderorgane nicht.
Die Politische Verwaltung monierte, die Kommandeure würden zum Teil sogar
gänzlich ignoriert: „Es darf nicht sein, daß die Kommandeure nur am Rande oder[,]
wenn im Prinzip die Kadervorschläge bereits erarbeitet sind, von den betreffenden
Kaderoffizieren informiert werden." Auch könne ein Kaderoffizier „nicht einfach
mit dem Kaderoffizier der unterstellten Dienststelle verhandeln und verkehren".
Vielmehr sei es erforderlich, daß dies „über den Kommandeur und mit dessen
Kenntnis" erfolge[190]. Stoph äußerte daher, das „Hauptübel" bestehe darin, „daß die
Kaderarbeit noch nicht zum untrennbaren Bestandteil der Leitungsarbeit" der militärischen Stäbe geworden sei. Offenbar war aber die fehlende Kompetenz der Kommandeure in Kaderfragen die entscheidende Ursache für die seiner Auffassung nach
„irrige Ansicht" in der militärischen Truppenführung, die Kaderarbeit sei „die alleinige Angelegenheit der Kaderorgane"[191].
Sofern sich daher überhaupt Freiräume in der Kaderpolitik ergaben, nutzten die
Kommandeure diese offenbar häufig dazu, mißliebige Unterstellte aus dem Personalbestand ihrer Einheit zu entfernen. Der Leiter der Abteilung Kader der Politischen Verwaltung kritisierte vor diesem Hintergrund die bestehende „Abschiebe-
politik" der Kommandeure[192].
Die Kommandeure und Vorgesetzten waren jedoch nicht nur dazu verpflichtet,
Personalfragen mit den Kaderorganen zu beraten. Vielmehr mußten sie dabei auch
die Politorgane und die Leitungen der Parteiorganisationen einbeziehen[193]. So waren etwa Beurteilungen „im Kollektiv der Leitung der Einheit" unter Mitarbeit des
Parteisekretärs auszuarbeiten. Die Meinung der Parteiorganisation sollte dabei
„eine der wichtigsten Grundlagen für die Einschätzung des Offiziers" bilden[194].
Auch hier wurde der ab 1957 steigende Einfluß der Parteiorganisationen deutlich
sichtbar. Die Parteiorganisationen erhielten sogar ausdrücklich das Recht, „dem
Kommandeur ihrer Einheit Vorschläge ... zur Auswahl und Förderung der Kader
zu machen"[195]. Im Politbürobeschluß vom 14. Januar 1958 forderte die SED-Füh-
rung dann nochmals, den „Einfluß der Parteiorganisationen auf die Entwicklung,
Förderung und Verteilung der Kader ... weiter zu erhöhen". Bei Versetzungen und
Beförderungen von Offizieren und Unteroffizieren sollte die Meinung der jeweili-

---

[189] Ebenda, Bl. 6f.
[190] Plan zur Auswertung und Durchführung des Beschlusses des Politbüros vom 14. Januar
1958 „Über die Rolle der Partei in der NVA", 1. Februar 1958, BA-MA, VA-P-01/7535,
Bl. 162.
[191] Protokoll der Delegiertenkonferenz der Parteiorganisationen der SED im Dienstbereich
des Ministeriums für Nationale Verteidigung, 5.–11. März 1956, BA-MA, VA-P-01/036,
Bl. 49.
[192] Die Arbeit der Abteilung Kader der Politischen Verwaltung und die Arbeit mit den Polit-
Kadern in der NVA. Protokoll Nr. 7/56 über die Sitzung des Kollegiums des Ministeriums
für Nationale Verteidigung, 21. September 1956, BA-MA, VA-01/2030, Bl. 154.
[193] Bestimmungen über die Arbeit mit den Offizieren der NVA, 18. Juni 1957, BA-MA,
VA-01/5038, Bl. 4.
[194] Ebenda, Bl. 9.
[195] Instruktion für die Arbeit der Parteiorganisationen, 1957, S. 6.

gen Parteileitung nunmehr „maßgeblich" berücksichtigt werden[196]. Die Politische Verwaltung stellte im Anschluß fest, im Fall divergierender Auffassungen zwischen dem Kommandeur, dem Kaderoffizier und der betreffenden Parteileitung werde „nach umfassender Beurteilung die endgültige Entscheidung" durch ein übergeordnetes Parteiorgan gefällt[197]. Die Bestimmungen des Politbürobeschlusses gingen dann weitgehend wörtlich auch in die neue „Instruktion für die Arbeit der Parteiorganisationen der SED in der NVA" vom Juni 1958 ein[198].

Nachdem der Einfluß der Parteiorganisationen – vor allem der Parteileitungen und -sekretäre – in der Kaderpolitik seit Mitte 1957 sukzessiv erweitert worden war, gelangten offenbar eine Reihe von Kommandeuren „in falscher Auslegung" des Politbürobeschlusses vom 14. Januar 1958 zu der Schlußfolgerung, wie Dölling äußerte, „daß die Parteileitungen jetzt die Kaderpolitik alleine durchführen" würden[199]. Stoph sah sich Ende 1958 genötigt, zuzugeben, die Kommandeure fühlten sich für die Kaderarbeit „nicht verantwortlich, zumal sie dabei nichts zu sagen" hätten[200]. Insofern hatte die Bestimmung der neuen Innendienstvorschrift von 1959, nach der die Kommandeure verpflichtet waren, „für eine planmäßige und systematische Entwicklung der Kader" zu sorgen[201], in erster Linie nur formalen Charakter[202].

Das Ziel der SED war es aber nicht allein, die Personalpolitik der Kommandeure in den Einheiten durch den Parteiapparat politisch zu überwachen und zu steuern. Vielmehr sollte auch die zentrale Personalentwicklung durch die Verwaltung Kader des Ministeriums für Nationale Verteidigung und deren Untergliederungen ständig kontrolliert werden. Auch hier bestand latent die Gefahr, daß Entscheidungen ausschließlich fachspezifisch gefällt wurden, ohne dabei politische Aspekte zu berücksichtigen, obwohl diese für die angemessene Besetzung einer operativen Führungsposition letztlich nicht relevant waren. So kritisierte etwa die ZK-Abteilung für Sicherheitsfragen 1959, daß die Verwaltung Kader in nachgeordneten Einheiten Veränderungen vorgenommen hatte, „ohne sich mit den Parteiorganisationen zu beraten"[203]. Die Politische Verwaltung hatte bereits zuvor grundsätzlich betont, es müsse klar sein, „daß die Arbeit der Kaderverwaltung, der Kaderabteilung der Politischen Verwaltung sowie der Kaderoffiziere in den Militärbezirken, Divisionen, Kommandos der Seestreitkräfte und Luftstreitkräfte im wahren [sic!] Sinne des

---

[196] Über die Rolle der Partei in der NVA. Protokoll Nr. 4/58 der Sitzung des Politbüros des ZK der SED, 14. Januar 1958, SAPMO-BArch, DY 30/J IV 2/2/576, Bl. 195.

[197] Plan zur Auswertung und Durchführung des Beschlusses des Politbüros vom 14. Januar 1958 „Über die Rolle der Partei in der NVA", 1. Februar 1958, BA-MA, VA-P-01/7535, Bl. 163.

[198] Instruktion für die Arbeit der Parteiorganisationen, 1958, S. 7 f.

[199] Protokoll der Delegiertenkonferenz der Parteiorganisationen der SED in der NVA, 24.–26. Juni 1958, BA-MA, VA-P-01/038, Bl. 57.

[200] Protokoll Nr. 6/58 über die Beratung des Kollegiums des Ministeriums für Nationale Verteidigung, 10. November 1958, BA-MA, VA-01/4383, Bl. 34.

[201] Innendienstvorschrift der Nationalen Volksarmee DV-10/3, 1959, S. 17.

[202] Substantielle Veränderungen dieser Situation leitete die SED-Führung anscheinend erst ein, als es nach dem Mauerbau militärisch opportun und politisch verantwortbar erschien, der Truppenführung in dieser Frage mehr Entscheidungsautonomie einzuräumen. Vgl. Kap. VIII.4. dieser Studie.

[203] Einschätzung der Erfüllung des Politbürobeschlusses vom 14. Januar 1958, 1959, SAPMO-BArch, DY 30/IV 2/12/9, Bl. 250.

Wortes Parteiarbeit" sei[204]. Die Tätigkeit der Verwaltung Kader wurde deshalb maßgeblich durch die ZK-Abteilung für Sicherheitsfragen kontrolliert und angeleitet. So mußte die Verwaltung Kader geplante personelle Veränderungen von Nomenklaturkadern zunächst als Vorschläge bei der ZK-Abteilung für Sicherheitsfragen einreichen. Diese nahm in der Regel eine eigenständige Einschätzung vor, wobei die Veränderungsvorschläge der Verwaltung Kader durchaus zurückgewiesen oder korrigiert wurden. Letztlich waren die Entscheidungen der ZK-Abteilung für Sicherheitsfragen verbindlich[205]. Sie überwachte nicht zuletzt anhand gezielter Kontrollen – etwa im Rahmen von Brigadeeinsätzen – auch die Kaderpolitik in bezug auf die übrigen Offiziersdienststellungen ebenso wie die interne Arbeit der Verwaltung Kader selbst[206].

Die SED-Führung versuchte seit 1957 zudem, die Kontrolle über die Personalentwicklung durch eine Verknüpfung der Kaderorgane für Truppenoffiziere mit den Kaderorganen für Politoffiziere weiter zu verbessern. Der Leiter der Abteilung Kader der Politischen Verwaltung hatte im September 1956 festgestellt, der Erfahrungsaustausch und die Zusammenarbeit mit der Verwaltung Kader habe sich bisher „zum überwiegenden Teil auf die Perioden der Umbesetzung und auf die Neuaufstellung der Divisionen" im Zuge der NVA-Gründung beschränkt[207].

Um diesen Mangel zu beheben, wurde im Februar 1957 die „Richtlinie über die Zusammenarbeit zwischen der Verwaltung Kader und der Abteilung Kader der Politischen Verwaltung" erlassen, die die „Anwendung einheitlicher Grundsätze und Arbeitsmethoden in der Kaderarbeit" sicherstellen sollte. Sie machte beiden Institutionen vor allem die „kollektive Beratung" der Kadervorschläge über die Auffüllung, Ernennung, Versetzung, Qualifizierung, Beförderung, Auszeichnung und Entlassung von Offizieren zur Pflicht, ebenso wie das Kennenlernen der Nomenklaturkader des Ministers für Nationale Verteidigung und des Chefs der Politischen Verwaltung „vom Standpunkt der richtigen Zusammensetzung der Leitungen und Stäbe". Nunmehr sollten alle Befehle und Direktiven über Kaderfragen sowie die Kaderentwicklungs- und Perspektivpläne gemeinsam erarbeitet werden. Auch die Durchführung und die Ergebnisse der Arbeit waren von beiden Instanzen gemeinsam zu kontrollieren[208].

Der Chef der Verwaltung Kader Munschke sagte jedoch knapp vier Monate später: „Obwohl bei der Besetzung von Leitungen zusammengearbeitet wird, kann man noch nicht sagen, daß wir diese Richtlinie in allen Fragen einhalten."[209] Vor

---

[204] Plan zur Auswertung und Durchführung des Beschlusses des Politbüros vom 14. Januar 1958 „Über die Rolle der Partei in der NVA", 1. Februar 1958, BA-MA, VA-P-01/7535, Bl. 160.

[205] Vgl. Borning an Munschke. Bestätigung von Nomenklaturkadern, 14. Januar 1959, SAPMO-BArch, DY 30/IV 2/12/27, Bl. 83 ff.

[206] Vgl. Bericht der Brigade des ZK der SED in der Verwaltung Kader des Ministeriums für Nationale Verteidigung, 15. Juni 1960, SAPMO-BArch, DY 30/IV 2/12/22, Bl. 271 ff.

[207] Die Arbeit der Abteilung Kader der Politischen Verwaltung und die Arbeit mit den Polit-Kadern in der NVA. Protokoll Nr. 7/56 über die Sitzung des Kollegiums des Ministeriums für Nationale Verteidigung, 21. September 1956, BA-MA, VA-01/2030, Bl. 153.

[208] Richtlinie über die Zusammenarbeit zwischen der Verwaltung Kader und der Abteilung Kader der Politischen Verwaltung, 14. Februar 1957, BA-MA, VA-01/5039, Bl. 25 f.

[209] Bericht über die Lage im Offiziersbestand und über die Arbeit mit den Kadern in der Win-

allem wurde es als notwendig erachtet, die „Zusammenarbeit der Kader- und Politorgane nach unten bis auf die Ebene der Divisionen und Flottillen" zu erweitern[210]. Doch noch 1959 monierte die ZK-Abteilung für Sicherheitsfragen, ein „Hauptmangel" in der Kaderarbeit der Politorgane bestehe darin, daß diese „in der Hauptsache über Veränderungen bei Politoffizieren" berieten, auf Personalentscheidungen bei der „Mehrzahl der operativen Offiziere" jedoch nur „ungenügenden Einfluß" nähmen[211].

Das ZK der SED gelangte im Anschluß an einen in der ersten Jahreshälfte 1960 durchgeführten Brigadeeinsatz zu der Überzeugung, daß die Zusammenarbeit der Verwaltung Kader mit der Kaderabteilung der Politischen Verwaltung noch immer „ungenügend" war[212]. „Um eine einheitliche Führung und Koordinierung der Kaderarbeit in der NVA zu gewährleisten", hielt man es daher für notwendig, beide Institutionen „zu einem einheitlichen Kaderorgan" zusammenzufassen[213].

Am 12. November 1960 befahl Hoffmann auf der Grundlage der Ergebnisse des ZK-Berichtes die „Zusammenlegung der Kaderorgane für Polit-Offiziere mit der Verwaltung Kader des Ministeriums für Nationale Verteidigung bzw. den Abteilungen und Unterabteilungen Kader der Kommandos und Verbände". Die eigenständigen Nomenklaturrechte des Chefs der Politischen Verwaltung hinsichtlich der Auswahl, Ernennung, Beförderung und Qualifizierung der Politkader blieben jedoch bestehen. Die Zusammenlegung wurde darüber hinaus auch auf der Ebene der Kommandos der Teilstreitkräfte, Militärbezirke und Divisionsstäbe vollzogen. Offenbar ging es bei dieser Strukturentscheidung neben einer verbesserten Abstimmung in der Personalentwicklung vor allem um die „Gewährleistung eines ständigen Einflusses durch die Politische Verwaltung" auf die gesamte Kaderpolitik der NVA, denn „alle grundsätzlichen Fragen" in der Kaderarbeit hatte der Chef der Verwaltung Kader nunmehr mit dem Chef der Politischen Verwaltung zu beraten[214].

---

terausbildungsperiode. Protokoll Nr. 3/57 über die Sitzung des Kollegiums des Ministeriums für Nationale Verteidigung, 6. Mai 1957, BA-MA, VA-01/2032, Bl. 62.

[210] Die Zusammenarbeit zwischen den Kaderorganen für die Kader der Waffengattungen und den Kaderorganen der Polit-Kader. Tagung der Kaderoffiziere, 17./18. Dezember 1957, BA-MA, VA-01/2377, Bl. 252.

[211] Einschätzung der Erfüllung des Politbürobeschlusses vom 14. Januar 1958, 1959, SAPMO-BArch, DY 30/IV 2/12/9, Bl. 251.

[212] Bericht der Brigade des ZK der SED in der Verwaltung Kader des Ministeriums für Nationale Verteidigung, 15. Juni 1960, SAPMO-BArch, DY 30/IV 2/12/22, Bl. 295.

[213] Ebenda, Bl. 303.

[214] Zusammenlegung der Kaderorgane für Politoffiziere mit der Verwaltung Kader des Ministeriums für Nationale Verteidigung bzw. den Abteilungen und Unterabteilungen Kader der Kommandos und Verbände. Befehl Nr. 65/60 des Ministers für Nationale Verteidigung, 12. November 1960, BA-MA, VA-01/5002, Bl. 62 f.

3. Der Staatsapparat

Das Strafrecht

Während die SED anhand des Parteiapparates in der NVA die militärischen Diskussions- und Entscheidungsprozesse gezielt beeinflußte, dienten das Strafrecht und die strafrechtliche Praxis[215] der Partei als Instrument zur indirekten Kontrolle des Militärs.

Zunächst diente der Artikel 6 der DDR-Verfassung vom 7. Oktober 1949 der Rechtsprechung als allgemeine Norm, nach der auch politisch qualifizierte Delikte von NVA-Angehörigen strafrechtlich sanktioniert wurden[216]. In Absatz 2 des Artikels heißt es generalklauselartig: „Boykotthetze gegen demokratische Einrichtungen und Organisationen, Mordhetze gegen demokratische Politiker, Bekundungen von Glaubens-, Rassen-, Völkerhaß, militärische Propaganda sowie Kriegshetze und alle sonstigen Handlungen, die sich gegen die Gleichberechtigung richten, sind Verbrechen im Sinne des Strafgesetzbuches."[217] Die Tatbestandsmerkmale des Artikels waren unbestimmt und beliebig interpretierbar; darüber hinaus enthielt er keine Strafandrohung. Aus diesem Grund konnte der sogenannte „Boykottartikel" auch im militärischen Bereich jederzeit zu politischen Zwecken instrumentalisiert werden. Für NVA-Angehörige bestand somit keine Rechtssicherheit[218].

Im Anschluß an die 30. ZK-Tagung im Januar 1957 verfolgte die SED jedoch eine Differenzierung der strafrechtlichen Bestimmungen. Diese Zielsetzung sollte durch das „Gesetz zur Ergänzung des Strafgesetzbuches" verwirklicht werden. Das sogenannte „Strafrechtsergänzungsgesetz" (StEG) wurde am 11. Dezember 1957 in der Volkskammer beschlossen und trat am 1. Februar 1958 in Kraft[219]. Von Seiten der Partei und der Justiz hieß es zur Erklärung, der Artikel 6 der DDR-Verfassung sei „während einer bestimmten Entwicklung ein gutes Instrument" gewesen: „Jetzt allerdings ist der Punkt erreicht, wo an die Stelle des allgemeinen Instruments zum Schutze unseres Staates speziellere, feinere Instrumente treten können."[220] Das Strafrechtsergänzungsgesetz realisierte dementsprechend eine Spezifizierung des Artikels 6 Absatz 2 in Einzeltatbestände. Der Artikel blieb zur Abdeckung möglicher Lücken im neuen Gesetz jedoch weiterhin in Kraft[221].

Der Zweite Teil des Strafrechtsergänzungsgesetzes enthielt im Ersten Abschnitt elf Einzelstraftatbestände, die „Verbrechen gegen den Staat und die Tätigkeit seiner Organe" bestimmten. Diese waren für NVA-Angehörige, insbesondere Offiziere, ebenso relevant, wie die sechs im dritten Teil des Gesetzes aufgeführten „Verbre-

---

215 Vgl. u. a. Fricke, Politik und Justiz in der DDR, S. 319 ff., 371 ff.; Schroeder, Das Strafrecht des realen Sozialismus, S. 29 ff.; Schuller, Geschichte und Struktur des politischen Strafrechts der DDR, S. 386 ff.; Werkentin, Politische Strafjustiz in der Ära Ulbricht, S. 47 ff., 243 ff., 373 ff.

216 Buth, Die Entwicklung des militärischen Befehlsrechts, S. 126 ff.

217 Die Verfassung der Deutschen Demokratischen Republik. Vom 7. Oktober 1949, GBl. I 1949, S. 6.

218 Böckenförde, Die Rechtsauffassung im kommunistischen Staat, S. 73 f.

219 Gesetz zur Ergänzung des Strafgesetzbuches – Strafrechtsergänzungsgesetz –. Vom 11. Dezember 1957, GBl. I 1957, S. 643 ff.

220 Krutzsch, Die Bedeutung des Strafrechtsergänzungsgesetzes, S. 793 f.

221 Vgl. Schroeder, Das Strafrecht des realen Sozialismus, S. 30 f.

chen gegen die militärische Disziplin", da sich das Strafrechtsergänzungsgesetz nach Auffassung der Partei nicht nur „gegen die Feinde" der Arbeiter-und-Bauern-Macht richtete, sondern ausdrücklich auch „der Sicherung der Verteidigungsbereitschaft der DDR" diente[222]. Die Sicherheitskommission hatte entsprechend dieser Intention schon im April 1956 festgelegt, „dass kein besonderes Militärstrafgesetzbuch geschaffen …, sondern die entsprechenden neu auszuarbeitenden Paragraphen in das Gesetzbuch eingearbeitet werden" sollten[223].

Im Zusammenhang mit der Einführung des Strafrechtsergänzungsgesetzes rezipierte die DDR-Justiz auch den sogenannten „materiellen Verbrechensbegriff" aus dem sowjetischen Strafrecht. Eine Handlung mußte jetzt nicht allein politisch-moralisch verwerflich, rechtswidrig und strafbar sein, sondern zudem das Tatbestandsmerkmal der „Gesellschaftsgefährlichkeit" erfüllen, um strafrechtlich als Verbrechen qualifiziert zu werden. Bei politischen Delikten galten diese Kriterien immer[224]. Demgemäß war bei der „Einschätzung von Gesetzesverletzungen zwischen jenen strafbaren Handlungen zu unterscheiden, die aus antagonistischen Widersprüchen" erwuchsen, weil der Täter ein grundsätzlicher Gegner des Systems war, und jenen, die „aus nichtantagonistischen gesellschaftlichen Widersprüchen" entstanden, etwa „als Folge einer zurückgebliebenen Bewußtseinsbildung"[225].

Auch im Strafrechtsergänzungsgesetz fand der materielle Verbrechensbegriff seinen Niederschlag. Zum einen legte Paragraph 8 fest: „Eine Straftat liegt nicht vor, wenn die Handlung zwar dem Wortlaut eines gesetzlichen Tatbestandes entspricht, aber wegen ihrer Geringfügigkeit und mangels schädlicher Folgen für die Deutsche Demokratische Republik, den sozialistischen Aufbau, die Interessen des werktätigen Volkes sowie des einzelnen Bürgers nicht gefährlich ist." Zum anderen sollte nach Paragraph 9 eine Bestrafung nicht erfolgen, „wenn nach der Tat im gesamten Verhalten des Täters eine grundlegende Wandlung eingetreten ist, die erwarten läßt, daß er die sozialistische Gesetzlichkeit achten wird"[226]. Beide Paragraphen stellten Generalklauseln dar, die unbeschränkte Interpretationen zuließen. Zudem war jetzt rechtlich nicht mehr die Erfüllung eines Straftatbestandes, sondern die vermeintliche Einstellung des Täters entscheidend.

Hinsichtlich der Konsequenzen dieser Bestimmungen für die Rechtsprechung konstatierte Justizministerin Hilde Benjamin, „daß das Recht als ein Hebel des staatlichen Aufbaus … mit dem Ziel angesetzt werden" müsse, „zur revolutionären Umwälzung beizutragen"[227]. Unter Bezugnahme auf die sogenannte „Babelsberger Konferenz" vom April 1958, auf der Ulbricht die Rechtsprechung auf der Grundlage der Parteibeschlüsse postuliert hatte[228], forderte sie die „Überwindung der

---

[222] Volkskammer beschloß: Gesetz zur Ergänzung des Strafgesetzbuches, S. 21 f.
[223] Protokoll der 9. Sitzung der Sicherheitskommission des ZK der SED, 20. April 1956, BA-MA, DVW 1/39551, Bl. 3.
[224] Fricke, Politik und Justiz in der DDR, S. 371 f.
[225] Thesen zum Referat „Die Aufgaben der Militärstaatsanwälte im Kampf um die Erhöhung der ständigen Einsatzbereitschaft der Organe der Landesverteidigung", 30. Oktober 1959, SAPMO-BArch, DY 30/IV 2/12/11, Bl. 490.
[226] Strafrechtsergänzungsgesetz, GBl. I 1957, S. 644.
[227] Benjamin, Die dialektische Einheit von Gesetzlichkeit und Parteilichkeit, S. 365.
[228] Vgl. Molnau, Die Babelsberger Konferenz von 1958, S. 231 ff.

Formaljurisprudenz". Dies bedeute zwar weiterhin die „strikte Einhaltung der Gesetze, aber nicht ihre formale, … sondern ihre parteiliche Anwendung"[229].

Als ein Ergebnis dieser Maßgabe blieb der aus dem sogenannten „Rechtsstaatsprinzip" resultierende „Bestimmtheitsgrundsatz"[230] im DDR-Strafrecht somit auch nach 1958 außer Kraft, da die Anwendung des Strafrechts nicht streng nach dem Wortlaut des Gesetzes erfolgte, sondern letztlich politischen Kriterien unterlag. Aus diesem Grund existierte in der strafrechtlichen Praxis weiterhin keine Rechtssicherheit. Die darüber hinaus fehlende Gewaltenteilung in der DDR und die vielschichtige informelle Durchdringung des Rechtssystems durch die Parteiorgane ermöglichten ebenfalls eine politische Instrumentalisierung der Strafjustiz[231]. Dementsprechend waren auch die Soldaten der NVA mit einer möglichen willkürlichen Auslegung des Strafrechts durch die Justizorgane konfrontiert. Sie konnten sich nicht darüber im klaren sein, wie ihr eigenes Handeln oder Fehlverhalten strafrechtlich qualifiziert werden würde.

Der Zweite Teil des Strafrechtsergänzungsgesetzes enthielt als „Ergänzung zum Besonderen Teil des Strafgesetzbuches" im ersten Abschnitt als Einzeltatbestände zunächst „Staatsverrat" (§ 13), „Spionage" (§ 14), „Sammlung von Nachrichten" (§ 15) und „Verbindung mit verbrecherischen Organisationen und Dienststellen" (§ 16). Weitere Verbrechen im Sinne des Strafrechtsergänzungsgesetzes waren „Staatsgefährdende Gewaltakte" (§ 17), „Angriffe gegen örtliche Organe der Staatsmacht" (§ 18), „Staatsgefährdende Propaganda und Hetze" (§ 19) sowie „Staatsverleumdung" (§ 20). Schließlich wurden „Verleitung zum Verlassen der Deutschen Demokratischen Republik" (§ 21), „Diversion" (§ 22), „Schädlingstätigkeit und Sabotage" (§ 23) sowie die „Begünstigung von Staatsverbrechen" (§ 25) und die „Nichtanzeige von Staatsverbrechen" (§ 26) unter Strafe gestellt[232].

Im Hinblick auf die NVA bedeutete dies beispielsweise, daß sich ein Offizier bereits eines Staatsverrates strafbar machen konnte, wenn er seine grundsätzliche Opposition gegenüber der „führenden Rolle" der SED oder der Existenz des Parteiapparates in den Streitkräften zum Ausdruck brachte, wobei es belanglos war, ob dies im verfassungsmäßigen Rahmen geschah[233]. Wer etwa westliche Rundfunksendungen empfing – was in der NVA durchaus üblich war – lief Gefahr, sich der „Staatsgefährdenden Hetze und Propaganda" strafbar zu machen, wenn er diese Sendungen zugleich anderen zugänglich machte. Diesen Straftatbestand erfüllten aber auch regimekritische Äußerungen oder politische Protesthaltungen[234]. Ferner verwirklichte ein Offizier womöglich den Straftatbestand der „Staatsverleumdung", wenn er zum Beispiel offen die Tätigkeit des Ministeriums für Nationale Verteidigung kritisierte. Dafür bedurfte es keiner dezidiert „feindlichen" Einstellung. Es genügte schon ein vermeintlich „zurückgebliebenes Bewußtsein". Faktisch konnte unter dieser Norm jede kritische oder abfällige Äußerung gegen das SED-Regime oder

---

[229] Benjamin, Die dialektische Einheit von Gesetzlichkeit und Parteilichkeit, S. 367 f.
[230] Vgl. Lackner/Kühl, Strafgesetzbuch mit Erläuterungen, S. 9 f.
[231] Vgl. Weinke, Strukturen und Funktionen politischer Strafjustiz in der DDR, S. 89 f.
[232] Strafrechtsergänzungsgesetz, GBl. I 1957, S. 644 ff.
[233] Vgl. Fricke, Politik und Justiz in der DDR, S. 376 f.
[234] Vgl. ebenda, S. 407 f.

Maßnahmen der DDR-Regierung subsumiert werden, auch dann, wenn diese privat gemacht worden waren[235].

Andererseits aber führte die Anwendung des materiellen Verbrechensbegriffs dazu, daß etwa bei „Trunkenheit am Steuer" in Anbetracht der „relativ geringen Gesellschaftsgefährlichkeit" der Handlung „von vornherein die Durchführung eines gerichtlichen Verfahrens ausgeschlossen war", wenn sich der Täter ausgezeichnete Verdienste um die DDR erworben hatte, wie die ZK-Abteilung für Sicherheitsfragen konstatierte[236].

Zusätzlich dürfte die Existenz von Paragraph 24 des Strafrechtsergänzungsgesetzes großen politischen und psychologischen Druck auf die NVA-Angehörigen, insbesondere die Offiziere, ausgeübt haben, zumal es sich auch hier um eine Generalklausel handelte, die eine subjektive – und somit weite – Auslegung zuließ. Diese Bestimmung rechtfertigte in „schweren Fällen" von Staatsverrat, Spionage, Diversion sowie Schädlingstätigkeit und Sabotage auch die Vollstreckung der Todesstrafe. Das galt insbesondere „in einer Zeit erhöhter Gefährdung" der DDR[237]. Dieses Kriterium hatte angesichts der Bedrohungsperzeption der SED gegenüber dem Westen Ende der fünfziger Jahre eine nicht zu unterschätzende Bedeutung[238].

Der Dritte Teil des Strafrechtsergänzungsgesetzes enthielt schließlich gesondert aufgeführte „Verbrechen gegen die militärische Disziplin". Nach Paragraph 32 waren dies „strafbare Handlungen, die im besonderen Maße gegen die militärische Disziplin, die Ausbildung oder die Einsatzfähigkeit der Truppe" verstießen und von Angehörigen der bewaffneten Kräfte begangen wurden[239]. Alle übrigen Vergehen sollten anhand der Disziplinarordnung geahndet werden[240]. Im einzelnen gab es als Straftatbestände „Fahnenflucht" (§ 33), „Unerlaubte Entfernung" (§ 34), „Befehlsverweigerung" (§ 35), „Angriff auf Vorgesetzte" (§ 36), „Mißbrauch der Dienstbefugnisse" (§ 37) und die „Verletzung des Dienstgeheimnisses" (§ 38)[241].

Die Entscheidung jedoch, ob eine Handlung gemäß Paragraph 32 als Verbrechen gegen die militärische Disziplin oder als ein einfacher Disziplinarverstoß zu bewerten war, ließ sich auch hier nicht aus den Bestimmungen des Gesetzes ableiten, sondern war durch die Justizorgane nach Einschätzung des jeweiligen Falls individuell zu treffen. Entsprechend dem materiellen Verbrechensbegriff wurde ein Delikt da-

---

235 Vgl. ebenda, S. 409 f.
236 Bericht der Brigade der ZK-Abteilung für Sicherheitsfragen über die Überprüfung der Militäroberstaatsanwaltschaft, 1960, SAPMO-BArch, DY 30/IV 2/12/23, Bl. 18.
237 Strafrechtsergänzungsgesetz, GBl. I 1957, S. 645.
238 Signifikant hierfür sind etwa die Äußerungen eines DDR-Richters, nach dessen Auffassung den Bestrebungen der NATO zur gewaltsamen Beseitigung der DDR eben gerade „jene Verbrechen *[dienten]*, deren typische Merkmale als die Tatbestände des Staatsverrats, der Spionage, Staatsgefährdung, staatsgefährdenden Hetze und Verleumdung, der Verleitung zum Verlassen der DDR, der Diversion, der Sabotage in das StEG eingegangen" waren. Er folgerte daraus: „Demgegenüber ist es wahrhaft menschlich, diejenigen, die durch Staatsverrat, Spionage, Sabotage, Diversion und Terror gegen unseren Staat ein neues Völkermorden anzetteln und unsägliches Leid und Elend über Millionen Menschen bringen wollen, mit strengsten Strafen – äußerstenfalls mit dem Tode – zu bestrafen. Eine Milde gegenüber solchen potentiellen und tatsächlichen Massenmördern wäre nicht human, sondern inhuman." Krutzsch, Die Bedeutung des Strafrechtsergänzungsgesetzes, S. 790 ff.
239 Strafrechtsergänzungsgesetz, GBl. I 1957, S. 646.
240 Volkskammer beschloß: Gesetz zur Ergänzung des Strafgesetzbuches, S. 792.
241 Strafrechtsergänzungsgesetz, GBl. I 1957, S. 646 f.

bei wiederum durch seine Gesellschaftsgefährlichkeit als Militärstraftat qualifiziert. Dabei war nicht allein das tatbestandliche, rechtswidrige und schuldhafte Begehen einer Tat entscheidend, sondern die spezifischen Bedingungen ihrer Begehensweise. Im militärischen Rahmen erfolgte diese Bewertung, so der damalige Militäroberstaatsanwalt Richard Spank, in erster Linie im Hinblick auf die „konkrete Klassenkampfsituation" sowie mögliche Auswirkungen der Tat auf den „politisch-ideologischen Zustand der Truppe"[242]. Aufgrund der unbestimmten gesetzlichen Rahmenbedingungen, die das Strafrechtsergänzungsgesetz normierte, bestand daher hinsichtlich der Frage, wann eine Handlung den Tatbestand eines Verbrechens gegen die militärische Disziplin erfüllen konnte, keine Rechtssicherheit für die Angehörigen der NVA[243].

Es ist davon auszugehen, daß die Verbrechen gegen die militärische Disziplin nicht zuletzt deshalb in das Strafrechtsergänzungsgesetz aufgenommen wurden, um die anhaltend hohe Desertionsrate von Armeeangehörigen einzudämmen. Denn die Fahnenflucht wurde als „das schwerste und verabscheuungswürdigste Verbrechen gegen die militärische Disziplin" bezeichnet, für das nach Ansicht der SED in der NVA „keinerlei innere gesellschaftliche Grundlage" bestand[244]. Das Justizministerium äußerte in diesem Zusammenhang im April 1959 rückblickend: „Die Schaffung der Strafrechtsnormen über Verbrechen gegen die militärische Disziplin war deshalb eine notwendige Konsequenz, damit im Interesse der ständigen Kampfbereitschaft der Truppe, außer der politisch-ideologischen Erziehung, nötigenfalls strafrechtliche Mittel zur Anwendung kommen können."[245]

Mehr als ein Jahr nach dem Inkrafttreten des Gesetzes wurde von Seiten des Justizministeriums zufrieden geäußert: „Insgesamt gesehen haben die Strafvorschriften im Dritten Teil des StEG ihre Erziehungs- und Repressionsfunktion erfüllt."[246] So wurden 1959 insgesamt 1377 Ermittlungsverfahren gegen NVA-Angehörige eingeleitet; davon 149 gegen Offiziere. In Letzteren ging es unter anderem dreimal um Staatsverbrechen, vierzehnmal um Fahnenflucht, fünfmal um die Verletzung des Dienstgeheimnisses, neunmal um Befehlsverweigerung und dreiundzwanzigmal um Verbrechen gegen Volkseigentum, wobei 28 Offiziere zu Gefängnis oder Zuchthaus verurteilt wurden[247]. In diesem Zusammenhang räumte die Militärstaatsanwaltschaft ein, es habe bei der Anwendung des Strafrechtsergänzungsgesetzes anfangs „eine Vielzahl von Unklarheiten gegeben", was insbesondere eine „unangebrachte Ausweitung der Straftatbestände" bewirkt habe. Die Strafpolitik habe dahin tendiert, „durch nicht immer gerechtfertigte Härte die Präventivfunktion der Strafe hervorzukehren"[248].

---

[242] Spank/Hillmann, Einige Probleme der Verbrechen gegen die militärische Disziplin, S. 581.
[243] Buth, Die Entwicklung des militärischen Befehlsrechts, S. 131 ff.
[244] Otto, Über die Anwendung der Bestimmungen des Strafrechtsergänzungsgesetzes, S. 415.
[245] Begründung der vorgeschlagenen Strafrechtsnormen über Verbrechen und Vergehen gegen die Kampfkraft der Organe der Landesverteidigung der DDR, 25. April 1959, SAPMO-BArch, DY 30/IV 2/12/47, Bl. 20.
[246] Ebenda, Bl. 21.
[247] Analyse über die in der Zeit vom 1. Januar bis 31. Dezember 1959 bearbeiteten Strafverfahren gegen Offiziere der NVA, 2. Februar 1960, BA-MA, VA-01/13496, Bl. 4 ff.
[248] Thesen zum Referat „Die Aufgaben der Militärstaatsanwälte im Kampf um die Erhöhung der ständigen Einsatzbereitschaft der Organe der Landesverteidigung", 30. Oktober 1959, SAPMO-BArch, DY 30/IV 2/12/11, Bl. 499.

Die strafrechtlichen Normen des Strafrechtsergänzungsgesetzes bildeten auch während der folgenden Jahre die Grundlage für die Strafverfolgung in der NVA. Im Hinblick auf ihre Anwendung war vor dem Mauerbau eine gewisse Liberalisierung zu verzeichnen; dies galt insbesondere für die Zeit nach dem Inkrafttreten des sogenannten „Rechtspflegeerlasses" des Staatsrates vom 30. Januar 1961[249].

Die Militärjustiz

Im Bereich der Militärjustiz[250] waren es vor allem die Militärstaatsanwälte, die den Entscheidungsspielraum und die Kompetenz der Kommandeure und Disziplinarvorgesetzten etwa in der Frage, inwieweit besondere Vorkommnisse als Disziplinarvergehen oder aber als strafbare Handlung zu bewerten seien, nachhaltig einschränkten.

Die Militärstaatsanwaltschaft wurde entsprechend der Anordnung des Generalstaatsanwalts der DDR vom 17. November 1956 auf der Grundlage des Gesetzes über die Staatsanwaltschaft der DDR vom 23. Mai 1952 geschaffen[251]. Sie ging aus der im Mai 1954 gebildeten „Staatsanwaltschaft der Volkspolizei" hervor, deren Vorläufer das 1953 eingerichtete „Untersuchungsbüro des Ministeriums des Innern" gewesen war[252].

Die Militärstaatsanwaltschaft hatte allgemein vor allem die Aufgabe, die „Festigung der sozialistischen Gesetzlichkeit" in der NVA, die „Gewährleistung der gesetzlichen Rechte aller Militärangehörigen" und die „Unterstützung der Kommandeure der Einheiten und Verbände und Chefs der Verwaltungen bei der Festigung der inneren Ordnung und Disziplin und im Kampf gegen die Kriminalität" zu garantieren[253]. Geleitet wurde sie vom Militäroberstaatsanwalt, einem Stellvertreter des Generalstaatsanwalts der DDR[254]. Dieser war dem Minister für Nationale Verteidigung über die gesamte Tätigkeit der Militärstaatsanwaltschaft „berichtspflichtig"[255]. Dem Militäroberstaatsanwalt unterstanden seinerseits die Militärstaatsanwälte der Militärbezirke, Divisionen und Standortbereiche sowie die Militärstaatsanwälte der Luftstreitkräfte, der Luftverteidigungskräfte und der Seestreitkräfte[256]. In der Militärstaatsanwaltschaft selbst war die Abteilung I für die „Bekämpfung"

---

[249] Beschluß des Staatsrates der Deutschen Demokratischen Republik über die weitere Entwicklung der Rechtspflege. Vom 30. Januar 1961, GBl. I 1961, S. 3 f.

[250] Vgl. u. a. Eisert, Zu den Anfängen der Geschichte der Militärjustiz, S. 113 ff.; Kaschkat, Militärjustiz in der DDR, S. 585 ff.; Wenzke, Militärjustiz und Disziplinarrecht in der NVA, S. 41 f.

[251] Anordnung des Generalstaatsanwalts der DDR über die Schaffung der Militärstaatsanwaltschaft der DDR, 17. November 1956, BA-MA, VA-01/1832, Bl. 117 ff.

[252] Thesen zum Referat „Die Aufgaben der Militärstaatsanwälte im Kampf um die Erhöhung der ständigen Einsatzbereitschaft der Organe der Landesverteidigung", 30. Oktober 1959, SAPMO-BArch, DY 30/IV 2/12/11, Bl. 492.

[253] Anordnung des Generalstaatsanwalts der DDR über die Schaffung der Militärstaatsanwaltschaft der DDR, 17. November 1956, BA-MA, VA-01/1832, Bl. 117.

[254] Ebenda, Bl. 119.

[255] Die funktionellen Pflichten und Aufgaben der Militärstaatsanwaltschaft der DDR. Unterstellungs- und Disziplinarverhältnisse und die Rechte der Militärstaatsanwälte. 2. September 1957, BA-MA, VA-01/1832, Bl. 136.

[256] Anordnung des Generalstaatsanwalts der DDR über die Schaffung der Militärstaatsanwaltschaft der DDR, 17. November 1956, BA-MA, VA-01/1832, Bl. 118.

der Verbrechen gegen den Staat und die staatlichen Organe verantwortlich, „insbesondere für die Anleitung und Kontrolle bei der Bekämpfung von Fahnenfluchten, unerlaubten Entfernungen und Geheimnisverrat"[257]. Die Abteilung II befaßte sich unter anderem mit der Überprüfung aller Strafverfahren gegen NVA-Offiziere, die Anklageerhebung und Anklagevertretung in der 1. Instanz sowie die Einleitung der Strafvollstreckung[258].

Im einzelnen oblag es der Militärstaatsanwaltschaft vor allem, die Aufsicht darüber zu führen, daß in der NVA die Gesetze der DDR eingehalten wurden und militärische Befehle und Anordnungen mit diesen im Einklang standen. Zur Erfüllung dieser Aufgabe hatte sie unter anderem die „eingehenden Beschwerden und Mitteilungen über die Verletzung der Gesetzlichkeit" zu überprüfen und „Gesetzesverletzungen im Zusammenhang mit der Untersuchung von Verbrechen" festzustellen[259]. Dabei sollten die Militärstaatsanwälte ihre Tätigkeit „im engsten Kontakt mit den Kommandeuren und Politorganen der von ihnen zu betreuenden Einheiten und Verbände" durchführen[260].

Im Befehl des Ministers für Nationale Verteidigung über die „Bildung der Militärstaatsanwaltschaft" der DDR vom 2. September 1957 wurden umgekehrt auch alle Kommandeure dazu verpflichtet, die für ihren Bereich zuständigen Militärstaatsanwälte bei der Erfüllung der gesetzlichen Aufgaben zu unterstützen und „in enger Zusammenarbeit mit ihnen den Kampf gegen die Kriminalität und ihre Ursachen zu führen". Dies bedeutete insbesondere, daß sie die Militärstaatsanwälte von sich aus „ständig über die angefallenen besonderen Vorkommnisse" zu informieren hatten[261]. Diese konnten dann „Weisungen für die Führung der Untersuchung erteilen"[262]. Letztlich entschied somit der jeweilige Militärstaatsanwalt, ob ein Delikt durch den Disziplinarvorgesetzten zu ahnden war oder aber ein Ermittlungsverfahren eingeleitet wurde[263]. Aufgrund dieser Praxis konnten die Disziplinarvorgesetzten in der NVA nicht selbständig darüber entscheiden, ob sie einen Fall an die Strafverfolgungsbehörden abgeben mußten oder ihn allein disziplinarrechtlich behandeln konnten[264].

Im weiteren Verlauf der Ermittlungen hatte der zuständige Militärstaatsanwalt zu prüfen, ob die Fortdauer einer angeordneten Untersuchungshaft geboten war. Ferner erhob er im Rahmen eines eingeleiteten Strafverfahrens die Anklage und vertrat

[257] Bericht der Brigade der ZK-Abteilung für Sicherheitsfragen über die Überprüfung der Militäroberstaatsanwaltschaft, 1960, SAPMO-BArch, DY 30/IV 2/12/23, Bl. 13.
[258] Die funktionellen Pflichten und Aufgaben der Militärstaatsanwaltschaft der DDR. Unterstellungs- und Disziplinarverhältnisse und die Rechte der Militärstaatsanwälte. 2. September 1957, BA-MA, VA-01/1832, Bl. 148.
[259] Anordnung des Generalstaatsanwalts der DDR über die Schaffung der Militärstaatsanwaltschaft der DDR, 17. November 1956, BA-MA, VA-01/1832, Bl. 120 f.
[260] Ebenda, Bl. 123.
[261] Bildung der Militärstaatsanwaltschaft der DDR. Befehl Nr. 71/57 des Ministers für Nationale Verteidigung, 2. September 1957, BA-MA, VA-01/1832, Bl. 52 f.
[262] Anordnung des Generalstaatsanwalts der DDR über die Schaffung der Militärstaatsanwaltschaft der DDR, 17. November 1956, BA-MA, VA-01/1832, Bl. 121.
[263] Vgl. Lolland, Zu Befehl, Genosse Unterleutnant, S. 177 f.
[264] In der Bundeswehr beispielsweise hat ein Disziplinarvorgesetzter diese Entscheidung eigenständig zu treffen. Die Ausübung der Disziplinargewalt wird dabei nicht direkt durch die Staatsanwaltschaft, sondern durch den höheren Disziplinarvorgesetzten im Rahmen der Dienstaufsicht kontrolliert. Ilsemann, Die Innere Führung in den Streitkräften, S. 64, 66.

diese vor Gericht. Zudem führte er sowohl die Aufsicht über den Vollzug der Untersuchungshaft als auch einer möglichen Strafe. Dies geschah jedoch nur „in den Fällen …, in denen er die Untersuchung geführt bzw. die Anklage erhoben" hatte[265]. Denn die Bearbeitung einer Reihe von Straftatbeständen fiel nicht in die Zuständigkeit der Militärstaatsanwaltschaft. Diesbezüglich stellte das MfS 1958 in einer internen Schrift unmißverständlich klar: „Sämtliche Staatsverbrechen werden von der HA IX *[Hauptabteilung IX]* untersucht. Die Bearbeitung von Straftaten nach dem 3. Teil des StEG erfolgt durch die Militärstaatsanwaltschaft." Sollte diese im Zusammenhang mit ihren Untersuchungen ein Staatsverbrechen feststellen, habe dementsprechend eine Übergabe an die Organe des MfS zu erfolgen[266]. Diese Äußerung macht deutlich, daß die Bestimmung, der Militärstaatsanwaltschaft obliege „die Aufsicht über alle Untersuchungen der Untersuchungsorgane", ausschließlich formaler Natur war[267].

Tatsächlich entschieden aber offenbar von vornherein die Verbindungsoffiziere des MfS in den Einheiten und Dienststellen der NVA, welche Qualität ein Delikt hatte und durch wen die Untersuchung zu führen war[268]. Die MfS-Offiziere scheinen darüber hinaus auch selbständig Untersuchungen angestellt zu haben, ohne daß die Militärstaatsanwaltschaft im Vorfeld eingeschaltet wurde oder davon Kenntnis erlangte. Im Hinblick darauf konstatierte man von Seiten des MfS: „Von der Inhaftierung einer Person erhält der Militärstaatsanwalt dadurch Kenntnis, indem ihm entsprechendes Beweismaterial bzw. in verschiedenen Fällen nach der durchgeführten Vernehmung das Protokoll vorgelegt wird und es *[sic!]* daraufhin den Haftbefehlsantrag bei dem zuständigen Gericht stellt."[269]

Im Zuge der intensivierten politischen Durchdringung der NVA ab 1957 zielte sowohl die SED-Führung als auch die Militärstaatsanwaltschaft selbst darauf ab, den Einfluß und die Präsenz der Militärstaatsanwälte in den militärischen Leitungen und Stäben zu verbessern. Die Leitung der Militärstaatsanwaltschaft regte im September 1958 gegenüber der Leitung der Politischen Verwaltung unter anderem

---

[265] Anordnung des Generalstaatsanwalts der DDR über die Schaffung der Militärstaatsanwaltschaft der DDR, 17. November 1956, BA-MA, VA-01/1832, Bl. 122.

[266] Die Abwehrarbeit des MfS in den bewaffneten Formationen der DDR. Schulungsmaterial, Dezember 1958, BStU, ZA, JHS Sicherheitsfilm Z. 214/58, Bl. 97 f.

[267] Anordnung des Generalstaatsanwalts der DDR über die Schaffung der Militärstaatsanwaltschaft der DDR, 17. November 1956, BA-MA, VA-01/1832, Bl. 121.

[268] Vgl. Lolland, Zu Befehl, Genosse Unterleutnant, S. 177; Fricke, MfS intern: Macht, Strukturen, Auflösung der DDR-Staatssicherheit, S. 61 ff.

[269] Die Abwehrarbeit des MfS in den bewaffneten Formationen der DDR. Schulungsmaterial, Dezember 1958, BStU, ZA, JHS Sicherheitsfilm Z. 214/58, Bl. 98. Offensichtlich gab es aufgrund dieser Praxis grundsätzlich immer wieder Kompetenzkollisionen zwischen der Staatsanwaltschaft und den Organen des MfS. Ulbricht sah sich daher offenbar auf der 30. ZK-Tagung genötigt, zu diesem Problem Stellung zu nehmen: „Das Politbüro hat die Genossen der Staatssicherheit darauf aufmerksam gemacht, dass man in der Staatssicherheit offen über die politischen Fragen spricht und sich nicht einschüchtern lässt, auch nicht von den Genossen der Staatsanwaltschaft. Was ist denn los? Sie sollen lernen, zusammenzuarbeiten. Das geht aber nicht so, dass man eine konterrevolutionäre Gruppe verhaftet und dass ich dann einen Brief bekomme, in dem steht: Ihr habt ja noch gar nicht die Beweise. Muss man nicht diese Leute wieder freilassen? Das sollen die Organe untersuchen!" Stenographische Niederschrift der 30. Tagung des ZK der SED, 30. Januar – 1. Februar 1957, SAPMO-BArch, DY 30/IV 2/1/171, Bl. 102.

an, die Militärstaatsanwälte innerhalb der Kommandos und Verbände stärker in die Kollektive und Leitungen einzubeziehen und sie häufiger an Militärratssitzungen und Kommandeursbesprechungen teilnehmen zu lassen. In diesem Zusammenhang wurde insbesondere die „Beseitigung des Zustandes der bisher sporadischen und zufälligen Einladungen der Militärstaatsanwälte" gefordert[270]. Zudem kritisierte man von Seiten der Partei, daß die Verbindung der Militärstaatsanwaltschaft zur Leitung des Ministeriums für Nationale Verteidigung „sehr schwach" sei. Trotz der Anordnung Stophs habe der Militäroberstaatsanwalt nur „sehr selten" an den Sitzungen des Kollegiums des Ministeriums für Nationale Verteidigung teilgenommen[271]. Dies aber sollte „zur ständigen Praxis des Militäroberstaatsanwaltes werden"[272].

Die organisatorischen Voraussetzungen für seine regelmäßige Teilnahme wurden dann zunächst vor allem durch das neue Statut für das Kollegium des Ministeriums für Nationale Verteidigung vom 3. Mai 1961 geschaffen[273]. Darüber hinaus beabsichtigte die SED-Führung jedoch, das Zusammenwirken der Militärstaatsanwälte auch mit den nachgeordneten militärischen Führungsorganen zu verbessern. Der Verwirklichung dieser Absicht diente der Befehl des Ministers für Nationale Verteidigung vom 25. Juni 1961 zur „Verbesserung der Zusammenarbeit zwischen den Kommandeuren und den Militärstaatsanwälten". In Anknüpfung an die Regelungen im neuen Statut für die Militärräte[274] galt nunmehr für die Chefs und Kommandeure die Verpflichtung: „Zu den Beratungen der Militärräte sowie den Leitungsbesprechungen in den Verbänden ist der Militärstaatsanwalt zur Behandlung aller Fragen hinzuzuziehen, die sein Aufgabengebiet betreffen. Er hat das Recht, seine Auffassungen und Vorschläge vorzutragen."[275]

Laut Befehl hatten die Kommandeure und Dienststellenleiter aller Stufen „bei der Feststellung von strafbaren Handlungen oder anderen Gesetzesverletzungen" zum einen „unverzüglich" eigene Untersuchungen zur Aufklärung anzustellen, zum anderen aber insbesondere „sofort den Militärstaatsanwalt zu benachrichtigen". Hinsichtlich der Entscheidungskompetenz bezüglich des weiteren Vorgehens wurde durch den Befehl eindeutig festgelegt: „Die Entscheidung über die Einleitung eines Ermittlungsverfahrens und die Notwendigkeit der Inhaftierung eines Beschuldigten trifft der Militärstaatsanwalt." Dieser mußte den Kommandeur des jeweils Beschuldigten darüber jedoch in Kenntnis setzen. Bei „Gefahr im Verzuge" konnte der Militärstaatsanwalt „auch ohne vorherige Benachrichtigung des zuständigen Vorgesetzten" einen Haftbefehl erwirken[276].

---

[270] Protokoll der Leitungssitzung der Politischen Verwaltung des Ministeriums für Nationale Verteidigung, 13. September 1958, BA-MA, VA-P-01/021, Bl. 70.
[271] Bericht der Brigade der ZK-Abteilung für Sicherheitsfragen über die Überprüfung der Militäroberstaatsanwaltschaft, 1960, SAPMO-BArch, DY 30/IV 2/12/23, Bl. 13.
[272] Ebenda, Bl. 27.
[273] Vgl. S. 128ff.
[274] Vgl. ebenda.
[275] Verbesserung der Zusammenarbeit zwischen den Kommandeuren und den Militärstaatsanwälten. Befehl Nr. 44/61 des Ministers für Nationale Verteidigung, 25. Juli 1961, BA-MA, VA-01/5903, Bl. 85.
[276] Ebenda, Bl. 86 f.

Der Staatssicherheitsdienst

Mit dem Staatssicherheitsdienst verfügte die SED bereits bei der Gründung der NVA über ein Instrument der politischen Überwachung und Durchdringung des Militärs, das innerhalb der DDR-Streitkräfte über einen außerordentlich weitreichenden Aktionsradius verfügte[277]. Die Hauptabteilung I des MfS, die die Funktion eines militärischen Abschirmdienstes hatte, war zwar als „Verwaltung 2000" des Ministeriums für Nationale Verteidigung formal in die Organisationsstruktur der NVA integriert. Die Operationsweise des Staatssicherheitsdienstes entzog sich jedoch einer Kontrolle durch die militärischen Leitungsgremien. Dadurch existierte ein von der militärischen Bürokratie vollständig unabhängiger Befehls- und Meldeweg, der bei der Parteiführung endete.

Das MfS war per Gesetz der DDR-Volkskammer vom 8. Februar 1950 geschaffen worden. Im Rahmen des Gesetzes wurden die zukünftigen Aufgaben des Staatssicherheitsdienstes jedoch nicht bestimmt[278]. Nach offizieller Lesart war das MfS zur „Gewährleistung des Schutzes und der Sicherheit der DDR vor verbrecherischen Anschlägen imperialistischer Geheimdienste und Agentenorganisationen" gebildet worden. Der Staatssicherheitsdienst hatte dabei als Organ der Arbeiter-und-Bauern-Macht „spezielle Sicherheits- und Rechtspflegeaufgaben für den zuverlässigen Schutz der sozialistischen Staats- und Gesellschaftsordnung" zu erfüllen[279].

Im Hinblick auf den militärischen Sektor war es Aufgabe der Hauptabteilung I des MfS, im Rahmen der „Militärabwehr", für die „Gewährleistung der staatlichen Sicherheit" in der NVA zu sorgen[280]. Dieser allgemeine Auftrag umfaßte im einzelnen die „Verhinderung des Eindringens von Agenten imperialistischer Geheimdienste und Agentenzentralen, volksfeindlicher Organisationen und anderer feindlicher Elemente" in die NVA sowie die „Aufklärung und Entlarvung bereits eingedrungener Agenten". Ferner ging es um die Absicherung der Streitkräfte „gegen alle feindlichen Versuche der politisch-ideologischen Diversion und Zersetzung". Weiterhin hatte der Staatssicherheitsdienst in der NVA die Aufgabe, die „Sicherung von militärischen und Staatsgeheimnissen" zu garantieren, Fahnenfluchten zu verhindern und aufzuklären sowie alle besonderen Vorkommnisse zu untersuchen, bei denen der „Verdacht eines Staatsverbrechens" bestand[281].

Um ihre Aufgaben optimal erfüllen zu können, verfügte die Hauptabteilung I, die schon im Dezember 1951 gebildet worden war[282], über eine Organisationsstruktur „entsprechend der Struktur und dem Aufbau der einzelnen Truppenteile"

---

[277] Vgl. u. a. Bohn, Die Aufrüstung in der Sowjetischen Besatzungszone Deutschlands, S. 39 ff.; Jungermann, Die Wehrideologie der SED, S. 92 f.; Lapp, Die Nationale Volksarmee 1956–1990, S. 1938 f.; Wenzke, Die Nationale Volksarmee, S. 490 ff.

[278] Gesetz über die Bildung eines Ministeriums für Staatssicherheit. Vom 8. Februar 1950, GBl. I 1950, S. 95.

[279] Staatssicherheit, S. 877.

[280] Chronik der Hauptabteilung I, BStU, ZA, MfS HA I 95, Bl. 135 f. Darüber hinaus fiel auch die Überwachung der Deutschen Grenzpolizei (DGP) und der Bereitschaftspolizei (BP) in den Aufgabenbereich der Hauptabteilung I des MfS.

[281] Die Abwehrarbeit des MfS in den bewaffneten Formationen der DDR. Schulungsmaterial, Dezember 1958, BStU, ZA, JHS Sicherheitsfilm Z. 214/58, Bl. 10 f.

[282] Chronik der Hauptabteilung I, BStU, ZA, MfS HA I 95, Bl. 64.

der NVA[283]. Die Hauptabteilung I gliederte sich daher in fünf operative Abteilungen: Die Verantwortlichkeit für das Ministerium für Nationale Verteidigung lag bei der Abteilung I/1, die Verantwortlichkeit für die Kommandos der Militärbezirke III und V bei den Abteilungen I/2 und I/3. Die Abteilung I/4 hatte die Zuständigkeit für das Kommando der Seestreitkräfte und die Abteilung I/5 für das Kommando der Luftstreitkräfte/Luftverteidigung[284]. Den Divisionen der Teilstreitkräfte waren jeweils „Operativgruppen" der Hauptabteilung I zugeteilt[285], denen drei bis fünf MfS-Offiziere angehörten. Auf Regimentsebene arbeiteten zwei Verbindungsoffiziere, in selbständigen Einheiten in Bataillonsstärke war es ein Offizier. Waren mehrere Einheiten (Objekte) in einer militärischen Liegenschaft untergebracht, wurden diese in der Regel von einem operativen Mitarbeiter der Hauptabteilung I zusammen überwacht[286].

Hinsichtlich der Kompetenzen des MfS in der NVA und der Modalitäten des Zusammenwirkens zwischen militärischer Truppenführung und Hauptabteilung I scheint es nach 1956 zunächst keine formale Regelung gegeben zu haben. Die Tätigkeit des Staatssicherheitsdienstes erfolgte offenbar zunächst auf der Grundlage der rechtlichen und informellen Regelungen, die auch die allgemeinen Rahmenbedingungen für die Tätigkeit des MfS im staatlichen und gesellschaftlichen Bereich bildeten. Nachdem die KVP in reguläre Streitkräfte umgewandelt worden war, wurde es aber anscheinend bald als notwendig erachtet, die Befugnisse zu präzisieren. In einer „Chronik der Hauptabteilung I" heißt es, nach der „Bildung der NVA" sei „von der Leitung der Hauptabteilung I ein Statut ausgearbeitet und vorgelegt" worden, das „die Hauptaufgaben der Hauptabteilung und ihre Pflichten eindeutig" festgelegt und dabei die „entstandene neue Lage" berücksichtigt habe. Die Regelungen des Statuts seien zuvor sowohl mit dem ZK als auch dem Minister für Nationale Verteidigung „beraten und abgestimmt" worden. Ferner konstatierte man: „Das Statut diente in der Folgezeit den Mitarbeitern der Hauptabteilung I ... als Arbeitsorientierung und Grundlage ihrer Tätigkeit in den Streitkräften der DDR."[287] Weitergehende Regelungen gab es aber bis Anfang der sechziger Jahre anscheinend nicht[288].

In den Einheiten der NVA oblag den Verbindungsoffizieren der Hauptabteilung I, die dem gesamten Personalbestand einer Einheit „als offizielle Mitarbeiter des

---

[283] Die Abwehrarbeit des MfS in den bewaffneten Formationen der DDR. Schulungsmaterial, Dezember 1958, BStU, ZA, JHS Sicherheitsfilm Z. 214/58, Bl. 11.

[284] Chronik der Hauptabteilung I, BStU, ZA, MfS HA I 95, Bl. 120.

[285] Wenzke, Die Nationale Volksarmee, S. 490.

[286] Bohn, Die Aufrüstung in der Sowjetischen Besatzungszone Deutschlands, S. 41.

[287] Chronik der Hauptabteilung I, BStU, ZA, MfS HA I 95, Bl. 135 f. Das Statut scheint im Original nicht mehr zu existieren. Sein Inhalt läßt sich jedoch rekonstruieren, da das Statut die Informationsgrundlage für Schulungsmaterial der Juristischen Hochschule des MfS zu dieser Fragestellung gebildet haben dürfte. Dieses befindet sich im Aktenbestand des BStU. Die Abwehrarbeit des MfS in den bewaffneten Formationen der DDR. Schulungsmaterial, Dezember 1958, BStU, ZA, JHS Sicherheitsfilm Z. 214/58, Bl. 3 ff.

[288] Erst Ende 1963 kam es zu einer grundlegenden „Vereinbarung über die Zusammenarbeit und das Zusammenwirken der Organe des Ministeriums für Staatssicherheit und des Ministeriums für Nationale Verteidigung". Vgl. Kap. VIII.3. dieser Studie.

MfS bekannt" waren[289], die „gesamte Abwehrarbeit"[290]. In dieser Hinsicht gab es eine „offizielle Zusammenarbeit" mit den jeweiligen „Truppenkommandeuren und den politischen Organen"[291]. So unterhielten etwa die Abteilungsleiter der Hauptabteilung I Verbindungen zu den Chefs und Kommandeuren der Militärbezirke und Divisionen, zu den Chefs der See- und Luftstreitkräfte sowie zu deren Politstellvertretern und Stabschefs. Die MfS-Offiziere besaßen zudem „das Recht, an den Besprechungen der Leitungen bzw. der Stäbe der Einheiten teilzunehmen und von den Kommandeuren und Politoffizieren Informationen über durchgeführte Besprechungen zu empfangen"[292]. Sie hatten „Zugang zu allen Stellen im Objekt" und waren berechtigt, „an allen Arten der Dienstdurchführung teilzunehmen"[293]. Die operativen Mitarbeiter waren den Offizieren der NVA jedoch „weder unterstellt noch rechenschaftspflichtig" und unterlagen „in keiner Weise ihrer Befehlsgewalt". Gleichzeitig hatten die operativen Mitarbeiter aber die Pflicht, „die militärische Disziplin zu wahren und zu achten und die bestehenden Dienstvorschriften einzuhalten"[294].

Gerade diese Verpflichtung aber wurde durch die Mitarbeiter der Hauptabteilung I in der NVA immer wieder mißachtet. Ursache hierfür war vor allem das Mißverhältnis zwischen den Kompetenzen der MfS-Offiziere innerhalb des militärischen Befehls- und Organisationsgefüges einerseits und der Kontrolle ihrer Tätigkeit in den Einheiten andererseits. Letztere wurde durch die ZK-Abteilung für Sicherheitsfragen besorgt, beschränkte sich aber schon aus Gründen der Konspiration weitgehend auf die Formulierung allgemeiner Arbeitsrichtlinien, Entscheidungen über Nomenklaturkader und die routinemäßige Kontrolle von Beschlüssen der Hauptabteilung I[295]. Eine Kontrolle der militärischen Abwehrarbeit durch das Ministerium für Nationale Verteidigung war aber im allgemeinen ausgeschlossen.

Dieser Zustand führte nach Angaben des MfS offenbar immer wieder dazu, daß sich operative Mitarbeiter als die „maßgebendste Person" in ihrer Einheit betrachteten. Dies äußere sich unter anderem darin, daß „sie bestehende Befehle nicht berücksichtigten und Kommandeure bzw. Offiziere in einer ungewöhnlichen Art bevormundeten". So habe beispielsweise ein operativer Mitarbeiter in einer Einheit der Seestreitkräfte die Autorität des Kommandeurs mißachtet, indem er ohne Notwendigkeit „rücksichtslos" Besprechungen und Sitzungen unterbrochen habe[296].

Im einzelnen sollten die Offiziere der Hauptabteilung I die militärischen Leitungen und Politorgane unter anderem über „negative und antidemokratische Stimmungen des militärischen Personals", mögliche „Fluchtabsichten", die „Verletzung der militärischen Disziplin", moralische „Zersetzungserscheinungen" bei Offizieren und Mannschaften, die „Überschreitung der Disziplinarbefugnisse durch Kom-

---

[289] Die Abwehrarbeit des MfS in den bewaffneten Formationen der DDR. Schulungsmaterial, Dezember 1958, BStU, ZA, JHS Sicherheitsfilm Z. 214/58, Bl. 20.
[290] Ebenda, Bl. 12.
[291] Ebenda, Bl. 19.
[292] Ebenda, Bl. 22 f.
[293] Ebenda, Bl. 21.
[294] Ebenda, Bl. 20.
[295] Fricke, MfS intern: Macht, Strukturen, Auflösung der DDR-Staatssicherheit, S. 16 ff.
[296] Die Abwehrarbeit des MfS in den bewaffneten Formationen der DDR. Schulungsmaterial, Dezember 1958, BStU, ZA, JHS Sicherheitsfilm Z. 214/58, Bl. 20 f.

mandeure", Mängel in der „Geheimhaltung militärischer Geheimnisse" oder aber über Beispiele „staatsschädigenden Verhaltens" informieren[297].

Um die Truppenführung über die Lage in den Einheiten zu unterrichten, hatten die operativen Mitarbeiter der Hauptabteilung I „periodisch mit den zuständigen Kommandeuren oder Leitungen … informatorische Besprechungen" durchzuführen. Umgekehrt sollte der jeweilige operative Mitarbeiter „über neue Befehle, Anweisungen, Pläne oder durchzuführende Manöver oder andere dienstliche Maßnahmen, die für die Organisierung der Abwehrarbeit von Bedeutung" waren, in Kenntnis gesetzt werden[298]. Dazu gehörte unter anderem auch eine Überprüfung von Kaderentscheidungen entsprechend der Kriterien des MfS[299]. Oberst Karl Kleinjung, 1956–1981 Leiter der Hauptabteilung I, sagte im Mai 1957 hinsichtlich des Zusammenwirkens der Kommandeure mit den Verbindungsoffizieren des MfS: „Die Zusammenarbeit darf nicht einseitig, sondern muß wechselseitig sein. Der Verbindungsoffizier wird die Kommandeure unterrichten, wenn er bestimmte Hinweise erhält, aber andererseits muß der Kommandeur auch den Verbindungsoffizier unterrichten. Nur so wird es möglich sein, feindliche Gruppierungen und die Arbeit des Gegners zu erkennen."[300]

Das Ziel der Verbindungsoffiziere war jedoch nicht nur eine fruchtbare Zusammenarbeit mit der militärischen Truppenführung, um wichtige Informationen zu gewinnen. Vielmehr bildete die Überwachung der Truppenführung und der Stäbe selbst einen eigenen Schwerpunkt in der „Abwehrarbeit" der Hauptabteilung I. Dabei ging es um die „Sicherung des Stabes gegen das Eindringen von Agenten imperialistischer Geheimdienste", um die „Verhinderung der Bildung von Konzentrationen" regimekritischer Offiziere sowie darum sicherzustellen, daß keine „geheime[n] Angaben militärischen Charakters in die Hände der Feinde gelangen" konnten[301]. Zur Begründung hieß es, daß von den „Entscheidungen und Befehlen leitender Offiziere … im entscheidenden Moment das Leben oder der Tod der Einheit abhängen" könne: „Deswegen müssen Feinde unter den leitenden Offizieren bzw. unfähige Offiziere rechtzeitig erkannt und aus den Dienststellungen entfernt werden."[302]

Eine entscheidende Voraussetzung, um diese „Aufgaben der Sicherung der Stabsobjekte lösen zu können", war nach Auffassung des MfS, in den Einheiten der NVA über ein „qualifiziertes Netz inoff. Mitarbeiter" zu verfügen sowie „in allen Abteilungen der Stäbe GI [Geheime Informatoren] zu besitzen"[303]. Dabei wurde es offenbar als notwendig erachtet, „auch GI aus den Kreisen der Militärspezialisten" zu rekrutieren. Denn nach Ansicht des MfS waren vor allem die ehemaligen Wehrmachtsoffiziere dazu „in der Lage, ein genaues, fachlich richtiges Gutachten bei den

---

[297] Ebenda, Bl. 23 f.
[298] Ebenda, Bl. 24.
[299] Vgl. Borning an Honecker, 26. September 1957, SAPMO-BArch, DY 30/IV 2/12/30, Bl. 1 f.
[300] Protokoll Nr. 3/57 über die Sitzung des Kollegiums des Ministeriums für Nationale Verteidigung, 6. Mai 1957, BA-MA, VA-01/2032, Bl. 79.
[301] Die Abwehrarbeit des MfS in den bewaffneten Formationen der DDR. Schulungsmaterial, Dezember 1958, BStU, ZA, JHS Sicherheitsfilm Z. 214/58, Bl. 67.
[302] Ebenda, Bl. 70.
[303] Ebenda, Bl. 67.

verschiedensten Vorkommnissen abzugeben, was die Grundlage weiterer operativer Maßnahmen oder Entscheidungen sein" konnte[304].

Grundsätzlich sah das MfS „zur Abwehr der feindlichen Tätigkeit" gegen die Streitkräfte der DDR ein „umfangreiches Netz von IM" als „unerläßlich" an[305]. Als eine wesentliche Voraussetzung für den effizienten Einsatz der IM und GI galt dabei deren „zweckmäßige Werbung"[306]. Die Rekrutierung von Einheits- oder Teileinheitsführern war in der Regel zu vermeiden. „Vollkommen unzweckmäßig", so das MfS, sei die Anwerbung von GI aus den Kreisen der Politoffiziere sowie der Partei- und FDJ-Sekretäre: „Mit diesen Genossen arbeitet der op. Mitarbeiter offiziell zusammen."[307] Neben Offizieren, Unteroffizieren und Soldaten warben die MfS-Offiziere jedoch auch IM unter den Zivilangestellten der NVA und den Zivilisten in der Umgebung der Einheiten an[308].

Die IM sollten im Auftrag der operativen Mitarbeiter unter anderem die „politischen, charakterlichen Eigenschaften" und die „dienstliche Einstellung von Armee-Angehörigen" studieren, die Einblick in wichtige militärische Geheimnisse hatten oder technische Ausrüstungen bedienten. Ferner hatten sie den engeren Bekanntenkreis der NVA-Angehörigen innerhalb ihrer Einheit und unter der Zivilbevölkerung aufzuklären sowie solche Armeeangehörigen zu identifizieren, die „feindliche Gerüchte, Flugblätter und Hetzschriften" verbreiteten, „Befehlsverweigerungen" oder Handlungen begingen, die die „Einsatzbereitschaft der Einheit gefährden" konnten. Auch sollten die IM über Soldaten berichten, die sich „besonders stark für militärische Geheimnisse" interessierten, die nicht zu ihrem Dienstbereich gehörten, und die „verdächtige Verbindungen mit zivilen Personen" unterhielten. Vor allem aber hatten sie den jeweiligen Verbindungsoffizier der Hauptabteilung I darüber in Kenntnis zu setzen, wenn sie „Anzeichen oder Äußerungen, die auf eine geplante Desertion eines Armeeangehörigen" hinwiesen, festgestellt hatten[309]. Hierzu zählten etwa „Unlust am Dienst", das Versenden der persönlichen Sachen nach Hause, das Äußern einer Fluchtabsicht, die „Verherrlichung" der Zustände in Westdeutschland und Westberlin, „Gedanken der Entlassung" ohne „stichhaltige Gründe" oder „zu harte Strafen" von Vorgesetzten[310].

Aufgrund der Tatsache, daß es einem operativen Mitarbeiter der Hauptabteilung I in der Praxis nicht möglich war, regelmäßig alle IM einer NVA-Einheit zu treffen, ohne sich „in seiner Arbeit zu verzetteln", und sich die Verbindung auch „im Einsatz unter Kampfhandlungen" nur schwerlich durchgehend aufrechterhalten ließ[311], betrieben die MfS-Offiziere zusätzlich die „Schaffung von Netzen der Geheimen Hauptinformatoren" (GHI)[312], die in der Regel aus vier bis zehn GI bestan-

---

[304] Ebenda, Bl. 70.
[305] Die Rolle, Bedeutung und die Arbeit mit GHI in den bewaffneten Kräften der DDR. Schulungsmaterial, April 1960, BStU, ZA, JHS MF Z. 11/61, Bl. 3.
[306] Die Abwehrarbeit des MfS in den bewaffneten Formationen der DDR. Schulungsmaterial, Dezember 1958, BStU, ZA, JHS Sicherheitsfilm Z. 214/58, Bl. 38.
[307] Ebenda, Bl. 40 f.
[308] Ebenda, Bl. 44.
[309] Ebenda, Bl. 58 f.
[310] Ebenda, Bl. 88 f.
[311] Ebenda, Bl. 59 f.
[312] Die Rolle, Bedeutung und die Arbeit mit GHI in den bewaffneten Kräften der DDR. Schulungsmaterial, April 1960, BStU, ZA, JHS MF Z. 11/61, Bl. 3.

den[313]. Durch die „Übergabe eines Teils der GI an den GHI" werde der operative Mitarbeiter in die Lage versetzt, sich intensiver mit den wichtigsten IM und der Arbeit an operativen Vorgängen zu beschäftigen, hieß es von Seiten des MfS[314]. Für die Funktion eines GHI wurden Personen herangezogen, die „als inoffizielle Mitarbeiter ihre besondere Qualifikation und ihre unbedingte Zuverlässigkeit bereits bewiesen" hatten „und aufgrund ihrer beruflichen und politischen Stellung in der Lage" waren, „konspirative Verbindungen zu mehreren geheimen Informatoren aufrecht zu erhalten und diese im Auftrag des operativen Mitarbeiters anzuleiten und zu erziehen"[315].

Für die militärische Truppenführung war die Präsenz und Tätigkeit der MfS-Verbindungsoffiziere immer dann besonders spürbar, wenn es um die Behandlung und Sanktionierung besonderer Vorkommnisse ging. Denn die „leitenden Offiziere" waren dazu verpflichtet, „die operativen Mitarbeiter über alle besonderen Vorkommnisse, die die Einsatzbereitschaft und Sicherheit" einer Einheit gefährden konnten, „zu informieren"[316]. In diesen Fällen führte der operative Mitarbeiter der Hauptabteilung I von Beginn an „seine eigene Untersuchung" parallel zu den eingeleiteten Maßnahmen der militärischen Leitung[317]. Dabei waren die MfS-Offiziere befugt, jeden NVA-Angehörigen „ohne vorhergehendes Einverständnis der Truppenkommandeure unter Einhaltung der Dienstvorschriften vorzuladen". Eine Vorladung von „Offizieren des Stabes oder anderen verantwortlichen Offizieren" konnte jedoch „nur mit Genehmigung der Hauptabteilung I erfolgen"[318].

In bezug auf besondere Vorkommnisse, die als Verbrechen gegen die militärische Disziplin gemäß den Vorschriften des Strafrechtsergänzungsgesetzes qualifiziert wurden, hatten die operativen Mitarbeiter des MfS die Aufgabe, insbesondere „durch das Netz inoff. Mitarbeiter die verantwortlichen Kommandeure und die Militärstaatsanwaltschaft bei der Aufdeckung und Verhinderung" dieser Straftaten zu unterstützen[319]. Deren Bearbeitung ebenso wie die anderer krimineller Delikte[320] erfolgte im Anschluß durch die Militärstaatsanwaltschaft. Von den Organen des MfS wurden lediglich „schwere Fälle … im Zeichen erhöhter Gefährdung der DDR" übernommen[321]. Handelte es sich bei dem besonderen Vorkommnis um ein Staatsverbrechen, so wurde dieses immer durch die für Staatsverbrechen zuständige Hauptabteilung IX des MfS untersucht. Im Rahmen ihrer Ermittlungen waren die Organe des MfS in der NVA auch dazu befugt, einzelne Armeeangehörige in Untersuchungshaft zu nehmen. Das MfS verfügte dementsprechend über eigene Untersuchungsgefängnisse[322]. Zur Inhaftierung einer Person bedurfte es dabei keines gerichtlich erwirkten Haftbefehls. Vielmehr wurde der Militärstaatsanwalt in der Regel offenbar erst zu einem späteren Zeitpunkt eingeschaltet, wenn „entsprechen-

---

313 Ebenda, Bl. 26.
314 Ebenda, Bl. 7.
315 Ebenda, Bl. 4.
316 Die Abwehrarbeit des MfS in den bewaffneten Formationen der DDR. Schulungsmaterial, Dezember 1958, BStU, ZA, JHS Sicherheitsfilm Z. 214/58, Bl. 25.
317 Ebenda, Bl. 92.
318 Ebenda, Bl. 21.
319 Ebenda, Bl. 97.
320 Ebenda, Bl. 98.
321 Ebenda, Bl. 97.
322 Holzweißig, Militärwesen in der DDR, S. 122.

des Beweismaterial" vorhanden war, woraufhin er auf der Grundlage der Vernehmungsprotokolle des Staatssicherheitsdienstes „den Haftbefehlsantrag bei dem zuständigen Gericht stellt*[e]*". Das MfS betonte in diesem Zusammenhang: „Ein Austausch irgendwelcher Materialien zwischen den op. Abteilungen und den Militärstaatsanwaltschaften in den bewaffneten Kräften erfolgt nicht."[323]

4. Das Militär

Kollegium des Ministeriums für Nationale Verteidigung und Militärräte
der Militärbezirke und Teilstreitkräfte

Zusätzlich zu den militärischen Führungsstäben gab es in der NVA auf der Ebene des Ministers für Nationale Verteidigung sowie auf der Ebene der Chefs der Militärbezirke und Teilstreitkräfte[324] besondere Beratungsgremien: Sowohl das „Kollegium des Ministeriums für Nationale Verteidigung" als auch die „Militärräte" der Militärbezirke dienten der SED dazu, ihre politische Kontrolle und Einflußnahme gegenüber den höchsten Leitungsgremien der militärischen Truppenführung durchzusetzen. Denn neben deren Vertretern gehörten dem Kollegium und den Militärräten jeweils auch hochrangige Funktionsträger der Partei- und Staatsorgane an.

Im Befehl über die „Bildung des Ministeriums für Nationale Verteidigung" vom Februar 1956 hatte es geheißen, im Bereich des Ministeriums sei ein Kollegium zu schaffen[325]. Dieses sollte laut Statut als „das beratende Organ des Ministers" fungieren, der selbst den Vorsitz innehatte und die Sitzungen einberief. Es hatte die Aufgabe, „sich mit der Vorbereitung und Führung der Truppen und Dienststellen" der NVA zu befassen. Im einzelnen sollten dabei vor allem die „Erziehung und Entwicklung der Kader" sowie Maßnahmen zur Verwirklichung von Beschlüssen des ZK und des Politbüros, von Gesetzen der Volkskammer und Beschlüssen der Regierung sowie von Befehlen und Anweisungen des Ministers für Nationale Verteidigung im Mittelpunkt der Arbeit stehen. Ferner behandelte das Gremium Fragen der „militärischen Disziplin", des „politisch-moralischen Zustandes", des „Niveaus der Kampfausbildung", der „Bewaffnung" und „Versorgung" der NVA sowie ihrer ständigen „Einsatzbereitschaft"[326]. So wurde periodisch – etwa auf der Grundlage der Berichte über den politisch-moralischen Zustand[327] – die Lage der Truppe im

---

[323] Die Abwehrarbeit des MfS in den bewaffneten Formationen der DDR. Schulungsmaterial, Dezember 1958, BStU, ZA, JHS Sicherheitsfilm Z. 214/58, Bl. 98.

[324] Die NVA war in fünf Militärbezirke gegliedert: Militärbezirk I – Ministerium für Nationale Verteidigung (Strausberg), Militärbezirk II – Luftstreitkräfte/Luftverteidigung (Strausberg/ Eggersdorf), Militärbezirk III – Landstreitkräfte (Leipzig), Militärbezirk IV – Seestreitkräfte bzw. ab 3. November 1960 Volksmarine (Rostock), Militärbezirk V – Landstreitkräfte (Neubrandenburg). Vgl. Lapp, Die Nationale Volksarmee 1956–1990, S. 1910.

[325] Bildung des Ministeriums für Nationale Verteidigung. Befehl Nr. 2/56 des Ministers für Nationale Verteidigung, 10. Februar 1956, BA-MA, VA-01/1808, Bl. 1 f.

[326] Statut des Kollegiums des Ministeriums für Nationale Verteidigung, 13. März 1956, BA-MA, VA-01/6098, Bl. 256 f.

[327] Vgl. Bericht über den politisch-moralischen Zustand in den Einheiten der Land-, Luft- und Seestreitkräfte. Protokoll Nr. 7/56 über die Sitzung des Kollegiums des Ministeriums für Nationale Verteidigung, 21. September 1956, BA-MA, VA-01/2030, Bl. 84 ff.

allgemeinen und gemäß den Zuständigkeitsbereichen der Kollegiumsmitglieder analysiert und eingeschätzt.

Durch das neue Statut vom Mai 1961 stärkte die SED noch einmal Einfluß und Kompetenzen des Kollegiums sowohl in militärischer als auch in politischer Hinsicht. Es wurde dazu verpflichtet, den Minister für Nationale Verteidigung „durch kollektive Beratung" in allen „wichtigen politischen und militärischen Fragen, die in Durchführung der von der Partei- und Staatsführung der Nationalen Volksarmee gestellten Aufgaben für die gesamte Armee von Bedeutung waren", zu unterstützen[328].

Dem Kollegium gehörten der Minister für Nationale Verteidigung, seine Stellvertreter einschließlich des Chefs der Politischen Verwaltung, die Chefs der Rückwärtigen Dienste und der Verwaltung Kader sowie die Chefs der Teilstreitkräfte und Militärbezirke an. Darüber hinaus nahmen an den Sitzungen mit „beratender Stimme" der Leiter der ZK-Abteilung für Sicherheitsfragen und als Vertreter des Staatssicherheitsdienstes der Chef der Verwaltung 2000 im Ministerium für Nationale Verteidigung teil. Ferner konnten weitere Generale und Offiziere, vor allem Kommandeure und Politstellvertreter sowie Angehörige der Militäroberstaatsanwaltschaft nach Bedarf zu den Kollegiumssitzungen hinzugezogen werden[329].

Im ersten Statut des Kollegiums des Ministeriums für Nationale Verteidigung war ferner festgelegt, daß der Minister „bei den Militärbezirken und bei den Chefs der See- und Luftstreitkräfte Militärräte bilden" konnte[330]. Auf der Grundlage dieser Bestimmung befahl Stoph am 31. Mai 1956 die „Bildung von Militärräten bei den Militärbezirken III und V und den Luft- und Seestreitkräften" zum 1. Juni des Jahres[331]. Am 1. März 1957 wurde der Militärrat der Luftstreitkräfte im Zuge des Aufbaus der NVA in den Militärrat der Luftstreitkräfte und Luftverteidigung umgewandelt[332].

Die ständigen Mitglieder der Militärräte, die vom Minister bestätigt wurden, waren jeweils der Chef des Militärbezirkes, sein 1. Stellvertreter, der Chef des Stabes, der Politstellvertreter, der Chef der Artillerie und der Leiter der Luftverteidigung. An den Sitzungen konnten darüber hinaus der „bevollmächtigte Mitarbeiter" der ZK-Abteilung für Sicherheitsfragen und der „Vertreter des Ministeriums für Staats-

---

[328] Statut des Kollegiums des Ministeriums für Nationale Verteidigung. Protokoll der 5. Sitzung des Nationalen Verteidigungsrates der DDR, 3. Mai 1961, BA-MA, DVW 1/39462, Bl. 70.

[329] Ebenda, 72 f.

[330] Statut des Kollegiums des Ministeriums für Nationale Verteidigung, 13. März 1956, BA-MA, VA-01/6098, Bl. 256. Otto Wenzels Annahme, die Einführung von Militärräten sei auf der 5. Sitzung des Nationalen Verteidigungsrates am 3. Mai 1961 beschlossen worden, entspricht nicht den Tatsachen. Sie ist auf die ausschließliche Auswertung der Quellen dieses Gremiums zurückzuführen. Wenzel, Kriegsbereit: Der Nationale Verteidigungsrat der DDR, S. 60 f. Tatsächlich wurde die Bildung von Militärräten bei den Militärbezirken, den Luft- und Seestreitkräften bereits am 31. Mai 1956 durch den Minister für Nationale Verteidigung befohlen.

[331] Bildung von Militärräten bei den Militärbezirken, den Luft- und Seestreitkräften. Befehl Nr. 43/56 des Ministers für Nationale Verteidigung, 31. Mai 1956, BA-MA, VA-01/1811, Bl. 78.

[332] Bildung eines Militärrates der Luftstreitkräfte und Luftverteidigung. Befehl Nr. 119/56 des Ministers für Nationale Verteidigung, 15. Dezember 1956, BA-MA, VA-01/2110, Bl. 79.

sicherheit beim Militärbezirk" teilnehmen[333]. Hierzu waren auch die Mitglieder des Kollegiums des Ministeriums für Nationale Verteidigung genauso wie vom Minister beauftragte Generale und leitende Offiziere befugt[334]. Analog zum Kollegium des Ministeriums sollten auf der darunterliegenden Ebene die Militärräte der Militärbezirke als „beratendes Organ" der Chefs der Militärbezirke fungieren. Dabei hatte sich der Militärrat „mit allen wichtigen Fragen der Führung und der Ausbildung der Verbände, Truppenteile und Dienststellen des Militärbezirkes" zu befassen. Insbesondere ging es um die „Erziehung und Entwicklung der Kader" und die „Auffüllung" der Einheiten, „Maßnahmen zur Durchführung der Befehle und Anweisungen" des Ministers sowie des Chefs des Militärbezirkes, die „militärische Disziplin", den politisch-moralischen Zustand und die „ständige Erhöhung des Niveaus der Kampfausbildung"[335].

Offenbar gelang es aber zunächst nicht, die Arbeit der Militärräte so zu organisieren, daß diese zur Tätigkeit des Chefs und der Leitung des Militärbezirkes auch unter Berücksichtigung politischer Gesichtspunkte Stellung nahmen. Dölling bemerkte rückblickend, die Sitzungen hätten „den Charakter von Dienstbesprechungen" gehabt: „Eine offene und schöpferische Aussprache fehlte."[336] Aus diesem Grund entschied die SED-Führung im Politbürobeschluß „Über die Rolle der Partei in der NVA" vom 14. Januar 1958, die „Zusammensetzung und den Charakter" der Militärräte zu verändern. Sie sollten jetzt das Recht erhalten, entsprechend den Beschlüssen des ZK, der Regierung und den Befehlen und Direktiven des Ministers „Beschlüsse zu fassen, von denen der Kommandeur bei der Befehlsgebung auszugehen" hatte, wodurch ihre Interventionsmöglichkeiten im Rahmen der militärischen Truppenführung nachhaltig erweitert wurden. Weiterhin beschloß das Politbüro, die 1. Sekretäre der SED-Bezirksleitungen, in deren Bezirken sich Militärräte befanden, „als ordentliche Mitglieder" in die Gremien aufzunehmen. Bezüglich Fragen, die andere Bezirke betrafen, sollten die Ersten Sekretäre der jeweiligen Bezirksleitungen „als Gäste" hinzugezogen werden[337]. Ziel der SED war es dabei offensichtlich, den Anteil ziviler Parteifunktionäre zu erhöhen, um auf diese Weise die politische Kontrollfunktion der Militärräte zu stärken. Die Ersten Sekretäre der Bezirksleitungen waren keine Militärs.

Dölling erläuterte die Konsequenzen des Politbürobeschlusses im darauffolgenden Monat: „In Verbindung mit der Durchsetzung der führenden Rolle der Partei[,] eines Systems der kollektiven Beratung der wichtigsten Probleme unserer Arbeit, vor der Befehlsgebung, kommt der Tätigkeit der Militärräte ganz besondere Bedeutung zu." Der Hauptgedanke bei der Veränderung der Zusammensetzung und des Charakters der Militärräte sei daher, „ein wirklich beratendes und beschließendes

---

[333] Bildung von Militärräten bei den Militärbezirken, den Luft- und Seestreitkräften. Befehl Nr. 43/56 des Ministers für Nationale Verteidigung, 31. Mai 1956, BA-MA, VA-01/1811, Bl. 80.

[334] Statut für die Militärräte in den Militärbezirken. Befehl Nr. 43/56 des Ministers für Nationale Verteidigung, 31. Mai 1956, BA-MA, VA-01/1811, Bl. 82.

[335] Ebenda, Bl. 82f.

[336] Plan zur Auswertung und Durchführung des Beschlusses des Politbüros vom 14. Januar 1958 „Über die Rolle der Partei in der NVA", 1. Februar 1958, BA-MA, VA-P-01/7535, Bl. 164.

[337] Über die Rolle der Partei in der NVA. Protokoll Nr. 4/58 der Sitzung des Politbüros des ZK der SED, 14. Januar 1958, SAPMO-BArch, DY 30/J IV 2/2/576, Bl. 196.

Kollegium zu schaffen", in dem die „grundlegenden Probleme schöpferisch diskutiert und die richtungweisenden Beschlüsse gefaßt" würden, an die ein Kommandeur anschließend gebunden sei[338].

Diese Vorgaben fanden dann ihren Niederschlag im neuen Statut für die Militärräte, das am 30. Juni 1958 von der Sicherheitskommission beschlossen wurde. Dort
heißt es: „Der Militärrat ist ein kollektives Organ bei den Kommandos, das zur Gewährleistung der Einzelleitung durch die kollektive Beratung aller grundsätzlichen
politischen und militärischen Aufgaben und Maßnahmen mit dem Recht der Beschlußfassung und der Kontrolle geschaffen ist." Dies bedeutete vor allem, daß die
Beschlüsse des Militärrates nunmehr „für die Befehlsgebung und die Arbeit aller
Kommandeure verbindlich" waren. Zudem erhielt der Militärrat auch das Recht,
die „Durchführung" seiner Beschlüsse durch die beauftragten militärischen Stellen
zu kontrollieren, um so „Fehler und Mängel aufzudecken und für ihre Beseitigung
durch entsprechende Beschlüsse und unmittelbare Einflußnahme zu sorgen". Die
„persönliche Verantwortung, die Autorität und die Rolle der Kommandeure als
Einzelleiter" im Sinne einer uneingeschränkten Entscheidungskompetenz wurde
„durch die gründliche kollektive Beratung der grundsätzlichen Fragen, prinzipielle
Beschlußfassung und durch unmittelbare Hilfe" aber offensichtlich nicht, wie im
Statut postuliert, gestärkt, sondern eher geschwächt. Dies galt vor allem für den
Chef des Militärbezirkes und die militärische Leitung selbst[339].

Denn durch das neue Statut wurde die sachliche Zuständigkeit des Militärrates im
Hinblick auf Fragen der militärischen Truppenführung, zu denen er „kollektive Beratungen durchzuführen und Beschlüsse zu fassen" hatte, deutlich erweitert. Der
Militärrat sollte sich jetzt auch mit der „Erhöhung und Aufrechterhaltung der Einsatzbereitschaft" der Einheiten und der „operativ-taktischen Truppenführung" befassen. Darüber hinaus hatte er das „Verhältnis und die Verbindung der Verbände,
Truppenteile und Dienststellen zu den örtlichen Partei- und Staatsorganen und zu
den Werktätigen" sowie die „Teilnahme der Soldaten, Unteroffiziere und Offiziere
am gesellschaftlich-politischen Leben ihres Standorts" zu kontrollieren[340].

Mit dem Ziel, eine ausschließlich sachbezogene Führungsarbeit zu unterbinden,
stärkte man in den Militärräten zudem auch in personeller Hinsicht den Einfluß der
SED. In Erfüllung des Politbürobeschlusses vom 14. Januar 1958 wurden zusätzlich
der Erste Sekretär der Bezirksleitung Leipzig in den Militärrat des Militärbezirkes
III, der Erste Sekretär der Bezirksleitung Neubrandenburg in den Militärrat des Militärbezirkes V und der Erste Sekretär der Bezirksleitung Rostock in den Militärrat
der Seestreitkräfte berufen. In den Militärrat der Luftstreitkräfte und Luftverteidigung sollte zu einem späteren Zeitpunkt ein Mitglied des ZK entsandt werden[341].

Das „Statut der Militärräte der Kommandos der Militärbezirke, der Luftstreit-

---

338 Plan zur Auswertung und Durchführung des Beschlusses des Politbüros vom 14. Januar
1958 „Über die Rolle der Partei in der NVA", 1. Februar 1958, BA-MA, VA-P-01/7535,
Bl. 164 f.
339 Statut für den Militärrat bei den Kommandos der Militärbezirke, der Seestreitkräfte und der
Luftstreitkräfte und Luftverteidigung. Protokoll der 22. Sitzung der Sicherheitskommission
des ZK der SED, 30. Juli 1958, BA-MA, DVW 1/39564, Bl. 81 ff.
340 Ebenda, Bl. 83 f.
341 Mitteilung des Chefs des Hauptstabes Hoffmann an Stoph, 31. Juli 1958, BA-MA,
VA-01/4370, Bl. 106.

kräfte/Luftverteidigung und der Volksmarine" vom 3. Mai 1961 legte dann die Zusammensetzung der Militärräte abschließend fest: Diese bestanden jetzt aus den Chefs der Militärbezirke beziehungsweise der Teilstreitkräfte, ihren Stellvertretern – also auch den Politstellvertretern – und den Leitern der Abteilung Kader. In Abwandlung der vorhergehenden Bestimmungen waren ständig auch alle Divisionskommandeure und Chefs der Flottillen Mitglieder der Militärräte. Neben den Ersten Sekretären der Bezirksleitungen Leipzig, Neubrandenburg und Rostock als „ordentliche Mitglieder" der Militärräte nahmen die Militärstaatsanwälte der Teile und Militärbezirke „mit beratender Stimme" an den Sitzungen teil[342].

Die militärischen Führungsgrundsätze

Die politische Durchdringung der NVA wird auch im Hinblick auf die militärischen Führungsgrundsätze[343] deutlich. Um ihren Einfluß auf die militärische Truppenführung zu erweitern, unterzog die SED das gültige Führungsprinzip – die sogenannte Einzelleitung – einem substantiellen Bedeutungswandel.

Im Grundsatz bestimmte die Einzelleitung, daß die alleinige Befehlsbefugnis und die Verantwortung für die militärische Truppenführung beim jeweiligen Kommandeur beziehungsweise vorgesetzten Offizier lag. Die NVA übernahm die Einzelleitung als Führungsprinzip von den sowjetischen Streitkräften. Sie war zuvor auch schon in der KVP gültig gewesen.

Die Rote Armee hatte die Einzelleitung 1925 unter Frunse eingeführt, nachdem die doppelte Führung durch den militärischen Kommandeur und den politischen Kommissar nicht zuletzt wegen ihrer Ineffizienz aufgegeben worden war. Die Einzelleitung wurde dann mit Ausnahme der Zeit zwischen 1937 und 1942 in den sowjetischen Streitkräften beibehalten[344]. Das Militär der UdSSR implementierte mit der Einzelleitung jedoch keinen spezifisch sozialistischen Ansatz, sondern adaptierte letztlich das Führungsprinzip aller modernen Streitkräfte. Dies wurde mit der Berufung auf Lenins Zentralisationsgebot gerechtfertigt, welches als Verwaltungsprinzip im sozialistischen Staat die „unbedingte Unterordnung der Massen unter den einheitlichen Willen der Leiter des Arbeitsprozesses" vorsah[345].

Auch bei der Gründung der DDR-Streitkräfte 1956 konstatierte man mit dem Hinweis auf die Existenz von „objektiven Gesetzmäßigkeiten … des Militärwesens, der Kriege und der Führung der Truppen", die militärische Führung in der NVA müsse notwendigerweise in Form der Einzelleitung verwirklicht werden[346]. Da jedoch auch in „bürgerlichen Armeen" die Kommandeure die „volle Befehlsgewalt" besaßen, betonte die SED, es gebe „trotz dieser äußerlichen Gleichheit von Einzelleitung und imperialistischer Truppenführung" zwischen beiden „grundlegende

---

[342] Statut der Militärräte der Kommandos der Militärbezirke, der Luftstreitkräfte/Luftverteidigung und der Volksmarine. Protokoll der 5. Sitzung des Nationalen Verteidigungsrates der DDR, 3. Mai 1961, BA-MA, DVW 1/39462, Bl. 77 f.

[343] Vgl. Glaser, Zur Entwicklung der militärischen Einzelleitung; Hoffmann, Für die volle Durchsetzung der Einzelleitung, S. 7 ff.; Kallmann, Einzelleitung und kollektive Beratung sind eine dialektische Einheit, S. 2.

[344] Vgl. Scott/Scott, The Armed Forces of the USSR, S. 259 ff.

[345] Lenin, Die nächsten Aufgaben der Sowjetmacht [1918], in: Ders., Werke, Bd. 27, S. 260.

[346] Über das Prinzip der Einzelleitung in der Nationalen Volksarmee, S. 658.

Unterschiede": Während das Führungsprinzip in imperialistischen Streitkräften „unüberbrückbare Klassengegensätze" zwischen dem Kommandeur und seinen Untergebenen widerspiegele, verkörpere das Prinzip der Einzelleitung „seinem Wesen nach das direkte Gegenteil"[347]. Denn „Inhalt und Form" der Einzelleitung würden „stets vom politischen Charakter, der Funktion und der Rolle der jeweiligen Streitkräfte und damit von den Zielen und den Aufgaben der betreffenden herrschenden Klasse bestimmt", weshalb hier „ein grundsätzlicher Unterschied" bestehe[348].

Gemäß der allgemeinen Definition galt ab 1956 zunächst der Grundsatz, dem Kommandeur obliege als Einzelleiter „die gesamte Verantwortung" für seine Einheit[349]. Obwohl er jede Entscheidung mit seinen Stellvertretern zu beraten[350] und der Parteileitung die militärischen und politischen Aufgaben zu erläutern hatte[351], sollte er im Rahmen der Einzelleitung jedoch ausdrücklich „letztlich ... allein den Entschluß" fassen[352]. In den ersten anderthalb Jahren des Bestehens der NVA galt im Gegensatz zur Folgezeit in dieser Hinsicht eindeutig die Maßgabe, daß das „Prinzip der kollektiven Leitung nicht in einer Volksarmee anwendbar" sei. 1956 hieß es vielmehr, eine „zentrale Führung" sei die Grundlage der modernen Truppenführung[353].

Es erwies sich aber bald als problematisch, daß zwar die militärischen Strukturen zügig aufgebaut wurden, die parallele Erweiterung der politischen Einflußnahme auf die Entscheidungen der militärischen Truppenführung dahinter jedoch zurückblieb. In einer Zeit, in der ihr Regime innen- wie außenpolitisch wenig gefestigt war, mußte die SED erkennen, daß sie über das junge NVA-Offizierskorps nicht die gewünschte Kontrolle ausüben konnte. Zudem erwies sich die Vorstellung, der Offizier einer sozialistischen Armee werde automatisch auch den neuen Typus eines sozialistischen Offiziers verkörpern, als ideologische Fiktion. Gerade die zunächst postulierte Form der Einzelleitung dürfte der von der SED nicht intendierten Autonomisierung des Militärs Vorschub geleistet haben. Die NVA-Offiziere sahen sich nicht zuletzt wegen ihrer anfangs bestehenden umfassenden Vollmachten dazu legitimiert, sich dem Einfluß der Partei zu entziehen[354].

Im eigenen Machtinteresse mußte die SED ein mögliches Entgleiten der NVA und des Offizierskorps aus der Parteikontrolle jedoch verhindern. Die Partei machte daher deutlich, daß die Einzelleitung „auf keinen Fall eine Art Selbstherrschaft" der Kommandeure bedeuten könne[355]. Honecker bemerkte rückblickend,

---

[347] Ebenda, S. 659.
[348] Glaser, Die Initiative des Zentralkomitees der SED, S. 295.
[349] Über das Prinzip der Einzelleitung in der Nationalen Volksarmee, S. 657.
[350] Ebenda, S. 658.
[351] Ebenda, S. 657.
[352] Ebenda, S. 658.
[353] Ebenda.
[354] Vgl. Kap. VI. dieser Studie.
[355] Plan zur Auswertung und Durchführung des Beschlusses des Politbüros vom 14. Januar 1958 „Über die Rolle der Partei in der NVA", 1. Februar 1958, BA-MA, VA-P-01/7535, Bl. 153.

es sei daher notwendig gewesen, „verschiedene Tendenzen der Überbetonung der Rolle der Einzelleitung zu beseitigen"[356].

Dieser Absicht diente die Implementierung kollektiver Führungsmechanismen durch den erweiterten Einfluß der Parteiorganisationen in der NVA ab Mai 1957. Angesichts der veränderten Rahmenbedingungen in der Führungsarbeit mußte jetzt jedoch auch das gültige militärische Führungsprinzip neu definiert werden.

Die Einzelleitung wurde nunmehr als „organisatorische Form für die Einheit von politischer und militärischer Führung" verstanden[357]. Der Offizier sollte nicht mehr nur militärischer Vorgesetzter, sondern zugleich auch politischer Funktionär sein, der sich von nun an ohne Einschränkungen der Parteidisziplin zu unterwerfen hatte. Damit vollzog die SED einen grundlegenden Paradigmenwechsel. Dessen große Herausforderung bestand vor allem darin, bei der Neudefinition der Einzelleitung die tradierte Vorstellung von der alleinigen Befehlsgewalt des Vorgesetzten mit dem Prinzip der kollektiven Führung behutsam zu verbinden, ohne daß der grundsätzlich vorhandene Widerspruch zwischen beiden Führungsprinzipien allzu deutlich hervortrat. Denn die Reaktionen des Offizierskorps auf die Veränderungen waren nur schwer zu kalkulieren[358].

Stoph leitete die neue Interpretation der Einzelleitung auf der Eggersdorfer Tagung im Juni 1957 ein. Sein Ziel war es, „falsche Auffassungen über das Wesen der Einzelleitung" zu korrigieren, um „völlige Klarheit über die Führungsprinzipien in der Nationalen Volksarmee" zu schaffen und dieses „bewährte Prinzip" der Einzelleitung „voll und ganz" durchzusetzen. Dabei versuchte Stoph, jedem möglichen Protest von Seiten der militärischen Truppenführung von vornherein die Spitze zu nehmen. Er konstatierte, daß angesichts der gestiegenen Intensität, Komplexität und Dynamik der modernen Gefechtsführung auch die „Bedeutung der einheitlichen Befehlsgewalt" sowie der „zentralen Führung und Leitung der Truppen" zunehme[359].

Gleichzeitig machte Stoph aber deutlich, die Aufgaben eines Offiziers könnten sich nicht allein auf diesen Bereich beschränken, sondern müßten einen weiteren Aspekt einschließen. Er sagte, „das Wesen der Einzelleitung in einer sozialistischen Armee" bestehe eben auch darin, daß „der Kommandeur als Einzelleiter die Einheit von politischer und militärischer Führung" verkörpere. Das ergebe sich aus den militärischen und politischen Erfordernissen. Eine „Trennung in militärische und politische Führung", so Stoph, sei deshalb „nicht zulässig", weil militärische Truppenführung „nicht nur Befehlsgebung" bedeute, „sondern vor allem die politische Erziehung und Führung"[360]. Und gerade weil die militärische Führung auch diese Aufgabe umfasse, sei es „völlig falsch, ... einen Widerspruch zwischen der Stellung des Kommandeurs als Einzelleitung und seiner Stellung als Parteimitglied zu entwickeln". Abschließend formulierte Stoph den richtungweisenden Leitsatz: „Die

---

[356] Protokoll der Delegiertenkonferenz der Parteiorganisationen der SED in der NVA, 24.–26. Juni 1958, BA-MA, VA-P-01/038, Bl. 350.

[357] Entwurf des Referats des Ministers für Nationale Verteidigung für die Eggersdorfer Tagung, 1957, SAPMO-BArch, DY 30/IV 2/12/10, Bl. 6.

[358] Vgl. Hübner, Zur Rolle der Partei in der Nationalen Volksarmee, S. 426.

[359] Protokoll der Eggersdorfer Tagung, 12./13. Juni 1957, BA-MA, VA-P-01/037, Bl. 43 f.

[360] Ebenda, Bl. 44 f.

Einzelleitung stellt den Kommandeur nicht über das Kollektiv, sondern setzt vielmehr die kollektive Beratung voraus ....".[361]

Der Politbürobeschluß vom 14. Januar 1958 bekräftigte dann die neugefaßte Definition der militärischen Führungsgrundsätze: „Die Einzelleitung in der Armee, die Einheit von politischer und militärischer Führung[,] ist durch die kollektive Beratung aller wichtigen politischen und militärischen Maßnahmen ... zu gewährleisten."[362] Diese grundsätzliche Festlegung wurde dann auch in der neuen NVA-Innendienstvorschrift von 1959 umgesetzt[363].

Der immanente Gegensatz zwischen beiden Prinzipien blieb jedoch bestehen und ließ sich weiterhin nicht überzeugend auflösen. Die SED versuchte daher, die praktische Unvereinbarkeit beider Ansätze dogmatisch zu überwinden, indem sie befand: „Einzelleitung und kollektive Beratung bilden eine dialektische Einheit." Die „Tätigkeiten der Parteiorganisation und des Kommandeurs" wurden demzufolge als „ein geschlossener Prozeß, eine Einheit" begriffen[364]. Der Chef der Politischen Verwaltung Dölling sah sich jedoch zu der Feststellung gezwungen: „Die Verantwortung des Einzelleiters wird damit nicht geringer."[365] Nach Auffassung der SED sollte die kollektive Beratung die „persönliche Entscheidung" des Kommandeurs nicht ersetzen, sondern diesem helfen, „den richtigen Entschluß zu fassen"[366].

Gerade die Verringerung der Entscheidungsfreiheit der vorgesetzten Offiziere war jedoch letztlich eine Konsequenz der neuen Definition der Einzelleitung. Die Kommandeure wurden zunehmend zu Ausführungsorganen kollektiv getroffener Entscheidungen degradiert. Faktisch reduzierte sich ihre Eigenständigkeit weitgehend auf den formalen Akt der Befehlsgebung. Wegen der kollektiven Beratung war die Unabhängigkeit und damit auch die Selbstverantwortlichkeit in der Entscheidungsfindung der Vorgesetzten umfassend beschränkt. Andererseits trug ein Kommandeur als Einzelleiter jedoch weiterhin die „volle Verantwortung für seine Handlungen, seine Befehle und Anordnungen und für die Resultate derselben, einmal vor der vorgesetzten Dienststelle, der er rechenschaftspflichtig" war, „aber auch gleichzeitig vor der Parteiorganisation, der er als Mitglied" angehörte[367].

Dieses Mißverhältnis zwischen Entscheidungskompetenz und Verantwortlichkeit dürfte nicht nur die Ursache für den Unmut im Offizierskorps gewesen sein, sondern vor allem eine initiativreiche und eigenverantwortliche militärische Führung massiv gehemmt haben. Die SED untergrub die autonome Befehlsgewalt als zentrales Element der militärischen Selbstorganisation auch durch die Implementierung des kollektiven Führungsprinzips in den militärischen Führungsgrundsätzen tiefgreifend.

---

[361] Ebenda, Bl. 52.
[362] Über die Rolle der Partei in der NVA. Protokoll Nr. 4/58 der Sitzung des Politbüros des ZK der SED, 14. Januar 1958, SAPMO-BArch, DY 30/J IV 2/2/576, Bl. 193.
[363] Innendienstvorschrift der Nationalen Volksarmee DV-10/3, 1959, S. 15 ff.
[364] Kallmann, Einzelleitung und kollektive Beratung sind eine dialektische Einheit, S. 2.
[365] Protokoll Nr. 1/58 über die Sitzung des Kollegiums des Ministeriums für Nationale Verteidigung, 24. Februar 1958, BA-MA, AZN/28178, Bl. 16.
[366] Kallmann, Einzelleitung und kollektive Beratung sind eine dialektische Einheit, S. 2.
[367] Plan zur Auswertung und Durchführung des Beschlusses des Politbüros vom 14. Januar 1958 „Über die Rolle der Partei in der NVA", 1. Februar 1958, BA-MA, VA-P-01/7535, Bl. 153.

Die innere Ordnung

Die politische Durchdringung der militärischen Autonomie tritt deutlich auch im Hinblick auf die innere Ordnung der NVA zutage[368]. Vor allem die politisch motivierten Modifikationen der Innendienstvorschrift und der Disziplinarordnung zeigen dies zum einen im Zusammenhang mit der Stellung und den Kompetenzen der Vorgesetzten, zum anderen hinsichtlich der Offiziersehrengerichte und -räte als Institutionen korporativer Selbstkontrolle.

So fixierte die nach Gründung der NVA zunächst noch gültige Vorläufige Innendienstvorschrift der KVP von 1953, der Vorgesetzte habe „im Rahmen der ihm übertragenen Verantwortung selbständig" zu handeln[369]. Als direkter Vorgesetzter des gesamten Personalbestandes hatte er dementsprechend die „volle Verantwortung" für die politische und fachliche Ausbildung, den politisch-moralischen Zustand, die Einhaltung und Festigung der Disziplin und die Einsatzbereitschaft seiner Einheit[370].

In der neuen Fassung der Innendienstvorschrift vom Februar 1959 wurde diese bürokratische Festlegung des Vorgesetztenverhältnisses dann jedoch aufgegeben und die Stellung der Vorgesetzten unter politischen Prämissen neu bestimmt. Die Vorgesetzten handelten jetzt ausdrücklich als „politische Funktionäre", die ihre Aufgaben „im Auftrage der Partei der Arbeiterklasse" durchzuführen hatten. Ein Regimentskommandeur etwa hatte zwar weiterhin die Verantwortung für alle politischen und fachlichen Belange seiner Einheit, war jetzt jedoch dezidiert dazu verpflichtet, die „Einheit der politischen und militärischen Führung in Zusammenarbeit mit der Parteileitung zu verwirklichen". Folglich mußte er den Parteisekretär zu den Beratungen der militärischen Leitung hinzuziehen und bei allen wichtigen Entscheidungen die Meinung der Parteiorganisationen berücksichtigen[371].

Die veränderte Stellung des Kommandeurs wird ebenfalls im Hinblick auf seine Rolle als Disziplinarvorgesetzter sichtbar. In der Disziplinarordnung der KVP von 1954 heißt es, der jeweilige Vorgesetzte habe in „den Fällen, in denen für das begangene Vergehen unabhängig vom Grad der Schuld gerichtliche und disziplinare [sic!] Bestrafung vorgesehen" sei, zu entscheiden, ob der Beschuldigte einem Gericht zu übergeben oder disziplinarisch zu bestrafen sei. Eine doppelte Bestrafung war dabei durchaus möglich[372].

In der überarbeiteten Disziplinar- und Beschwerdeordnung, die im November 1957 in Kraft trat, wurde auch hier das Mitspracherecht der Partei verwirklicht. Zwar hieß es, dem Disziplinarvorgesetzten könne die „Anwendung oder Unterlassung einer Disziplinarmaßnahme ... nicht befohlen werden"; für „seine diesbezügliche Entscheidung" trage er selbst die „volle Verantwortung"[373]. Er hatte jedoch „die Pflicht, sich vor der Entscheidung über eine Disziplinarmaßnahme" unter anderem die Meinung des Parteisekretärs einzuholen. Wenn in der Dienstvorschrift behauptet wurde, daß dadurch die „allseitige Verantwortung" des Disziplinarvorgesetzten für die

---

368 Vgl. Die Nationale Volksarmee. Politführung und inneres Gefüge, S. 26 ff.
369 Vorläufige Innendienstvorschrift der Kasernierten Volkspolizei DV-10/3, 1953, S. 17.
370 Ebenda, S. 21 f.
371 Innendienstvorschrift der Nationalen Volksarmee DV-10/3, 1959, S. 15 ff.
372 Disziplinarordnung der Kasernierten Volkspolizei DV-10/6, 1954, S. 10.
373 Disziplinar- und Beschwerdeordnung der Nationalen Volksarmee DV-10/6, 1957, S. 8.

„Richtigkeit und Zweckmäßigkeit der Disziplinarmaßnahme" nicht beeinträchtigt werde, bezog sich das in erster Linie auf die Rechenschaftspflicht hinsichtlich des Ergebnisses. Die Entscheidung, ob eine Disziplinarstrafe überhaupt angemessen und berechtigt war, konnte der jeweilige Disziplinarvorgesetzte nicht mehr selbständig treffen. Sie unterlag vielmehr der Einflußnahme durch die Parteiorganisationen und die Parteisekretäre. Der Disziplinarvorgesetzte konnte letztlich nur noch das Strafmaß bestimmen. So legte die Disziplinar- und Beschwerdeordnung fest, die „freie Entscheidung des Disziplinarvorgesetzten" bestehe darin, „im Rahmen seiner Befugnisse die erzieherische, zweckmäßigste Maßnahme zu wählen"[374].

Neben den Disziplinarvorgesetzten gab es in der NVA noch eine weitere Instanz, die in bezug auf das Offizierskorps für die Festlegung von Disziplinarmaßnahmen zuständig war: die Offiziersehrengerichte. Nach dem Inkrafttreten des Abschnittes XVI der Disziplinarordnung von 1954 waren schon im Mai 1955 in der KVP Offiziersehrengerichte geschaffen worden[375], die nach Gründung der NVA ihre Arbeit fortsetzten. Die SED orientierte sich bei der Einführung dieses Erziehungsorgans zunächst anscheinend an der gleichnamigen Institution in den sowjetischen Streitkräften[376]. Nur so läßt es sich erklären, daß ein Instrument der korporativen Selbstkontrolle, das es auch in der preußischen Armee gegeben hatte, in den sozialistischen Streitkräften der DDR zu neuem Leben erweckt wurde. In Anbetracht der Tatsache, daß die Ehrengerichte des Offizierskorps in der Reichswehr der Weimarer Republik bereits abgeschafft und durch Ehrenräte mit nur begrenzter Kompetenz ersetzt worden waren[377], mußte die Wiedereinführung derartiger Einrichtungen in der NVA als Anachronismus wirken.

Die Ehrengerichte sollten die „Wahrung der Würde und Ehre der Offiziere" garantieren. Sie hatten dabei die Aufgabe, zu untersuchen, ob bestimmte Handlungen eines Offiziers „unwürdig" waren, die „Offiziersehre untergraben" konnten oder mit der „allgemeinen Moral" nicht im Einklang standen[378]. Der jeweilige Kommandeur einer Einheit, in deren Dienstbereich ein Offiziersehrengericht existierte, hatte nach der Analyse der Untersuchungsmaterialien zu entscheiden, ob der Beschuldigte dem Ehrengericht zu übergeben war oder ob das Vergehen durch eine Disziplinarstrafe geahndet werden sollte. An der Sitzung eines Ehrengerichtes konnten jeweils nur die Offiziere einer Einheit teilnehmen, die den gleichen oder einen höheren Dienstgrad als der Angeklagte besaßen[379]. Mit der Mehrheit der stimmberechtigten Mitglieder konnte das Ehrengericht dem Disziplinarvorgesetzten dann Strafen von der „Erteilung eines Tadels" bis hin zur „Entlassung" aus der Armee vorschlagen. Ein Einspruch gegen die Urteile des Ehrengerichtes war dabei höchstens aus formalen Gründen möglich[380].

Die Ehrengerichte spielten jedoch als ein Selbsterziehungsinstrument des Offizierskorps und als Beratungsgremium der Kommandeure in Disziplinarfragen of-

---

[374] Ebenda, S. 59.
[375] Befehl Nr. 29/55 des Chefs der KVP, 24. Februar 1955, BA-MA, DVH 3/2212, Bl. 28.
[376] Vgl. Owsjanko, Offiziersehrengerichte, S. 93 f.
[377] Vgl. Meier-Welcker, Offiziere im Bild von Dokumenten aus drei Jahrhunderten, S. 87, 92 ff., 102.
[378] Disziplinarordnung der Kasernierten Volkspolizei DV-10/6, 1954, S. 39.
[379] Ebenda, S. 43.
[380] Ebenda, S. 45 f.

fenbar von Anfang an nur eine geringe Rolle[381]. Stoph beklagte schon im ersten Jahr des Bestehens der NVA, die Offiziersehrengerichte als „wichtiges Erziehungsmittel" des Kommandeurs würden „nicht richtig eingeschätzt und zu wenig oder falsch angewendet"[382]. Darüber hinaus artikulierte er jedoch auch grundsätzliche Zweifel an dieser Institution: „Ich bin nicht sicher, ob die Bezeichnung ‚Ehrengericht' richtig gewählt wurde. Vielleicht sollte man überlegen, ob man etwas besseres findet."[383]

Auf der Sitzung des Kollegiums des Ministeriums für Nationale Verteidigung im Februar 1957 wurde dann vorgeschlagen, die Ehrengerichte in Ehrenräte als Organe der „Selbsterziehung der Offiziere" umzuwandeln. Ihre Tätigkeit sollte zukünftig nicht mehr auf der Grundlage der Disziplinarordnung erfolgen. Die bisherige Praxis habe „faktisch zu zweifachen Verfahren mit gleichem Inhalt" geführt, da die Ehrengerichte „als eine zweite Disziplinar-Institution betrachtet" worden seien[384].

Die Offiziersehrengerichte wurden daraufhin bis Ende Juli 1957 aufgelöst. Statt dessen schuf man Offiziersehrenräte mit dem Ziel, den Tätigkeitsschwerpunkt dieser Einrichtung von der Entscheidungsfindung in Disziplinarfragen hin zu einer primären Erziehungsfunktion zu verlagern. Die NVA-Führung hatte kritisiert, die Verhandlungen der Ehrengerichte seien bisher als „eine Art Gerichtsverfahren" durchgeführt worden[385].

Entsprechend der allgemeinen Zielsetzung einer Implementierung kollektiver Entscheidungsprozesse bestimmte daher der Befehl über die „Bildung der Offiziers-Ehrenräte der NVA" vom 27. Juni 1957: „Die Offiziers-Ehrenräte sind gewählte Organe des Offizierskorps zur kollektiven erzieherischen Einflußnahme auf den politisch-moralischen Zustand sowie zur Wahrung der Ehre und Würde des Offizierskorps der Nationalen Volksarmee."[386] Diese sollten nunmehr in erster Linie ein Organ „zur Unterstützung der Erziehungsarbeit der Kommandeure" sein und in diesem Zusammenhang „der gegenseitigen Erziehung der Offiziere" dienen[387]. Die Offiziersehrenräte hatten jetzt die Aufgabe, zu „Handlungen und Vergehen" von Offizieren „Stellung zu nehmen", die die Offiziersehre untergraben oder verletzen konnten und „mit der sozialistischen Moral unvereinbar" waren, sofern diese nicht durch die Justizorgane verfolgt wurden[388].

---

[381] Vgl. Slawisch, Mehr Aufmerksamkeit den Offiziersehrengerichten, S. 2.

[382] Referat des Ministers für Nationale Verteidigung zur Erläuterung der Ausbildungsaufgaben für das Ausbildungsjahr 1956/57 vor den Regimentskommandeuren, 1956, BA-MA, VA-01/5043, Bl. 24.

[383] Protokoll Nr. 7/56 über die Sitzung des Kollegiums des Ministeriums für Nationale Verteidigung, 21. September 1956, BA-MA, VA-01/2030, Bl. 125.

[384] Protokoll Nr. 1/57 über die Sitzung des Kollegiums des Ministeriums für Nationale Verteidigung, 25. Februar 1957, BA-MA, VA-01/2031, Bl. 29.

[385] Erläuterungen zu den Bestimmungen für die Arbeit der Offiziers-Ehrenräte in der NVA. Befehl Nr. 48/57 des Ministers für Nationale Verteidigung, 27. Juni 1957, BA-MA, VA-01/1831, Bl. 55.

[386] Bildung der Offiziers-Ehrenräte der NVA. Befehl Nr. 48/57 des Ministers für Nationale Verteidigung, 27. Juni 1957, BA-MA, VA-01/1831, Bl. 39.

[387] Erläuterungen zu den Bestimmungen für die Arbeit der Offiziers-Ehrenräte in der NVA. Befehl Nr. 48/57 des Ministers für Nationale Verteidigung, 27. Juni 1957, BA-MA, VA-01/1831, Bl. 55.

[388] Bestimmungen für die Arbeit der Offiziers-Ehrenräte in der NVA. Befehl Nr. 48/57 des Ministers für Nationale Verteidigung, 27. Juni 1957, BA-MA, VA-01/1831, Bl. 47.

Die Kommandeure, in deren Dienstbereich ein Offiziersehrenrat existierte, hatten jeweils zu entscheiden, ob das Vergehen eines Offiziers im Ehrenrat, dem der Kommandeur selbst jedoch nicht angehörte, behandelt werden sollte[389]. Bei „schuldhaftem Verhalten" eines Offiziers war es dann die Aufgabe des Offiziersehrenrates, dieses im Rahmen einer gemeinsamen Stellungnahme zu bewerten. Darüber hinaus konnte das Gremium dem Kommandeur die Anwendung bestimmter Disziplinarmaßnahmen vorschlagen. Dieser mußte die Stellungnahme des Offiziersehrenrates zur Kenntnis nehmen, war daran in seiner Entscheidung aber „nicht gebunden"[390].

Maßgebenden Einfluß auf seine Entscheidungsfindung hatten vielmehr die Parteiorganisationen. Denn die Kommandeure und Vorsitzenden der Offiziers-Ehrenräte mußten „bei ihrer Tätigkeit eng mit den Leitungen der Parteiorganisationen zusammenarbeiten"[391]. Dieses Mitspracherecht der Partei höhlte die Stellung und die Autorität des Kommandeurs als Disziplinarvorgesetztem jedoch weiter aus.

Die SED entschied sich jedoch schließlich, die Offiziersehrenräte nach nur vierjähriger Existenz zum 31. August 1961 aufzulösen. Im vollziehenden Befehl des Ministers für Nationale Verteidigung lautete die Begründung hierfür, die Kommandeure, Politorgane und Parteiorganisationen nähmen einen „immer wirkungsvolleren erzieherischen Einfluß auf die Offiziere". Diese Entwicklung habe es dem Nationalen Verteidigungsrat gestattet, die Beendigung der Arbeit der Offiziersehrenräte zu beschließen[392].

Diese Argumentation lenkte jedoch bewußt vom eigentlichen Grund für die Auflösung ab. Denn den behaupteten wirkungsvolleren erzieherischen Einfluß auf die Offiziere hatte man in erster Linie durch die Anwendung des Prinzips der Kritik und Selbstkritik in den Parteiversammlungen erzielt. Infolge dessen war die Erziehungsfunktion der Ehrengerichte und -räte ab 1957 zunehmend auf die Parteiorganisationen übergegangen, weshalb die Ehrenräte in der Praxis bedeutungslos wurden. Im Befehl des Ministers kam deshalb nichts anderes als das Scheitern dieser Institutionen zum Ausdruck.

Dieses Scheitern der Offiziersehrengerichte und -räte als autonome Erziehungsinstrumente zur internen Selbstkontrolle des Offizierskorps war jedoch von Anfang an vorprogrammiert gewesen. Wegen der wachsenden ideologischen Durchdringung des Militärs und der großen Abhängigkeit von der SED hatte das Offizierskorps kaum einen Freiraum, eigene Werte als Grundlage eines korporativen Selbstverständnisses zu entwickeln, das als Orientierungsschema einer Selbstkontrolle hätte dienen können. Für die Offiziere waren letztlich die politischen, sozialen und rechtlichen Normen des SED-Systems und nicht eigene Werte – etwa ein autonom sanktionierbarer Ehrbegriff – verbindlich.

---

[389] Ebenda, Bl. 47.
[390] Ebenda, Bl. 52 f.
[391] Erläuterungen zu den Bestimmungen für die Arbeit der Offiziers-Ehrenräte in der NVA. Befehl Nr. 48/57 des Ministers für Nationale Verteidigung, 27. Juni 1957, BA-MA, VA-01/1831, Bl. 56 f.
[392] Beendigung der Arbeit der Offiziers-Ehrenräte. Befehl Nr. 47/61 des Ministers für Nationale Verteidigung, 27. Juli 1961, BA-MA, VA-01/5903, Bl. 100.

V. Die militärpolitische Orientierung der SED an der UdSSR und der VR China

1. Die Verhinderung der militärischen Autonomie in der DDR nach sowjetischem Vorbild 1956–1958

Der Aufbau der NVA erfolgte von Beginn an unter der Anleitung und Aufsicht der sowjetischen Militärberater[1], die auch schon in den Jahren vorher in den KVP-Einheiten präsent gewesen waren. Auf Vorschlag Ulbrichts wurde ihre Zahl in Übereinstimmung mit dem ZK der KPdSU Anfang 1956 im „Einklang mit der Neuorganisierung der Streitkräfte der DDR" auf 261 militärische Berater und 31 Übersetzer reduziert[2], Ende des Jahres äußerte nunmehr die sowjetische Seite den Wunsch, ihre Anzahl weiter zu verringern[3], 1958 gab es dann insgesamt noch 142 sowjetische Militärberater, Instrukteure und Militärdolmetscher in der NVA[4].

Eine Hauptaufgabe der Militärberater war es, im Interesse der KPdSU sicherzustellen, daß das DDR-Militär grundsätzlich nach dem Muster der sowjetischen Streitkräfte organisiert wurde – etwa im Hinblick auf Strukturen, Dienstvorschriften, Bewaffnung oder Ausbildungsinhalte. Vorgaben und Empfehlungen erhielten die SED- und die NVA-Führung zudem auch vom Kommando der Vereinten Streitkräfte[5] sowie von Seiten der GSSD. So berichtete beispielsweise offenbar direkt im Anschluß an den Ungarn-Aufstand „eine Gruppe sowjetischer Offiziere, die an den bewaffneten Kämpfen in Budapest teilgenommen" hatten, über ihre Erfahrungen und mögliche Schlußfolgerungen, die sich für die NVA ergaben[6]. Stoph hatte andererseits schon bei der ersten Sitzung des Kollegiums des Ministeriums für Nationale Verteidigung im Februar 1956 dargelegt, man könne zweifellos „nicht alles schematisch übernehmen". Demzufolge konstatierte er: „Die Dokumente, die Anleitung, Hilfe und Unterstützung[,] die wir von den sowjetischen Beratern bekommen, müssen wir entsprechend den Eigenarten unserer Republik angleichen."[7]

---

1 Vgl. Wenzke, Die Nationale Volksarmee, S. 482.
2 Chruschtschow an Ulbricht, 2. März 1956, SAPMO-BArch, DY 30/J IV 2/202/244, o. Pag.
3 Protokoll der 12. Sitzung der Sicherheitskommission des ZK der SED, 30. November 1956, BA-MA, DVW 1/39554, Bl. 4.
4 Verzeichnis der Dienststellungen für Militärberater, Instrukteure und Militärdolmetscher in der NVA der DDR für 1958, SAPMO-BArch, DY 30/J IV 2/202/66, Bl. 50.
5 Empfehlungen des Vereinten Kommandos der Vereinten Streitkräfte im Warschauer Vertrag, 4. November 1959, BA-MA, VA-01/5059, Bl. 274 ff.
6 Protokoll der 12. Sitzung der Sicherheitskommission des ZK der SED, 30. November 1956, BA-MA, DVW 1/39554, Bl. 4 f.
7 Protokoll Nr. 1/56 über die Sitzung des Kollegiums des Ministeriums für Nationale Verteidigung, 10. Februar 1956, BA-MA, VA-01/2027, Bl. 26.

Das Verhältnis zwischen der SED und der NVA wurde jedoch nicht nur direkt durch die Übernahme der praktischen und organisatorischen Vorgaben der Hegemonialmacht beeinflußt, sondern darüber hinaus auch indirekt durch die sich wandelnden zivil-militärischen Beziehungen in der UdSSR selbst. Hier bewirkten nach 1956 vor allem der Einsatz der sowjetischen Streitkräfte beim Volksaufstand in Ungarn und das Wirken des Verteidigungsministers Marschall Gregori K. Schukow nachhaltige Veränderungen, die auch die zivil-militärischen Beziehungen in der DDR beeinflußten und ihren Niederschlag in organisatorischen Reformen in der NVA fanden.

Nachdem Schukow 1955 Verteidigungsminister der UdSSR geworden war, setzte eine verstärkte Autonomisierung der sowjetischen Streitkräfte ein, die mit der Zurückdrängung der Kompetenzen des Parteiapparates innerhalb der militärischen Diskussions- und Entscheidungsprozesse verbunden war: So wurde unter anderem der Einfluß der Politischen Hauptverwaltung im Verteidigungsministerium sowie der Militärräte der Militärbezirke im Hinblick auf die Kontrolle der militärischen Truppenführung eingeschränkt. Das Militär konnte etwa das Mitspracherecht der Politorgane in Kaderentscheidungen nachhaltig zurückdrängen. Zudem wurden die Dienststellungen der Politstellvertreter der Kompanien und der hauptamtlichen Parteisekretäre der Regimenter abgeschafft. Schukows Absicht war es, die uneingeschränkte Befehlsgewalt der Kommandeure durchzusetzen[8]. Im Januar 1956 sagte er: „Certain efforts have been made ... to bring official acts of the commanders under criticism in Party meetings. Such efforts have to be condemned. In supporting strict officers and generals, the mission we are undertaking is to strengthen the commanders' entire authority."[9]

Chruschtschow seinerseits zielte nach dem XX. Parteitag der KPdSU im Februar 1956 darauf ab, die „Leninschen Normen des Parteilebens" auch in den Streitkräften wiederherzustellen. Dies bedeutete, daß das Militär im Rahmen kollektiver Entscheidungsprozesse wieder stärker der Parteikontrolle unterworfen und somit gleichzeitig mit Stalins zentralistischer Militärkonzeption gebrochen werden sollte[10]. In diesem Zusammenhang forderte das ZK der KPdSU im selben Monat, die Angehörigen des Parteiapparates in den Streitkräften sollten sich stärker in der militärischen Ausbildung engagieren und zudem auch deren Durchführung kritisieren[11].

Die Führung der KPdSU wurde durch den Einsatz der sowjetischen Streitkräfte während des Ungarn-Aufstandes im Oktober und November 1956 in ihrer Grundhaltung weiter bestärkt. Eine niedrige Kampfmoral, Desertionen und auch Fraternisierungen der Soldaten mit den Aufständischen ließen die Parteispitze zur Überzeugung gelangen, die von Schukow beförderte einseitige Professionalisierung der Streitkräfte wirke sich zuungunsten der politischen Zuverlässigkeit aus[12].

Die SED griff im Anschluß an den XX. Parteitag ihrerseits die Argumentation der KPdSU auf und bezog sie direkt auf die NVA, denn auch sie hielt es in der ge-

---

8 Avidar, The Party and the Army in the Soviet Union, S. 94 ff.
9 Krasnaya Zvezda, 25 January 1956, zit. nach: Avidar, The Party and the Army in the Soviet Union, S. 104.
10 Kolkowicz, The Soviet Military and the Communist Party, S. 137 f.
11 Scott/Scott, The Armed Forces of the USSR, S. 264 f.
12 Gosztony, Die Rote Armee, S. 338 ff.

genwärtigen Situation für unabdingbar, den Einfluß der Partei in der Armee zu verstärken. Stoph äußerte im März 1956, es sei notwendig, die Leninschen „Normen des Parteilebens hinsichtlich der kollektiven Führung streng einzuhalten"[13]. Er folgerte daraus: „Es kommt jetzt darauf an, aus diesen großen Erfahrungen, die uns die Kommunistische Partei der Sowjetunion durch den XX. Parteitag übermittelt hat, zu lernen[,] die Eigeninitiative zu entfalten und zu erkennen, dass die größte Kraft, die wir in der Nationalen Volksarmee haben, unsere Sozialistische Einheitspartei ist, unsere Parteiorganisationen und jedes Mitglied."[14]

Aufgrund der Tatsache, daß sowohl die KPdSU als auch die SED zu diesem Zeitpunkt ähnliche militärpolitische Zielsetzungen verfolgten, bestand offenbar auf beiden Seiten das Bedürfnis, eine Harmonisierung der zukünftig gegenüber dem Militär zu verfolgenden Politik zu erzielen. Bei der Reise einer Regierungsdelegation der DDR in die UdSSR vom 3. bis 8. Januar 1957 dürfte es unter anderem auch in dieser Hinsicht eine Absprache über die zukünftigen Leitlinien gegeben haben[15].

Im April 1957 bestätigte das ZK der KPdSU dann eine neue „Instruktion für die Parteiorganisationen der KPdSU in der sowjetischen Armee und Flotte". Deren Überarbeitung war bereits auf dem XX. Parteitag beschlossen worden[16]. Die neue Instruktion stärkte zum einen die Stellung der Politischen Hauptverwaltung innerhalb des Verteidigungsministeriums. Als Abteilung des ZK mußte sie jetzt nur noch diesem, nicht aber dem Verteidigungsminister Bericht erstatten[17]. Zum anderen sollte die Instruktion einen „further growth in the activity and militancy of Party organizations, [and] the strengthening of their influence over all aspects of the life and activity of the troops" erzielen[18]. Die Parteiorganisationen waren jetzt dazu berechtigt, „inadequacies in the training and education and in Party-political work on the basis of criticism and self-criticism" aufzudecken[19]. Dies bedeutete zugleich, daß leitende Offiziere ihre Sonderstellung in den Parteiorganisationen verloren und sich auf Mitgliederversammlungen für ihre Arbeit verantworten mußten.

Diese Instruktion diente offensichtlich als Vorlage für die „Instruktion für die Arbeit der Parteiorganisationen der SED in der NVA", die vom ZK der SED am 21. Mai 1957 zusammen mit den „Bestimmungen für die Arbeit der Politorgane der NVA" bestätigt wurde[20]. Dafür spricht die zeitliche Nähe der Veröffentlichung sowie die inhaltliche Übereinstimmung[21].

In den sowjetischen Streitkräften konnte die neue Instruktion in der Praxis jedoch nur eine begrenzte Wirkung entfalten. Das lag unter anderem daran, daß die explizite Kritik an einzelnen Befehlen der Kommandeure auf Parteiversammlungen ausdrücklich verboten blieb, obwohl eine allgemeine Beurteilung der Tätigkeit der

---

[13] Protokoll der Delegiertenkonferenz der Parteiorganisationen der SED im Dienstbereich des Ministeriums für Nationale Verteidigung, 5.–11. März 1956, BA-MA, VA-P-01/036, Bl. 230.
[14] Ebenda, Bl. 236.
[15] Zeittafel zur Militärgeschichte, S. 74 f.
[16] Zumal die bis dahin geltende Fassung der Instruktion seit 1934 unverändert in Kraft war.
[17] Avidar, The Party and the Army in the Soviet Union, S. 96, 107 f.
[18] Voennyi vestnik, No. 6, 1957, p. 2, zit. nach: Kolkowicz, The Soviet Military and the Communist Party, S. 131.
[19] Petrov, Iu. P.: Partiinoe stroitel'stvo v Sovetskoi Armii I Flote, 1918–1961, Moscow 1964, p. 458, zit. nach: Kolkowicz, The Soviet Military and the Communist Party, S. 132.
[20] Vgl. Hübner, Zur Rolle der Partei in der Nationalen Volksarmee, S. 425.
[21] Vgl. S. 99 ff.

militärischen Truppenführung gefordert wurde. Zudem wurden die Intentionen der Parteiführung auch durch die Geheimrede Chruschtschows auf dem XX. Parteitag, in der er den Stalinismus verurteilt hatte, konterkariert. Ihr Bekanntwerden erschütterte anscheinend nachhaltig die Autorität der Partei in den Streitkräften[22].

Der entscheidende Grund jedoch, warum die Reformbestrebungen der KPdSU im Ansatz stecken blieben, war die innenpolitische Krise in der UdSSR im Juni 1957. Die Mehrheit des ZK-Präsidiums, darunter auch Georgi M. Malenkow und Wjatscheslaw M. Molotow, wandte sich offen gegen die Politik Chruschtschows. Dieser konnte sich im Machtkampf um die Führung der KPdSU dank der Unterstützung Schukows jedoch behaupten. Der Verteidigungsminister erlangte daraufhin im Anschluß als erster Militär die Vollmitgliedschaft im ZK-Präsidium[23]. Im Zuge dieser Entwicklung wurden Schukows Stellung und seine militärpolitischen Ziele weiter gestärkt, während den angestrebten Reformen der Parteiführung in den Streitkräften trotz einer breitangelegten Kampagne der Politischen Hauptverwaltung offenbar nur wenig Erfolg beschieden war. Darauf deutet unter anderem auch der Umstand hin, daß die Instruktion in ihrem vollen Wortlaut unveröffentlicht blieb und nur auszugsweise zitiert wurde[24].

Dieser Zustand der zivil-militärischen Beziehungen in der UdSSR hatte offenbar direkten Einfluß auch auf die Situation in der DDR. Nach der Bestätigung der neuen Vorschriften für die Arbeit der Parteiorganisationen und der Politorgane in der NVA galt es, diese auch zu implementieren. Das Politbüro hatte auf seiner Sitzung am 16. Mai 1957 beschlossen, daß die Erläuterung der „Instruktion für die Arbeit der Parteiorganisationen der SED in der NVA" und der „Bestimmungen für die Arbeit der Politorgane der NVA" im Rahmen einer Beratung von Mitgliedern der Parteiführung mit leitenden Parteifunktionären in der NVA erfolgen sollte[25]. Wegen der Auseinandersetzungen im ZK der KPdSU war die SED-Führung auf der „Eggersdorfer Tagung" am 12./13. Juni 1957 dabei offenbar weitgehend auf sich selbst gestellt. Als Konsequenz scheint es vor allem massive Unklarheiten über Art und Umfang der Verwirklichung der kollektiven Führungsmechanismen gegeben zu haben[26]. Da diese Zielsetzung der SED den Intentionen der sowjetischen Militärführung unter Schukow zu dieser Zeit grundlegend zuwiderlief, dürfte die Unterstützung der sowjetischen Militärberater im Hinblick auf die Umsetzung der neuen Regelungen nur bedingt erfolgt sein. Die SED war somit gezwungen, die Implementierung der Instruktion und der Bestimmungen eigenständig zu leisten. Dies dürfte die bereits vorhandene Neigung, sich auch an der Militärpolitik Chinas zu orientieren, zusätzlich befördert haben[27].

---

[22] Avidar, The Party and the Army in the Soviet Union, S. 107 f.

[23] Heller/Nekrich, Geschichte der Sowjetunion, S. 242. Schukow hatte zur entscheidenden ZK-Sitzung Ende Juni ZK-Mitglieder aus der gesamten UdSSR mit Militärflugzeugen einfliegen lassen, wodurch sich die Mehrheitsverhältnisse wieder zugunsten von Chruschtschow veränderten.

[24] Kolkowicz, The Soviet Military and the Communist Party, S. 131 ff.

[25] Protokoll Nr. 21/57 der Sitzung des Politbüros des ZK der SED, 16. Mai 1957, SAPMO-BArch, DY 30/J IV 2/2/541, Bl. 6.

[26] Vgl. Protokoll der Eggersdorfer Tagung, 12./13. Juni 1957, BA-MA, VA-P-01/037, Bl. 43 ff.

[27] Schon auf der Eggersdorfer Tagung wurde eine „Schrift über den Arbeitsstil der Parteileitungen" erwähnt, die chinesischen Ursprungs war und bei den Parteifunktionären in der

Bis zum November 1957 sah sich die SED in ihrer Militärpolitik wegen der fehlenden Rückendeckung durch die UdSSR offensichtlich mit ernstzunehmenden Orientierungsproblemen konfrontiert, die sich äußerst negativ auf die Verwirklichung der neuen Konzeption auswirkten. Rückblickend gab die ZK-Abteilung für Sicherheitsfragen zu, im Hinblick auf die in dieser Zeit „noch vorhandenen Mängel in der Arbeit der Parteiorganisationen in der Nationalen Volksarmee" sei im „Ergebnis der Beratung" in Eggersdorf die „erforderliche Wendung ... nur ungenügend erreicht" worden[28].

Die Situation änderte sich für die SED jedoch im Anschluß an das sogenannte Oktoberplenum des ZK der KPdSU 1957. Die sowjetische Führung nahm hier den im Frühjahr eingeleiteten militärpolitischen Kurs mit Nachdruck wieder auf und attackierte die ihrer Ansicht nach vorhandenen Autonomisierungsbestrebungen eines Teils der Militärführung. Als deren Urheber identifizierte man Schukow, der daher aus dem ZK ausgeschlossen und als Verteidigungsminister durch Marschall Rodion J. Malinowski ersetzt wurde[29]. Das ZK der KPdSU begründete seinen Entschluß in dem ebenfalls auf dem Oktoberplenum verabschiedeten Beschluß „Über die Verbesserung der parteipolitischen Arbeit in der Sowjetarmee und der Flotte". Schukow wurde vorgeworfen, „gröblich die Leninschen Grundsätze für die Führung der Streitkräfte" verletzt und eine „Linie des Abbaus der Arbeit der Parteiorganisationen, der politischen Organe und der Kriegsräte, der Beseitigung der Führung und Kontrolle der Armee und der Kriegsflotte durch die Partei, ihr Zentralkomitee und die Regierung" verfolgt zu haben[30].

Das Oktoberplenum entschärfte zugleich auch die militärpolitischen Verunsicherungen innerhalb der SED-Führung. Das Politbüro bekundete umgehend seine „volle Zustimmung" zu den Beschlüssen des ZK der KPdSU. Sie wurden als „eine große Hilfe für die weitere Durchführung" der eigenen Beschlüsse „vom Mai dieses Jahres über die Organisierung der politischen Arbeit durch die Parteiorganisationen und Politorgane" in der NVA bezeichnet[31]. Diese Wendung in den Beziehungen zwischen Partei und Armee in der UdSSR motivierte die SED offensichtlich dazu, selbst „die noch vorhandenen Unklarheiten über die Verwirklichung der führenden Rolle der Partei in der Nationalen Volksarmee" auszuräumen und „Maßnahmen zur Erhöhung der Autorität und zur Stärkung der Kampfkraft der Parteiorganisationen zu beschließen"[32]. Die SED-Führung ging dabei zunächst davon aus, daß „an den vom Politbüro beschlossenen Bestimmungen und Instruktionen nichts verändert" werden mußte[33].

Im Dezember 1957 gelangte man dann aber anscheinend zu der Überzeugung, daß es nötig war, „auf Grund der vorhandenen Unzulänglichkeiten in der politi-

---

NVA allgemein bekannt gewesen zu sein scheint. Protokoll der Eggersdorfer Tagung, 12./13. Juni 1957, BA-MA, VA-P-01/037, Bl. 89.

[28] Beitrag zum Bericht des ZK der SED an den Parteitag, 19. Mai 1958, SAPMO-BArch, DY 30/IV 2/12/9, Bl. 58 f.

[29] Kolkowicz, The Soviet Military and the Communist Party, S. 134 ff.

[30] Die Stärke der Sowjetarmee liegt in der Führung durch die Partei, S. 3.

[31] Stellungnahme des Politbüros des ZK der SED zum Beschluß des ZK der KPdSU, S. 3.

[32] Beitrag zum Bericht des ZK der SED an den Parteitag, 19. Mai 1958, SAPMO-BArch, DY 30/IV 2/12/9, Bl. 59.

[33] Über die Verbesserung der Arbeit der Politorgane und Parteiorganisationen zur Durchsetzung der führenden Rolle der Partei, 1957, SAPMO-BArch, DY 30/IV 2/12/9, Bl. 4.

schen Arbeit und der Tätigkeit der Parteiorganisationen einige tiefgreifende Veränderungen vorzunehmen". Auf Initiative der Sicherheitskommission hin wurde beschlossen, „den Parteiorganisationen und den Parteisekretären in ... der Nationalen Volksarmee größere Verantwortung und mehr Rechte" einzuräumen[34]. Der Politbürobeschluß „Über die Rolle der Partei in der NVA" vom 14. Januar 1958 leitete dementsprechend einige entscheidende organisatorische Veränderungen ein. Hierzu bemerkte die ZK-Abteilung für Sicherheitsfragen: „Eine wesentliche Hilfe bei der Vorbereitung dieses Dokumentes war der Beschluss des Zentralkomitees der KPdSU ,Über die Verbesserung der Parteiarbeit in der Sowjetarmee und Flotte'."[35] Diese Aussage ignorierte jedoch bewußt oder unbewußt die Tatsache, daß der Politbürobeschluß vor allem Neuerungen hinsichtlich der Befugnisse der Parteisekretäre enthielt[36]. Diese ließen erkennen, daß die SED wegen der fehlenden Vorgaben von sowjetischer Seite in der Zeit vor dem Oktoberplenum offenbar bereits eine teilweise Umorientierung vollzogen und Elemente der chinesischen Militärkonzeption rezipiert hatte[37].

Die KPdSU leitete ihrerseits im Anschluß an das Oktoberplenum des ZK weitere Reformschritte ein. Entsprechend der erweiterten Fassung der „Instruktion für die Parteiorganisationen in der sowjetischen Armee und Flotte" vom April 1958 war die Anwendung des Prinzips der Kritik und Selbstkritik „no longer limited to the sphere of Party work but was applied also to the military sphere"[38]. Die uneingeschränkte Befehlsbefugnis der Kommandeure wurde somit spürbar eingeschränkt. Auch parteilose Kommandeure waren jetzt verpflichtet, die kollektiv getroffenen Entscheidungen der Parteiorganisationen anzuerkennen. Anderenfalls drohten sie ihre Dienststellungen zu verlieren[39]. Darüber hinaus beschloß das ZK der KPdSU, die Politische Hauptverwaltung endgültig parallel zum Verteidigungsministerium zu organisieren und ihr die alleinige Verantwortung für die parteipolitische Arbeit in der Armee zu übertragen[40]. Ferner wurden die Militärräte im April 1958 durch ein neues Statut in „true organs of collective leadership"[41] mit Entscheidungsbefugnis auch in allen militärischen Fragen umgewandelt: Ihnen gehörten jetzt auch hohe Parteifunktionäre an[42].

Diese Neuerungen übernahm die SED zu einem großen Teil im Rahmen der neuen „Instruktion für die Arbeit der Parteiorganisationen der SED in der NVA" und der „Bestimmungen für die Arbeit der Politorgane der NVA" vom 17. Juni 1958, deren Überarbeitung das Politbüro bereits im Beschluß „Über die Rolle der

---

[34] Stellungnahme der ZK-Abteilung für Sicherheitsfragen, 30. Dezember 1957, SAPMO-BArch, DY 30/IV 2/12/9, Bl. 2.

[35] Über die Verbesserung der Arbeit der Politorgane und Parteiorganisationen zur Durchsetzung der führenden Rolle der Partei, 1957, SAPMO-BArch, DY 30/IV 2/12/9, Bl. 4 f.

[36] Vgl. S. 99 ff.

[37] Vgl. Kap. V.2. dieser Studie.

[38] Petrov, Partiinoe stroitel'stvo v Sovetskoi Armii I Flote, p. 476, zit. nach: Kolkowicz, The Soviet Military and the Communist Party, S. 142.

[39] Avidar, The Party and the Army in the Soviet Union, S. 188 ff.

[40] Ebenda, S. 206 f.

[41] Petrov, Partiinoe stroitel'stvo v Sovetskoi Armii I Flote, p. 469, zit. nach: Kolkowicz, The Soviet Military and the Communist Party, S. 139 f.

[42] Avidar, The Party and the Army in the Soviet Union, S. 186 ff.

Partei in der NVA" vom 14. Januar 1958 avisiert hatte[43]. Die Veränderungen gingen zudem auch in das neue „Statut für den Militärrat bei den Kommandos der Militärbezirke, der Seestreitkräfte und der Luftstreitkräfte und Luftverteidigung" vom 30. Juli 1958 ein[44].

Im Gegensatz zur SED verabschiedete die KPdSU die überarbeiteten „Bestimmungen für die Politorgane der sowjetischen Armee und Flotte" aber offenbar erst rund vier Monate später: im Oktober 1958. Die Bestimmungen stellten den alten Einfluß der Politorgane in den Einheiten wieder her und erlaubten ihnen, auf alle Tätigkeiten der militärischen Truppenführung Einfluß zu nehmen[45]. Neben der politischen Arbeit nahm der Politstellvertreter einer Einheit auch an der gesamten militärischen Ausbildung teil. Dabei unterstand er allein dem Kommandeur, fungierte jedoch als Vorgesetzter des gesamten übrigen Personalbestandes[46]. Im Unterschied zur NVA behielt der Politstellvertreter seine zentrale Stellung innerhalb des Parteiapparates einer Einheit[47]. Er trug die „unmittelbare Verantwortung für den Zustand der parteipolitischen Arbeit" und war „verpflichtet, … gemeinsam mit dem Sekretär der Parteiorganisation die Erfüllung der Beschlüsse und der vor der Parteiorganisation stehenden Aufgaben sicherzustellen"[48]. Anders als in der NVA rangierte der Parteisekretär in der Hierarchie weiterhin hinter dem Politstellvertreter. Eine Stärkung der Stellung des Parteisekretärs sowohl innerhalb des Parteiapparates als auch hinsichtlich der Kontrolle der militärischen Truppenführung auf Kosten des Politstellvertreters wurde in den sowjetischen Streitkräften nicht vollzogen.

Allgemein wurde die Etablierung kollektiver Führungsmechanismen in den sowjetischen Streitkräften durch die geänderten Vorschriften von 1958 bestätigt. Auf dieser Basis war es dem Parteiapparat möglich, seinen Einfluß im Verlauf des Jahres sukzessive wieder zu intensivieren. Unter anderem stellte die von den Parteiorganisationen breit geübte Kritik an der Arbeit der Kommandeure deren Autorität massiv in Frage, so wie es in der NVA schon 1957 der Fall gewesen war. Die dadurch verursachten Friktionen zwischen Truppenführung und Parteiapparat wirkten sich nicht zuletzt außerordentlich negativ auf die Moral und die militärische Disziplin in der Truppe aus[49].

Hierauf reagierte die KPdSU Ende 1958 in gleicher Weise wie die SED. Die Parteiversammlung sollte zukünftig in erster Linie als Sanktionsinstanz dienen, die direkte Einflußnahme auf die militärische Truppenführung im Rahmen kollektiv getroffener Entscheidungen dafür in den Parteileitungen erfolgen[50]. Daher begann man jetzt auch in den sowjetischen Streitkräften Kommandeure in die Parteileitungen zu wählen. So gehörten 1959 vierzehnmal mehr Regimentskommandeure der Parteileitung ihrer Einheit an, als dies 1957 der Fall gewesen war[51]. Anfang 1961

---

43 Über die Rolle der Partei in der NVA. Protokoll Nr. 4/58 der Sitzung des Politbüros des ZK der SED, 14. Januar 1958, SAPMO-BArch, DY 30/J IV 2/2/576, Bl. 195.
44 Vgl. S. 99 ff. und 128 ff.
45 Kolkowicz, The Soviet Military and the Communist Party, S. 140 f.
46 Ebenda, S. 377 f.
47 Vgl. S. 92 ff.
48 Kaljadin, Fragen der parteipolitischen Arbeit in den sowjetischen Streitkräften, S. 30.
49 Kolkowicz, The Soviet Military and the Communist Party, S. 142 ff.
50 Avidar, The Party and the Army in the Soviet Union, S. 219 ff.
51 Kolkowicz, The Soviet Military and the Communist Party, S. 141.

war anscheinend die Mehrheit der Kommandeure „elected members of the Party Commitee"[52].

Diese organisatorische Modifikation – die Verlagerung der kollektiven Führungs-tätigkeit von den Parteiversammlungen auf die Parteileitungen – war in der NVA schon Anfang 1958 eingeleitet worden. Eine zügige Verwirklichung dieser Maß-nahme war hier vermutlich vor allem auch deshalb möglich gewesen, weil der Anteil der Parteimitglieder unter den Offizieren in der NVA von vornherein höher lag als in den sowjetischen Streitkräften. In der NVA gehörten Anfang 1959 bereits knapp 92 Prozent der Offiziere als Mitglieder oder Kandidaten der Partei an[53], während es in den sowjetischen Streitkräften nur 75,5 Prozent waren[54]. Hier gab es auch jetzt noch Kommandeure und leitende Offiziere, die über keine Parteimitgliedschaft ver-fügten[55], was in der NVA zu keiner Zeit möglich gewesen wäre.

Offenbar hatte die SED, die sich formal weitgehend an die Vorgaben der UdSSR hielt, in ihrer Militärpolitik während eines Zeitfensters zwischen 1958 und 1960 ge-nügend Handlungsspielraum, eigene Ansätze zu verwirklichen, die vor allem auf der Rezeption chinesischer Elemente beruhten. Die Tatsache, daß ein Teil dieser Maßnahmen im nachhinein auch von der KPdSU umgesetzt wurden, läßt jedoch nicht die Vermutung zu, der SED sei hier eine Initiativfunktion zugekommen. Zeit-lich und inhaltlich nahm die SED jedoch einige strukturelle Modifikationen in den zivil-militärischen Beziehungen in der UdSSR vorweg[56]. Es läßt sich daher feststel-len, daß die NVA Ende der fünfziger Jahre die jeweiligen Veränderungen und Re-formen in der Militärpolitik der beiden sozialistischen Großmächte sowohl reflek-tierte als auch teilweise miteinander verband.

2. Die „Maoisierung" der NVA 1957–1960

Nach dem XX. Parteitag der KPdSU im Februar 1956 kam es zu einer allgemeinen Intensivierung der Beziehungen zwischen der DDR und der VR China. Ulbricht, der im September 1956 am VIII. Parteitag der Kommunistischen Partei Chinas (KPCh) teilnahm, und die chinesische KP-Führung unter Mao Tse-tung einte zu dieser Zeit vor allem die Kritik an der von Chruschtschow betriebenen Entstalini-sierung. In den folgenden drei Jahren entwickelte sich dann eine zunehmende Über-einstimmung in ideologischen, politischen und wirtschaftlichen Fragen.[57] Dabei er-gab sich auch eine verstärkte Orientierung der SED an der chinesischen Militärkon-zeption[58].

---

52 The Party Committee of the Unit, Armed Forces Communist No. 6, 1961, pp. 3–8, zit. nach: Avidar, The Party and the Army in the Soviet Union, S. 222.
53 Vgl. Kap. III.3. dieser Studie.
54 Colton, Commissars, Commanders, and Civilian Authority, S. 18.
55 Kolkowicz, The Soviet Military and the Communist Party, S. 141.
56 Diese These wird durch eine Äußerung Roman von Kolkowicz gestützt, der bemerkt hat: „In timing, substance, and purpose, as well as in the opposition they encountered, the Khrushchevian reforms in the military correspond so closely to military reforms undertaken by the Chinese Communist Party that one is tempted to view the Soviet reforms as modeled on the Chinese." Kolkowicz, The Soviet Military and the Communist Party, S. 138.
57 Die DDR und China 1949 bis 1990, S. 63 ff.
58 Vgl. Froh, Das chinesische Prinzip, S. 8; Hübner, Zur Rolle der Partei in der Nationalen

Vor diesem Hintergrund war es in gewisser Weise symptomatisch, daß die erste
Informationsreise einer Militärdelegation der DDR in das sozialistische Ausland
nach China und nicht, wie zu vermuten wäre, in die UdSSR führte. Schon im April
1957 hatte das Politbüro die „Entsendung einer Delegation der Nationalen Volksarmee in die Volksrepublik China" beschlossen. Diese hatte „die Aufgabe, die Erfahrungen der chinesischen Volksbefreiungsarmee auf den verschiedenen Gebieten in
der militärischen Arbeit zu studieren". Im Anschluß daran sollte im Politbüro eine
„gründliche Auswertung" der Ergebnisse dieser Reise erfolgen[59]. Darüber hinaus
entsandte die DDR auch ihren ersten Militärattaché am 31. Juli 1957 nach China[60].

Die Reise der Militärdelegation unter der Leitung von Stoph dauerte vom 3. September bis zum 3. Oktober 1957. Honecker äußerte rückblickend, man habe durch
sie Erkenntnisse über „den Aufbau, die politische Arbeit und die militärische Ausbildung" in der VBA gewonnen, was für die eigene Arbeit von „großem Nutzen"
gewesen sei[61]. Dem umfangreichen Reisebericht ist zu entnehmen, daß die SED bestrebt war, in China Lösungsansätze für eigene militärpolitische Fragen und Probleme zu finden.

Der Bericht enthält unter anderem die Übersetzung einer Rede vom VIII. Parteitag der KPCh, deren Thema „die politische Arbeit in der neuen Etappe des Aufbaus
der Armee" war. Die Hervorhebungen im Text lassen dabei Rückschlüsse zu, in
welcher Hinsicht sich die SED Anregungen erhoffte. So interessierten im einzelnen
offenbar vor allem die Fragen „Entfremdung" von Offizieren und Soldaten[62] sowie
von Armee und Bevölkerung[63], die „Verbindung der Truppen mit den örtlichen
Parteikomitees"[64], die Anwendung der „Methode der Kritik und Selbstkritik" in
Parteiversammlungen durch die Mannschaften zur Kontrolle der Arbeit von Offizieren[65], Erziehung statt Strafe als „Hauptmittel zur Erhaltung und Stärkung der
Disziplin"[66] und in diesem Zusammenhang die Vorteile eines Einsatzes der Truppen
zur „Hilfe des Volkes bei der Produktion"[67]. In dem Bericht wurde zudem hervorgehoben, die KPCh habe bei der Organisation der Armee die „Erfahrungen der

---

   Volksarmee, S. 423 f.; Lapp, Die Nationale Volksarmee 1956–1990, S. 1952 ff.; Storkmann,
   Das chinesische Prinzip in der NVA, S. 7 ff, 24 ff.

[59] Protokoll Nr. 17/57 der Sitzung des Politbüros des ZK der SED, 16. April 1957, SAPMO-
   BArch, DY 30/J IV 2/2/537, Bl. 205 f.

[60] Zeittafel zur Militärgeschichte, S. 84. Am 15. Oktober 1957 stimmte das Politbüro Stophs
   Vorschlag zu, im Gegenzug chinesische Militärdelegation in die DDR einzuladen. Protokoll Nr. 44/57 der Sitzung des Politbüros des ZK der SED, 15. Oktober 1957, SAPMO-
   BArch, DY 30/J IV 2/2/564, Bl. 2. Dieser Besuch fand schließlich vom 29. April bis zum
   5. Mai 1959 statt. Zeittafel zur Militärgeschichte, S. 110. Zunächst war er für den Herbst
   1958 geplant gewesen. Protokoll Nr. 27/58 der Sitzung des Politbüros des ZK der SED,
   24. Juni 1958, SAPMO-BArch, DY 30/J IV 2/2/599, Bl. 5.

[61] Aus dem Bericht des Politbüros an das 35. Plenum des ZK der SED, 3.–6. Februar 1958,
   SAPMO-BArch, DY 30/2059, Bl. 23.

[62] Einige Fragen über die politische Arbeit in der neuen Etappe des Aufbaus der Armee – Rede
   auf dem VIII. Parteitag der KPCh von Tan Dscheng. Bericht der Militärdelegation der NVA
   in der VR China, 3. September – 3. Oktober 1957, BA-MA, VA-01/2026, Bl. 124.

[63] Ebenda, Bl. 125.

[64] Ebenda, Bl. 136.

[65] Ebenda, Bl. 129.

[66] Ebenda, Bl. 133.

[67] Ebenda, Bl. 135.

Kommunistischen und Arbeiterparteien aller Länder, insbesondere der Sowjetunion" genutzt, „zugleich aber *[die]* Entwicklung eigener Traditionen und Besonderheiten" berücksichtigt[68]. Resümierend stellte man fest, die Mitglieder der Delegation hätten auf der Reise „wertvolle Anregungen und Hinweise" erhalten[69].

Anscheinend reifte im Anschluß an die Reise der Militärdelegation in der SED-Führung verstärkt die Überzeugung, in Anbetracht der spezifischen Bedingungen der zivil-militärischen Beziehungen in der DDR eigene Akzente setzen zu müssen. Entscheidend hierfür dürfte die innenpolitische Krise in der UdSSR gewesen sein sowie die daraus resultierende unzureichende Unterstützung in militärpolitischen Fragen. Wichtiger noch scheint aber die Erkenntnis der SED gewesen zu sein, daß das sowjetische Modell zur Kontrolle und Steuerung des Militärs angesichts der konkreten Bedingungen in der NVA nicht die erwartete Wirkung erzielen konnte. Die chinesische Militärkonzeption dagegen schien in der gegebenen Situation erfolgversprechender zu sein, weshalb sich die SED legitimiert sah, sich an dieser zu orientieren. Wenngleich nicht davon auszugehen ist, daß die SED sich von der Militärkonzeption und der Vorbildrolle der UdSSR grundsätzlich abwenden wollte, so verfügte die KPCh nach Auffassung der SED zu dieser Zeit jedoch über die probateren Lösungsansätze, wenn es darum ging, bestehende Autonomisierungsbestrebungen des Militärs zu unterbinden.

Mit derartigen Tendenzen sah sich auch die KPCh seit Mitte der fünfziger Jahre konfrontiert. Sie waren nicht zuletzt eine Folge der Modernisierung der chinesischen Streitkräfte nach dem Ende des Koreakrieges 1953. Die direkte militärische Konfrontation zwischen der VR China und den USA in diesem Krieg hatte die militärtechnischen und organisatorischen Defizite der VBA deutlich hervortreten lassen. Daher leitete die Parteiführung der KPCh nach Stalins Tod mit Unterstützung der UdSSR umfassende militärische Reformen ein. Treibende Kraft hierbei war der erste Verteidigungsminister Peng Tehuai, der dabei eng mit Schukow kooperierte. Die VR China konnte den Technisierungs- und Organisationsgrad der Armee in der Folgezeit erheblich steigern. Zusätzlich wurden 1955 in der VBA erstmals militärische Dienstgrade eingeführt und auf der Grundlage der „Bestimmungen über den Offiziersdienst" ein eigenständiges Offizierskorps geschaffen. Neben der beabsichtigten Leistungssteigerung der VBA bewirkten diese Veränderungen jedoch auch, daß insbesondere das Offizierskorps ein professionelles und korporatives Selbstverständnis zu entwickeln begann, das die Suprematie der Partei in den Streitkräften in Frage zu stellen schien[70]. Von Seiten der Partei warf man vor allem Peng Tehuai vor, er habe „the Party's absolute leadership over the army" negiert, „to eliminate the system of collective leadership by party committees and to enforce the system of one-man leadership"[71].

---

[68] Materialien für die Auswertung des Freundschaftsbesuches der Militärdelegation der NVA in der VR China. Bericht der Militärdelegation der NVA in der VR China, 3. September – 3. Oktober 1957, BA-MA, VA-01/2026, Bl. 143.

[69] Ebenda, Bl. 146.

[70] Jencks, From Muskets to Missiles, S. 48 ff.

[71] Hold High the Great Red Banner of Mao Tse Tung's Thought. Thoroughly Criticize and Repudiate the Bourgeois Military Line, PR *[Peking Review]*, No. 32 (4. August 1967), p. 44, zit. nach: Jencks, From Muskets to Missiles, S. 51.

Angesichts der Probleme der SED seit Juni 1957, in der NVA die kollektiven Führungsmechanismen zu implementieren, erwies sich deren Verwirklichung in der VBA als besonders interessant. So wurde bei der Auswertung der Chinareise der NVA-Delegation die Bedeutung der Arbeit der „Parteikomitees" in der VBA in diesem Zusammenhang hervorgehoben. So hieß es, in der VBA würden im Rahmen der militärischen Truppenführung alle Maßnahmen in den Parteikomitees beraten und im Anschluß durch die Kommandeure Pläne dazu ausgearbeitet[72]. Diese „kollektive Leitung" werde „zur Stärkung der persönlichen Verantwortung des Einzelleiters für die Kampfführung ununterbrochen aufrecht erhalten"[73]. Insbesondere der Koreakrieg habe bewiesen, daß die kollektive Leitung „in jeder Situation durch die ständige aktive Arbeit der Parteiorganisationen sicherzustellen" sei[74]. Im Gegensatz zum sowjetischen Modell erschien der SED-Führung diese Form der kollektiven Führung offenbar erheblich effizienter zu sein. Denn hier wurde nicht im Rahmen von Parteiversammlungen, sondern in den Leitungen der Parteiorganisationen, den Parteikomitees, Einfluß auf die Entscheidungen der Kommandeure genommen.

Die Parteikomitees waren in der VBA auf allen militärischen Ebenen die zentralen Entscheidungsgremien. Ihre kollektiv beratenen Beschlüsse wurden entsprechend der funktionalen Trennung der Aufgaben in politischen Fragen dem Politkommissar und in militärischen Belangen dem jeweiligen Kommandeur zur Umsetzung übergeben. In die konkrete Ausführung militärischer Befehle und Direktiven durch den Kommandeur sollte das Parteikomitee im Anschluß daher nicht mehr eingreifen. Hierfür war der Kommandeur persönlich verantwortlich. Bei Meinungsverschiedenheiten zwischen Politkommissar und Kommandeur lag die endgültige Entscheidungskompetenz jedoch wiederum beim Parteikomitee[75]. Da der Politkommissar in der VBA zugleich auch das Amt des Parteisekretärs bekleidete, konnte er sich in der Regel gegenüber der militärischen Truppenführung behaupten[76].

Vor allem die Präsenz der Kommandeure in den Parteikomitees dürfte die SED seit Anfang 1958 dazu bewegt haben, die Einheitsführer auch in der NVA in die Parteileitungen zu wählen. Zudem wurden in Anlehnung an die VBA durch den Politbürobeschluß vom 14. Januar 1958 die Befugnisse der Parteileitungen in bezug auf die Kontrolle der militärischen Führungsprozesse erweitert, ohne daß sich aber in der Person des Parteisekretärs eine vergleichbare Fülle von Kompetenzen konzentriert hätte. Die Dienststellungen des Politstellvertreters und des Parteisekretärs blieben in der NVA sowohl personell als auch organisatorisch weiterhin getrennt. Die Funktion des Parteisekretärs gewann in der NVA jedoch schon allein durch die Verlagerung militärischer Entscheidungen in die Parteileitungen an Gewicht[77]. Die wechselseitige Kontrolle der Politorgane und Parteiorganisationen innerhalb des

---

[72] Materialien für die Auswertung des Freundschaftsbesuches der Militärdelegation der NVA in der VR China. Bericht der Militärdelegation der NVA in der VR China, 3. September – 3. Oktober 1957, BA-MA, VA-01/2026, Bl. 170.
[73] Ebenda, Bl. 173.
[74] Ebenda.
[75] Joffe, Party and Army, S. 59 ff.
[76] Griffith, The Chinese People's Liberation Army, S. 254.
[77] Vgl. S. 99 ff.

Parteiapparates, die in der NVA existierte, wurde in der VBA dagegen vor allem durch die örtlichen Parteileitungen erzielt, deren Führung und Kontrolle sich die Einheiten zusätzlich unterordnen mußten[78].

Im Gegensatz zu den sowjetischen Streitkräften gab es von Seiten des chinesischen Militärs keine öffentlichen Forderungen nach einer Reduzierung des Parteiapparates in der VBA. Trotzdem zielte Mao im Zuge der „Anti-Rechtsabweichlerkampagne" seit Mitte 1957 darauf ab, mögliche Autonomisierungsbestrebungen durch eine Reihe von Maßnahmen schon im Ansatz zu unterdrücken. Die „Anti-Rechtsabweichlerkampagne" war eine Reaktion auf die Anfang 1957 initiierte „Hundert-Blumen-Bewegung". Ihr lag die Intention zugrunde, durch das Zulassen begrenzter Kritik die Effizienz des sozialistischen Systems in China zu steigern. Die Kritik hatte sich jedoch schnell gegen die Partei und ihre Ideologie gerichtet[79].

Darüber hinaus initiierte Mao die Abkehr vom ökonomischen Modell der UdSSR. Er kritisierte sowohl die einseitige Betonung der Schwerindustrie als auch die übermäßige Zentralisierung der Wirtschaft. Die Anfang 1958 eingeleitete Politik der „Drei Roten Banner" zielte auf einen eigenständigen Weg zum Aufbau des Sozialismus. Die wirtschaftliche Modernisierung des Landes sollte vor allem dezentral im Rahmen örtlicher Gemeinschaften, der sogenannten Volkskommunen, vorangetrieben werden. Zudem ging es darum, die Agrarproduktion zu erhöhen, um mit den Gewinnen zugleich die Produktivkräfte in der Industrie zu steigern. Mittels der parallel dazu begonnenen Politik des „Großen Sprungs nach vorn" sollten die Volksmassen zudem verstärkt an den gesellschaftlichen Entscheidungsprozessen beteiligt werden. Im Rahmen der neuen „Massenlinie" beabsichtigte man, unter strikter Kontrolle der Partei den Arbeitsstil der Leitungen durch die Kritik der Bevölkerung zu verbessern, um so Innovationen zu fördern[80].

Diese neue politische Generallinie der KPCh hatte entscheidenden Einfluß auch auf die chinesische Militärkonzeption. Mao beförderte die grundsätzliche Abkehr von der Militärpolitik der UdSSR. Die VBA sollte zwar modernisiert werden, andererseits aber ihren revolutionären Charakter bewahren[81]. In diesem Zusammenhang hatte Mao deutlich gemacht, „that the party commands the gun und the gun shall never be allowed to command the party"[82]. Diese Politik kulminierte nicht zuletzt in der Entlassung des Verteidigungsministers Peng Tehuai 1959, da dieser weiterhin den Umbau der VBA in eine moderne und professionelle Militärorganisation nach dem Vorbild der sowjetischen Streitkräfte gefordert hatte. Als er in Übereinstimmung mit Chruschtschow zudem die Politik des Großen Sprungs massiv kritisierte, ersetzte Mao ihn im August 1959 durch Lin Biao[83].

Im Rahmen des „Großen Sprungs nach vorn" war auch in den chinesischen Streitkräften seit Ende 1957 die „Bewegung zur Verbesserung des Arbeitsstils" proklamiert worden. Auch dort sollte die kollektive Führung eine „Massenbasis" erhalten. Ziel war es, „durch breite offene Meinungsäußerung, durch breite Diskussion,

---

[78] Tao, Die Geschichte und die besten Traditionen der Volksbefreiungsarmee, S. 729.
[79] Jencks, From Muskets to Missiles, S. 51 f.
[80] Vgl. Gray, Rebellions and Revolutions, S. 306 ff.
[81] Joffe, Party and Army, S. 47 ff.
[82] Mao Tse-tung: Selected Military Writings, Peking 1963, p. 272, zit. nach: Joffe, Party and Army, S. 57.
[83] Lieberthal, The Great Leap Forward, S. 100 ff.

sozialistische Erziehung, Überprüfung und Verbesserung der Arbeit" den „Arbeitsstil in der Führung" und „die Beziehungen zwischen den Unterstellten und den
Vorgesetzten" zu verbessern[84].

Ein fester Bestandteil dieser Politik war der Einsatz der Streitkräfte einschließlich
des Offizierskorps in der Produktion. Bereits im Mai 1957 hatte das ZK der KPCh
beschlossen, die „leitenden Funktionäre in Schlüsselpositionen aller Parteikomitees" sollten „einen Teil ihrer Zeit in jedem Jahr mit irgendeiner Art von körperlicher Arbeit verbringen"[85]. Die Einheiten der VBA waren dementsprechend jährlich
bis zu zwei Monate in zivile Arbeitsprozesse integriert. So leistete das Militär 1958
mehr als 59 Millionen Arbeitstage in der Industrie und Landwirtschaft; das war
bereits mehr als doppelt so viel wie im Vorjahr. Als Begründung hieß es, auf diese
Weise werde sowohl die Wertschätzung manueller Arbeit durch die Armeeangehörigen als auch ihr kommunistisches Bewußtsein sowie die Einheit der Streitkräfte
mit den Volksmassen verbessert. Zudem wirke sich die Maßnahme positiv auf den
Führungsstil der militärischen Vorgesetzten aus[86].

Die SED entwickelte augenscheinlich eine große Affinität zu entscheidenden
Elementen der Politik Maos Ende der fünfziger Jahre. Sowohl in der Begrifflichkeit
als auch inhaltlich sind bemerkenswerte Übereinstimmungen der politischen Kon-
zepte der SED mit denen der KPCh festzustellen. In der Militärpolitik kam dies
auch darin zum Ausdruck, daß die VBA in der zeitgenössischen Fachliteratur der
DDR-Streitkräfte behandelt wurde[87]. Zudem fand sich bereits im Politbürobeschluß „Über die Rolle der Partei in der NVA" vom 14. Januar 1958 die Forderung
nach der „Verbesserung ... des Arbeitsstils" und einer „Orientierung auf das
Neue"[88].

Auf dem V. Parteitag der SED vom 10. bis 16. Juli 1958 verkündete die SED-Führung die programmatischen Grundsätze, anhand derer die geplante „Vollendung
des Aufbaus des Sozialismus" in der DDR erreicht werden sollte. Ähnlich wie die
KPCh formulierte auch die SED die Zielsetzung, die wirtschaftliche Produktivkraft
erheblich zu steigern. Bis 1961 sollte so die Bundesrepublik im Pro-Kopf-Ver-
brauch bei Nahrungsmitteln und Konsumgütern übertroffen werden. Vermutlich
zusätzlich animiert durch Maos Volkskommunenbewegung wurde auf dem Parteitag auch beschlossen, die sozialistische Entwicklung der Landwirtschaft und damit
deren Kollektivierung zu beschleunigen[89].

Darüber hinaus regte Ulbricht auf dem V. Parteitag in Anlehnung an die Massenlinie der chinesischen KP die „regelmäßige Teilnahme von Funktionären der Partei,
des Staatsapparates und der Massenorganisationen an der Produktionsarbeit oder
am nationalen Aufbauwerk" an[90]. Auf der Grundlage der „praktischen Arbeit an

---

[84] Tao, Die Geschichte und die besten Traditionen der Volksbefreiungsarmee, S. 730 f.
[85] Teilnahme von leitenden Kadern verschiedener Ebenen an körperlicher Arbeit. Vom ZK der
    KP Chinas am 10. Mai 1957 herausgegebene Richtlinie, SAPMO-BArch, DY 30/IV
    2/20/118, Bl. 10.
[86] Joffe, Party and Army, S. 87.
[87] Vgl. u. a. Die Entwicklung der chinesischen Kriegskunst, S. 113 ff.
[88] Über die Rolle der Partei in der NVA. Protokoll Nr. 4/58 der Sitzung des Politbüros des ZK
    der SED, 14. Januar 1958, SAPMO-BArch, DY 30/J IV 2/2/576, Bl. 193 f.
[89] Vgl. Weber, DDR: Grundriß der Geschichte 1945–1990, S. 79, 87.
[90] Stenografische Niederschrift des V. Parteitages der SED, 10.–16. Juli 1958, SAPMO-BArch,
    DY 30/IV 1/V/1, Bl. 327.

der Basis", so Ulbricht, entwickele die Partei „neue Arbeitsmethoden"[91] und erreiche die „Verbesserung des Arbeitsstils aller Parteimitglieder". Auf diese Weise werde das „formale Administrieren und der seelenlose Bürokratismus überwunden" und sowohl die Parteiarbeit als auch die Arbeit der Mitarbeiter des Staatsapparates „enger mit der Praxis verbunden"[92].

Vor dem Hintergrund dieser Forderung äußerte Honecker in bezug auf die NVA, die „Beziehungen zwischen den Angehörigen der bewaffneten Kräfte und den Werktätigen, insbesondere der Arbeiterklasse", seien „noch enger zu gestalten"[93]. Dabei müsse nicht zuletzt der „sozialistischen Bewusstseinsbildung" der Offizierskader „eine viel grössere Aufmerksamkeit als bisher" geschenkt werden[94]. Honecker sagte: „Gleichzeitig damit stehen wir vor der Aufgabe, jenen Offizieren[,] die noch nicht über genügende Produktionserfahrungen verfügen, zu helfen, sich solche Erfahrungen durch die zeitweilige Tätigkeit in einem sozialistischen Grossbetrieb, durch ihre unmittelbare Mitarbeit in der Produktion ... anzueignen." Der Produktionseinsatz werde allen Armeeangehörigen helfen, „sich fester mit dem sozialistischen Aufbau zu verbinden und bestehende Mängel in den Einheiten, insbesondere in den Beziehungen zwischen Offizieren und Mannschaften, im Interesse der Erhöhung der Kampf- und Einsatzbereitschaft zu beseitigen"[95].

Mitte 1958 gab es nach Angaben der ZK-Abteilung für Sicherheitsfragen 5458 NVA-Offiziere, die noch niemals in der Produktion tätig gewesen waren. Zu diesen gehörten auch 558 Politoffiziere; dies waren immerhin 20 Prozent aller Politkader in der NVA[96]. Honecker war schon im Juni 1958 vom Politbüro damit beauftragt worden, zu überprüfen, wie die Offiziere ohne Produktionserfahrung „für einige Zeit zur Teilnahme am sozialistischen Aufbau" delegiert werden konnten[97].

Die Forderungen des V. Parteitages wurden im Rahmen der Direktive des Ministers für Nationale Verteidigung vom 3. Oktober 1958 umgesetzt. Nunmehr konnten NVA-Angehörige zur „Erlangung von Produktionserfahrungen in der sozialistischen Industrie sowie der sozialistischen Land- und Forstwirtschaft" vom Dienst in der NVA freigestellt werden[98].

Im einzelnen sah die Direktive vor, daß vom 1. November 1958 an alle Offiziersschüler des letzten Lehrjahres, die vor Eintritt in die NVA nicht mindestens ein Jahr in der Produktion tätig gewesen waren, nach ihrer Ernennung zum Offizier hierfür

---

[91] Ebenda, Bl. 323–325.
[92] Ebenda, Bl. 327.
[93] Stenografische Niederschrift des V. Parteitages der SED, 10.–16. Juli 1958, SAPMO-BArch, DY 30/IV 1/V/5, Bl. 1916.
[94] Ebenda.
[95] Ebenda, Bl. 1916 ff.
[96] Bericht über den Stand der Durchführung der Beschlüsse des V. Parteitages der SED in der NVA, 20. Oktober 1958, SAPMO-BArch, DY 30/IV 2/12/10, Bl. 248.
[97] Protokoll Nr. 26/58 der Sitzung des Politbüros des ZK der SED, 17. Juni 1958, SAPMO-BArch, DY 30/J IV 2/2/598, Bl. 5.
[98] Freistellung von Angehörigen der NVA zur Erlangung von Produktionserfahrung in der sozialistischen Industrie sowie der sozialistischen Land- und Forstwirtschaft. Direktive Nr. 6/58 des Ministers für Nationale Verteidigung, 3. Oktober 1958, BA-MA, VA-01/4372, Bl. 40. Im Februar 1959 wurde diese Maßnahme explizit auch auf die Politoffiziere und Parteisekretäre ausgedehnt. Freistellung von Politoffizieren und Parteisekretären für die Arbeit in der sozialistischen Produktion. Direktive Nr. 1/59 des Ministers für Nationale Verteidigung, 4. Februar 1959, BA-MA, VA-01/4839, Bl. 260 f.

für etwa ein Jahr freigestellt werden sollten[99]. Nach Angaben von Ulbricht wurden 1958 bereits 600 Absolventen der Offiziersschulen in die Produktion entsandt[100]. 1959 sollte dies für weitere 638 und 1960 für 595 Absolventen gelten. Ferner hatten die Offiziersschüler des 1. und 2. Lehrjahres ihre Offiziersausbildung zu unterbrechen und die fehlende Produktionserfahrung 1959 für die Dauer eines Jahres nachzuholen[101].

Die überarbeitete Fassung der Direktive vom 20. November 1958 legte dann im Detail fest, wie die betreffenden Offiziere vom 1. Januar 1959 an zur Aneignung sozialistischer Produktionserfahrungen vom aktiven Dienst freizustellen waren. Für die Geburtsjahrgänge ab 1930 galt dies für die Dauer von bis zu fünf Monaten und für die Geburtsjahrgänge bis 1929 kurzfristig bis zu vier Wochen. Ausgenommen von dieser Regelung blieben Offiziere der Fachrichtungen Flieger und medizinische Dienste[102]. Der Grund hierfür war offenbar die zu der Zeit äußerst angespannte Personallage in diesen hochqualifizierten Verwendungen. Der ohnehin bestehende allgemeine Mangel an Offizieren in der NVA, 1958 gab es einen Fehlbestand von 1035[103], dürfte zudem der Grund dafür gewesen sein, warum sich ständig nicht mehr als etwa fünf Prozent des Gesamtbestandes der Offiziere in der Produktion befinden sollten[104]. 1959 wurden auf der Grundlage der Direktive insgesamt 1706 Offiziere für den Produktionseinsatz freigestellt[105]. Ursprünglich hatte man bis 1960 sogar 25 Prozent des gesamten Offiziersbestandes „periodisch in der Produktion arbeiten lassen" wollen[106].

So ungewöhnlich diese Erziehungsmaßnahme für sich genommen bereits war, zwei Umstände haben vermutlich zusätzlich für Unmut im Offizierskorps ge-

---

[99] Freistellung von Angehörigen der NVA zur Erlangung von Produktionserfahrung in der sozialistischen Industrie sowie der sozialistischen Land- und Forstwirtschaft. Direktive Nr. 6/58 des Ministers für Nationale Verteidigung, 3. Oktober 1958, BA-MA, VA-01/4372, Bl. 42.

[100] Ulbricht an Chruschtschow, 27. Februar 1959, SAPMO-BArch, DY 30/J IV 2/202/66, Bl. 65.

[101] Auskunftsbericht über die Lage im Offiziers-Bestand nach dem Stand vom 1. August 1958 sowie die sich daraus ergebenden Maßnahmen bei der Freistellung von Offizieren für die Produktionstätigkeit, 4. September 1958, BA-MA, VA-01/5495, Bl. 66.

[102] Kurzfristige Delegierung von Offizieren zur Aneignung von Produktionserfahrungen in der sozialistischen Industrie sowie der sozialistischen Land- und Forstwirtschaft. Direktive Nr. 11/58 des Ministers für Nationale Verteidigung, 20. November 1958, BA-MA, VA-01/4372, Bl. 186.

[103] Auskunftsbericht über die Lage im Offiziers-Bestand nach dem Stand vom 1. August 1958 sowie die sich daraus ergebenden Maßnahmen bei der Freistellung für die Produktionstätigkeit, 4. September 1958, BA-MA, VA-01/5495, Bl. 66.

[104] Kurzfristige Delegierung von Offizieren zur Aneignung von Produktionserfahrungen in der sozialistischen Industrie sowie der sozialistischen Land- und Forstwirtschaft. Direktive Nr. 11/58 des Ministers für Nationale Verteidigung, 20. November 1958, BA-MA, VA-01/4372, Bl. 187.

[105] Bericht und Vorschläge zur Durchführung des Beschlusses vom 30. Juli 1958 über die Freistellung von Offizieren zur Aneignung von Produktionserfahrungen in der sozialistischen Industrie, Land- und Forstwirtschaft. Protokoll der 2. Sitzung des Nationalen Verteidigungsrates der DDR, 15. Juni 1960, BA-MA, DVW 1/39459, Bl. 61.

[106] Stenografische Niederschrift der 4. Tagung des ZK der SED. 15.–17. Januar 1959, SAPMO-BArch, DY 30/IV 2/1/214, Bl. 283.

sorgt[107]. Zum einen unterlagen die Offiziere während ihrer Freistellung weiter „allen Bestimmungen hinsichtlich ihrer Rechte und Pflichten für die Offiziere des aktiven Dienstes"; sie blieben somit auch ihren Kommandeuren disziplinarisch unterstellt. Zum anderen wurden die Offiziere in der Regel nur nach den gültigen Tarifen der jeweiligen Betriebe entlohnt[108].

Nicht minder folgenreich für das Offizierskorps der NVA war eine weitere Erziehungsmaßnahme, die die SED 1959 direkt von der KPCh übernahm: der Einsatz von Offizieren als Soldaten in der Truppe. Im Zuge der Bewegung gegen Bürokratismus, Dogmatismus, Subjektivismus und Konservatismus[109] hatte die Politische Hauptverwaltung der chinesischen VBA am 20. September 1958 eine „Verordnung über den jährlichen einmonatigen Dienst der Offiziere in den Kompanien als einfache Soldaten" beschlossen. Junge Offiziere der VBA, die bisher weder in der Produktion tätig gewesen waren noch als Mannschaftsdienstgrad gedient hatten, sollten in ihrem ersten Jahr sogar zwischen sechs und zwölf Monate als einfache Soldaten in den Einheiten eingesetzt werden[110]. Diese Maßnahme, die schon 1957 eingeleitet worden war, zielte vor allem darauf ab, die fortschreitende Professionalisierung des Offizierskorps zu bekämpfen. Sie sollte die Entstehung eines elitären und korporativen Selbstverständnisses unter den Offizieren verhindern und deutlich machen, daß die Existenz der verschiedenen Dienstgradgruppen in der VBA ausschließlich auf der funktionalen Aufgabenteilung beruhte. Während Ende 1958 rund 10 000 Offiziere einschließlich 70 Generale als Mannschaftsdienstgrade in der Truppe dienten, waren es im Februar 1959 bereits 150 000 Offiziere, darunter 160 Generale[111].

Auf der 4. Tagung des ZK im Januar 1959 wurde nicht nur in dieser Frage deutlich, wie stark die allgemeine Orientierung der Parteiführung an der Politik der KPCh und ihrer revolutionären Programmatik gediehen war. Ulbricht konstatierte, bei der Umgestaltung der Gesellschaft müsse vor allem die „Selbsterziehung und Erziehung der Menschen zu bewußten Sozialisten" sowie die „Gestaltung richtiger Beziehungen zwischen der Partei, der Staatsmacht und den Volksmassen" im Mittelpunkt stehen[112]. Das erfordere die „Beseitigung der Methode des formalen Administrierens, die Verbindung kollektiver, auf die Erfahrungen der Massen gestützter Beschlüsse der Führung mit der Hilfe und ständigen Kontrolle bei der Durchführung der Beschlüsse an der Basis". Er forderte, die Partei müsse ständig von den Massen lernen, „das Neue in der Praxis der Massen", die „neuen Formen und Methoden der gemeinschaftlichen Arbeit und des kollektiven Lebens" erkennen und

---

107 Vgl. Kap VI. dieser Studie.
108 Bei Freistellungen bis zu vier Wochen erhielten sie 70 Prozent ihrer bisherigen Dienstbezüge. Kurzfristige Delegierung von Offizieren zur Aneignung von Produktionserfahrungen in der sozialistischen Industrie sowie der sozialistischen Land- und Forstwirtschaft. Direktive Nr. 11/58 des Ministers für Nationale Verteidigung, 20. November 1958, BA-MA, VA-01/4372, Bl. 187 f.
109 Jencks, From Muskets to Missiles, S. 52.
110 Verordnung über den jährlichen einmonatigen Dienst der Offiziere in den Kompanien als einfache Soldaten. Handakte des Ministers für Nationale Verteidigung über den Einsatz von Offizieren als Soldaten in der Truppe, 1958–1959, BA-MA, VA-01/6312, Bl. 1 f.
111 Joffe, Party and Army, S. 133 f.
112 Stenografische Niederschrift der 4. Tagung des ZK der SED, 15.–17. Januar 1959, SAPMO-BArch, DY 30/IV 2/1/214, Bl. 39 f.

fördern[113]. Für die „Entwicklung des neuen Arbeitsstils" sei es von herausragender Bedeutung, daß die SED „sorgfältiger die Vorschläge und Kritik der Volksmassen" auswerte und nicht zuletzt „durch die zeitweise Teilnahme der Funktionäre an der Produktionsarbeit oder im Nationalen Aufbauwerk ein enges Vertrauensverhältnis zu den Werktätigen" schaffe[114].

In diesem Zusammenhang nannte Ulbricht explizit auch den Produktionseinsatz von NVA-Offizieren. Die ZK-Abteilung für Sicherheitsfragen hatte seinen Angaben zufolge auf Initiative der Sicherheitskommission hin auch die „Zweckmäßigkeit des zeitweiligen Einsatzes von Generalen und Offizieren in den unteren Einheiten als Soldaten, Gefreite und Unteroffiziere geprüft" und vorgeschlagen, diese sollten jährlich „vier bis zu zwölf Wochen als Soldaten Dienst tun". Er betonte, daß auf diese Weise eine „schnellere und wesentliche Verbesserung der sozialistischen Beziehungen zwischen Offizieren und Soldaten erzielt" werden könne, da die Offiziere sowohl „unmittelbar das Leben in der Truppe, die Sorgen und Nöte der Soldaten" als auch die „Auswirkungen von Befehlen durch ihre eigene Erfahrung" kennenlernten, wodurch sie nicht zuletzt ihren Arbeitsstil verbessern würden[115].

Die SED-Führung hatte keine Scheu, diese Maßnahme der KPCh ein Vierteljahr nach ihrer umfassenden Verwirklichung in der VBA ebenfalls direkt in der NVA einzuführen. Hoffmann erklärte hierzu: „Die chinesischen Genossen haben in dieser Frage schon wichtige Erfahrungen gesammelt. Wir haben mit ihnen eine längere Aussprache gehabt und bekommen von ihnen Artikel und sonstige Berichte darüber, die wir entsprechend unseren Bedingungen werden anwenden müssen."[116]

Motiv für die Übernahme auch dieses Erziehungsinstrumentes dürfte zudem der Umstand gewesen sein, daß man bei der Schaffung eines neuen Offizierskorps aus Sorge um die politische Zuverlässigkeit der militärischen Führungskader auch auf zivile Parteifunktionäre zurückgegriffen hatte. Diese waren zumeist ohne umfassende fachliche Ausbildung direkt in einer militärischen Leitungsfunktion oder im Ministerium für Nationale Verteidigung selbst eingesetzt worden. Offenbar erwies es sich aber rasch als Nachteil, daß gerade diese Offiziere nur über wenig Truppenerfahrung verfügten. So besaßen Anfang 1959 insgesamt mehr als 60 Prozent der Offiziere des Ministeriums keinerlei Erfahrungen im einfachen Truppendienst: weder als Soldat noch als Offizier. In der Politischen Verwaltung betraf dies von 88 Offizieren 69 und in der Verwaltung Kader von 58 Offizieren 53[117].

Hoffmann empfand diese Zahlen als „etwas erschreckend". Ursache für eine solche Zusammensetzung des Offizierspersonals sei jedoch „nicht böser Wille" der leitenden Genossen gewesen, sondern auf die Notwendigkeit zurückzuführen, „in relativ kurzer Zeit eine Armee aufzubauen". Man habe „nicht auf alte Offiziers-

---

113 Ebenda, Bl. 46.
114 Ebenda, Bl. 72. Hieran knüpfte unmittelbar auch eine Anordnung des Ministers für Nationale Verteidigung über die „grundlegende Veränderung des Arbeitsstils" an. Maßnahmen zur grundlegenden Veränderung des Arbeitsstils der Leitung des Ministeriums für Nationale Verteidigung, der Kommandos und der höheren Stäbe. Anordnung Nr. 5/59 des Ministers für Nationale Verteidigung, 3. Februar 1959, BA-MA, VA-01/2898, Bl. 36 ff.
115 Stenografische Niederschrift der 4. Tagung des ZK der SED, 15.–17. Januar 1959, SAPMO-BArch, DY 30/IV 2/1/214, Bl. 75 f.
116 Ebenda, Bl. 284.
117 Ebenda, Bl. 286.

kader der faschistischen *[Wehrmacht]* in breitem Maße zurückgreifen" können,
„sondern nur in Einzelfällen"[118].

Sowohl die zunehmende Distanz vieler Stabsoffiziere zu Fragen des Truppen-
dienstes als auch die in den Reihen der NVA-Offiziere vorhandene korporative At-
titüde, die die SED im Hinblick auf die Schaffung eines neuen, sozialistischen Offizierskorps zu überwinden gehofft hatte, veranlaßte das Politbüro in Anlehnung an
die KPCh am 20. Januar 1959, den „zeitweiligen Einsatz von Generalen, Admiralen
und Offizieren in den unteren Einheiten als Soldaten" zu beschließen. Er sollte
jährlich vier Wochen dauern[119]. Zur Begründung hieß es, in Durchführung des Politbürobeschlusses vom 14. Januar 1958 sei trotz „unbestreitbarer Fortschritte ...
der notwendige Umschwung in der sozialistischen Erziehung, im Arbeitsstil und
der Verbesserung des Klassenverhältnisses zwischen Offizier und Soldat jedoch
noch nicht erreicht" worden. Daher zielte der Beschluß nicht zuletzt auf die „Überwindung spießbürgerlicher und bürokratischer Gewohnheiten"[120].

Die SED plante zunächst, zwischen dem 1. Mai und dem 15. November 1959 „im
beschränkten Umfang" einen Teil der Offiziere des Ministeriums, der Leitungen
und Stäbe der Militärbezirke, Seestreitkräfte, Luftstreitkräfte und Luftverteidigung,
der Divisionen sowie der Militärakademie und der Offiziersschulen in der Truppe
als Soldat dienen zu lassen, um hinsichtlich dieser Maßnahme Erfahrungen zu sam-
meln[121]. Darüber hinaus waren alle Parteisekretäre und verantwortlichen Politarbeiter „vorrangig" einzuplanen[122]. 1959 leisteten daraufhin jedoch zunächst nur 159
Offiziere Dienst als Soldat in der Truppe[123].

Ab 1960 sollte der Beschluß dann „für alle Offiziere der Nationalen Volksarmee
bis zum 50. Lebensjahr" gelten, es sei denn, sie waren „körperlich oder gesundheitlich dazu nicht in der Lage". Zusätzlich wollte man Offizieren und Generalen, die
über keine Truppenpraxis verfügten oder schon lange Jahre nicht mehr in der
Truppe tätig waren, die Möglichkeit geben, etwa als Zugführer oder Kompaniechef
eingesetzt zu werden. Das Politbüro beauftragte Stoph, der Sicherheitskommission
im November 1959 „über die gesammelten Erfahrungen und die erreichten Ergebnisse zu berichten" und Maßnahmen zur Gewährleistung des Einsatzes aller Offiziere ab 1960 zum Dienst als Soldat in der Truppe vorzuschlagen. Zudem wurde

---

[118] Ebenda, Bl. 285.
[119] Beschluß über den zeitweiligen Einsatz von Generalen, Admiralen und Offizieren in den
unteren Einheiten als Soldaten. Protokoll Nr. 4/59 der Sitzung des Politbüros des ZK der
SED, 20. Januar 1959, SAPMO-BArch, DY 30/J IV 2/2/628, Bl. 10, 152.
[120] Arbeitsprotokoll Nr. 4/59 der Sitzung des Politbüros des ZK der SED, 20. Januar 1959,
SAPMO-BArch, DY 30/J IV 2/2A/678, o. Pag.
[121] Beschluß über den zeitweiligen Einsatz von Generalen, Admiralen und Offizieren in den
unteren Einheiten als Soldaten. Protokoll Nr. 4/59 der Sitzung des Politbüros des ZK der
SED, 20. Januar 1959, SAPMO-BArch, DY 30/J IV 2/2/628, Bl. 152.
[122] Grundsätze über den jährlich 4-wöchigen Dienst der Offiziere der NVA als Soldaten in den
Kompanien. Protokoll Nr. 4/59 der Sitzung des Politbüros des ZK der SED, 20. Januar
1959, SAPMO-BArch, DY 30/J IV 2/2/628, Bl. 155.
[123] Bericht und Vorschläge zur Durchführung des Beschlusses vom 20. Januar 1959 über die
zeitweilige Dienstleistung der Offiziere, Generale und Admirale als Soldat bzw. Unteroffizier in der Truppe. Protokoll der 2. Sitzung des Nationalen Verteidigungsrates der DDR,
15. Juni 1960, BA-MA, DVW 1/39459, Bl. 64.

Dölling angewiesen, bis zum 15. Februar 1959 die „politische Vorbereitung" der Durchführung des Beschlusses sicherzustellen[124].

Die Anordnung des Ministers für Nationale Verteidigung, die den Politbürobeschluß implementierte, regelte ferner, daß die jeweiligen Kommandeure gemeinsam mit den Parteileitungen festlegen sollten, „welche Offiziere zu welcher Zeit ihren Dienst als Soldat in einer bestimmten Einheit" zu leisten hatten. Offiziere, die 1960 für die zeitweilige Tätigkeit in der Produktion vorgesehen waren, blieben in diesem Jahr vom Dienst als Soldat freigestellt. Die Offiziere sollten ihren Dienst als Soldat in den eigenen Truppenteilen und Verbänden versehen[125]. Dies dürfte für einige Komplikationen gesorgt haben, da es so einerseits wahrscheinlich war, daß der Personalbestand die Offiziere kannte, diese andererseits aber anscheinend den Auftrag hatten, zunächst „konspirativ" zu agieren und „unerkannt zu bleiben"[126].

Weiterhin sah die Anordnung vor, daß die Generale und Offiziere während der Dauer ihres Einsatzes „ausschließlich die in den Dienstvorschriften, Befehlen und Anordnungen für Soldaten festgelegten Rechte und Pflichten" hatten. In Übereinstimmung mit der Linie der chinesischen VBA mußten die Offiziere die Uniformen der Soldaten tragen und gemeinsam mit diesen „wohnen, schlafen, essen und arbeiten". Die Kommandeure hatten dabei streng darauf zu achten, daß den Offizieren weder Privilegien eingeräumt wurden noch daß es zu „Überspitzungen" bei den an sie gestellten Forderungen kam. Nach Abschluß der Dienstzeit hatten die Kompaniechefs zusammen mit den Parteiorganisationen über jeden Offizier eine Beurteilung für die zuständige Parteileitung und den Vorgesetzten anzufertigen[127].

Direkt im Anschluß an die 4. ZK-Tagung scheint die Parteiführung im Zusammenhang mit dem Politbürobeschluß vom 20. Januar 1959 mit einigen Problemen konfrontiert gewesen zu sein, die jedoch nicht durch die militärische Truppenführung, sondern vielmehr durch den Parteiapparat in der NVA verursacht worden waren. Denn die Parteileitung der Politischen Verwaltung hatte auf der Grundlage der ZK-Beschlüsse entschieden, die Mitglieder ihrer Parteiorganisation sollten freiwillig in der Truppe als Soldat dienen. Darüber hinaus aber veröffentlichte die Parteileitung in der Zeitung „Die Volksarmee" einen Artikel, in dem die Parteiorganisationen der „ganzen Armee" aufgerufen wurden, „es ebenso zu machen"[128].

Hoffmann bemerkte hierzu, „bei allem guten Willen" der Parteileitung der Politischen Verwaltung sei „dies eine falsche Handlung gewesen", die politisch „gewisse Schwierigkeiten mit sich bringen" werde. Man solle die 4. ZK-Tagung nicht auf diese „untergeordneten Maßnahmen" reduzieren. Hoffmann konstatierte: „Wir

---

[124] Beschluß über den zeitweiligen Einsatz von Generalen, Admiralen und Offizieren in den unteren Einheiten als Soldaten. Protokoll Nr. 4/59 der Sitzung des Politbüros des ZK der SED, 20. Januar 1959, SAPMO-BArch, DY 30/J IV 2/2/628, Bl. 152f.

[125] Zeitweiliger Einsatz der Generale, Admirale und Offiziere als Soldat in der Truppe. Anordnung Nr. 4/59 des Ministers für Nationale Verteidigung, 3. Februar 1959, BA-MA, VA-01/5031, Bl. 63f.

[126] Erfahrungsbericht über den vierwöchigen Einsatz als Soldat, 1959, BA-MA, VA-01/6144, Bl. 158.

[127] Zeitweiliger Einsatz der Generale, Admirale und Offiziere als Soldat in der Truppe. Anordnung Nr. 4/59 des Ministers für Nationale Verteidigung, 3. Februar 1959, BA-MA, VA-01/5031, Bl. 65.

[128] Protokoll der Parteiaktivtagung des Ministeriums für Nationale Verteidigung, 24.–26. Januar 1959, BA-MA, VA-P-01/510, Bl. 40.

sind gar nicht interessiert, eine Massenbewegung zu entfalten, wir müssen doch an die Einsatzbereitschaft unserer Armee denken, wir müssen die bewußten Wege suchen, wie wir diesen Beschluß wirklich sinnvoll durchführen, damit für den Einzelnen, für das Kollektiv, für das sozialistische Bewußtsein etwas herauskommt. ... Wir müssen also diese Angelegenheit schnell korrigieren ...."[129]

Die durch die Erziehungsmaßnahme entstandenen Probleme und die offenbar partiell vorhandene Tendenz zu ihrer Radikalisierung dürften auch den sowjetischen Militärberatern und damit der KPdSU nicht verborgen geblieben sein. Insofern erscheint es verständlich, daß Ulbricht versuchte, möglicher Kritik von sowjetischer Seite vorbeugend die Spitze zu nehmen. Am 27. Februar 1959 schrieb er an Chruschtschow, um die von der VBA übernommenen Erziehungsmaßnahmen zu erläutern und für Verständnis zu werben. Denn Ulbricht hatte während des XXI. Parteitages der KPdSU 1959 eine Unterhaltung mit dem Oberkommandierenden der Vereinten Streitkräfte, Marschall Konew, geführt, in der dieser „Zweifel an der Richtigkeit" der Beschlüsse „über die zeitweilige Entsendung von Offizieren der Nationalen Volksarmee in die Produktion und die Entsendung aller Offiziere, die gesundheitlich dazu in der Lage sind, jährlich einen Monat in die unteren Einheiten der Armee" geäußert hatte. Konew brachte dabei anscheinend die Überzeugung zum Ausdruck, daß durch diese Maßnahmen die Ausbildung gemäß dem Ausbildungsbefehl nicht mehr gewährleistet sein werde[130].

Ulbricht verwies gegenüber Chruschtschow jedoch darauf, daß die NVA im wesentlichen eine Kaderarmee sei, weshalb die Sicherheitskommission „keine Gefahr" im Hinblick auf die Erfüllung des Ausbildungsplanes sehe. Vor dem Hintergrund des vermutlichen Aufeinandertreffens zweier deutscher Armeen im Kriegsfall betonte er die Zielsetzung der Erziehungsmaßnahmen: Die DDR-Streitkräfte stünden „unter sehr komplizierten Bedingungen einem harten Gegner" gegenüber, weshalb die Treue der Offiziere und Soldaten zur Arbeiter- und Bauernmacht und zum Sozialismus „nicht weniger wichtig" sei als die militärische Ausbildung. Doch sei „diese Vorbereitung in der Truppe ungenügend"[131]. Ulbricht rechtfertigte den Dienst von Offizieren als Soldat in der Truppe nicht zuletzt mit dem Hinweis, daß so die „Überwindung spießbürgerlicher und bürokratischer Gewohnheiten" gelingen werde[132], die ihre Ursache vor allem darin hätten, „daß in der Zeit des Aufbaues" der NVA „die Ausbildung des Offiziersnachwuchses in den Händen von Militär-Fachleuten der alten Schule" gelegen habe. „Das hatte", so Ulbricht, „wie es nicht anders sein kann, seine negativen Seiten, zum Beispiel in bezug auf das Verhältnis zwischen Offizieren und Soldaten."[133]

Honecker zeigte sich dementsprechend in weitgehender Übereinstimmung mit der chinesischen Linie davon überzeugt, daß die beschlossenen Erziehungsmaßnahmen dazu geeignet waren, „in absehbarer Zeit eine Umwälzung im Denken und Handeln" der Offiziere herbeizuführen. Er äußerte, es komme jetzt darauf an, „einen großen Sprung nach vorn zu machen" in der politisch-ideologischen Festi-

---

129 Ebenda, Bl. 40 f.
130 Ulbricht an Chruschtschow, 27. Februar 1959, SAPMO-BArch, DY 30/J IV 2/202/66, Bl. 64.
131 Ebenda.
132 Ebenda, Bl. 66.
133 Ebenda.

gung der bewaffneten Organe, in der Erhöhung ihrer militärischen Kampfkraft sowie der Festigung der Kampfgemeinschaft zwischen Offizier und Soldat[134].

Generalmajor Heinz Hampel hat rückblickend bemerkt, die sowjetischen Offiziere hätten sich „über diese Maßnahmen sehr gewundert"[135]. In den sowjetischen Streitkräften gab es zur gleichen Zeit weder den Einsatz der Offiziere in der Produktion noch deren zeitweiligen Dienst als Soldat in der Truppe[136]. Es ist kaum vorstellbar, daß die KPdSU derartige Maßnahmen hätte verwirklichen wollen, da ihr klar gewesen sein dürfte, daß sie damit die Einsatzbereitschaft der Streitkräfte entscheidend geschwächt hätte.

Wegen der umfassenden Orientierung an der chinesischen Militärkonzeption zwischen 1957 und 1960 sowie der Intensität der politischen Durchdringung erscheint es insofern folgerichtig, von einer „Maoisierung" der NVA innerhalb dieses Zeitraumes zu sprechen.

3. Die Abkehr von der chinesischen Militärkonzeption 1960/1961 nach der Verschärfung des sino-sowjetischen Konfliktes

Die Beziehungen zwischen der UdSSR und der VR China hatten sich nach dem XX. Parteitag der KPdSU 1956 zunehmend verschlechtert. Waren der Grund hierfür in erster Linie die unterschiedlichen Auffassungen bezüglich der Bewertung von Stalins Herrschaftssystem gewesen, so resultierte die weitere Verschärfung des Verhältnisses 1957/1958 vor allem aus der sowjetischen Weigerung, das chinesische Militär mit Atomwaffen auszustatten. In der Folgezeit ergaben sich eine Reihe ideologischer und politischer Differenzen zwischen beiden Seiten. Während Chruschtschow etwa die „friedliche Koexistenz" von Ost und West propagierte und eine atomare Rüstungsbegrenzung anstrebte, nannte Mao die atomare Bedrohung durch die USA einen „Papiertiger" und äußerte die Erwartung, daß Kriege unvermeidlich seien, solange der Imperialismus existiere. Der Streit entzündete sich aber auch an den Volkskommunen, die die KPdSU kritisch beurteilte[137].

1960 spitzte sich der Konflikt zu. Im April erschienen in chinesischen Publikationen mehrere Artikel, in denen im Gegensatz zur sowjetischen Position vor allem die Auffassung vertreten wurde, ein möglicher Weltkrieg müsse nicht zwangsläufig die allgemeine Zerstörung der menschlichen Zivilisation bedeuten. Daher befürworteten die Chinesen auch „lokale Kriege" zur Unterstützung revolutionärer Bewegungen trotz der drohenden Eskalation derartiger Konflikte. Auf der „Bukarester Konferenz der kommunistischen und Arbeiterparteien" Ende Juni 1960 sollte dann der

---

[134] Entwurf eines Diskussionsbeitrages von Honecker für die 4. Tagung des ZK der SED, 1959, SAPMO-BArch, DY 30/2516, o. Pag.

[135] Hampel, Im Ministerium für Nationale Verteidigung, S. 188.

[136] Werner Hübner, ehemaliger Mitarbeiter in der ZK-Abteilung für Sicherheitsfragen, hat geäußert, in den sowjetischen Streitkräften sei der Dienst von Offizieren und Generalen als Soldat in der Truppe „undenkbar" gewesen. Hübner, Zur Rolle der Partei in der Nationalen Volksarmee, S. 424.

[137] Vgl. Ford, The Eruption of Sino-Soviet Politico-Military Problems, S. 100 ff.

Versuch unternommen werden, die Kontroverse zu entschärfen. Statt dessen kam es jedoch zu massiven Auseinandersetzungen zwischen beiden Seiten, die jeweils auf ihren Standpunkten beharrten. Mit Ausnahme Chinas unterstützten letztlich alle auf der Konferenz vertretenen Parteien die sowjetische Sicht, es sei sowohl möglich, Kriege zu verhindern, als auch einen friedlichen Übergang vom Kapitalismus zum Sozialismus zu erreichen. Offenbar war das Zerwürfnis zwischen beiden Staaten so schwerwiegend, daß die Führung der KPdSU daraufhin im Juli 1960 beschloß, die in China arbeitenden sowjetischen Spezialisten umgehend zurückzubeordern[138].

Die Verschärfung des sino-sowjetischen Konfliktes beeinflußte zwangsläufig auch die Beziehungen zwischen der DDR und der VR China. Die SED sah sich aufgrund massiven sowjetischen Drucks dazu gezwungen, sich nunmehr öffentlich von der Politik der KPCh zu distanzieren[139]. Dies geschah zum ersten Mal am 17. Juni 1960 in einem Artikel des „Neuen Deutschland", der sich gegen chinesische Behauptungen wandte, als gelte „der in China beschrittene Weg von der Bodenreform über die LPG *[Landwirtschaftliche Produktionsgenossenschaft]* zu den Volkskommunen auch für andere Länder". Dort hieß es, es dürfe „nicht der Eindruck erweckt werden", als würde man „in der DDR zu Volkskommunen übergehen"[140].

Bis zu diesem Zeitpunkt hatte es hinsichtlich der Volkskommunen jedoch eine weitgehende Übereinstimmung zwischen der SED und der KPCh gegeben, die auch dadurch nicht beeinträchtigt worden war, daß Chruschtschow die Volkskommunen im Juli 1959 offen verurteilt hatte. Trotz dieser Kritik der KPdSU war die Haltung der SED zu den Volkskommunen in der ersten Hälfte des Jahres 1960 zunächst uneingeschränkt positiv geblieben, was nicht zuletzt daran lag, daß dieses chinesische Experiment zeitgleich mit der Zwangskollektivierung der Bauern in der DDR stattfand[141].

Anläßlich der Bukarester Konferenz signalisierte Ulbricht dann aber unmißverständlich die Abkehr von der Linie der KPCh, indem er den Chinesen unter anderem vorwarf, sie hätten versucht, in der DDR „eine Diskussion über die Volkskommunen" zu provozieren. Er äußerte nunmehr: „Der Weg der Volkskommune ist absolut falsch für die Volksdemokratien."[142] Diese Auffassung ließ bei den Chinesen keine Zweifel mehr hinsichtlich der neuen Position der SED aufkommen[143].

---

138 Day, China and the Soviet Union 1949–84, S. 17 ff.

139 Christoph Kleßmann hat geäußert, es bleibe unklar, warum die SED „zum Jahresende 1959 so abrupt die Kollektivierungskampagne beschleunigt und 1960 rigoros innerhalb von wenigen Monaten zu Ende geführt" habe. Kleßmann, Zwei Staaten, eine Nation, S. 315. In Anbetracht der ab Mitte 1959 ausdrücklich ablehnenden Haltung Chruschtschows gegenüber den Volkskommunen und der von der SED immer wieder betonten ideologischen Nähe dieses Experiments zur Zwangskollektivierung in der DDR dürfte die SED-Führung zu der Überzeugung gelangt sein, ihre Kampagne schnell abzuschließen, bevor diese infolge der sich verschlechternden sino-sowjetischen Beziehungen in ihrem Fortgang eventuell behindert worden wäre.

140 Zur Klärung einer Frage, S. 3.

141 Die DDR und China 1949 bis 1990, S. 102 f.

142 Rede des Genossen Walter Ulbricht über die Notwendigkeit eines Meinungsaustausches zwischen den kommunistischen und Arbeiterparteien der sozialistischen Länder über Fragen der internationalen Lage *[Bukarester Konferenz der kommunistischen und Arbeiterparteien der sozialistischen Länder, 24.–26. Juni 1960]*, in: Die DDR und China 1949 bis 1990, S. 118.

143 Die ZK-Abteilung für Internationale Verbindungen befand im nachhinein, 1960 hätten sich

Ulbrichts Distanzierung von der Politik der VR China hatte zugleich auch Auswirkungen auf die Adaption der chinesischen Militärkonzeption durch die SED. Dieser Ansatz war jetzt gezwungenermaßen einer Revision zu unterziehen[144]. Auf der 2. Sitzung des Nationalen Verteidigungsrates am 15. Juni 1960 wurde dementsprechend die „Änderung" der Beschlüsse über die „Freistellung von Offizieren zur Aneignung von Produktionserfahrungen in der sozialistischen Produktion" vom 30. Juli 1958 sowie über die „zeitweilige Dienstleistung der Offiziere, Generale und Admirale als Soldat bzw. Unteroffizier in der Truppe" vom 20. Januar 1959 beschlossen[145].

Augenfällig ist dabei die zeitliche Nähe dieses Beschlusses zu der am 17. Juni 1960 im „Neuen Deutschland" erstmals geäußerten Kritik der SED an den chinesischen Volkskommunen[146]. Die Vermutung liegt nahe, daß die SED-Führung zu der Überzeugung gelangt war, sich nicht im allgemeinen von der Politik der KPCh distanzieren zu können, ohne – wenigstens intern – auch eine Abkehr von der chinesischen Militärkonzeption einzuleiten. Trotz der Tatsache, daß der Beschluß im Nationalen Verteidigungsrat gefällt wurde, dürfte die KPdSU von ihm Kenntnis erlangt haben. In Anbetracht der inhaltlich nur geringen Änderungen an den alten Regelungen ging es der SED vermutlich vor allem darum, ein politisches Signal in Richtung der sowjetischen Führung auszusenden. Grundsätzlich hielt die SED-Führung an den Maßnahmen zunächst jedoch fest, schränkte sie aber ein.

So sollten die Absolventen der Offiziersschulen, die nicht mindestens ein Jahr in der Produktion tätig gewesen waren, anstatt für ein Jahr nur noch für rund sechs Monate „zur Aneignung von sozialistischen Produktionserfahrungen" nach Ende ihrer Ausbildung vom Dienst freigestellt werden. Hatten sie „am polytechnischen Unterricht an den allgemeinbildenden Schulen teilgenommen", wurde ihnen diese Zeit als Produktionstätigkeit angerechnet. Von den aktiven Offizieren der NVA ohne Produktionserfahrungen sollten „ausgehend von den gestellten Aufgaben für die Ausbildung und die Gewährleistung der Gefechts- und Einsatzbereitschaft" jährlich nur noch 25 Prozent für einen Monat in der Produktion eingesetzt werden. Zudem wurden neben Ärzten und Flugzeugführern jetzt unter anderem auch das fahrende Personal der Seestreitkräfte und ein Teil der technischen Offiziere von der Teilnahme an der Erziehungsmaßnahme befreit[147].

---

in der chinesischen Politik „Tendenzen des Nationalismus und ein, wenn auch nicht offen vorgebrachter, Anspruch auf Allgemeingültigkeit der chinesischen Auffassungen, Erfahrungen und Methoden und damit faktisch ein noch unausgesprochener Führungsanspruch innerhalb der internationalen Arbeiterbewegung" gezeigt. Bemerkungen zur Außenpolitik der VR China im Jahre 1960, SAPMO-BArch, DY 30/IV 2/20/122, Bl. 294.

[144] Vgl. Storkmann, Das chinesische Prinzip in der NVA, S. 48 ff.

[145] Protokoll der 2. Sitzung des Nationalen Verteidigungsrates der DDR, 15. Juni 1960, BA-MA, DVW 1/39459, Bl. 5 ff.

[146] Am folgenden Tag wurde der SED-Führung durch Chruschtschow mitgeteilt, man habe die chinesische Regierung über den Entschluß in Kenntnis gesetzt, die rund 1500 sowjetischen Spezialisten aus der VR China abzuberufen. Chruschtschow an das ZK der SED, 18. Juli 1960, SAPMO-BArch, DY 30/J IV 2/202/280, o. Pag.

[147] Änderung des Beschlusses vom 30. Juli 1958 über die Freistellung von Offizieren zur Aneignung von Produktionserfahrungen in der sozialistischen Produktion. Protokoll der 2. Sitzung des Nationalen Verteidigungsrates der DDR, 15. Juni 1960, BA-MA, DVW 1/39459, Bl. 5 f.

Auch an dem Dienst als Soldat in der Truppe mußten fortan jährlich nur noch maximal 25 Prozent des Offiziersbestandes einer Einheit teilnehmen. Zudem dauerte der Einsatz in der Regel nur noch einen Monat. Zusätzlich zu der Gruppe von Offizieren, die schon vom Produktionseinsatz befreit war, blieben unter anderem auch Offiziershörer der Militärakademien und Hörer langfristiger Lehrgänge sowie Offiziere mit besonderen Qualifikationen oder Aufgabenstellungen als Wissenschaftler und Spezialisten vom Dienst in der Truppe ausgenommen. In diesem Zusammenhang wies der Nationale Verteidigungsrat darauf hin, daß der Beschluß so durchzuführen sei, „daß die Ausbildung, Dienstdurchführung und Gefechtsbereitschaft der Stäbe, Truppenteile und Einheiten jederzeit aufrechterhalten" bleibe[148].

Die Änderungen lassen die Absicht der SED-Führung erkennen, die Erziehungsmaßnahmen in ihrem Umfang soweit zu reduzieren, daß sie die Einsatzbereitschaft der Streitkräfte nur noch geringfügig beeinträchtigen konnten. Offenkundig trat hier die Intention zutage, die politische Durchdringung der NVA zurückzunehmen und verstärkt die Interessen der militärischen Truppenführung zu berücksichtigen. Anscheinend hatte der Nationale Verteidigungsrat die Änderung der Beschlüsse nicht zuletzt auf der Grundlage der Berichte der militärischen Truppenführung hinsichtlich der Anwendung der Erziehungsmaßnahmen gefällt.

So wurde im entsprechenden Bericht des Kommandos Seestreitkräfte die Befürchtung geäußert, ein „jährlich sich wiederholender 1-monatiger Dienst eines jeden Offiziers der Seestreitkräfte als Matrose" führe „mit großer Wahrscheinlichkeit – bedingt durch die angespannten Stellenpläne und die nicht vorhandene Kaderreserve – nicht zu der erhofften wesentlichen Erhöhung der Einsatz- und Gefechtsbereitschaft der Stäbe, Verbände und Einheiten der Seestreitkräfte, sondern zu ihrer Verminderung"[149].

Der SED erschien es zu diesem Zeitpunkt jedoch anscheinend nicht als zwingend, die von der VBA übernommenen Erziehungsmaßnahmen grundsätzlich zu verurteilen. Der Nationale Verteidigungsrat gelangte vielmehr zu einer durchweg positiven Würdigung der durch die Maßnahmen erzielten Ergebnisse, die in Teilen eine rechtfertigende Tendenz aufwies. Das Gremium konstatierte, die Produktionstätigkeit habe sich vorteilhaft auf die Entwicklung des sozialistischen Bewußtseins der Offiziere ausgewirkt. Fast alle seien dadurch „politisch und auch persönlich reifer geworden". Aufgrund ihres hohen Arbeitseinsatzes hätten sich die Offiziere „sehr schnell das Vertrauen der Werktätigen erworben", die daraufhin „mit Achtung von ‚ihren' Offizieren als den Arbeiter[n] in Uniform" gesprochen hätten. Es wurde nachdrücklich betont: „Die Erfahrungen zeigen, daß diese Maßnahme zweckmäßig und wirksam ist."[150]

[148] Änderung des Beschlusses vom 20. Januar 1959 über die zeitweilige Dienstleistung der Offiziere, Generale und Admirale als Soldat bzw. Unteroffizier in der Truppe. Protokoll der 2. Sitzung des Nationalen Verteidigungsrates der DDR, 15. Juni 1960, BA-MA, DVW 1/39459, Bl. 7f.

[149] Bericht und Vorschläge zur Durchführung des Beschlusses vom 20. Januar 1959 über die zeitweilige Dienstleistung der Offiziere, Generale und Admirale als Soldat bzw. Unteroffizier in der Truppe. Protokoll der 2. Sitzung des Nationalen Verteidigungsrates der DDR, 15. Juni 1960, BA-MA, DVW 1/39459, Bl. 66.

[150] Bericht und Vorschläge zur Durchführung des Beschlusses vom 30. Juli 1958 über die Freistellung von Offizieren zur Aneignung von Produktionserfahrungen in der sozialistischen

Auch der Einsatz von Offizieren als Soldat habe „auf die gesamte politische und militärische Ausbildungs- und Erziehungsarbeit in der Truppe einen positiven Einfluß" gehabt, hieß es. Die Offiziere hätten „wertvolle Erfahrungen" für die Verbesserung ihrer Leitungstätigkeit und die Erziehungs- und Ausbildungsarbeit gesammelt. In dieser Hinsicht habe sich das „Bewußtsein der Offiziere, ihre politische Aktivität sowie ihre Autorität und ihr persönliches Verhalten" positiv entwickelt. Der Nationale Verteidigungsrat äußerte auch hier: „Die Erfahrungen beweisen, daß die Maßnahme geeignet ist, die sozialistischen Beziehungen zwischen den Soldaten und Offizieren schneller und wirksamer zu verbessern."[151]

In den folgenden Monaten nach dem Rückzug der sowjetischen Spezialisten blieb das Verhältnis zwischen der UdSSR und der VR China weiter angespannt. Nach der offen geäußerten Kritik auf der Bukarester Konferenz im Juni 1960 vollzog die SED-Führung in einem Brief an das ZK der KPCh vom 6. September desselben Jahres jetzt auch formal den Bruch mit den politischen Positionen der Chinesen. Das ZK der SED distanzierte sich vor allem von der Auffassung der chinesischen KP, in der modernen Epoche des Imperialismus, der Kriege und Revolutionen gebe es eine „schicksalhafte Unvermeidlichkeit der Kriege"[152]. Diese These, so die SED, müsse „zwangsläufig zu fehlerhaften, nicht marxistisch-leninistischen Konzeptionen in den Fragen der Strategie und Taktik führen"[153]. Auch die Ansicht, es gebe neben der „Alternative friedliche Koexistenz oder Krieg ... einen dritten Weg der kleinen Kriege und des kalten Krieges" wies die SED als „antimarxistisch und außerordentlich schädlich" zurück. Bekanntlich arbeiteten die „Adenauer-Regierung und der Bonner-Generalstab ... Pläne für sogenannte ‚lokale' oder ‚begrenzte' Kriege gegen die DDR aus"[154]. Auch kritisierte man den vermeintlichen Anspruch der KPCh, ihren Auffassungen über die Volkskommunen den „Charakter eines allgemeingültigen, grundlegenden Leitsatzes des Marxismus-Leninismus über den Aufbau des Sozialismus und Kommunismus auf dem Dorfe zu geben"[155]. Schließlich bekannte sich die SED unmißverständlich zu den Positionen der KPdSU, indem sie konstatierte, „die Meinungsverschiedenheiten in wichtigen Fragen der internationalen Politik" existierten nicht nur zwischen der KPdSU und der KPCh – wie von letzterer behauptet wurde – „sondern zwischen der Führung der KPCh und allen anderen Bruderparteien"[156].

Im November 1960 unternahmen dann 81 kommunistische Parteien im Rahmen einer langfristig vorbereiteten Konferenz in Moskau einen erneuten Versuch, den sino-sowjetischen Konflikt zu entschärfen. Die chinesische Delegation unter Leitung von Deng Xiaoping verneinte jetzt zwar die Unvermeidlichkeit eines Weltkrieges,

---

Industrie, Land- und Forstwirtschaft. Protokoll der 2. Sitzung des Nationalen Verteidigungsrates der DDR, 15. Juni 1960, BA-MA, DVW 1/39459, Bl. 59.

151 Bericht und Vorschläge zur Durchführung des Beschlusses vom 20. Januar 1959 über die zeitweilige Dienstleistung der Offiziere, Generale und Admirale als Soldat bzw. Unteroffizier in der Truppe. Protokoll der 2. Sitzung des Nationalen Verteidigungsrates der DDR, 15. Juni 1960, BA-MA, DVW 1/39459, Bl. 64 f.

152 ZK der SED an das ZK der KPCh, 6. September 1960, SAPMO-BArch, DY 30/J IV 2/202/279, o. Pag.

153 Ebenda.

154 Ebenda.

155 Ebenda.

156 Ebenda.

hielt ihn bei anhaltender Existenz des Kapitalismus aber weiter für wahrscheinlich. Die KPCh warf der sowjetischen Seite zudem vor, die Möglichkeit des friedlichen Überganges zum Sozialismus zu überschätzen. Schließlich konstatierte man, die KPdSU sei zwar die führende Partei des kommunistischen Lagers, grundsätzlich seien die Parteien aber unabhängig und gleichberechtigt; mithin könne die KPdSU nicht beanspruchen, daß die Beschlüsse des Kongresses für alle Parteien bindend seien[157].

In der Abschlußerklärung vom 25. November 1960 behielt letztlich jedoch die KPdSU mit ihrer Sicht die Oberhand; einzig im Rahmen der Formulierungen gab es einige Zugeständnisse. So räumte man zwar ein, daß sich die aggressive Natur des Imperialismus nicht geändert habe. Durch die gemeinsamen Anstrengungen des sozialistischen Lagers könne ein Weltkrieg aber verhindert werden. Der friedliche Übergang zum Sozialismus sei auch deshalb möglich, weil die Politik der friedlichen Koexistenz der Systeme von Teilen der Bourgeoisie der entwickelten kapitalistischen Staaten befürwortet werde. Im Hinblick auf das eigene Lager wurden erneut „Revisionismus", aber auch „Dogmatismus" und „Sektierertum" als Hauptgefahren in der Entwicklung einzelner kommunistischer Parteien bezeichnet[158].

Dieser Hinweis der Moskauer Erklärung dürfte nicht nur der KPCh gegolten haben; er konnte ebenso als Warnung an die übrigen Parteien verstanden werden. Fortan orientierte sich die SED ausschließlich an der KPdSU. Alle in Anlehnung an die VR China entwickelten politischen Experimente traten in den folgenden Monaten eindeutig in den Hintergrund. So wurde auf der 11. ZK-Tagung vom 15. bis 17. Dezember 1960 beschlossen, die umstrittene Übernahme von Elementen der chinesischen Militärkonzeption in der NVA zu beenden[159].

Im Anschluß hob das Politbüro am 17. Januar 1961 den Grundsatzbeschluß des V. Parteitages vom Juli 1958 über die regelmäßige Teilnahme der Funktionäre der Partei, des Staatsapparates und der Massenorganisationen an der Produktionsarbeit auf. Zur Begründung hieß es, die Funktionäre hätten „hierbei wertvolle Erfahrungen in der praktischen Arbeit für ihre eigene Tätigkeit gesammelt und ein engeres Verhältnis zu den Werktätigen hergestellt", so daß die Maßnahme „im wesentlichen als erfüllt betrachtet" werden könne. Das Politbüro machte daher dem ZK den Vorschlag, „diesen Beschluß zu ändern", was jedoch eine Umschreibung für seine faktische Aufhebung war. Zudem führte man an, die „neuen Aufgaben" könnten „nur durch eine bedeutende Erhöhung der Qualität und der Wissenschaftlichkeit in der Arbeit der Partei- und Staatsfunktionäre" erreicht werden. Es bleibe jedoch notwendig, denjenigen, die noch nie in der Produktion gearbeitet hätten, „weiterhin die Gelegenheit zu geben", sich durch eine zeitweilige Tätigkeit Produktionserfahrungen anzueignen[160].

Auf der Grundlage dieses Beschlusses ordnete der Minister für Nationale Verteidigung daraufhin am 1. Februar 1961 mit sofortiger Wirkung an, „keine Offiziere

---

[157] Day, China and the Soviet Union 1949–84, S. 21 f.
[158] Ebenda, S. 22 f.
[159] Otto, Über die Rolle des Zentralkomitees, S. 73.
[160] Änderung des Beschlusses der 4. Tagung des ZK der SED über den zeitweiligen körperlichen Einsatz der Mitarbeiter des Partei- und Staatsapparates und der Massenorganisationen. Protokoll Nr. 3/61 der Sitzung des Politbüros des ZK der SED, 17. Januar 1961, SAPMO-BArch, DY 30/J IV 2/2/745, Bl. 7, 142 f.

mehr zum Dienst als Soldat bzw. Unteroffizier in der Truppe zu kommandieren
oder zur Aneignung von sozialistischen Produktionserfahrungen freizustellen" und
diese Maßnahmen bis spätestens 30. Juni 1961 zu beenden[161]. Es hieß, der Dienst als
Soldat habe zur „weiteren Festigung eines sozialistischen Vertrauensverhältnisses
zwischen den Soldaten, Unteroffizieren und Offizieren beigetragen". Auch die Produktionsarbeit habe bei den Offizieren insbesondere zu einer „Festigung des Klas-
senbewußtseins" und zur „wesentlichen Verbesserung der Arbeit mit den Unterstellten geführt". In Übereinstimmung mit dem Politbürobeschluß vom 17. Januar
1961 wurde daher festgestellt: „Diese Ergebnisse gestatteten es dem Zentralkomitee
der Sozialistischen Einheitspartei Deutschlands, zu beschließen, die gestellten Aufgaben als erfüllt zu betrachten und von einem weiteren Festhalten an den auf diesem
Gebiet erlassenen Beschlüssen abzusehen."[162]

Zum Zeitpunkt des Mauerbaus am 13. August 1961 spielten die politischen Kon-
zepte der KPCh in der Politik der SED keine erkennbare Rolle mehr. Auch die Orientierung an der chinesischen Militärkonzeption war endgültig beendet worden. In
der Folgezeit avancierte sie zu einem Tabu-Thema[163]. Der Aufwand, der im Zusammenhang mit den Erziehungsmethoden betrieben worden war, hatte letztlich in keinem Verhältnis zu den erzielten Ergebnissen etwa im Hinblick auf das verbesserte
Verhalten der NVA-Offiziere gestanden[164]. Zudem wirkten sich die Maßnahmen
äußerst kontraproduktiv auf die Steigerung der Einsatzbereitschaft der DDR-
Streitkräfte aus, die die SED seit 1961 entsprechend den Forderungen der KPdSU
mit Nachdruck anstrebte. Im Oktober 1962 kam es dann zur ersten Reise einer Militärdelegation der NVA unter Leitung Hoffmanns in die UdSSR[165]. Damit fand die
Abkehr der SED von der Militärpolitik der VR China schließlich auch symbolisch
ihren Abschluß.

---

[161] Die Dienstleistung der Offiziere als Soldat bzw. Unteroffizier in der Truppe, S. 1.
[162] Ebenda.
[163] Wenzke, Die Nationale Volksarmee, S. 441. Gewissermaßen als ein Überrest der chinesischen Militärkonzeption blieb zunächst noch die formal starke Stellung der Parteisekretäre
erhalten. Diese wurde durch die neue „Instruktion für die Parteiorganisationen der SED in
der NVA und für die Politorgane der NVA" vom 5. November 1963 schließlich jedoch auch
beseitigt. Vgl. Kap. VIII.2. dieser Studie.
[164] Vgl. Kap. VI. dieser Studie.
[165] Zeittafel zur Militärgeschichte, S. 164.

VI. Die Reaktion des Offizierskorps auf die politische Durchdringung der NVA 1956–1961

Den größten Widerspruch gegen die politische Durchdringung der NVA und die Priorität des Politischen in der militärischen Sphäre gab es auf Seiten des Offizierskorps. Die Mitgliedschaft in der SED war dabei anscheinend kein Hinderungsgrund. Der Leiter der PKK im Ministerium für Nationale Verteidigung, Oberst Engels, beklagte im September 1956, er habe den Eindruck, daß sich viele Kommandeure nicht als Parteimitglieder fühlten und in ihren Maßnahmen häufig keine „Parteiverbundenheit" zum Ausdruck brächten[1]. Vor allem die militärische Truppenführung war von der Gründung der NVA an bemüht, ihre fachliche Autonomie zu sichern und die vielfältigen Interventionen der SED in die militärischen Diskussions- und Entscheidungsprozesse so weit wie möglich zu unterbinden.

Entsprechend ihrer herausgehobenen Stellung im System der politischen Durchdringung der Streitkräfte richtete sich die Kritik aus dem Offizierskorps in den ersten zwei Jahren des Bestehens der NVA besonders gegen die Politorgane. Die ZK-Abteilung für Sicherheitsfragen äußerte 1957: „Es ist bekannt, dass es zur Zeit in unseren Einheiten nicht wenig Diskussionen gibt, welche die Zweckmäßigkeit der Politorgane in unserer Armee anzweifeln und verschiedentlich ihre Liquidierung vorschlagen."[2] Der Politapparat wurde allgemein als „zu groß" und der „Einfluß der Partei ... auf die militärische Ausbildung" als „nicht notwendig" erachtet[3]. Bei der Mehrzahl der Offiziere bestand zudem wenig Neigung, sich die Theorie des Marxismus-Leninismus anzueignen. Statt dessen versuchten sie häufig, sich der politischen Weiterbildung und dem gesellschaftswissenschaftlichen Unterricht zu entziehen[4].

Feststellen läßt sich zudem eine ablehnende Haltung des Offizierskorps gegen die starke Präsenz der Justiz- und Sicherheitsorgane in der NVA. So war die Bereitschaft vieler Kommandeure offenbar gering, mit dem jeweils zuständigen Militärstaatsanwalt zusammenzuarbeiten. Im März 1956 stellte die SED fest: „Leider haben noch nicht alle Kommandeure diese helfende Aufgabe des Staatsanwaltes erkannt und sehen in ihm noch den Quälgeist, der ihnen gerade noch gefehlt hat, wenn nicht Schlimmeres."[5]

Auch das Verhältnis der militärischen Truppenführung zu den operativen Mitarbeitern des MfS war infolge deren weitreichender Befugnisse stark angespannt.

---

[1] Protokoll Nr. 7/56 über die Sitzung des Kollegiums des Ministeriums für Nationale Verteidigung, 21. September 1956, BA-MA, VA-01/2030, Bl. 112.

[2] Probleme für einen Diskussionsbeitrag zur Beratung von Mitgliedern des Politbüros mit leitenden Parteifunktionären in der NVA, 1957, SAPMO-BArch, DY 30/IV 2/12/9, Bl. 10.

[3] Protokoll der Eggersdorfer Tagung, 12./13. Juni 1957, BA-MA, VA-P-01/037, Bl. 29.

[4] Protokoll der Delegiertenkonferenz der Parteiorganisationen der SED in der NVA, 24.–26. Juni 1958, BA-MA, VA-P-01/038, Bl. 33.

[5] Protokoll der Delegiertenkonferenz der Parteiorganisationen der SED im Dienstbereich des Ministeriums für Nationale Verteidigung, 5.–11. März 1956, BA-MA, VA-P-01/036, Bl. 281.

Viele verantwortliche NVA-Offiziere versuchten die Offiziere des MfS auf Distanz zu den militärischen Entscheidungsprozessen zu halten. So kritisierte etwa die ZK-Abteilung für Sicherheitsfragen nach einem Brigadeeinsatz im Juni 1959: „Die verantwortlichen Offiziere der Nationalen Volksarmee informieren die Mitarbeiter des Ministeriums für Staatssicherheit nicht bzw. wenig über Dinge, die für die Abwehrarbeit ... wertvoll sind."[6] Konkret hieß es in bezug auf das 23. Motorisierte Schützenregiment (MSR), der Offizier der Verwaltung 2000 werde von der Regimentsleitung „nicht beachtet". Man informiere ihn weder über Leitungssitzungen noch über andere Veranstaltungen[7].

Im Zuge der Einführung kollektiver Entscheidungsmechanismen nach dem Inkrafttreten der „Instruktion für die Arbeit der Parteiorganisationen der SED in der NVA" im Mai 1957, spätestens aber nach dem Politbürobeschluß „Über die Rolle der Partei in der NVA" vom 14. Januar 1958, durch den endgültig das kollektive Führungsprinzip in der Armee implementiert wurde[8], verlagerte sich die Stoßrichtung der Kritik des Offizierskorps an der politischen Kontrolle. Sie zielte jetzt vor allem auf den Einfluß der Parteiorganisationen und -leitungen in rein militärischen Fragen der Truppenführung. So mußte der damalige Leiter der ZK-Abteilung für Sicherheitsfragen Borning im Juni 1958 in der Zeitung „Die Volksarmee" öffentlich zugeben, daß es nach Bekanntwerden des Politbürobeschlusses „bei leitenden Offizieren Bedenken und Zweifel" gegeben habe, ob die erweiterten Kompetenzen der Parteiorganisationen in militärischen Fragen „nicht etwa zu weit gingen und auf eine Minderung der von der Partei geforderten Schlagkraft und Einsatzbereitschaft der Nationalen Volksarmee hinauslaufen könnten"[9]. Intern wurde die überwiegend ablehnende Haltung offenbar sogar sehr viel drastischer artikuliert. So äußerte ein Oberleutnant: „... jetzt macht die Partei alles, der Kommandeur ist nur noch Aushängeschild."[10] Ein anderer Oberleutnant befand: „Jetzt hat jeder Zivilklub (gemeint ist die Partei) die Möglichkeit, in die Arbeit der Armee reinzureden und zu kontrollieren."[11] Viele Kommandeure und leitende Offiziere betrachteten die kollektive Beratung militärischer Entscheidungen demzufolge als massive Beschränkung ihrer eigenen Verantwortung[12].

Ein Teil von ihnen versuchte von vornherein, die zunehmende Einflußnahme der Parteiorganisationen auf die militärischen Diskussions- und Entscheidungsprozesse zu unterbinden. Im Politbürobeschluß wurde daher auch kritisiert, manche Kommandeure und leitenden Offiziere sähen die Parteiorganisationen „noch immer als Organe an, die ausschließlich zur Unterstützung ihrer Arbeit zur Verfügung" stün-

---

[6] Erfahrungen und Schlußfolgerungen aus den Brigadeeinsätzen des ZK der SED in der 1. MSD, 4. MSD, in Sonderobjekten und Objekten der Luftverteidigung, 23. Juni 1959, SAPMO-BArch, DY 30/IV 2/12/21, Bl. 244.

[7] Ebenda, Bl. 243.

[8] Vgl. S. 99 ff.

[9] Borning, Unter der Führung der Partei erringen wir Erfolge, S. 2.

[10] Bericht über die Stimmungen der Armeeangehörigen und Erscheinungen in der politischen Arbeit in der ersten Monatshälfte März 1958, 1958, BA-MA, VA-01/1752, Bl. 75.

[11] Bericht über die Stimmungen der Armeeangehörigen und Erscheinungen in der politischen Arbeit in der ersten Monatshälfte April 1958, 1958, BA-MA, VA-01/1752, Bl. 66.

[12] Protokoll der 2. Tagung der II. Delegiertenkonferenz der Parteiorganisationen der SED in der NVA, 25./26. März 1959, BA-MA, VA-P-01/556, Bl. 75.

den und glaubten, „deren Tätigkeit befehlen zu können"[13]. Besonders die Kommandeure waren bestrebt, die Parteileitungen bei ihrer Führungsarbeit nach Möglichkeit zu umgehen[14]. Andererseits scheinen einige verantwortliche Offiziere aber auch unberechtigt an Sitzungen der Parteileitungen teilgenommen zu haben, die sie vereinzelt sogar störten[15]. Darüber hinaus kam es vor, daß Kommandeure ihre Autorität in der jeweiligen Einheit durch die „Versetzung eines gewählten Parteisekretärs ohne Wissen und Einständnis der betreffenden Parteiorganisation" zu wahren oder wiederherzustellen versuchten[16].

Vor allem wehrten sich die Offiziere gegen die Anwendung des Prinzips der Kritik und Selbstkritik im Rahmen von Parteiversammlungen in bezug auf ihre Person. Als dieses Erziehungsinstrument seit dem Mai 1957 zur kritischen Bewertung ihrer dienstlichen Tätigkeit herangezogen werden konnte, äußerten offenbar viele Offiziere die nach Auffassung der SED „falsche Einstellung, daß das Prinzip der Einzelleitung, die Befehlsgebung und die Struktur der Armee nicht mit den allgemeinen Prinzipien der Parteiarbeit und der innerparteilichen Demokratie zu vereinbaren" seien[17]. Für die leitenden Offiziere war es inakzeptabel, sich vor dem Personalbestand ihrer Einheit für ihre militärische Führungsarbeit öffentlich verantworten und rechtfertigen zu müssen. Einige waren daher bestrebt, jede Kritik im Ansatz zu unterbinden[18], indem sie „entweder gar nicht auf die an ihnen geübte Kritik" reagierten oder versuchten, diese „abzuschwächen". Teilweise, so die ZK-Abteilung für Sicherheitsfragen, hätten sie die Kritik auch einfach „mit einer Gegenkritik beantwortet"[19].

Im Zuge der Umwandlung der KVP in eine reguläre Armee entwickelte das Offizierskorps der NVA ein zunehmend professionelles Selbstverständnis. Viele der Offiziere sahen es jetzt offenbar als ihre vorrangige Aufgabe an, die militärische Einsatzfähigkeit der Streitkräfte zu steigern. Zum Mißfallen der SED traten politi-

---

13 Über die Rolle der Partei in der NVA. Protokoll Nr. 4/58 der Sitzung des Politbüros des ZK der SED, 14. Januar 1958, SAPMO-BArch, DY 30/J IV 2/2/576, Bl. 191 f. So wurde etwa auf einer Parteiaktivtagung der Artillerieschule in Dresden mehrheitlich die Forderung erhoben, einige der Absolventen sollten nicht zum Offizier befördert werden, weil ihnen hierfür die politischen und fachlichen Voraussetzungen fehlten. Einzig der Chef der Verwaltung Artillerie des Ministeriums für Nationale Verteidigung, Oberstleutnant Hotzky, widersprach dem, konnte sich mit seiner Auffassung jedoch nicht durchsetzen. Daraufhin ließ er am nächsten Tag die verantwortlichen Parteifunktionäre zu sich kommen und äußerten ihnen gegenüber: „Gestern auf dem Parteiaktiv konnte jeder sagen[,] was er wollte, aber heute bestimme ich[,] und die Genossen werden doch Offizier." Informationsbericht über den Stand der Durchführung der Beschlüsse des V. Parteitages der SED in der NVA, 1958, SAPMO-BArch, DY 30/IV 2/12/10, Bl. 255.
14 Über die Rolle der Partei in der NVA. Protokoll Nr. 4/58 der Sitzung des Politbüros des ZK der SED, 14. Januar 1958, SAPMO-BArch, DY 30/J IV 2/2/576, Bl. 192.
15 Plan zur Auswertung und Durchführung des Beschlusses des Politbüros vom 14. Januar 1958 „Über die Rolle der Partei in der NVA", 1. Februar 1958, BA-MA, VA-P-01/7535, Bl. 135 f.
16 Über die Rolle der Partei in der NVA. Protokoll Nr. 4/58 der Sitzung des Politbüros des ZK der SED, 14. Januar 1958, SAPMO-BArch, DY 30/J IV 2/2/576, Bl. 192.
17 Ebenda.
18 Ebenda.
19 Bericht über die Durchführung der Berichtswahlversammlungen und der bis zum 10. Mai 1958 abgeschlossenen Delegiertenkonferenzen in der NVA, 1958, SAPMO-BArch, DY 30/IV 2/12/10, Bl. 49.

sche Erwägungen dabei in den Hintergrund. So äußerten Offiziere immer wieder, sie hätten in Anbetracht der „Vielzahl der militärischen Aufgaben keine Zeit für die politische Arbeit". Diese betrachteten sie vor allem „als Angelegenheit der Politorgane"[20]. Offensichtlich lehnte eine große Zahl von Offizieren die starke Stellung der Partei in der NVA und ihre Eingriffe in die militärischen Entscheidungsprozesse ab. Äußerungen wie der Satz „wozu brauchen wir eine Partei, wenn wir unseren Dienst gut durchführen[?]" beweisen[21], daß im Offizierskorps von Beginn an ein deutlicher Wunsch nach militärischer Autonomie existierte.

Besonders die Offiziere der Truppenführung wollten militärische Fragen ausschließlich auf der Basis fachlicher Kriterien entscheiden. Eine Politisierung militärischer Entschlüsse und die extensive Beteiligung des Parteiapparates daran sah man als nicht zweckmäßig an. Es bestand die grundsätzliche Tendenz der militärischen Führungsgremien, die Parteiorgane nach Möglichkeit gezielt zu ignorieren, da deren Mitsprache die Entscheidungsprozesse überfrachtete, schwerfällig und somit ineffizient werden ließ. Aufgrund der Tatsache, daß ihre Existenz im Rahmen des militärischen Organisationszusammenhanges sachlogisch überflüssig war, wurden sie andererseits häufig auch unbewußt übergangen. Vor diesem Verhalten waren scheinbar auch hohe Parteifunktionäre in militärischen Führungspositionen nicht gefeit. So beklagte die ZK-Abteilung für Sicherheitsfragen 1958, der damalige 1. Stellvertreter des Ministers für Nationale Verteidigung Hoffmann habe „einfach" die Versetzung eines Feldwebels in sein Sekretariat befohlen, ohne darüber die Parteileitung seiner Grundorganisation sowie die des Ministeriums in Kenntnis zu setzen, „geschweige mit diesen zu beraten"[22].

Die SED griff die ablehnende Haltung von Seiten des Offizierskorps gegenüber der umfassenden politischen Durchdringung des Militärs als sogenannten „Nurfachmannstandpunkt" an. Dieser führe „unvermeidlich zum bürgerlichen Objektivismus, ... zur Unparteilichkeit ... und zur Erhebung der persönlichen Interessen über die der Gesellschaft". Die im Grundsatz sachlich motivierte Forderung nach militärischer Autonomie wurde von der SED politisch diffamiert: Für sie stützte „der Nurfachmann" mit seinem Verhalten „objektiv den Klassengegner". Das bedeute „letzten Endes die Ablehnung der führenden Rolle der Partei"[23].

Vor allem fürchtete die SED nach 1956, daß diese Tendenz durch das Wirken der ehemaligen Wehrmachtoffiziere in der NVA befördert werden könnte. Man sah die Gefahr, daß gerade diese Offiziere, die wegen ihres militärischen Sachverstandes vor allem auch in Lehreinrichtungen eingesetzt waren, dem Offiziersnachwuchs das traditionelle Leitbild eines Offiziers vermitteln würden. Unmittelbar vor Gründung der NVA hatte die Hauptabteilung I des MfS bemerkt: „Speziell bei ehemaligen Angehörigen der faschistischen Wehrmacht zeigten sich Erscheinungen der Verherrlichung und Popularisierung der Traditionen der faschistischen Wehrmacht

---

[20] Entwurf des Referats des Ministers für Nationale Verteidigung für die Eggersdorfer Tagung, 1957, SAPMO-BArch, DY 30/IV 2/12/10, Bl. 5.
[21] Bericht über den politisch-moralischen Zustand in den Verbänden, Truppenteilen und Dienststellen der NVA. Protokoll Nr. 3/58 über die Sitzung des Kollegiums des Ministeriums für Nationale Verteidigung, 23. April 1958, BA-MA, AZN/29178, Bl. 148.
[22] Die politische, militärische und fachliche Ausbildung sowie die Qualifizierung durch Fernstudium, 1958, SAPMO-BArch, DY 30/IV 2/12/32, Bl. 45.
[23] Clarius, Über die politische Erziehung der Offiziere, S. 2.

(besonders Luftwaffe, Kriegsmarine und Waffen-SS) und das Bestreben, diese Traditionen am Leben zu erhalten."[24] Diese sogenannten „Schlacken der Vergangenheit"[25] waren ein entscheidender Grund dafür, warum die ehemaligen Wehrmachtsoffiziere aus dem Dienst ausscheiden mußten, sobald adäquater Ersatz zu Verfügung stand. Als Beispiel für die divergierenden Ansichten in vielen Fragen führte Hoffmann rückblickend an, für die SED-Funktionäre in der militärischen Führung sei jeder Befehl „zuallererst eine politische Entscheidung" gewesen. Generalleutnant Vincenz Müller[26] etwa habe dagegen die Auffassung vertreten: „Ein Befehl wird erteilt, klar und deutlich, er wird vom Unterstellten wiederholt, und damit hat sich's!"[27]

Wenn es der SED nach 1957 zunehmend gelang, die Autonomisierungstendenzen innerhalb des Offizierskorps zurückzudrängen, so lag dies vor allem daran, daß den Offizieren bei nicht parteikonformem Verhalten neben einer Parteistrafe zugleich auch dienstrechtliche Sanktionen drohten. Im äußersten Fall bedeutete dies die Entlassung aus der NVA[28] und damit den Entzug einer gesicherten und gutdotierten beruflichen Existenz. In Anbetracht des politischen Drucks und der nicht kalkulierbaren, häufig willkürlichen Strafen verfielen leitende Offiziere seit 1958 daher in ihrer Führungstätigkeit immer wieder auch in das andere Extrem, indem sie bestrebt waren, „jegliche Entscheidungen grundsätzlich durch kollektive Beratungen herbeizuführen"[29].

Doch dieses Verhalten wurde von Seiten der SED ebenso kritisiert. Es hieß, die Kommandeure versuchten, sich „hinter der Meinung der Parteileitung zu verstecken"[30]. Hoffmann bemerkte, man müsse den Eindruck gewinnen, daß die Offiziere Angst hätten, „klare Befehle zu geben" und diese durchzusetzen[31]. Dölling seinerseits spitzte diese Sichtweise weiter zu, indem er hinter diesem Verhalten letztlich eine politische Motivation vermutete. Er fragte, vor wem die Offiziere Angst haben sollten: „Vor der Partei? … 91% unserer Offiziere sind Parteimitglieder, was wären das für Parteimitglieder, die Angst haben vor ihrer eigenen Partei? Ich glaube, wenn eine solche Stimmung da ist, daß man sich nicht getraut[,] auf der Grundlage kollektiver Beratungen … exakte Befehle zu geben, … dann ist das nicht einfach ein organisatorisches Problem, sondern hängt damit zusammen, daß ein Teil der Offiziere politisch mit der Partei nicht übereinstimmt."[32]

---

24 Chronik der Hauptabteilung I, BStU, ZA, MfS HA I 95, Bl. 134.
25 Einschätzung der leitenden Kader der Militärakademie „Friedrich Engels", 1961, SAPMO-BArch, DY 30/IV 2/12/29, Bl. 233.
26 Müller war schon in der Wehrmacht Generalleutnant gewesen. 1953–1955 war er Chef des Hauptstabes der KVP; denselben Posten bekleidete er bis 1958 auch in der NVA.
27 Hoffmann, Moskau – Berlin, S. 313.
28 Vgl. Haueis, Die führende Rolle der SED in der Nationalen Volksarmee, S. 435 f.
29 Protokoll der 2. Tagung der II. Delegiertenkonferenz der Parteiorganisationen der SED in der NVA, 25./26. März 1959, BA-MA, VA-P-01/556, Bl. 76.
30 Einleitung für die Aussprache und Beratung mit den Parteisekretären zu dem Thema: „Die Ergebnisse bei der Erfüllung des Beschlusses des Politbüros vom 14. Januar 1958 auf dem Gebiet der Verwirklichung der führenden Rolle der Partei in den Einheiten und Truppenteilen des MB III", 1958, SAPMO-BArch, DY 30/IV 2/12/9, Bl. 126.
31 Protokoll der 2. Tagung der II. Delegiertenkonferenz der Parteiorganisationen der SED in der NVA, 25./26. März 1959, BA-MA, VA-P-01/556, Bl. 247.
32 Ebenda, Bl. 300.

Symptomatisch für die Reaktionen der militärischen Vorgesetzten auf die politische Indoktrination war jedoch nicht nur ein Mangel an Eigeninitiative in der Führungstätigkeit. Viele Offiziere entwickelten aus Mangel an Vertrauen in eine sachliche Bewertung ihrer Arbeit auch einen außerordentlich autoritären Führungsstil, um so ihre Autorität gegenüber den Unterstellten zu behaupten und jede Diskussion von vornherein zu unterbinden. Dieses Verhalten wurde häufig noch dadurch befördert, daß viele junge Offiziere aufgrund der verfehlten Personalpolitik in den fünfziger Jahren mit den Aufgaben eines militärischen Vorgesetzten überfordert waren. Tatsächlich machte die Entwicklung spezifisch sozialistischer Beziehungen zwischen Offizieren und Soldaten in der NVA kaum Fortschritte. Bereits 1956 hatte man feststellen müssen, daß Offiziere ihren Untergebenen gegenüber oft „überheblich und arrogant" auftraten. Auch seien sie durch die Vorgesetzten „beleidigt, ungerecht bestraft, mit gerichtlichen Strafen bedroht und sogar geschlagen" worden[33]. 1959 hatte sich diese Situation nur unwesentlich geändert. Immer noch gab es Fälle, bei denen die „Menschenwürde" und die „Rechte" von Soldaten „gröblichst durch Offiziere verletzt" wurden[34].

Es war nicht zuletzt eine pädagogische Zielsetzung des Produktionseinsatzes von Offizieren und ihres Dienstes als Soldat in der Truppe, diese Auswüchse zu beseitigen und das dienstliche Verhältnis zwischen Vorgesetzten und Unterstellten nachhaltig zu verbessern. Die Erziehungsmaßnahmen stießen jedoch bei einem Teil des Offizierskorps auf massive Ablehnung.

Als Reaktion auf die vom V. Parteitag der SED 1958 beschlossene zeitweilige Tätigkeit in der Produktion äußerte beispielsweise ein Leutnant der 4. Flottille, er habe „keine Lust mehr" und wolle nach Hause gehen. Die Direktive gebe ihm den Rest. Ein anderer Leutnant derselben Flottille sagte: „Ich habe mich für die Nationale Volksarmee gemeldet und nicht für die Produktion, wenn ich dahin gehen muß, dann bleibe ich gleich dort." Die Enttäuschung und Verbitterung, die bei vielen Offizieren angesichts dieser Maßnahme geherrscht haben muß, zeigt die Bemerkung eines Leutnants des MSR 29, die Direktive sei der „größte Betrug". Er befand: „In keinem anderen Staat wird man so betrogen, wie im Arbeiter-und-Bauern-Staat."[35]

Ebenso wurde der ZK-Beschluß von 1959 über den Dienst von Offizieren als Soldat in der Truppe von Teilen des Offizierskorps kategorisch abgelehnt. Dazu hieß es unter anderem: „Die Sache wurde von China ohne Beachtung unserer Verhältnisse übernommen." Ein Oberleutnant etwa vertrat die Meinung, daß es Zeit werde, aus der Armee auszuscheiden, wenn jetzt solche Maßnahmen eingeführt würden[36]. Auch mußten bei der SED Zweifel an der internationalistischen Einstel-

---

[33] Bericht über den politisch-moralischen Zustand in den Einheiten der Land-, Luft- und Seestreitkräfte. Protokoll Nr. 7/56 über die Sitzung des Kollegiums des Ministeriums für Nationale Verteidigung, 21. September 1956, BA-MA, VA-01/2030, Bl. 92.

[34] Protokoll der 2. Tagung der II. Delegiertenkonferenz der Parteiorganisationen der SED in der NVA, 25./26. März 1959, BA-MA, VA-P-01/556, Bl. 68.

[35] Informationsbericht über die politische Arbeit und die Stimmungen der Armeeangehörigen in der ersten Monatshälfte Dezember 1958, 22. Dezember 1958, BA-MA, VA-01/5050, Bl. 143 f.

[36] Informationsbericht über die Stimmungen und Meinungen der Armeeangehörigen in der ersten Monatshälfte Februar 1959, 19. Februar 1959, BA-MA, VA-01/5050, Bl. 96.

lung der NVA-Offiziere aufkommen, wenn etwa ein Hauptmann äußerte: „Wenn die Chinesen ihre Offiziere als Soldaten dienen lassen, haben wir das noch lange nicht nötig. Was haben wir denn mit den Chinesen gemeinsam?". Dabei wurde auch deutlich, daß im Offizierskorps entgegen dem von der Partei postulierten sozialistischen Typus noch immer eine ausgesprochen traditionelle Vorstellung vom Leitbild des Offiziers existierte. So äußerte ein Oberleutnant: „Das, was Walter Ulbricht vorgeschlagen hat, ist eines deutschen Offiziers nicht würdig, das kann man bei den Chinesen machen, aber nicht bei uns."[37]

Für die Offiziere der NVA stellte es in der Führungsarbeit offenbar eine große Belastung dar, die primär politisch geprägten Forderungen und Argumentationsweisen der Partei mit den militärischen Organisationsprinzipien und deren Begrifflichkeit zu verbinden. Häufig ließen sich diese beiden Bezugssysteme jedoch nicht vermitteln, da die politischen Kategorien innerhalb des militärischen Systems über keine Anschlußfähigkeit verfügten. Die Vorgesetzten waren insofern mit dem Dilemma konfrontiert, daß parteikonformes Verhalten im Rahmen der Entscheidungsprozesse nicht gleichzeitig auch ein hohes Maß an Problemlösungskompetenz besaß. Eine im Sinne der Parteidoktrin „richtige" Argumentation oder Entscheidung war in der Praxis unter Umständen vollkommen ungeeignet, militärische Fragen sachbezogen und effizient zu lösen. So konnte sich etwa die bevorzugte Beförderung politisch zuverlässiger Offiziere negativ auf die militärische Qualität des Leitungspersonals auswirken, da die fachliche Qualifikation im Rahmen der Kaderentscheidung nur eine nachrangige Bedeutung hatte.

Der Zwang, permanent zwei logisch nicht zu verbinden Sichtweisen zu vermitteln und unter diesen Bedingungen schnell Entschlüsse zu fassen, dürfte bei vielen Offizieren einen Zustand tiefer Verunsicherung erzeugt haben. Nicht selten mag diese Situation als schizophren wahrgenommen worden sein. Um dem psychischen Druck zu entgehen, der dadurch auf vielen Vorgesetzten lastete, war es typisch, daß sie ihre Führungstätigkeit aus Angst vor Fehlern auf das Nötigste reduzierten. Der Schriftsteller Günter de Bruyn hat auf der Basis der eigenen Erfahrungen in der DDR im Hinblick auf eine derartige Lage geäußert, daß „die Versuchung" groß war, „der Vernunft abzuschwören, um ehrlichen Herzens in der Glaubensgemeinschaft aufgehen zu können". Doch sei auch dieser „Weg ... alles andere ... als bequem" gewesen: „Denn verlangt wurde nicht nur Unterordnung, sondern auch eine Selbstverleugnung, die nicht nur eigenes Denken, sondern auch eigenes Wahrnehmen verbot. Man mußte ... sich blind machen und taub stellen und bei jeder Kursänderung glauben, es gehe geradeaus."[38] Aber selbst das Vertreten eines dezidiert parteilichen Standpunktes schützte die Offiziere nicht in jeder Hinsicht vor Kritik seitens der Partei. Auch eine Position im Sinne der gerade gültigen Parteilinie barg das Risiko, zu einem späteren Zeitpunkt als Beweis für „Abweichlertum" zitiert zu werden[39].

Angst, fehlendes Vertrauen in die Vorgesetzten und die Unsicherheit hinsichtlich der Bewertungsmaßstäbe, die an die Führungstätigkeit angelegt wurden, bewirkten

---

[37] Einige Probleme des politisch-moralischen Zustandes der NVA, 4. April 1960, BStU, ZA, MfS ZAIG 260, Bl. 5.
[38] De Bruyn, Zwischenbilanz, S. 374 f.
[39] Lolland, Zu Befehl, Genosse Unterleutnant, S. 40.

bei vielen Offizieren Resignation, menschliche Vereinsamung, innere Emigration, Depressionen oder Aggressionen. Diese psychischen Schädigungen waren entscheidende Gründe für die schlechte Disziplin und den verbreiteten Alkoholismus innerhalb des Offizierskorps[40].

Die SED perzipierte ein derartiges Verhalten jedoch nicht als Folge der spezifischen Bedingungen, unter denen die Offiziere ihre Tätigkeit ausüben mußten. Ihrer Auffassung nach fehlte vielen Offizieren vielmehr der „innere Elan", um mit Begeisterung am Aufbau des Sozialismus teilzunehmen. Einen wesentlichen Grund hierfür sah die Partei in ihrer „sicheren materiellen Lage". Die Offiziere würden sich daher lethargisch gegenüber den Schwierigkeiten in der Dienstdurchführung verhalten. Es gebe sogar „zahlreiche Beispiele", daß Offiziere dem Alkohol verfielen und in grober Weise gegen die sozialistische Moral verstießen[41].

Demzufolge machte die SED auch die Gründe für die hohe Selbstmordrate in der NVA als tragischste Folge des hohen psychischen Drucks, der auf den Offizieren lastete, in erster Linie an persönlichen Problemen fest. „In den wenigsten Fällen", so hieß es, hätten „die Ursachen" für die Selbstmorde „in der Dienstdurchführung" gelegen. Sie seien vielmehr „in zerrütteten Familienverhältnissen und unmoralischem Lebenswandel zu suchen"[42]. Dölling kleidete diese Sichtweise zynisch in die Formel, daß diejenigen, die Selbstmord begingen, „falsche Vorstellungen vom Leben" gehabt hätten[43].

1956 nahmen sich 39 NVA-Angehörige das Leben[44]; 1957 waren es 42[45] und 1958 insgesamt 39[46]. In den folgenden Jahren wies die Statistik eine leicht fallende Tendenz auf: 1959 begingen 36 Armeeangehörige Selbstmord, darunter waren 9 Offi-

---

[40] Vgl. Analyse über die in der Zeit vom 1. Januar bis 31. Dezember 1959 bearbeiteten Strafverfahren gegen Offiziere der NVA, 2. Februar 1960, BA-MA, VA-01/13496, Bl. 9. Bei jungen Offizieren lag ein derartiges Verhalten unter anderem auch darin begründet, daß nach Gründung der NVA eine Reihe von ihnen im Alter zwischen 18 und 22 Jahren im Rahmen von Partei- oder Verbandsaufträgen häufig unfreiwillig – in die Streitkräfte delegiert und zu Offizieren ausgebildet worden waren. Viele waren daher schlecht motiviert und verweigerten sich, weil sie sich nicht wirklich mit ihrem Beruf identifizierten. Wegen des Offiziersmangels in der NVA konnten sie jedoch selten vorzeitig aus dem Dienst ausscheiden. Buddrus, „Kaderschmiede für den Führungsnachwuchs"?, S. 177.

[41] Entwurf des Referats des Ministers für Nationale Verteidigung für die Eggersdorfer Tagung, 1957, SAPMO-BArch, DY 30/IV 2/12/10, Bl. 24.

[42] Statistischer Bericht über besondere Vorkommnisse für das II. Quartal 1957, 15. Juli 1957, BA-MA, VA-01/5961, Bl. 118.

[43] Protokoll der 2. Tagung der II. Delegiertenkonferenz der Parteiorganisationen der SED in der NVA, 25./26. März 1959, BA-MA, VA-P-01/556, Bl. 39.

[44] Bericht Nr. 2/58 über den Stand der Einsatzbereitschaft, der operativen, militärischen und politischen Ausbildung der NVA der DDR nach dem Stand vom 1. Januar 1958, BA-MA, VA-01/4354, Bl. 10. Für die Jahre 1956 bis 1958 liegen – soweit nach der Quellenrecherche ersichtlich – keine konkreten Zahlen über Selbstmorde von Offizieren vor.

[45] Bericht Nr. 2/58 über den Stand der Einsatzbereitschaft, der operativen, militärischen und politischen Ausbildung der NVA der DDR nach dem Stand vom 1. Januar 1958, BA-MA, VA-01/4354, Bl. 10.

[46] Bericht Nr. 4/59 über den Stand der Einsatzbereitschaft, der operativen, militärischen und politischen Ausbildung der NVA der DDR nach dem Stand vom 1. Januar 1959, BA-MA, VA-01/4354, Bl. 151.

ziere[47]. 1960 gab es insgesamt 25 Suizide einschließlich 6 von Offizieren[48]. Bis zum Mauerbau am 13. August 1961 verzeichnet die Statistik weitere 17 Selbstmorde; unter den Toten waren wiederum 4 Offiziere[49].

Ulbricht hielt die Selbstmordzahlen für „unerhört hoch". Dafür gebe es „keine Entschuldigung". Er fragte sich, was das für ein Zustand sei, wenn sich Soldaten oder Offiziere erschießen würden, weil sie „Frauengeschichten" hätten. Auf der Eggersdorfer Tagung sagte er: „Kann man nicht die Dinge in Ordnung bringen? ... Selbstverständlich muß man ihnen helfen." Es gebe doch keinen Menschen, der sein „ganzes Leben Engel gewesen" sei[50]. Offenbar fehlte aber vielen Offizieren das Vertrauen sowohl in einen fairen Umgang mit den individuellen Fehlern und Vergehen als auch in eine angemessene Hilfe von Seiten der Vorgesetzten und der Partei. Immer wieder scheint daher der Selbstmord als einziger Ausweg aus einer Zwangslage angesehen worden zu sein.

Eine andere Reaktion auf die politische Durchdringung der militärischen Sphäre war der Rückzug in das Privatleben. Viele Offiziere versuchten, außerhalb der Armee der Politisierung durch die SED zu entgehen, zumal es keine korporative Identität gab, die ein Gegengewicht zur Parteidoktrin hätte bilden können. Dieses Verhalten war charakteristisch für die DDR als „Nischengesellschaft". In der privaten Sphäre versuchte der einzelne, „Freiräume von der herrschenden Lehre" zu finden[51]. Vor allem in den fünfziger Jahren hielt ein Teil der Offiziere offenbar noch an tradierten Werten und Verhaltensmustern fest. Insbesondere die Familie fungierte dabei als Rückzugsraum. Nur hier war es noch möglich, die individuellen Normen des Zusammenlebens selbst zu bestimmen, während die Partei die allgemeinen Moralvorstellungen bereits in ihrem Sinne fixiert hatte[52]. Stoph kritisierte in diesem Zusammenhang, bei den Offizieren finde man „sehr häufig kleinbürgerliche Erscheinungen in ihrem Familienleben"[53].

Gerade in den ersten Jahren nach Gründung der NVA scheint sich eine Reihe Offiziere trotz der Indoktrinierung der SED geweigert zu haben, ihre Beziehungen zur Kirche und die Ausübung ihres christlichen Glaubens gänzlich aufzugeben. Bei Gründung der NVA lag der Anteil allein von Mitgliedern und Kandidaten der SED, die gleichzeitig Mitglieder der Kirche waren, in norddeutschen Einheiten teilweise

---

[47] Einige Probleme des politisch-moralischen Zustandes der NVA, 4. April 1960, BStU, ZA, ZAIG 260, Bl. 10.

[48] Bericht über einige Schwächen innerhalb der NVA, 8. April 1961, BStU, ZA, ZAIG 365, Bl. 15.

[49] Bericht über einige Probleme zur Einschätzung des politisch-moralischen Zustandes der bewaffneten Kräfte der DDR, 2. Oktober 1961, BStU, ZA, ZAIG 479, Bl. 7. Die Selbstmordrate in der NVA lag während dieses Zeitraums rund anderthalb- bis zweieinhalbmal über der der Bundeswehr. Dort nahmen sich 1957–1961 auf 100000 Mann gesehen pro Jahr durchschnittlich 17,5 Soldaten das Leben. Preuschoff, Suizidales Verhalten in deutschen Streitkräften, S. 253.

[50] Protokoll der Eggersdorfer Tagung, 12./13. Juni 1957, BA-MA, VA-P-01/037, Bl. 148.

[51] Gaus, Wo Deutschland liegt, S. 164 f.

[52] Vgl. Die 10 Gebote des sozialistischen Menschen, S. 1.

[53] Er konstatierte ferner: „Viele Frauen, besonders auch von Offizieren, nehmen wenig oder keinen Anteil am gesellschaftlichen Leben, benehmen sich gegenüber den Werktätigen überheblich und vertreten nicht die Interessen unseres Staates in der Öffentlichkeit." Protokoll der Delegiertenkonferenz der Parteiorganisationen der SED im Dienstbereich des Ministeriums für Nationale Verteidigung, 5.–11. März 1956, BA-MA, VA-P-01/036, Bl. 52.

immer noch bei rund 70 Prozent[54]. Stoph monierte zu diesem Zeitpunkt: „Es gibt Offiziere, die ihre Untergebenen davon zu überzeugen versuchen, daß es notwendig ist, ihre Kinder an der Jugendweihe teilnehmen zu lassen, ihre eigenen Kinder aber lassen sie konfirmieren."[55]

Das Festhalten vor allem junger Offiziere an der kirchlichen Bindung lag wohl auch in der Tatsache begründet, daß der Offiziersnachwuchs der Jahre 1956–1958 zu einem nicht unwesentlichen Teil aus dem ländlich-bäuerlichen Milieu stammte[56]. Der Bezug dieser Offiziere zur Kirche dürfte traditionell ausgeprägter gewesen sein als bei denen, die aus der Arbeiterschaft kamen. Zudem hielten anscheinend insbesondere jüngere Offiziere den Bezug zur Kirche aufrecht, weil sie, sehr zum Mißfallen der SED, häufig Frauen aus bürgerlichen Kreisen geheiratet hatten[57].

Die ablehnende Haltung gegenüber der politischen Durchdringung des Militärs äußerte sich darüber hinaus auch in einer verbreiteten Distanz zu der von der SED verfolgten offensiven Ausrichtung der NVA. Dementsprechend ist es verständlich, warum Dölling 1959 nachdrücklich forderte, alle „Unklarheiten" darüber auszuräumen, „daß nicht wir diejenigen sind, die einen Krieg wollen, daß nicht wir mit Raketenwaffen Kassel, Braunschweig, Dortmund oder Köln bedrohen, sondern umgekehrt, die westdeutschen Militaristen die friedliche Aufbauarbeit der Deutschen Demokratischen Republik vernichten wollen"[58]. Die operativen Planungen und die Manövertätigkeit gaben den Armeeangehörigen hierfür offenbar jedoch wenig Anlaß. So mußte Hoffmann einräumen, daß etwa die zweiseitige Truppenübung, die im März 1959 im Militärbezirk III stattgefunden hatte, in einen Zusammenhang gebracht wurde „mit der Lösung der Berlin-Frage"[59].

Die SED-Führung sah sich mit der Lage konfrontiert, daß ein Teil der Offiziere und sogar auch der Kommandeure von der „Gefährlichkeit des aggressiven westdeutschen Militarismus" nicht überzeugt war[60]. Dies war nach Ansicht der SED ein entscheidender Grund dafür, daß verbreitet Unklarheiten über die „wirklichen Aufgaben" der NVA bestanden. Ein Mitarbeiter der Sicherheitskommission äußerte dazu im März 1960, es gebe „eine Art Verteidigungskomplex" in der Truppe[61]: „So ist es z. B. vielen Offizieren selbst auch noch nicht klar, daß wir den Gegner nicht nur zurückdrängen werden auf sein Territorium, sondern daß wir ihn restlos ver-

---

54 Ebenda, Bl. 304.
55 Ebenda, Bl. 52.
56 Für viele der Offiziere, die aus dem ländlichen Umfeld stammten, war der Offiziersdienst in erster Linie eine berufliche Durchgangsstation, die ihnen später einen leichteren Zugang zu städtisch-industriellen Berufen, aber auch einen sozialen Aufstieg ermöglichen sollte. Vgl. Auerbach, Der Stellenwert der Nationalen Volksarmee, S. 69 ff.
57 Protokoll der Delegiertenkonferenz der Parteiorganisationen der SED im Dienstbereich des Ministeriums für Nationale Verteidigung, 5.–11. März 1956, BA-MA, VA-P-01/036, Bl. 303.
58 Protokoll der 2. Tagung der II. Delegiertenkonferenz der Parteiorganisationen der SED in der NVA, 25./26. März 1959, BA-MA, VA-P-01/556, Bl. 21.
59 Ebenda, Bl. 243.
60 Auskunftsbericht über den Stand der Einsatzbereitschaft der NVA. Protokoll der 19. Sitzung der Sicherheitskommission des ZK der SED, 9. Januar 1958, BA-MA, DVW 1/39561, Bl. 32.
61 Protokoll der Arbeitsberatung des Ministers für Nationale Verteidigung mit den Chefs der Verwaltungen und Abteilungsleitern des Ministeriums für Nationale Verteidigung, 23. März 1960, BA-MA, VA-01/6106, Bl. 50.

nichten müssen."[62] Die ZK-Abteilung für Sicherheitsfragen konstatierte zur gleichen Zeit, die Mehrheit der Armeeangehörigen habe noch keine Vorstellungen darüber, „dass sie im Falle eines Krieges bei der Erfüllung ihrer Aufgaben auf westlichem Territorium als Befreier der Arbeiter, Bauern und aller patriotischen Kräfte unseres Volkes" handelten[63]. Diese Einschätzungen zeigen, daß außer zur Verteidigung des eigenen Territoriums ein möglicher Einsatz der Streitkräfte – etwa über die Grenzen der DDR hinweg – in der NVA nur bedingt als legitim angesehen wurde. Überhaupt scheint es bei einigen Armeeangehörigen in Anbetracht eines drohenden nuklearen Konfliktes zwischen NATO und Warschauer Pakt grundsätzliche Zweifel am Sinn eines militärischen Einsatzes gegeben zu haben. Stoph äußerte 1956: „Es gibt solche Meinungen, das[s] dort, wo die Atombombe einschlägt[,] alles verloren ist."[64]

Die Kritik an der SED kam zum Teil auch in politischem Widerspruch zum Ausdruck. So wurden etwa die „Oder-Neiße-Grenze" und die „deutsch-polnische Freundschaft" in Zweifel gezogen. Ebenso gab es negative Äußerungen zum „Eingreifen der Sowjetarmee in Ungarn" und bezüglich der unzureichenden Informationen in der Presse und im Rundfunk darüber. Die schlechte Nachrichtenlage in der NVA wurde offenbar gerade von Offizieren immer wieder zum Anlaß genommen, westliche Radiosender abzuhören[65]. Zudem signalisierte eine Reihe von Armeeangehörigen fehlendes Vertrauen in die Geschlossenheit des sozialistischen Lagers und die „Festigkeit des Bestandes der Arbeiter- und Bauern-Macht" in der DDR[66]. Dabei scheint die Überzeugung verbreitet gewesen zu sein, daß „der Aufbau des Sozialismus in der DDR ... nur die demokratische Wiedervereinigung" verhindere[67]. Ferner wurde die Auffassung vertreten, in „imp. Armeen" würden „die Soldaten mehr Freiheit besitzen", und es gab Forderungen nach „Zulassung der CDU" (Christlich-Demokratische Union) in der NVA[68].

Hinter derartigen Auffassungen stand keineswegs in jedem Fall ein klares politisches Konzept. Oft waren sie nur Anzeichen einer Protesthaltung, die sich an bestimmten Maßnahmen der Partei oder an der zunehmenden politischen Durchdringung der gesamten militärischen Sphäre entzündete. Zum Teil wurde der Protest dabei auch durch nazistische Äußerungen artikuliert; ein Phänomen, das sich in der NVA offenbar in den folgenden Jahrzehnten verstärkte[69]. So gab es in den Unter-

---

[62] Ebenda, Bl. 45.
[63] Erfahrungen und Schlußfolgerungen aus dem Brigadeeinsatz des ZK der SED im Mot. Schützenregiment 2, Mot. Schützenregiment 3, Panzerregiment 1 und Stab der 1. Mot. Schützendivision, 1960, SAPMO-BArch, DY 30/IV 2/12/22, Bl. 10.
[64] Protokoll Nr. 4/56 über die Sitzung des Kollegiums des Ministeriums für Nationale Verteidigung, 30. Mai 1956, BA-MA, VA-01/2029, Bl. 11.
[65] Einschätzung des politisch-moralischen Zustandes und der Stimmungen der Verbände und Truppenteile, 1956, BA-MA, VA-P-01/1752, Bl. 91.
[66] Ebenda.
[67] Bericht über den Stand des politischen Bewußtseins und die Moral in der NVA. Protokoll Nr. 3/57 über die Sitzung des Kollegiums des Ministeriums für Nationale Verteidigung, 6. Mai 1957, BA-MA, VA-01/2032, Bl. 41.
[68] Die Abwehrarbeit des MfS in den bewaffneten Formationen der DDR. Schulungsmaterial, Dezember 1958, BStU, ZA, JHS Sicherheitsfilm Z. 214/58, Bl. 34.
[69] Vgl. für die Zeit nach 1965 Eisenfeld, Nazistischer Geist im sozialistischen Waffenrock, S. 14.

künften immer wieder „Hakenkreuzschmiereien"[70]. Ferner wurden etwa 1958 im Nachrichten-Bataillon des Militärbezirkes III drei Soldaten verhaftet, weil sie unter anderem Hitler verherrlicht und das „Horst-Wessel-Lied" gesungen hatten. Der Chef der Hauptabteilung I des MfS Kleinjung machte in diesem Zusammenhang ausdrücklich auf den Umstand aufmerksam, daß weder der Kommandeur noch der Politstellvertreter auf Hinweise reagiert hätten, „dieser Ideologie entgegenzutreten, sie zu zerschlagen"[71].

Handelte es sich hierbei zumeist um vereinzelt auftretende, nicht organisierte Meinungsäußerungen, so mußte das Verhalten der NVA-Offiziere an den Militärakademien der UdSSR auf die Parteiführung weitaus alarmierender gewirkt haben. 1957 stellte eine eigens eingerichtete Untersuchungskommission fest, daß die „politische Festigkeit in der Mehrheit der deutschen Offiziersgruppen unbefriedigend" sei[72]. So habe es etwa an der Frunse-Akademie in Moskau „jahrelang falsche und feindliche Auffassungen gegenüber der Sowjetunion" gegeben[73]. Diese hätten sich beispielsweise darin geäußert, daß ein Oberleutnant der NVA sowjetische Bürger „mit ‚Bolschewistenschwein'" beschimpft habe[74].

Formen des Protestes oder der Verweigerung, wie etwa der Versuch von Offizieren, sich der SED-Mitgliedschaft zu entziehen[75], ging vermutlich in der Regel – bewußt oder unbewußt – ein längerer persönlicher Meinungsbildungsprozeß voraus. Denn der einzelne dürfte sich über die zu erwartenden Sanktionen der Partei von vornherein im klaren gewesen sein. Letztlich folgte derartigem Verhalten nicht selten eine Desertion, die in der Regel gleichbedeutend mit der Flucht in den Westen war[76]. Die hohe Zahl von Desertionen in der NVA[77] stellte wegen des Personalmangels in der Zeit bis zum Mauerbau 1961 ein ernstes Problem dar. Zudem wirkten sich die Fahnenfluchten äußerst negativ auf die innere Stabilität der Streitkräfte aus.

Im ersten Jahr des Bestehens der NVA desertierten 233 Armeeangehörige[78], dar-

---

[70] Bericht über einige Probleme zur Einschätzung des politisch-moralischen Zustandes der bewaffneten Kräfte der DDR, 2. Oktober 1961, BStU, ZA, MfS ZAIG 479, Bl. 6.

[71] Bericht über den politisch-moralischen Zustand in den Verbänden, Truppenteilen und Dienststellen der NVA. Protokoll Nr. 3/58 über die Sitzung des Kollegiums des Ministeriums für Nationale Verteidigung, 23. April 1958, BA-MA, AZN/29178, Bl. 167.

[72] Bericht der Kommission zur Überprüfung in den Offiziersgruppen der NVA an den Militärakademien in der Sowjetunion. Protokoll der 21. Sitzung der Sicherheitskommission des ZK der SED, 10. April 1958, BA-MA, DVW 1/39563, Bl. 26

[73] Ebenda, Bl. 28.

[74] Bericht über das Ergebnis der parteimäßigen Überprüfung der besonderen Vorkommnisse im 2. Kurs der Frunse-Akademie (Infanterie), 1. Oktober 1957, SAPMO-BArch, DY 30/IV 2/12/30, Bl. 7.

[75] So äußerte beispielsweise ein Oberleutnant: „Wenn der letzte Soldat meiner Kp. in die Partei eingetreten ist, ist es für mich immer noch Zeit, Kandidat der SED zu werden." Bericht über die Stimmungen der Armeeangehörigen und Erscheinungen in der politischen Arbeit in der ersten Monatshälfte April 1958, BA-MA, VA-01/1752, Bl. 66.

[76] Godau, Verführter Verführer. „Ich war Politoffizier der NVA".

[77] Vgl. Wenzke, Fahnenflucht in den Streitkräften der DDR, S. 266 ff.

[78] Bericht Nr. 2/58 über den Stand der Einsatzbereitschaft, der operativen, militärischen und politischen Ausbildung der NVA der DDR nach dem Stand vom 1. Januar 1958, BA-MA, VA-01/4354, Bl. 10. Die Desertionszahlen weichen in den Statistiken zum Teil voneinander ab. Der Grund hierfür dürfte die Unterscheidung in versuchte und vollendete Fahnenfluchten sein, die aus den Akten jedoch nicht immer eindeutig hervorgeht. Die angeführten Zah-

unter 13 Offiziere[79]. 1957 lag die Zahl insgesamt bei 180[80] einschließlich 18 Offizie-ren[81]. 1958 waren es 112 Armeeangehörige, darunter 13 Offiziere[82], im folgenden Jahr gab es insgesamt 71 Deserteure, darunter 11 Offiziere[83]. 1960 stiegen die Zah-len offensichtlich wieder an. Unter den 133 Fahnenflüchtigen befanden sich 18 Of-fiziere[84]. Bis zum Mauerbau am 13. August 1961 desertierten dann noch einmal 62 Angehörige der NVA einschließlich 3 Offizieren[85].

Bei der überwiegenden Zahl der zwischen 1956 und 1961 desertierten Offiziere handelte es sich um Leutnantsdienstgrade[86]. Der dienstgradhöchste Deserteur wäh-rend dieses Zeitraums war vermutlich Oberstleutnant Siegfried Dombrowski. Der damalige Stellvertreter des Chefs der „Verwaltung für Koordinierung" (VfK) der NVA, die die Militärspionage gegen die Bundesrepublik betrieb, setzte sich im Au-gust 1958 gemeinsam mit Ehefrau und Kindern in den Westen ab[87].

Die Desertionen waren jedoch vermutlich in der Mehrzahl der Fälle nicht primär politisch motiviert. Die meisten Offiziere stimmten wohl zumindest grundsätzlich mit den propagierten politischen Zielen der SED überein. Vielmehr waren die De-sertionen, denen auch rein persönliche Motive zugrunde lagen, nicht zuletzt eine Folge des allgemein angespannten, teilweise desolaten inneren Zustandes der NVA. Dieser jedoch war zu einem großen Teil das Ergebnis der politischen Durchdrin-

---

len beziehen sich auf vollendete Desertionen, wobei der niedrigere bzw. am häufigsten in den Quellen genannte Wert berücksichtigt worden ist.

[79] Statistische Berichte über Fahnenfluchten und besondere Vorkommnisse, 1957–1959, BA-MA, VA-01/5961, Bl. 18.

[80] Bericht Nr. 2/58 über den Stand der Einsatzbereitschaft, der operativen, militärischen und politischen Ausbildung der NVA der DDR nach dem Stand vom 1. Januar 1958, BA-MA, VA-01/4354, Bl. 10.

[81] Statistische Berichte über Fahnenfluchten und besondere Vorkommnisse, 1957–1959, BA-MA, VA-01/5961, Bl. 18.

[82] Bericht Nr. 6/60 über den Stand der Einsatzbereitschaft, der politischen, operativen und Ge-fechtsausbildung der NVA der DDR nach dem Stand vom 1. Januar 1960, 28. Januar 1960, BA-MA, VA-01/6247, Bl. 10.

[83] Einige Probleme des politisch-moralischen Zustandes der NVA, 4, April 1960, BStU, ZA, MfS ZAIG 260, Bl. 8.

[84] Analyse der Fahnen- und Republikfluchten in der NVA im Jahre 1960, SAPMO-BArch, DY 30/IV 2/12/47, Bl. 150.

[85] Bericht über einige Probleme zur Einschätzung des politisch-moralischen Zustandes der be-waffneten Kräfte der DDR, 2. Oktober 1961, BStU, ZA, MfS ZAIG 479, Bl. 7.

[86] Vgl. Übersicht über Desertionen, 1. Januar – 31. Dezember 1958, BA-MA, VA-01/21890, Bl. 35.

[87] Seine Flucht traf die NVA schwer. Durch ihn gewann der Westen Informationen vor allem über Aufgaben, Arbeitsweise und Personal dieser Verwaltung. Als Folge wurden unter an-derem rund 200 Offiziere und Soldaten der VfK aus dem Armeedienst entlassen. Zudem konnte die Verwaltung offenbar erst nach fünf Jahren wieder aktiv werden. Zolling/Höhne, Pullach intern, S. 102. Das MfS bearbeitete diese Desertion im Rahmen eines operativen Vor-ganges. Ziel war entweder die „Rückführung des Dombrowski auf das Territorium der DDR mit dem Ziel seiner Aburteilung" oder die „Liquidierung des Dombrowski an seinem Auf-enthaltsort unter der Bedingung, daß ein solches Ereignis von der Presse aufgefangen und publiziert werden" konnte. Sachstandsbericht, 19. Februar 1959, BStU, ZA, MfS AOP 12437/78, Bd. 7, Bl. 37. „Am 20. 6. 1977 erlag Dombrowski während einer Autofahrt von München nach Nürnberg in der Nähe von Ingolstadt einen [sic!] Herzinfarkt, an dessen Fol-gen er verstarb." Abschlußbericht zum Operativ-Vorgang „Doppelgänger", 19. Juli 1958, BStU, ZA, MfS AOP 12437/78, Bd. 7, Bl. 108. Eine Verantwortung des MfS für seinen Tod geht aus den Quellen aber nicht hervor.

gung des Militärs durch die SED. Einige Offiziere sahen sich daher veranlaßt, sich dem daraus resultierenden politischen Druck und den psychischen Belastungen durch Flucht zu entziehen. Insofern entsprachen die wenigsten der desertierten Offiziere und Soldaten der NVA der im Westen vorherrschenden Sicht von einem „überzeugten Antikommunisten". Anstatt ein „‚politisches‘ Fluchtmotiv" zu besitzen, wie man es von einem „verfolgten Widerstandskämpfer" hätte erwarten können, äußerten die meisten, sie seien „mit den Zuständen in der DDR ‚allgemein unzufrieden‘" gewesen[88].

Die SED war jedoch offenbar nicht dazu in der Lage, sich ein differenziertes Bild von den verschiedenen Gründen der Fahnenfluchten ebenso wie von anderen nicht systemkonformen Verhaltensweisen zu verschaffen. Entsprechend ihrem ideologischen Erklärungsmuster bewertete sie die Ursachen nach einem simplifizierenden Freund-Feind-Schema. Nach Ansicht der SED waren etwa „kleinliche Augenblicksüberlegungen wie z.B. persönliche Verärgerung, scheinbare Ausweglosigkeit aus familiären und persönlichen Schwierigkeiten, Angst vor Strafe bei begangenen Delikten, ungenügende Bindung zum Kollektiv und zu den Vorgesetzten oder auch offene Abwerbung und Beeinflussung durch den Klassengegner" nur der „äußere Anlaß" für Desertionen oder andere Vergehen[89]. Als eigentliche Ursache, so führte Dölling aus, galt jedoch die „mangelnde Überzeugung von der Gesetzmäßigkeit des Sieges des Sozialismus in ganz Deutschland". Sie sei „letzten Endes die ideologische Wurzel der meisten Fälle von Fahnenflucht und Fahnenfluchtversuchen", soweit man es nicht „mit direkten Agenten und Spionen zu tun" habe[90]. Die Partei betrachtete letztlich jeden Deserteur als einen Regimegegner. Es muß daher ein alarmierendes Zeichen für die politische Zuverlässigkeit der NVA gewesen sein, wenn man feststellte, eine Desertion werde von der „Mehrheit der Armeeangehörigen" noch nicht „als ein schändlicher Verrat an der Arbeiterklasse, ein Verbrechen an der DDR und ein Überlaufen zum Klassenfeind betrachtet"[91].

Es stellt sich die Frage, ob bestimmte Reaktionen von Offizieren auf die politische Durchdringung der NVA als Widerstand zu qualifizieren sind. Grundsätzlich kann man von Widerstand nur dann sprechen, wenn der „Widerstandleistende die Gefahr einer Benachteiligung oder Bestrafung bewußt in Kauf nimmt und sich in seiner Weigerung, Befehle, Anweisungen oder Gesetze zu befolgen, mit Gründen auf sein Gewissen oder ein höheres Recht berufen kann". In Anbetracht dieser Definition unterscheidet sich Widerstand folglich „von der bloßen Dienstpflichtverletzung, Befehlsverweigerung und Gesetzesübertretung"[92].

Zur Veranschaulichung sei hier die Fahnen- und Republikflucht eines Leutnants der 7. Panzerdivision genannt: Dieser hatte sich geweigert, Politunterricht zu geben und SED-Mitglied zu werden; letzteres, da „er sich dann in seiner persönlichen Freiheit eingeengt fühle". Zudem hatte er es aufgrund der Religiosität seines Elternhauses abgelehnt, aus der Kirche auszutreten. Nach der Versetzung in eine andere

---

[88] Lolland, Zu Befehl, Genosse Unterleutnant, S. 12.
[89] Jahresbericht 1957 der Politischen Verwaltung, BA-MA, VA-P-1/030, Bl. 8.
[90] Protokoll der Delegiertenkonferenz der Parteiorganisationen der SED in der NVA, 24.–25. Juni 1958, BA-MA, VA-P-01/038, Bl. 22
[91] Bericht über den Stand der Durchführung der Beschlüsse des V. Parteitages der SED in der NVA, 20. Oktober 1958, SAPMO-BArch, DY 30/IV 2/12/10, Bl. 245.
[92] Münkler, Widerstand, S. 790f.

Einheit, die der Leutnant als „Strafversetzung" empfand, stellte ein Mitglied der Parteileitung ihn ultimativ vor die Wahl, endlich in die SED einzutreten oder aus der Armee entlassen zu werden. Daraufhin entschloß er sich, in die Bundesrepublik zu desertieren[93].

Eine derartige Desertion ist als Widerstand zu qualifizieren. Der Leutnant konnte sich bei seiner Flucht auf die Einschränkung seiner Gewissens-, Religions- und Meinungsfreiheit berufen. Ein individueller Anspruch auf diese Rechte und Freiheiten ließ sich unter anderem aus den Artikeln 18 und 19 der „Allgemeinen Erklärung der Menschrechte" vom 10. Dezember 1948 herleiten[94]. Das erzwungene Ausscheiden aus der NVA stellte für ihn keine Alternative dar, da dieses zum einen sein Recht auf freie Berufswahl mißachtete und zum anderen eine Gefährdung seiner Existenzgrundlage bedeutete. In dieser Situation erwies sich die Desertion als einzige Handlungsoption. Es ist davon auszugehen, daß sich der Leutnant über die drohenden strafrechtlichen Konsequenzen hinsichtlich seiner Handlung bewußt war. Fahnenflucht war nicht nur gemäß Strafrechtsergänzungsgesetz strafbewehrt, sondern galt im Rahmen der Propaganda der SED auch als „das schwerste und verabscheuungswürdigste Verbrechen gegen die militärische Disziplin"[95]. Da der Leutnant sich aber nicht nur dem Armeedienst durch Desertion entzog, sondern gleichzeitig Republikflucht beging und damit sein gesamtes Lebensumfeld hinter sich ließ, ist davon auszugehen, daß er letztlich keine andere Möglichkeit sah, sich aus seiner Zwangslage zu befreien. Bei seinem grundsätzlichen Bruch mit dem System, den die schwere Fahnenflucht zwangsläufig bedeutete, kalkulierte er bewußt mit ein, daß seine Handlung als politisches Delikt gewertet und daher im Falle des Scheiterns der Flucht um so schärfer sanktioniert werden würde[96].

---

[93] Bericht der Untersuchungskommission der 7. Panzerdivision, 14. Dezember 1960, BA-MA, VA-01/5966, o. Pag.
[94] Allgemeine Erklärung der Menschenrechte vom 10. Dezember 1948, S. 41.
[95] Vgl. S. 113 ff.
[96] Die Qualifikation der schweren Fahnenflucht als Widerstand geht konform mit der rechtlichen Einschätzung gemäß Regelbeispiel in Paragraph 1 Absatz 1 Ziffer 1. e) des Strafrechtlichen Rehabilitierungsgesetzes (StrRehaG) vom 1. Juli 1997, wonach eine Verurteilung wegen eines ungesetzlichen Grenzübertritts der politischen Verfolgung diente. Gesetz über die Rehabilitierung und Entschädigung von Opfern rechtsstaatswidriger Strafverfolgungsmaßnahmen, S. 1614.

VII. Die Professionalisierung des Militärs 1961–1965

1. Die Integration der NVA in die Erste Strategische Staffel des Warschauer Paktes

Die Integration der NVA in die Erste Strategische Staffel der Vereinten Streitkräfte des Warschauer Paktes[1] war für die weitere Entwicklung der zivil-militärischen Beziehungen in der DDR ab 1961 von entscheidender Bedeutung. Durch sie rückte die Verbesserung der Einsatzbereitschaft der NVA ins Zentrum der Militärpolitik der SED.

In der Praxis scheint sich die Integration nicht als einfache Zuordnung von Verbänden und Truppenteilen der NVA zu den Einheiten der Ersten Strategischen Staffel vollzogen zu haben. Vielmehr erfolgte sie offenbar als ein „Prozeß der Eingliederung", der 1961 eingeleitet wurde[2]. Von diesem Zeitpunkt an gehörte die NVA formal zur vordersten, nach Westen gerichteten Angriffsformation des Warschauer Paktes in Mitteleuropa[3], ohne aber eigenständig operieren zu können. Die Landstreitkräfte der NVA bildeten dabei zusammen mit der GSSD die 1. Front[4] der Ersten Strategischen Staffel auf dem Territorium der DDR. Einige NVA-Einheiten waren außerdem der 2. Front (Küstenfront) zugeordnet, die vor allem die Polnische Armee stellte. Zudem wurde die Volksmarine Bestandteil der Vereinten Ostseeflotten unter dem Kommando des Chefs der Baltischen Flotte der UdSSR. Operativ war sie damit ebenfalls dem Befehlshaber der 1. Front unterstellt. Die Luftstreitkräfte übernahmen ab 1962 aktiv Aufgaben im einheitlichen System der Luftverteidigung der Warschauer Pakt-Staaten[5]. Die Integration der NVA in die Erste Strategische Staffel wurde dann offenbar innerhalb von fünf Jahren weitgehend abgeschlossen. Ihr Ende markierte das Manöver „Oktobersturm" im Oktober 1965.

Unklar bleibt, ob der Integrationsprozeß bereits vor dem Mauerbau am 13. August 1961 in Gang gesetzt wurde. Für diese Annahme sprechen die militärischen Maßnahmen in der ersten Jahreshälfte. So hatte der Nationale Verteidigungsrat schon am 20. Januar 1961 entsprechend einer Empfehlung des Vereinten Kommandos „Änderungen in der Struktur und in der Bewaffnung und Ausrüstung" der

---

[1] Vgl. u.a. Wenzke, Die Nationale Volksarmee, S. 448ff., 483f.; Arlt, Sowjetische (russische) Truppen in Deutschland (1945–1994), S. 608f., 614f.

[2] Greese/Voerster, Probleme der Auswahl und Förderung der Offizierskader, S. 44.

[3] Teilbeitrag der Verwaltung Kader zur Einarbeitung in die Gesamtanalyse und Grundkonzeption der Entwicklung der NVA, 10. März 1967, BA-MA, VA-01/5679, Bl. 9. Insofern ist der Auffassung von Peter Joachim Lapp zu widersprechen, die Landstreitkräfte der NVA hätten seit 1965 zur Ersten Strategischen Staffel des Warschauer Paktes gehört. Lapp, Die Nationale Volksarmee 1956–1990, S. 1906.

[4] Die Front ist vergleichbar mit einer Heeresgruppe der NATO.

[5] Wenzke, Die Nationale Volksarmee, S. 483.

NVA beschlossen[6]. Vermutlich ging es darum, im Hinblick auf die Einbeziehung in die Fronten der Ersten Strategischen Staffel eine bessere Kompatibilität der NVA-Truppenteile mit den Einheiten der sowjetischen Streitkräfte herzustellen. Der Beschluß dürfte durch die Aufforderung des Politischen Beratenden Ausschusses an die Mitgliedsstaaten des Warschauer Paktes Ende März 1961, ihre Streitkräfte weiter zu modernisieren, einen zusätzlichen Schub erfahren haben[7].

Darüber hinaus fand vom 23. bis 30. Mai 1961 eine gemeinsame Kommandostabs- und Truppenübung der GSSD und der NVA statt. Bei dieser Übung könnte es sich um den praktischen Beginn der Integration der NVA in die Erste Strategische Staffel gehandelt haben. In diesem Sinne äußerte Ulbricht hinsichtlich der Übung: „Wir schätzen sie als das wichtigste Ereignis im Ausbildungsjahr ein. Mit ihr wurde eine neue Etappe in der Entwicklung der Nationalen Volksarmee und im Zusammenwirken mit der Gruppe der sowjetischen Streitkräfte in Deutschland eingeleitet."[8]

Vor allem dürfte es bei dieser Übung darum gegangen sein, eine Bestandsaufnahme des aktuellen Standes der Einsatzbereitschaft und der operativen Fähigkeiten der NVA vorzunehmen, um den Eingliederungsprozeß gezielt weiter vorantreiben zu können. So basierte die Übung auf dem Ausbildungsprogramm des Stabes der Vereinten Streitkräfte. In der Ausgangslage ging man von einer realistischen Dislozierung der Streitkräfte aus. Die Übungsanlage sah die Abwehr eines überraschenden Angriffs der NATO vor. Angenommen wurden dabei unter anderem über 900 Atomschläge beider Seiten. Die Übung stand unter der Leitung des Oberkommandierenden der Vereinten Streitkräfte, Gretschko, wobei der Minister für Nationale Verteidigung der DDR, Hoffmann, als sein Stellvertreter eingesetzt war[9].

Ferner läßt sich die Bedeutung, die die Übung im Rahmen der Integration hatte, auch daran ablesen, daß die NVA und die sowjetischen Streitkräfte unter anderem zwei komplette Divisionen aufboten[10]. Die NVA setzte insgesamt 13 000 Soldaten, rund 350 Panzer und über 2800 Kraftfahrzeuge ein. Laut Hoffmann war ein Hauptziel des Manövers im Hinblick auf die NVA die „Überprüfung des Standes der Kenntnisse und Fähigkeiten in der Truppenführung" der Stäbe in der Anfangsperiode eines Krieges. Anscheinend standen hierbei das Ministerium für Nationale Verteidigung und insbesondere sein Hauptstab im Mittelpunkt des Interesses. Zudem sollte der Ausbildungsstand des Kommandos der Luftstreitkräfte/Luftverteidigung sowie des Kommandos der Volksmarine kontrolliert werden[11].

---

6 Protokoll der 4. Sitzung des Nationalen Verteidigungsrates der DDR, 20. Januar 1961, BA-MA, DVW 1/39461, Bl. 4.
7 Armee für Frieden und Sozialismus, S. 294.
8 Auswertung der gemeinsamen Kommandostabsübung vom 23. bis 30. Mai 1961, 1961, BA-MA, VA-01/6301, Bl. 27.
9 Bericht des Ministers für Nationale Verteidigung an den Nationalen Verteidigungsrat der DDR über die gemeinsame zweistufige Kommandostabsübung vom 23. bis 30. Mai 1961, 1961, BA-MA, VA-01/6301, Bl. 2, 4.
10 Bericht über die gemeinsame zweiseitige Truppenübung in der Zeit vom 25. bis 27. Mai 1961. Protokoll der Sitzung des Kollegiums des Ministeriums für Nationale Verteidigung, 12. Juni 1961, BA-MA, AZN/28185, Bl. 27.
11 Bericht des Ministers für Nationale Verteidigung an den Nationalen Verteidigungsrat der DDR über die gemeinsame zweistufige Kommandostabsübung vom 23. bis 30. Mai 1961, 1961, BA-MA, VA-01/6301, Bl. 3 f.

Die Übung zeigte, daß die NVA zu diesem Zeitpunkt die Voraussetzungen erfüllte, um „gemeinsame Handlungen mit den sowjetischen Truppen durchzuführen und das Zusammenwirken mit ihnen sicherzustellen"[12]. Als Fazit hieß es, die NVA sei „im allgemeinen in der Lage, unter den Bedingungen eines modernen Krieges zu handeln"[13]. Gretschko schätzte die Kenntnisse der NVA-Offiziere mit „befriedigend" ein[14]. Moniert wurde aber andererseits, die Truppenführung sei nicht in jeder Lage aufrecht erhalten worden. Zudem habe das Forcieren der Elbe „nicht voll den Bedingungen eines modernen Krieges" entsprochen[15] und die Gefechtsordnung eine „noch zu lineare Form" aufgewiesen[16]. Auch habe die Übung gezeigt, daß „eine planmäßige Mobilmachung noch nicht möglich gewesen wäre"[17].

Nach dem Mauerbau wurde der Integrationsprozeß mit Nachdruck weiter vorangetrieben. Der Nationale Verteidigungsrat beschloß am 28. August 1961, die vom Oberkommandierenden der Vereinten Streitkräfte gestellten Aufgaben „zum kürzesten Termin" zu erfüllen. Dazu gehörte vor allem die „Erhöhung der Gefechtsbereitschaft" aller Teilstreitkräfte, die Vorbereitung zur Aufstellung zusätzlich erforderlicher Truppenteile und Einheiten sowie die Ausarbeitung eines „operativen Planes" der NVA[18]. Im Februar 1963 wurden schließlich anläßlich einer Beratung des Vereinten Kommandos mit Vertretern des Ministeriums für Nationale Verteidigung die Rahmenbedingungen für die weitere Entwicklung der DDR-Streitkräfte fixiert: Diese sollten eine Friedensstärke von 105 000 Mann besitzen[19], wobei die seit 15. September 1961 zur NVA gehörenden Grenztruppen[20] im Frieden nicht zum Bestand der Vereinten Streitkräfte zählten. Die Kriegsstärke der NVA wiederum betrug 200 000 Mann. Im Kriegsfall zählten „alle bestehenden und neu aufzustellen-

---

12 Ebenda, Bl. 14.
13 Bericht über die gemeinsame zweiseitige Truppenübung in der Zeit vom 25. bis 27. Mai 1961. Protokoll der Sitzung des Kollegiums des Ministeriums für Nationale Verteidigung, 12. Juni 1961, BA-MA, AZN/28185, Bl. 32.
14 Bericht des Ministers für Nationale Verteidigung an den Nationalen Verteidigungsrat der DDR über die gemeinsame zweistufige Kommandostabsübung vom 23. bis 30. Mai 1961, 1961, BA-MA, VA-01/6301, Bl. 18.
15 Ebenda, Bl. 14.
16 Bericht über die gemeinsame zweiseitige Truppenübung in der Zeit vom 25. bis 27. Mai 1961. Protokoll der Sitzung des Kollegiums des Ministeriums für Nationale Verteidigung, 12. Juni 1961, BA-MA, AZN/28185, Bl. 32.
17 Auswertung der gemeinsamen Kommandostabsübung vom 23. bis 30. Mai 1961. Protokoll der Sitzung des Kollegiums des Ministeriums für Nationale Verteidigung, 12. Juni 1961, BA-MA, AZN/28185, Bl. 17. Ende Mai 1961 nahmen darüber hinaus auch Stäbe und Einheiten der Luftstreitkräfte und Luftverteidigung der NVA zum ersten Mal an einer gemeinsamen Luftverteidigungsübung mit Truppen der GSSD teil, die unter der Leitung des Oberkommandierenden der Truppen der Luftverteidigung des Warschauer Paktes stand. Zeittafel zur Militärgeschichte, S. 138.
18 Beschluß Nr. 42/61 des Nationalen Verteidigungsrates der DDR. Protokoll der 7. Sitzung des Nationalen Verteidigungsrates der DDR, 28. August 1961, BA-MA, DVW 1/39464, Bl. 10.
19 Protokoll der Beratung mit der Delegation des Ministeriums für Nationale Verteidigung der DDR über Fragen der weiteren Entwicklung der Streitkräfte der DDR, die sich aus dem Warschauer Vertrag ergeben, 27. Februar 1963, BA-MA, AZN/32592, Bl. 8.
20 Protokoll über die Übergabe der Deutschen Grenzpolizei durch das Ministerium des Innern und die Übernahme der Grenztruppen durch das Ministerium für Nationale Verteidigung. Protokoll der 8. Sitzung des Nationalen Verteidigungsrates der DDR, 29. November 1961, BA-MA, DVW 1/39465, Bl. 100.

den Verbände und Truppenteile der Streitkräfte der Deutschen Demokratischen Republik" zum Bestand der Vereinten Streitkräfte. Das Protokoll über die gemeinsame Beratung sah ferner vor, daß die Ausstattung der NVA mit moderner Bewaffnung und die Motorisierung der Armee in offenbarer Übereinstimmung mit dem Integrationszeitplan „im wesentlichen" bis 1965 abgeschlossen sein sollte[21].

Von 1961/1962 an nahm die NVA auch an größeren Übungen und Manövern der Vereinten Streitkräfte teil, in die neben den sowjetischen Streitkräften auch die Polnische Armee und die Tschechoslowakische Volksarmee einbezogen waren. Die erste dieser Übungen der vier Warschauer Pakt-Staaten, die gemeinsame Kommandostabsübung „Burja", fand unmittelbar nach dem Mauerbau vom 28. September bis 10. Oktober 1961 statt. Ihr Hauptziel war die Überprüfung der operativen Fähigkeiten der Stäbe zur Führung integrierter Truppenverbände unter komplizierten Lagebedingungen[22]. Das zweite wichtige Manöver war die Übung –Vitr" der Streitkräfte der ČSSR (Tschechoslowakische Sozialistische Republik), der DDR und der UdSSR vom 23. bis 27. September 1962. Im Rahmen dieser Übung, bei der insgesamt 35 000 Soldaten eingesetzt wurden, handelten erstmals Einheiten der drei Armeen unter einer einheitlichen Truppenführung im operativen Rahmen[23]. Dabei übten sie die „Organisation der Angriffsoperationen einer allgemeinen Armee in der Anfangsperiode eines Krieges" und das Führen von Begegnungsschlachten. Im Ergebnis des Manövers stellte man von Seiten der NVA fest: „Die Zusammenarbeit mit der Volksarmee der ČSSR konnte noch nicht in vollem Umfang befriedigen."[24]

Von Bedeutung für die weitere Integration der NVA in die Erste Strategische Staffel war zudem die Übung „Baltyk-Odra" vom 5. bis 10. Oktober 1962, an der die Flotten der DDR, der UdSSR und Polens teilnahmen. Nach Einführung gemeinsamer Einsatzgrundsätze für die drei Seestreitkräfte des Warschauer Paktes in der Ostsee wurde bei diesem Manöver erstmals deren Zusammenwirken mit den übrigen Teilstreitkräften geübt[25]. Thema der Übung war die gemeinsame Abwehr einer großen gegnerischen „Seelandungs- und Luftlandeoperation" an der polnischen Küste auf Armeeebene und das Übergehen eines „gemischten operativen Verbandes" zum Gegenangriff entlang der Küstenlinie während der Anfangsphase eines Krieges[26].

Im Frühjahr 1962 wurden Teile der beiden neuformierten Luftverteidigungsdivisionen der NVA in das „Diensthabende System der Luftverteidigung" des Warschauer Paktes eingegliedert. Die Luftstreitkräfte/Luftverteidigung der NVA hatten von nun an die Aufgabe, zusammen mit der GSSD rund um die Uhr den DDR-

---

21 Protokoll der Beratung mit der Delegation des Ministeriums für Nationale Verteidigung der DDR über Fragen der weiteren Entwicklung der Streitkräfte der DDR, die sich aus dem Warschauer Vertrag ergeben, 27. Februar 1963, BA-MA, AZN/32592, Bl. 8 f.
22 Zeittafel zur Militärgeschichte, S. 147.
23 Ebenda, S. 162.
24 Bericht über die durchgeführte Kommandostabsübung der 7. PD mit Truppen unter Leitung der Volksarmee der ČSSR, 2. Oktober 1962, BA-MA, VA-01/5193, Bl. 114.
25 Vego, Flottenübungen des Warschauer Paktes seit 1956, S. 311.
26 Auswertung der zweiseitigen Armeeübung mit Truppen der vereinigten Streitkräfte der Armeen des Warschauer Vertrages „Baltyk-Odra" vom 5. bis 10. Oktober 1962 durch den Chef des Generalstabes der Polnischen Volksarmee, Waffengeneral J. Bordzilowski, 10. Oktober 1962, BA-MA, VA-01/5194, Bl. 151.

Luftraum zu sichern[27]. In Struktur und Ausrüstung stimmten die Luftverteidigungskräfte der NVA jetzt weitgehend mit denen der übrigen Armeen des Warschauer Paktes überein[28].

Offenbar war das 1957 geschaffene einheitliche System der Luftverteidigung des Warschauer Paktes bis zu diesem Zeitpunkt den Erwartungen hinsichtlich seiner Leistungsfähigkeit nicht gerecht geworden. Dies mag zudem als ein Indiz dafür gelten, daß es dem Bündnis im Vergleich zur NATO schwerer fiel, integrierte Militärstrukturen zu schaffen. Als Grund für die Probleme in diesem Fall nannte Gretschko Ende 1961, man habe statt einer einheitlichen Leitung seinerzeit „lediglich die Koordinierung von Fragen der Luftverteidigung im System des Kommandos der Vereinten Streitkräfte" vereinbart. Die Übungen der Jahre 1960/1961 hätten dann jedoch gezeigt, daß die Luftverteidigung des Bündnisses „faktisch kein einheitlich abgestimmtes System" sei und „jedes Land die Aufgaben selbständig und isoliert" löse. Er erachtete es daher als notwendig, in Zukunft die Luftverteidigungstruppen des Warschauer Vertrages auf der Grundlage eines „einheitlichen operativen Planes" in einem abgeschlossenen System zusammenzufassen[29]. Die Verwirklichung dieses Reformvorschlages wurde im Januar 1962 auf der Tagung der Verteidigungsminister der Warschauer Pakt-Staaten beschlossen[30]. Bei der Implementierung scheinen sich dann aber Schwierigkeiten ergeben zu haben, zumindest traten die Veränderungen erst am 1. Mai des darauffolgenden Jahres in Kraft[31].

Zum einheitlichen System der Luftverteidigung gehörten nunmehr „alle Truppen der Luftverteidigung" der Staaten des Warschauer Paktes. Im Hinblick auf die sowjetischen Streitkräfte gab es jedoch eine substantielle Einschränkung. Hier wurden nur die in den westlichen Republiken der UdSSR stationierten Einheiten in das System einbezogen. Neben der Sicherung des eigenen Territoriums hatten die Luftverteidigungstruppen jedes Teilnehmerstaates „mit einem Teil der Kräfte" auch die Luftverteidigung der Nachbarstaaten zu verstärken. Ihr Einsatz sowohl bei der Luftraumüberwachung als auch im Gefecht sollte „nach einem einheitlichen operativen Plan" organisiert werden. Dabei unterlagen die gemeinsamen Gefechtshandlungen einer „zentralisierten Führung". In der „Bestimmung über das einheitliche System der Luftverteidigung der Teilnehmerstaaten des Warschauer Vertrages" wurde jedoch ausdrücklich darauf hingewiesen, daß „die Prinzipien der Unterstellung der Truppen der Luftverteidigung eines jeden Staates unter die nationale Führung" nicht zu verletzen seien. Auch behielten die nationalen Armeeführungen die „volle Verantwortung" für die Sicherung des Staatsgebietes sowie für den Zustand der eigenen Luftverteidigungstruppen „sowohl in Friedens- als auch zu Kriegszeiten"[32].

---

[27] Vgl. Protokoll der 2. Tagung der IV. Delegiertenkonferenz der Parteiorganisationen der SED in der NVA, 1./2. Dezember 1962, BA-MA, VA-P-01/559, Bl. 107.
[28] Wenzke, Die Nationale Volksarmee, S. 446f.
[29] Gretschko an Hoffmann, 22. Dezember 1961, BA-MA, VA-01/8758, Bl. 78f.
[30] Beschluß der Tagung der Verteidigungsminister des Warschauer Vertrages, die in Prag vom 30. bis 31. Januar 1962 stattfand, BA-MA, VA-01/8758, Bl. 55f.
[31] Mitteilung des Oberkommandos der Vereinten Streitkräfte der Teilnehmerstaaten des Warschauer Vertrages an Hoffmann, 16. Oktober 1963, BA-MA, AZN/32597, Bl. 28.
[32] Bestimmung über das einheitliche System der Luftverteidigung der Teilnehmerstaaten des Warschauer Vertrages. Brief des Ministers für Nationale Verteidigung des Polnischen Volks-

Die Leitung des einheitlichen Systems der Luftverteidigung des Warschauer Paktes unterstand jedoch dem „Oberkommandierenden der Truppen der Luftverteidigung der Teilnehmerstaaten des Warschauer Vertrages", der zugleich ein Stellvertreter des Oberkommandierenden der Vereinten Streitkräfte war[33]. Aufgrund der Tatsache, daß die Regierungen vereinbart hatten, daß in diese Dienststellung der „Oberkommandierende der Truppen der Luftverteidigung der Sowjetunion" einzusetzen war[34], dessen Stab zugleich als Führungsorgan der integrierten Luftverteidigung fungierte[35], standen das einheitliche Luftverteidigungssystem und damit ebenso die nationalen Luftverteidigungskräfte – so auch die der DDR – unter der direkten Kontrolle der sowjetischen Streitkräfte.

Eine besondere Zäsur bei der Integration der NVA in die Erste Strategische Staffel stellte das Manöver „Quartett" dar, das vom 9. bis 14. September 1963 im Süden der DDR stattfand. Nach Angaben des Chefs des Hauptstabes, Generalleutnant Siegfried Riedel, war es das „bedeutendste Ereignis in der bisherigen operativ-taktischen Ausbildung der NVA"[36]. An der bis dahin größten Truppenübung der Vereinten Streitkräfte in der DDR nahmen neben der NVA die sowjetischen, polnischen und tschechoslowakischen Streitkräfte mit insgesamt rund 41 000 Soldaten, 700 Panzern, 8300 Schützenpanzern und Kraftfahrzeugen sowie 323 Flugzeugen und Hubschraubern teil. Erstmals wurden Truppen der Land- und Luftstreitkräfte sowie der Luftverteidigung der vier Armeen gemeinsam eingesetzt[37].

Geübt wurde einmal mehr die Abwehr eines unter Einsatz von Atomwaffen überraschend vorgetragenen Überfalls der NATO auf das Territorium der DDR. Die Kräfte der Vereinten Streitkräfte sollten nach Märschen über große Entfernungen eine aktive Verteidigung aufbauen und zum direkten Gegenangriff übergehen. Dabei hatten sie, unterstützt von Luftlandetruppen und massiven Luftschlägen, aus der Bewegung Wasserhindernisse auf breiter Front zu überwinden und die Verteidigungsstellungen des Gegners zu durchbrechen. Dies war ein Übungsschwerpunkt, der sich offensichtlich an den geographischen Bedingungen der innerdeutschen Grenze orientierte. Das Manöver endete mit einem Begegnungsgefecht, in dem die gegnerischen Streitkräfte mit hoher Geschwindigkeit aufeinandertrafen[38]. Ziel der Übung war es dabei, die gemeinsamen Einsatzgrundsätze weiter zu harmonisieren und das Zusammenwirken im Bündnisrahmen zu verbessern. Vor allem sollte entsprechend den Weisungen des Oberkommandierenden der Vereinten Streitkräfte

republik Armeegeneral Marian Spychalski an Hoffmann, 19. September 1963, BA-MA, AZN/32592, Bl. 73 ff.

[33] Ebenda.

[34] Protokoll über die Schaffung des einheitlichen Systems der Luftverteidigung der Teilnehmerstaaten des Warschauer Vertrages. Brief des Ministers für Nationale Verteidigung der Polnischen Volksrepublik Armeegeneral Marian Spychalski an Hoffmann, 19. September 1963, BA-MA, AZN/32592, Bl. 70.

[35] Bestimmung über das einheitliche System der Luftverteidigung der Teilnehmerstaaten des Warschauer Vertrages. Brief des Ministers für Nationale Verteidigung des Polnischen Volksrepublik Armeegeneral Marian Spychalski an Hoffmann, 19. September 1963, BA-MA, AZN/32592, Bl. 75.

[36] Bericht über die in der Zeit vom 11. bis 15. September 1963 durchgeführte Übung „Quartett", 18. Januar 1964, BA-MA, VA-01/12946, Bl. 97.

[37] Haack, Zur Rolle sowjetischer Erfahrungen, S. 18.

[38] Armee für Frieden und Sozialismus, S. 338 ff.

überprüft werden, inwieweit die Stäbe und Truppen der vier Armeen mit ihrer einheitlichen Ausrüstung und Ausbildung dazu in der Lage waren, „gemeinsame Kampfaufgaben zu erfüllen"[39].

Eine entscheidende Intention des Manövers bestand im übrigen darin, Aufschluß über den aktuellen Stand der Einsatzbereitschaft der NVA im Bündnisrahmen und die operativen Fähigkeiten ihrer Führung zu erhalten. Daher waren neben Gretschko als Oberkommandierendem der Vereinten Streitkräfte Generale und Offiziere der übrigen Warschauer Pakt-Armeen als Beobachter anwesend. Das Vereinte Kommando hatte zum ersten Mal den Minister für Nationale Verteidigung der DDR mit der Leitung einer derartigen Übung beauftragt. Zudem unterstanden die teilnehmenden Kräfte der Luftstreitkräfte Generalleutnant Heinz Keßler, der 1957–1967 den Posten des Chefs der Luftstreitkräfte/Luftverteidigung der NVA bekleidete[40]. Im Gegensatz zu den vorhergehenden Übungen waren jetzt erstmals auch sowjetische Einheiten kommandierenden Generalen der NVA direkt unterstellt. Hierbei handelte es sich um die Chefs der Militärbezirke III und V, die als Befehlshaber von Armeen eingesetzt waren[41].

In der Auswertung der Übung gelangte Gretschko zu dem Ergebnis, die NVA habe ihre Aufgaben vorbildlich erfüllt und unterscheide sich nicht mehr von den anderen Armeen des Bündnisses[42]. Hinsichtlich der Einschätzung des Leistungsstandes der NVA heißt es im Bericht des Ministeriums für Nationale Verteidigung, das Manöver habe bewiesen, „daß sich die Oberbefehlshaber, Kommandeure und Stäbe der 3. und 5. Armee (MB III und V) und der in ihrem Bestand handelnden Verbände im Vergleich zu den vorangegangenen Kommandostabsübungen" hätten „merklich festigen" können. So seien sie dazu in der Lage gewesen, „entsprechend den konkreten Gefechtssituationen zweckmäßige Entschlüsse zu fassen, die Verbände, Truppenteile und Waffengattungen im Rahmen einer verbündeten Gruppierung richtig einzusetzen, das Zusammenwirken zwischen ihnen zu organisieren und die Truppen im Verlaufe der Kampfhandlungen fest und ununterbrochen zu führen"[43]. Insgesamt sei eine „positive Entwicklung" in der Gefechtsausbildung der NVA zu verzeichnen[44]. Der Nationale Verteidigungsrat wies jedoch auf die „teilweise noch bestehenden Unterschiede im Ausbildungsstand" der einzelnen Warschauer Pakt-Streitkräfte hin[45]. Unter anderem müßten die Offiziere der NVA noch

---

[39] Bericht über die in der Zeit vom 11. bis 15. September 1963 durchgeführte Übung „Quartett", 18. Januar 1964, BA-MA, VA-01/12946, Bl. 99.
[40] Armee für Frieden und Sozialismus, S. 137.
[41] Haack, Zur Rolle sowjetischer Erfahrungen, S. 18.
[42] Aus der Ansprache des Oberkommandierenden der Vereinten Streitkräfte der Länder des Warschauer Vertrages, Marschall der Sowjetunion A. A. Gretschko, anläßlich des Empfanges des Staatsrates der DDR zu Ehren der gemeinsamen Truppenübung „Quartett", 15. September 1963, in: Hanisch, Die NVA in der sozialistischen Verteidigungskoalition, S. 123 f.
[43] Bericht über die in der Zeit vom 11. bis 15. September 1963 durchgeführte Übung „Quartett", 18. Januar 1964, BA-MA, VA-01/12946, Bl. 102.
[44] Ebenda, Bl. 104.
[45] Beschluß des Nationalen Verteidigungsrates der DDR vom 20. September 1963 zu den Ergebnissen der Übung „Quartett". Protokoll der 16. Sitzung des Nationalen Verteidigungsrates der DDR, 20. September 1963, BA-MA, DVW 1/39473, Bl. 14.

intensiver die russische Sprache erlernen und diese auch in der Dienstdurchführung anwenden[46].

1963 wurden der NVA-Führung im Anschluß an eine zweiseitige strategische Kartenübung auf dem „Westlichen Kriegsschauplatz", die in der DDR unter der Leitung des sowjetischen Verteidigungsministers durchgeführt worden war, schließlich auch die operativen Planungsdokumente für einen zukünftigen Einsatz der NVA übergeben. Sie enthielten unter anderem die Aufgaben, die die DDR-Streitkräfte im Rahmen der Ersten Strategischen Staffel übernehmen sollten, und die in diesem Fall bestehenden Unterstellungsverhältnisse ihrer Verbände[47].

Der Prozeß der Eingliederung der NVA in die Erste Strategische Staffel fand seinen Abschluß durch das Manöver „Oktobersturm", das vom 16. bis 22. Oktober 1965 im Südwesten der DDR stattfand[48]. Beteiligt waren wiederum die NVA, die GSSD, die Polnische Armee und die Tschechoslowakische Volksarmee mit Stäben und Truppen. Die Bedeutung, die das Manöver in dieser Hinsicht offenbar hatte, verdeutlicht zum einen die Tatsache, daß neben Ulbricht und Honecker der Oberkommandierende der Vereinten Streitkräfte sowie auch die Verteidigungsminister der Warschauer Pakt-Staaten anwesend waren[49]. Zum anderen mußte die NVA hier den Nachweis erbringen, daß sie nunmehr dazu fähig war, „unter realen" Einsatzbedingungen zu operieren, denn das Manöver wurde „in unbekanntem Gelände" ohne die Nutzung von Truppenübungsplätzen durchgeführt[50].

Der Stellenwert des Manövers läßt sich auch an der gegenüber 1963 erneut gestiegenen Anzahl der eingesetzten Mittel ablesen. Insgesamt nahmen 64 100 Armeeangehörige an der Übung teil, davon gehörte beinahe ein Drittel zur NVA. Ferner kamen unter anderem 1204 Panzer, 1370 Schützenpanzer, 10 600 Kraftfahrzeuge und 722 Flugzeuge zum Einsatz[51]. Geleitet wurde die Übung vom Oberkommandierenden der GSSD, Armeegeneral Petr K. Koschewoi. Als Befehlshaber einer der beiden im Manöver gegeneinander antretenden Seiten wurde der Chef des Militärbezirkes III Generalmajor Hans Ernst eingesetzt.

Dem Manöver lag das Ziel zugrunde, die Gefechtsbereitschaft und den integrierten Einsatz der verbündeten Armeen in der Anfangsperiode eines Krieges im mitteleuropäischen Raum zu erproben[52]. Überprüft werden sollte, inwieweit die Stäbe und Truppen eines Teils der Ersten Strategischen Staffel dazu in der Lage waren,

---

[46] Ebenda, Bl. 16.

[47] Wenzke, Die Nationale Volksarmee, S. 451.

[48] 1965 hatten zudem zwei weitere Übungen stattgefunden, die in dieser Hinsicht von Bedeutung waren. Zum einen handelte es sich um eine gemeinsame Truppenübung von Land- und Luftstreitkräften der NVA und der GSSD westlich von Berlin, die vom 5. bis 11. April 1965 stattfand. Bei dieser Übung wurden sowjetische Luftlandetruppen aus einer Entfernung von 1200 Kilometern herangeführt, die die Einheiten der Landstreitkräfte bei der Überwindung großer Wasserhindernisse unterstützen sollten. Die zweite Übung hieß „Zenit-65" und dauerte vom 29. bis 31. Juli 1965. An ihr waren Luftverteidigungskräfte aller Mitgliedsstaaten des Warschauer Paktes beteiligt. Zeittafel zur Militärgeschichte, S. 199, 205.

[49] Zöbisch, Manöver „Oktobersturm" – militärisches Examen im Herbst 1965, S. 431.

[50] Erfahrungen aus dem gemeinsamen Manöver „Oktobersturm", 6. November 1965, VA-01/18882, Bl. 91.

[51] Analyse über das gemeinsame Manöver „Oktobersturm", 1966, BA-MA, VA-01/1885, Bl. 10.

[52] Erfahrungen aus dem gemeinsamen Manöver „Oktobersturm", 6. November 1965, BA-MA, VA-01/18882, Bl. 93.

einen Angriff der NATO-Streitkräfte auf dem eigenen Territorium abzuwehren[53]. Dabei ging man erstmals davon aus, daß zunächst nur konventionelle Waffen zum Einsatz kommen würden[54]. Die Truppen der Ersten Strategischen Staffel übten Rückzugs-, Verteidigungs-, Begegnungs- und Angriffsgefechte. Im Rahmen der Angriffshandlungen erhielten die Verbände Unterstützung durch Luftlandetruppen, die über mehrere hundert Kilometer herangeführt wurden und im Rücken des angenommenen Gegners landeten[55].

Im Ergebnis hieß es von Seiten der NVA, die Übung habe dazu beigetragen, ein einheitliches Niveau der Gefechtsbereitschaft herzustellen sowie das Zusammenwirken und die einheitliche Truppenführung der Streitkräfte des Warschauer Vertrages zu vervollkommnen[56]. Auf der 11. ZK Tagung im Dezember 1965 äußerte der Chef der Politischen Hauptverwaltung, Waldemar Verner, das Manöver sei „eine echte Überprüfung der Ergebnisse des Ausbildungsjahres 1964/65 in den Armeen der ersten strategischen Staffel" gewesen. Abschließend stellte er fest: „Ich kann heute dem Zentralkomitee berichten, daß die an dem Manöver ‚Oktobersturm' beteiligten Truppen der Nationalen Volksarmee erneut bewiesen haben, daß die NVA eine moderne Armee ist, bereit und fähig, jede ihr im Rahmen des Warschauer Vertrages übertragene Aufgabe zu erfüllen."[57]

2. Die Funktion der NVA im Innern

Obwohl im Zuge der Integration der NVA in die Erste Strategische Staffel des Warschauer Paktes der militärische Einsatz im Bündnis eindeutig im Vordergrund stand, war weiterhin eine Funktion der Armee im Innern des Staates vorgesehen. Die Streitkräfte waren zwar entsprechend dem Beschluß des Nationalen Verteidigungsrates vom 6. April 1962, der alle anderslautenden früheren Bestimmungen aufhob, „für den Einsatz im Innern … nicht einzuplanen". Nach dem Mauerbau sollten bei Aufständen oder inneren Unruhen vielmehr vorrangig die „bewaffneten Kräfte des Ministeriums des Innern und die Kampfgruppen der Arbeiterklasse" zum Einsatz kommen, um „die Sicherheit der Deutschen Demokratischen Republik zu gewährleisten"[58]. Andererseits fixierte der Beschluß aber ausdrücklich, die NVA habe „bereit zu sein, auf besonderen Befehl kurzfristig Aufgaben im Innern … zu erfüllen"[59].

---

[53] Analyse über das gemeinsame Manöver „Oktobersturm", 1966, BA-MA, VA-01/1885, Bl. 15.
[54] Zöbisch, Manöver „Oktobersturm" – militärisches Examen im Herbst 1965, S. 431.
[55] Voerster, Die Aprilübung 1965 und das Manöver „Oktobersturm", S. 176.
[56] Erfahrungen aus dem gemeinsamen Manöver „Oktobersturm", 6. November 1965, BA-MA, VA-01/18882, Bl. 93.
[57] Stenografisches Protokoll der 11. Tagung des ZK der SED, 15.–17. Dezember 1965, SAPMO-BArch, DY 30/IV 2/1/336, Bl. 165.
[58] Organisierung des inneren Einsatzes. Protokoll der 10. Sitzung des Nationalen Verteidigungsrates der DDR, 6. April 1962, BA-MA, DVW 1/39467, Bl. 4f. Vgl. Steike, Von den „Inneren Truppen" zur Bereitschaftspolizei (1953–1990), S. 78ff.; Wagner, Die Kampfgruppen der Arbeiterklasse (1953–1990), S. 294ff.
[59] Organisierung des inneren Einsatzes. Protokoll der 10. Sitzung des Nationalen Verteidigungsrates der DDR, 6. April 1962, BA-MA, DVW 1/39467, Bl. 4.

Diese Festlegungen wurden durch einen weiteren Beschluß des Nationalen Verteidigungsrates vom 14. September 1962 zusätzlich konkretisiert: Der Einsatz der Streitkräfte im Innern konnte demnach nur auf Befehl des Vorsitzenden des Nationalen Verteidigungsrates erfolgen. In diesem Fall sollten „operative Gruppen" der eingesetzten Armeeeinheiten zu den entsprechenden Bezirkseinsatzleitungen kommandiert werden. Gleichzeitig wurden „alle zur Erfüllung der gestellten Aufgaben eingesetzten Kräfte" dem jeweiligen NVA-Kommandeur unterstellt[60].

Ein möglicher Einsatz der NVA im Innern gewann ab 1963 an Bedeutung. Offenbar hatte die NVA-Führung Kenntnis über Planungen der Bundeswehr zur Führung des sogenannten „verdeckten Kampfes" erlangt, der auch als „verdeckter Krieg" bezeichnet wurde[61]. Diese strategische Konzeption war nach Angaben von Hoffmann im Rahmen der 1963 und 1964 durchgeführten NATO-Kommandostabsübungen „Lion vert" und „Fallex 64" auch in der Praxis „erstmalig in großem Umfang erprobt" worden. Deshalb müsse man nunmehr „mit der Anwendung von Formen des ‚verdeckten Kampfes' gegen die sozialistischen Staaten rechnen", so der Minister[62].

Hoffmann äußerte die Ansicht, der „verdeckte Krieg" als Variante der Kriegsführung sei von der Bundeswehr wegen ihrer Schwierigkeiten „bei der Verwirklichung der atomaren Konzeption" entwickelt worden. Das Ziel seien dabei „begrenzte Aktionen gegen die DDR oder andere sozialistische Staaten notfalls im Alleingang"[63]. Er konstatierte, die „Kriegsart" sei „in jüngster Vergangenheit" neu aufgetaucht[64]. Die SED hatte bereits in den fünfziger Jahren vermeintliche Bundeswehrplanungen zur Führung „begrenzter Kriege" als einen Hauptbedrohungsfaktor für die innere und äußere Sicherheit der DDR angesehen[65].

Entsprechend der internen Definition der Bundeswehrführung, die der NVA-Führung anscheinend im Detail bekannt war, handelte es sich beim „verdeckten Kampf" um „eine zum Waffeneinsatz gesteigerte Krisensituation von bürgerkriegsähnlichem Charakter": Der Angreifer operierte demnach jedoch „nicht mit Großverbänden", sondern blieb „im Kräfteeinsatz unterhalb der Schwelle des konventionellen Krieges" und wandte die „Kampfgrundsätze des Untergrund- und Bandenkampfes" an[66].

Als Hauptmethode der Kriegsführung wurde gemäß der Bundeswehrplanung „das Einschleusen von Einsatzgruppen in das Hinterland des Gegners mit dem Ziel, aus der dortigen Bevölkerung Banden aufzubauen, diese auszubilden, zu versorgen

[60] Grundsätze der Zusammenarbeit zwischen Dienststellen und Einrichtungen des Ministeriums für Nationale Verteidigung mit den bewaffneten Kräften des Ministeriums des Innern. Protokoll der 12. Sitzung des Nationalen Verteidigungsrates der DDR, 14. September 1962, BA-MA, DVW 1/39469, Bl. 32.

[61] 7. Tagung des ZK der SED, 2.–5. Dezember 1964, SAPMO-BArch, DY 30/IV 2/1/319, Bl. 177.

[62] Ebenda, Bl. 179.

[63] Konzeption für nächste militärische und politisch-ideologische Maßnahmen. Hoffmann an Ulbricht, 4. November 1964, BA-MA, AZN/32618, Bl. 6.

[64] 7. Tagung des ZK der SED, 2.–5. Dezember 1964, SAPMO-BArch, DY 30/IV 2/1/319, Bl. 176 ff.

[65] Vgl. Kap III.1. dieser Studie.

[66] 7. Tagung des ZK der SED, 2.–5. Dezember 1964, SAPMO-BArch, DY 30/IV 2/1/319, Bl. 177.

und ihren Kampf zu führen", betrachtet. Die Aktionen der Banden sollten demzufolge „die Operationsfreiheit und Versorgung der gegnerischen Truppen lähmen und durch Sabotage und Terror ein allgemeines Chaos hervorrufen"[67].

Die SED ging davon aus, daß der „verdeckte Krieg' ... mit dem Ziel des Sturzes der bestehenden Machtverhältnisse, der Eroberung eines Teils des fremden Territoriums, der Einsetzung einer dem Angreifer hörigen Regierung oder der Erschütterung der gesellschaftlichen Verhältnisse" geführt werden würde. Dabei wurde unterstellt, die westdeutsche Seite werde den Konflikt als eine allein „innerstaatliche Angelegenheit" bezeichnen[68]. Man ging davon aus, daß letztlich die Absicht bestand, es „konterrevolutionären Kräften" im Rahmen eines derartigen Aggressionsszenarios zu ermöglichen, „die Macht zu übernehmen und sich unter den Schutz der später angreifenden Streitkräfte zu stellen"[69].

Aufgrund dieser Bewertung des „verdeckten Krieges" konnte die SED Spannungen und Unruhen im Innern der DDR anstatt als isoliertes innenpolitisches Phänomen immer als erste Phase einer westlichen Aggression begreifen, womit sie einmal mehr dem Erklärungsmuster aus den fünfziger Jahren folgte. Ein Militäreinsatz war somit von vornherein gerechtfertigt, auch wenn es noch nicht zu einem direkten Eingreifen von regulären oder irregulären Einheiten der Bundeswehr gekommen war. In diesem Zusammenhang bleibt jedoch unklar, ob die SED-Führung dieses Angriffsszenario für sehr wahrscheinlich hielt oder ob die Planungen der Bundeswehr, deren Verwirklichung im übrigen nach wie vor wenig realistisch war, intern als Legitimation verwandt wurden, den möglichen Einsatz der Streitkräfte im Innern wieder stärker in den Blick zu nehmen. Die NVA war aber nach Einschätzung Hoffmanns „für den Einsatz in einem ‚verdeckten Krieg' gegen ‚irreguläre Einheiten' nur bedingt befähigt"[70]. Die Armeeangehörigen müßten jedoch auch dazu bereit sein, „kompromißlos gegen Banden und Diversantengruppen sowie gegen eingedrungene reguläre oder nichtreguläre militärische Einheiten" zu kämpfen[71].

Es war vermutlich auch ein Ergebnis ihrer immer noch überspitzten Bedrohungsperzeption, daß die SED der Strategie des „verdeckten Krieges" noch Mitte der sechziger Jahre eine derartige Bedeutung beimaß. Die UdSSR gelangte jedoch hinsichtlich der Wahrscheinlichkeit eines auf diese Weise eingeleiteten Angriffs des Westens oder der Bundesrepublik gegen die DDR zu einer abweichenden Einschätzung. Hoffmann hatte offenbar den Oberkommandierenden der Vereinten Streitkräfte Gretschko über die seiner Auffassung nach existierenden Vorbereitungen der

---

[67] Ebenda, Bl. 178.
[68] Bombrich: „Die politisch-ideologische Diversion als zielgerichtete Tätigkeit in der Konzeption des ‚verdeckten Krieges' gegen die Grenzbevölkerung an der Staatsgrenze West im Bezirk Schwerin. Die Beachtung des Zusammenhanges zwischen der politisch-ideologischen Diversion und des ‚verdeckten Krieges' als Voraussetzung einer erfolgreichen Abwehrarbeit". Diplomarbeit, 15. November 1966, BStU, ZA, JHS MF 265, Bl. 3.
[69] Amelung: „Die Vorbereitung des ‚verdeckten Krieges' gegen die DDR durch das Bundeskanzleramt (BKA), das Bundesverteidigungsministerium (BMVtdg) und das Bundesinnenministerium (BMdI) und einige Schlußfolgerungen zur rechtzeitigen Aufklärung und Verhinderung dieser Pläne durch das MfS". Diplomarbeit, 31. Mai 1966, BStU, ZA, JHS MF 258, Bl. 2.
[70] Konzeption für nächste militärische und politisch-ideologische Maßnahmen. Hoffmann an Ulbricht, 4. November 1964, BA-MA, AZN/32618, Bl. 7.
[71] Ebenda, Bl. 9.

„aggressiven Kreise des Westens auf den ‚verdeckten Kampf'" gegen die DDR und die anderen sozialistischen Staaten informiert. Gretschko erwiderte darauf, er teile zwar Hoffmanns „Beunruhigung in dieser Frage", nehme zugleich aber an, „daß die Organisation und Führung des ‚verdeckten Kampfes' gegen die DDR unter den gegenwärtigen Bedingungen ohne die Organisation eines größeren militärischen Grenzkonfliktes nicht möglich" sei. Sollte es der Westen dennoch „entgegen dem gesunden Menschenverstand versuchen, irgendwelche Aktionen feindlicher Elemente innerhalb des Landes zu provozieren", würden diese „innerhalb kurzer Zeit durch die inneren Kräfte der DDR mit Hilfe der GSSD zerschlagen werden"[72].

Parallel zu der offenkundig auf eine Beruhigung der SED-Führung zielenden Stellungnahme erklärte die UdSSR aber ihre Bereitschaft, im Hinblick auf mögliche innere Unruhen weitergehende Planungen anzustellen. Offenbar kam man daraufhin unter anderem überein, die „sowjetischen Truppen zur Liquidierung feindlicher Aktionen nur auf Bitten" der DDR-Regierung heranzuziehen. Die Formulierung beschrieb eine Lage, in der die Kräfte des DDR-Innenministeriums und der NVA für diese Aufgabe nicht mehr ausreichten[73]. Im Ergebnis bestätigte der Nationale Verteidigungsrat am 26. Januar 1966 den „Plan des Einsatzes der bewaffneten Kräfte der Deutschen Demokratischen Republik und der Kräfte der Gruppe der sowjetischen Streitkräfte in Deutschland zur Vereitelung des bewaffneten Eingriffs des Gegners in das staatliche und gesellschaftliche Leben der Deutschen Demokratischen Republik und zur Zerschlagung seiner bewaffneten Gruppierungen und Banden". Er trat am 15. April 1966 in Kraft[74].

3. Konsolidierung, Autonomiegewinn und Leistungssteigerung des Militärs

Unmittelbar vor der Abriegelung der DDR am 13. August 1961 stellte sich die Lage der NVA durchaus zwiespältig dar. Zwar war es gelungen, innerhalb von gut fünf Jahren eine moderne Militärorganisation aufzubauen, die in einem großen Maße von der SED kontrolliert wurde. Andererseits aber konnten der innere Zustand und die erreichte Leistungsfähigkeit der Streitkräfte nicht zufriedenstellen. Vor dem Hintergrund, daß die NVA 1961 am Beginn einer weiteren Modernisierung stand und im Rahmen der Integration in die Erste Strategische Staffel des Warschauer Paktes zunehmend auch Bündnisverpflichtungen übernehmen sollte, befand sich das Militär der DDR vor dem Mauerbau in einer durchaus kritischen Phase.

Vor allem die inneren Verhältnisse in der Truppe waren teilweise noch immer desolat[75]. So stieg etwa die Zahl der Bestrafungen, die 1959 bei 59 000 gelegen hatte, 1960 auf fast 62 000 an. Dabei wurden 15 000 Arreststrafen verhängt, die sich zu-

---

[72] Gretschko an Hoffmann, 12. Januar 1965, BA-MA, AZN/28039, Bl. 1.
[73] Ebenda, Bl. 2.
[74] Plan des Einsatzes der bewaffneten Kräfte der DDR und der Gruppe der sowjetischen Streitkräfte in Deutschland zur Sicherstellung der inneren Ordnung im Verteidigungsfall. Protokoll der 25. Sitzung des Nationalen Verteidigungsrates der DDR, 26. Januar 1966, BA-MA, DVW 1/39482, Bl. 2 f.
[75] Vgl. Kap. VI. dieser Studie.

sammen auf insgesamt 59602 Tage summierten[76]. Diese Entwicklung hielt auch 1961 weiter an[77]. Bei der Zahl der Fahnenfluchten war ebenfalls kein Rückgang zu verzeichnen, im Gegenteil. Laut einem Bericht der Politischen Verwaltung kam es bis zum 13. August 1961 zu einem „Anstieg gegenüber dem gleichen Zeitraum des Jahres 1960 um 40%"[78]. Von Seiten der Partei äußerte man, dies müsse „als sehr ernst eingeschätzt werden"[79].

Zudem beurteilte die SED die Einsatzbereitschaft der NVA nach wie vor als nicht ausreichend. Verteidigungsminister Hoffmann meinte hierzu in einem kritischen Rückblick: „Bei den erfolgreich bestandenen Bewährungsproben der Nationalen Volksarmee im Jahre 1961 sind zugleich ernste Mängel in der Arbeit der Kommandeure, Stäbe und Politorgane, in der politischen und militärischen Truppenführung, in der Versorgung und Betreuung der Truppen sowie in der militärischen Disziplin und Ordnung zutage getreten." Eine Reihe von Maßnahmen und Entschlüssen zeugte seiner Ansicht nach unter anderem von „veralteten Auffassungen in Fragen der Kriegskunst und Lücken und Rückständen in der Ausbildung"[80].

Besonders besorgniserregend war für die SED jedoch das mangelhafte Leistungsvermögen der Offiziere. Zwar hatte die Partei weitgehend ihr Ziel erreicht, ein neues Offizierskorps zu schaffen. Anfang 1961 kamen nach Angaben der ZK-Abteilung für Sicherheitsfragen 79,0 Prozent der Offiziere aus der Arbeiterschaft, 3,7 Prozent waren ihrer sozialen Herkunft nach Bauern[81]. Auch glaubte die Partei aufgrund der Tatsache, daß 95,6 Prozent der Offiziere der Partei als Mitglieder oder Kandidaten angehörten[82], von einem hohen Maß politischer Zuverlässigkeit des Führerkorps der NVA ausgehen zu können. Auf der anderen Seite mußte die SED aber erkennen, daß die bis dahin vorrangig berücksichtigten politischen Kriterien in der Personalpolitik nicht den Effekt gehabt hatten, die Qualität des Offizierskorps nachhaltig zu verbessern. Daher verfügten im Januar 1961 immer noch 67,2 Prozent der Offiziere nur über einen Volksschulabschluß, 4,6 Prozent hatten jedoch noch nicht einmal diesen erreicht. Nur 12,1 Prozent der Offiziere besaßen die Mittlere Reife und 16,1 Prozent das Abitur[83].

---

[76] Protokoll der Parteiaktivtagung der Parteiorganisationen des Ministeriums für Nationale Verteidigung, 15. Februar 1961, BA-MA, VA-P-01/513, Bl. 11.

[77] Bericht über einige Probleme der politisch-ideologischen Erziehungsarbeit und politisch-militärischen Leitungstätigkeit in den Einheiten, Verbänden und Truppenteilen der NVA, 29. November 1962, BStU, ZA, MfS ZAIG 691, Bl. 12.

[78] Bericht über den Stand der militärischen Disziplin und Ordnung, 1961, BA-MA, VA-P-01/13499, Bl. 113.

[79] Bericht über die Fahnenfluchten in den bewaffneten Kräften der DDR, 8. August 1961, SAPMO-BArch, DY 30/IV 2/12/47, Bl. 231.

[80] Die politische Arbeit im Ausbildungsjahr 1962. Direktive Nr. 10/61 des Ministers für Nationale Verteidigung, 8. Dezember 1961, BA-MA, VA-01/6087, Bl. 133. Hoffmanns Einschätzung bezog sich dabei vor allem auf die Leistungen der NVA in Übungen, die im Verlauf des Jahres 1961 stattgefunden hatten. Entwurf von Thesen über die neue Entwicklungsetappe der NVA und die sich daraus ergebenden Aufgaben, 1961, SAPMO-BArch, DY 30/IV 2/12/15, Bl. 149.

[81] Auswertung über die Personalstatistik des Offiziersbestandes der NVA, 1. Januar 1962, SAPMO-BArch, DY 30/IV 2/12/29, Bl. 127.

[82] Ebenda, Bl. 129.

[83] Ebenda, Bl. 137.

Die Bildungs- und Ausbildungsdefizite[84] wirkten sich in dieser Phase spürbar nachteilig auf den Leistungsstand der militärischen Truppenführung aus. Hoffmann äußerte im Juni 1961, die Offiziere zeigten unter anderem große Schwächen „in der Beherrschung der taktisch-technischen Daten und Einsatzgrundsätze der modernen Waffen". Zusammenfassend könne man feststellen, so der Minister für Nationale Verteidigung, daß die „operativ-taktischen Kenntnisse und Fertigkeiten der Kommandeure und Stäbe zur Planung und Organisation von Operationen und Gefechten" noch nicht ausreichten, „um alle Fragen schnell, präzise und zweckmäßig zu entscheiden und zu verwirklichen"[85]. Obwohl die Mehrheit der Offiziere keine Anstrengungen scheue, sich auch militärwissenschaftlich weiterzuqualifizieren, bleibe man „im Tempo hinter den Erfordernissen zurück"[86].

Bereits drei Monate zuvor war eine Brigade des ZK bei der Überprüfung der 11. Motorisierten Schützendivision zu dem Ergebnis gekommen, daß das „gegenwärtige Niveau der technischen Qualifizierung und naturwissenschaftlich-technischen Bildung" weder den aktuellen Aufgabenstellungen, aber „erst recht nicht den zukünftigen Anforderungen" gerecht werde. Im Bericht der Brigade heißt es: „Es zeigt sich ein Widerspruch zwischen der auf Grund der vorhandenen und zu erwartenden Technik notwendigen naturwissenschaftlich-technischen Bildung und dem derzeitigen vorhandenen Bildungsstand der Offiziere." Während der Untersuchung erklärte eine Reihe von Offizieren, die an den Offiziersschulen vermittelten Ausbildungsinhalte entsprächen „nicht mehr den Forderungen der praktischen Arbeit in der Truppe". Unter anderem würden dort „völlig ungenügende technische Kenntnisse vermittelt"[87].

Zudem trat fünf Jahre nach Gründung der NVA nunmehr deutlich zutage, daß diejenigen hohen Parteifunktionäre in militärischen Führungspositionen, die sich vorwiegend aus den Reihen ehemaliger Funktionäre der KPD (Kommunistische Partei Deutschlands) rekrutierten und vor allem aus politischen Erwägungen von der SED-Führung in ihre Dienststellungen eingesetzt worden waren, jetzt offensichtlich an ihre Leistungsgrenze stießen. Die ZK-Abteilung für Sicherheitsfragen äußerte diesbezüglich: „Alte[,] verdienstvolle Genossen in der Arbeiterbewegung in leitenden Funktionen der Armee geraten in Gefahr, sich ernste gesundheitliche Schäden zuzuziehen oder in einigen Fällen sich der Lächerlichkeit preiszugeben, das Ansehen und Vertrauen zu verlieren, wenn man sie weiter leichtfertig in verantwortliche[n] Funktionen, die ihre Fähigkeiten übersteigen[,] beläßt. Diese Genossen haben nicht verdient, daß sie wegen Mängel[n] in ihrer Arbeit schuldlos der Kritik ausgesetzt sind, bzw. sich Genossen niedriger Dienstgrade nicht selten über sie lustig machen."[88]

---

84 Vgl. Kap. III.3. dieser Studie.
85 Protokoll der III. Delegiertenkonferenz der Parteiorganisationen der SED in der NVA, 10./11. Juni 1961, BA-MA, VA-P-01/557, Bl. 209 f.
86 Ebenda, Bl. 214.
87 Bericht der Brigade des ZK der SED in der 11. Mot. Schützendivision der NVA, 1961, SAPMO-BArch, DY 30/IV 2/12/24, Bl. 58 ff.
88 Außerplanmäßige Analyse über den Zustand der Kaderarbeit in der NVA, 1961, SAPMO-BArch, DY 30/IV 2/12/29, Bl. 301. So konstatierte man zum Beispiel, dem Politstellvertreter der Militärakademie „Friedrich Engels" Generalmajor Paul Blechschmidt fehlten für diese Tätigkeit „jegliche Fähigkeiten" und der Abteilungsleiter Schulen in der Verwaltung für Ausbildung Generalmajor Dollwetzel sei „vollkommen krank und für eine Funktion in der

Der SED-Führung dürfte spätestens zu diesem Zeitpunkt klar geworden sein, daß die Qualität eines großen Teils des Offizierskorps der NVA nicht mehr ausreichte, um in Zukunft insbesondere die Anforderungen zu erfüllen, die aus der Eingliederung der Streitkräfte in die Erste Strategische Staffel des Warschauer Paktes erwuchsen. Daher erwies sich unter anderem eine grundlegende Neuorientierung in der Kaderpolitik als zwingend notwendig. Die Leitung des Ministeriums für Nationale Verteidigung stellte im Juni 1961 in Übereinstimmung damit fest: „Die komplizierte militärpolitische Lage in Deutschland, die neue Entwicklungsetappe der Nationalen Volksarmee verlangen eine höhere politische, militärische und militärtechnische Qualifizierung aller Offiziere."[89]

Ein weiteres, schwerwiegendes Problem, das sich der SED 1961 stellte, war der akute Personalmangel. Aufgrund der Tatsache, daß die Werbung für den freiwilligen Dienst in der NVA nun vor allem unter den im Krieg geborenen Jugendlichen erfolgen mußte, entstand ein massiver Engpaß. Während in der DDR der Geburtsjahrgang 1940 noch 145.914 männliche Jugendliche umfaßte, sank die Zahl des Jahrganges 1945 auf 76 084 ab. Bis zum April 1961 konnten statt der angestrebten 17 400 Jugendlichen nur 9724 für den Dienst in den Streitkräften geworben werden[90]. So mußte etwa der Chef des Militärbezirkes III Kunath Ende März 1961 an Hoffmann melden, die vom Chef des Hauptstabes gestellten Aufgaben für die Werbung seien in seinem Militärbezirk bisher „nur unzureichend erfüllt" worden. Auch die bis Dezember 1960 erreichten Ergebnisse seien „völlig unbefriedigend"[91]. Letztlich gelang es zwar anscheinend doch noch, das notwendige Personal zu rekrutieren. Vermutlich erkannte die SED-Führung jedoch bereits Anfang 1961, daß dies auf der Grundlage des Freiwilligenprinzips im folgenden Jahr nicht noch einmal zu bewerkstelligen sein würde. Ulbricht räumte dann auch im Dezember 1961 gegenüber Chruschtschow ein, die Wiederholung der „allgemeinen Kampagne", mit der man die NVA in diesem Jahr aufgefüllt habe, sei „nicht möglich"[92].

Nicht zuletzt in der Frage der Nachwuchsgewinnung zeigte sich, daß eine Stabilisierung der DDR-Streitkräfte unerläßlich geworden war. Dies jedoch nicht nur, um die zukünftigen Aufgaben besser erfüllen zu können, sondern allein schon, um den bisher erreichten Entwicklungsstand zu halten. Anfang 1961 befand sich das Militär dabei in einer ähnlichen Situation wie die DDR im ganzen. Die Flucht vor

---

Armee ungeeignet". Zudem befand die ZK-Abteilung für Sicherheitsfragen, die Kommando-Stabsübung Ende Mai 1961 habe „deutlich bestätigt", daß unter anderem die Chefs der Militärbezirke III und V, die Generalmajore Martin Bleck und Artur Kunath, „keine Kommandeure einer modernen Armee werden" könnten. Daraus folgerte man schließlich, es könne zu „ernsten Schwierigkeiten in der Führung der Armee und der Erhaltung der Gefechtsbereitschaft kommen", wenn keine Konsequenzen hinsichtlich der zukünftigen Besetzung vieler leitender Funktionen gezogen würden. Ebenda, Bl. 302 f.

[89] Konzeption zur Heranbildung politisch und militärisch hochqualifizierter Offiziere und zur Sicherung des Nachwuchses sowie der Qualifizierung von Politoffizieren. Protokoll der Sitzung der Leitung des Ministeriums für Nationale Verteidigung, 9. Juni 1961, BA-MA, AZN/28076, Bl. 102.

[90] Patzer, Die personelle Auffüllung der NVA, S. 366.

[91] Mitteilung des Chefs des Militärbezirkes III Generalmajor Kunath an Hoffmann, 27. März 1961, BA-MA, VA-01/6144, Bl. 2 f.

[92] Ulbricht an Chruschtschow, 13. Dezember 1961, SAPMO-BArch, DY 30/J IV 2/202/66, Bl. 134.

allem junger Menschen in die Bundesrepublik – 50 Prozent der Flüchtlinge waren unter 25 Jahre alt – führte nicht nur dazu, daß in der DDR ein allgemeiner Arbeitskräftemangel herrschte, der eine der Hauptursachen für die Krise des SED-Regimes war[93]. Die geflohenen männlichen Jugendlichen konnten natürlich auch von der NVA nicht mehr rekrutiert werden. Die Abriegelung der DDR war insofern auch für die NVA von herausragender Bedeutung. Letztlich war sie die Voraussetzung für eine kontinuierliche und erfolgreiche Weiterentwicklung der Streitkräfte.

Zudem dürfte sich die SED darüber im klaren gewesen sein, daß eine tiefgreifende Verbesserung der Einsatzbereitschaft und die Steigerung der Leistungsfähigkeit des Militärs nur durch die Einführung der allgemeinen Wehrpflicht zu erreichen waren. Hierzu äußerte sich Ulbricht nach dem Mauerbau unmißverständlich: „Würden wir die allgemeine Wehrpflicht nicht einführen, so wäre die Auffüllung der Nationalen Volksarmee ... entsprechend den Verpflichtungen des Warschauer Vertrages nicht mehr voll gewährleistet." Neben der Beseitigung des Rekrutierungsproblems erhoffte er sich von der Maßnahme, eine bessere Auswahl des Personals „nach politischer Zuverlässigkeit und fachlicher Qualifikation" erreichen zu können[94]. Die Wehrpflicht aber ließ sich ebenfalls erst nach der Abriegelung der DDR einführen, anderenfalls wäre es wohl zu einer noch größeren Fluchtbewegung männlicher Jugendlicher in den Westen gekommen[95]. Auch aus diesem Grund war der Bau der Mauer eine conditio sine qua non.

Unmittelbar im Anschluß an den 13. August 1961 trat die NVA in eine Phase der Konsolidierung ein. Die Abgrenzung der DDR bewirkte eine Verminderung des vielfältigen Drucks, der als Folge der offenen Grenze auch auf dem Militär gelastet hatte. Im Zuge der veränderten Rahmenbedingungen eröffnete sich der SED jetzt die Möglichkeit, ihre militärpolitischen Ziele neu zu formulieren. Diesen Prozeß hatte sie bereits Mitte 1961 sowohl theoretisch als auch praktisch eingeleitet. Nach dem Mauerbau konnte die Partei die Verwirklichung der Zielsetzungen verstärkt in Angriff nehmen.

Nachdem die politischen Strukturen und Mechanismen zur Kontrolle und Steuerung der militärischen Entscheidungsprozesse bis zu diesem Zeitpunkt umfassend etabliert worden waren, war es der Partei möglich, von der Praxis einer extensiven politischen Durchdringung der NVA abzugehen. Sie beschränkte sich zunehmend auf eine übergeordnete Kontrolle der Truppenführung. Alle grundlegenden militärpolitischen Entscheidungen wurden jedoch weiterhin uneingeschränkt vom Politbüro gefällt[96]. Durch diese Entwicklung erlangte die Truppenführung der NVA ein gewisses Maß an fachlicher Autonomie. Dies bedeutete eine Zunahme der Selbstorganisationsfähigkeit des Militärs. Fachspezifische Kriterien traten bei der Bewertung militärischer Fragen zunehmend in den Vordergrund. So wurde die militärische Einsatzbereitschaft, die vor allem im Hinblick auf die Integration der NVA in die Erste Strategische Staffel an Wichtigkeit gewann, nicht mehr zuerst an politischen Maßstäben gemessen. Vielmehr verlor der politische Aspekt mehr und mehr

---

[93] Vgl. Weber, Die DDR 1945–1990, S. 58.
[94] Ulbricht an Chruschtschow, 13. Dezember 1961, SAPMO-BArch, DY 30/J IV 2/202/66, Bl. 135.
[95] Vgl. Froh, Sechs Jahre war sie im Warschauer Pakt, S. 8.
[96] Vgl. Protokoll Nr. 25/65 der außerordentlichen Sitzung des Politbüros des ZK der SED, 25. Juni 1965, SAPMO-BArch, DY 30/J IV 2/2/993, Bl. 1 ff.

an Bedeutung. Ausschlaggebend bei der Bewertung der Leistungsfähigkeit der Streitkräfte waren jetzt in erster Linie der Grad ihrer Technisierung und des operativen Leistungsvermögens sowie die Qualifikation des Personals. Diesen Prioritätenwechsel in der Militärpolitik der SED ließ bereits ein vom Stellvertreter des Ministers für Nationale Verteidigung für Technik und Bewaffnung, Dickel, im Juli 1961 veröffentlichter Artikel erkennen. Darin führte er aus, daß das politische Bewußtsein und die Moral der Armeeangehörigen zwar von „entscheidender Bedeutung" seien. Die beste Technik und das höchste Bewußtsein nützten jedoch praktisch nichts, wenn die Soldaten und Offiziere es nicht verstünden, „richtig mit den Waffen und Geräten umzugehen". Daher benötigten vor allem die Offiziere eine „umfassende wissenschaftlich-technische Bildung und ausgezeichnete, konkrete Kenntnisse auf ihrem Fachgebiet", die sie vor allem auch dazu befähigten, „mit der weiteren technischen Entwicklung Schritt zu halten"[97].

Nach dem Mauerbau traten politische Gesichtspunkte im Zusammenhang mit der militärischen Leistungsfähigkeit nunmehr endgültig in den Hintergrund. So erwähnte Hoffmann auf der 14. ZK-Tagung im November 1961 den politischen Aspekt nicht mehr ausdrücklich als einen Schwerpunkt der zukünftigen Militärpolitik. Statt dessen bezeichnete er die „Heranbildung hochqualifizierter wissenschaftlich-technischer Kader" sowie „die ständige Vervollkommnung und die Einführung der modernsten Technik" als vorrangig zu lösende Aufgaben[98].

Im Hinblick auf das favorisierte Anforderungsprofil der NVA-Offiziere setzte die SED-Führung im Gegensatz zu den fünfziger Jahren jetzt anstatt auf politische primär auf fachspezifische Kriterien. Hoffmann konstatierte Anfang 1963, der moderne Krieg verlange „allseitig militärtechnisch gebildete Truppenoffiziere"[99]. Der Offizier sollte vor allem ein umfassend qualifizierter Militärspezialist sein. Dementsprechend hieß es in einem Papier des Nationalen Verteidigungsrates: „Meisterhafte Beherrschung und Ausnutzung der Technik, schnelles Handeln, Kühnheit, schöpferische Ideen und vernünftige Initiative in der Taktik sowie fester Wille und die Fähigkeit, jede Situation zu meistern, müssen den Kommandeur auszeichnen." Die Autorität des Vorgesetzten hänge „heute weitgehend von seinen technischen Kenntnissen und der Fähigkeit ab, sie in der Ausbildung sinnvoll und interessant zu vermitteln"[100]. Diese Beschreibung zeigt, daß das Leitbild des Offiziers in der Realität einer Entpolitisierungstendenz unterlag, die zugleich charakteristisch war für die voranschreitende Professionalisierung der NVA. Politisch konformes Verhalten blieb aber nichtsdestoweniger eine entscheidende Bedingung für das berufliche Fortkommen eines Offiziers.

Proletarische Herkunft und Parteizugehörigkeit allein jedoch verliehen einem Offizier nun keine besondere Autorität mehr. Auch besaßen beide Kriterien in der

---

[97] Dickel, Die Notwendigkeit einer allseitig wissenschaftlich-technischen Qualifizierung, S. 867.
[98] Aus der Diskussionsrede des Mitglieds des ZK der SED und Ministers für Nationale Verteidigung der DDR, Armeegeneral H. Hoffmann, auf der 14. Tagung des ZK der SED, 23.–26. November 1961, in: Die Militär- und Sicherheitspolitik der SED, S. 294.
[99] Hoffmann, Wie erreichen wir in der Armee, S. 173.
[100] Probleme der Erziehung und Bildung in der NVA, die sich aus der modernen Militärtechnik ergeben. Protokoll der 15. Sitzung des Nationalen Verteidigungsrates der DDR, 13. Juni 1963, BA-MA, DVW 1/39472, Bl. 41.

Personalpolitik kaum mehr gestaltende Kraft. Die Parteimitgliedschaft war nur mehr eine allgemeine Voraussetzung, um als Offizier in höhere Dienststellungen versetzt werden zu können. Sie erreichte im Januar 1962 mit 98,1 Prozent ihren vorläufigen Höchststand[101]. Zumindest formal konnte dieser hohe Prozentsatz als Zeichen einer großen politischen Übereinstimmung des Offizierskorps mit der SED gewertet werden. Die Parteimitgliedschaft lag von jetzt an immer über 95,0 Prozent, variierte jedoch wegen der permanenten Zu- und Abgänge von Offizieren[102]. So waren Mitte 1963 genau 97,0 Prozent der Offiziere Mitglieder oder Kandidaten der SED[103]. 1964 betrug der Anteil 98,0 Prozent[104], der in der Folgezeit wieder zurückging und 1966 bei 95,6 Prozent lag[105].

Die Zugehörigkeit zur Arbeiterklasse wiederum wurde in erster Linie nur noch als ideale Eigenschaft eines Offiziers angesehen. Anstelle der sozialen Herkunft wurde politisches Engagement zunehmend höher bewertet. So hieß es 1962: „Es ist zu gewährleisten, daß nur solche Offiziersbewerber die Ausbildung zum Offizier beginnen, die politisch zuverlässig und entwicklungsfähig sind sowie durch aktive Teilnahme am gesellschaftlichen Leben und vorbildliche Erfüllung ihrer Pflichten, ihre Verbundenheit zur Arbeiter-und-Bauern-Macht unter Beweis gestellt haben."[106] Vor allem nach dem VI. Parteitag der SED im Januar 1963 verlor die Klassenzugehörigkeit kaderpolitisch weiter spürbar an Gewicht. Ulbricht hatte hier geäußert, in „früheren Abschnitten der Entwicklung" der DDR seien „Klassenzugehörigkeit und soziale Herkunft besonders beurteilt" worden. Inzwischen habe man jedoch ein Entwicklungsstadium erreicht, das, „ohne die Rolle der Arbeiterklasse zu mindern", durch „gleiches Recht für alle Bürger auf der Grundlage der Gesetze gekennzeichnet" sei[107]. Dieses Argument erlaubte es in der Folgezeit, auch im Offizierskorps der NVA den Anteil der Angehörigen der sogenannten Intelligenz zu erhöhen, was sich angesichts der fortschreitenden Technisierung der Streitkräfte als unerläßlich erwies. Der Prozentsatz der Offiziere, die nach Angaben der SED aus der Arbeiterklasse stammten, lag daher Ende der achtziger Jahre nur noch bei gut 60 Prozent[108]. In der ersten Hälfte der sechziger Jahre verharrte der Anteil jedoch zunächst auf einem gleichbleibenden Niveau. Anfang 1962 lag er bei 84,7 Prozent[109].

[101] Auswertung über die Personalstatistik des Offiziersbestandes der NVA, 1. Januar 1962, SAPMO-BArch, DY 30/IV 2/12/29, Bl. 129.
[102] Fingerle, Waffen in Arbeiterhand?, S. 133.
[103] Referat des Ministers für Nationale Verteidigung auf der Kadertagung des Ministeriums für Nationale Verteidigung, 24. Mai 1963, BA-MA, VA-01/13871, Bl. 8.
[104] Protokoll Nr. 17/64 der Sitzung der Kreisleitung der SED im Ministerium für Nationale Verteidigung, 3. Januar 1964, BA-MA, VA-P-01/501, Bl. 212.
[105] Teilbeitrag der Verwaltung Kader zur Einarbeitung in die Gesamtanalyse und Grundkonzeption der Entwicklung der NVA, 10. März 1967, BA-MA, VA-01/5679, Bl. 17.
[106] Grundsätze für die Änderung der politischen und militärischen Erziehungs- und Bildungsarbeit an den Offiziersschulen der NVA, 1962, SAPMO-BArch, DY 30/IV 2/12/32, Bl. 129.
[107] Das Programm des Sozialismus, S. 176.
[108] Der Prozentsatz der Offiziere, die ihrer Herkunft nach Angehörige der sogenannten Intelligenz waren, lag 1964 bei nur 1,1 Prozent, steigerte sich aber bis 1988 auf 20,2 Prozent. Fingerle, Waffen in Arbeiterhand?, S. 127.
[109] Auswertung über die Personalstatistik des Offiziersbestandes der NVA, 1. Januar 1962, SAPMO-BArch, DY 30/IV 2/12/29, Bl. 127.

1964 waren ebenfalls 84,7 Prozent ihrer sozialen Herkunft nach Arbeiter oder Bauern[110]. 1966 lag der Wert dann bei 85,0 Prozent[111].

Gerade die Änderungen in der Werbung und Personalentwicklung der Offiziere[112] sowie die auf diese Weise erzielten Ergebnisse verdeutlichen im besonderen Maße die zunehmende Professionalisierung der NVA seit 1961[113]. Bereits im Juli 1961 äußerte Dickel, alle Offiziere müßten in der Zukunft „ein naturwissenschaftliches und technisches Grundwissen besitzen, das dem von Absolventen einer allgemeinbildenden polytechnischen Oberschule" entspreche[114]. Diese Äußerung deutete den bevorstehenden tiefgreifenden Kurswechsel in der Rekrutierungspraxis an. Die bis dahin verfolgte Linie, den Offiziersnachwuchs unter denjenigen Unteroffizieren und Soldaten zu werben, die ihrer sozialen Herkunft oder ihrer Tätigkeit nach Arbeiter oder werktätige Bauern waren, wie es die Direktive vom 16. August 1958 festgelegt hatte[115], sollte offensichtlich korrigiert werden. Jetzt konzentrierte sich das Interesse verstärkt auf Jugendliche aus dem zivilen Bereich, die ein entscheidend höheres Bildungs- und Ausbildungsniveau vorweisen konnten. So äußerte beispielsweise Generalmajor Ottomar Pech, der 1961–1979 Chef der Verwaltung Kader war, die „Werbung von geeigneten wissenschaftlich-technischen sowie ökonomischen Kadern" solle „zum größten Teil für alle Waffengattungen unter den Absolventen von zivilen Hoch- und Fachschulen erfolgen". Grundsätzlich müsse es das Ziel sein, diese Hoch- und Fachschulkader zu Offizieren auszubilden[116].

Dieser Neuansatz in der Personalpolitik wurde direkt im Anschluß an den Mauerbau durch den Minister für Nationale Verteidigung realisiert. Im Befehl über die „Heranbildung von Offizieren an den Offiziersschulen der NVA" vom 21. September 1961 heißt es dementsprechend: „Als Bewerber für die Offizierslaufbahn sind Unteroffiziere und Soldaten sowie Bewerber aus dem zivilen Sektor auszuwählen, die das Abitur oder die Kenntnisse der 10. Klasse der allgemeinbildenden polytechnischen Oberschule und nach Möglichkeit eine abgeschlossene Berufsausbildung besitzen." Während Klassenzugehörigkeit als Auswahlkriterium nicht mehr erwähnt wurde, sollte die Rekrutierung jetzt ausdrücklich primär auf der Grundlage der schulischen und beruflichen Qualifikation erfolgen. Solange es aber noch nicht möglich war, den bestehenden Bedarf auf der Grundlage der neuen Vorgaben zu decken, beabsichtigte man übergangsweise, auch noch auf „Unteroffiziere und Sol-

---

110 Fingerle, Waffen in Arbeiterhand?, S. 127.
111 Teilbeitrag der Verwaltung Kader zur Einarbeitung in die Gesamtanalyse und Grundkonzeption der Entwicklung der NVA, 10. März 1967, BA-MA, VA-01/5679, Bl. 17.
112 Der Offiziersbestand der NVA lag Anfang 1961 bei 21 386 Mann. Durch die Eingliederung der Grenztruppen erhöhte er sich auf 25 733 im Jahr 1962. 1963 erreichte die Zahl mit 27 708 Offizieren den vorläufig höchsten Stand. Ende 1965 hatte die NVA einen realen Bestand von 27 149 Offizieren. Der Anteil der Politoffiziere darunter steigerte sich von 2790 Anfang 1961 bis auf 3421 Ende 1965. Stärkenachweisbuch – Gesamtbestand der Offiziere der NVA, Januar 1957–Juni 1967, BA-MA, VA-01/32458, Bl. 18 ff.
113 Vgl. Fingerle, Waffen in Arbeiterhand?, S. 124 ff.; Greese/Voerster, Probleme der Auswahl und Förderung der Offizierskader, S. 42 ff.; Herspring, East German Civil-Military Relations, S. 93 ff., 120 ff.
114 Dickel, Die Notwendigkeit einer allseitig wissenschaftlich-technischen Qualifizierung, S. 870.
115 Vgl. Kap. III.3. dieser Studie.
116 Protokoll der Parteiaktivtagung der Parteiorganisationen der SED in der NVA, 13. Juni 1961, BA-MA, VA-P-01/554, Bl. 72 f.

daten mit erfolgreich abgeschlossener Grundschul- und Berufsausbildung als Bewerber für die Offiziersschulen" zurückzugreifen[117]. Diese sollten jedoch zuvor im Rahmen von sechsmonatigen Vorbereitungslehrgängen in den „Hauptzweigen der Allgemeinbildung" die Kenntnisse der 10. Klasse der allgemeinbildenden polytechnischen Oberschule erhalten[118].

Das angestrebte höhere Bildungsniveau sollte aber nicht zu Lasten fundierter militärischer Grundkenntnisse der Offiziersbewerber gehen. Voraussetzung für den Beginn der Offiziersausbildung war daher, daß der Bewerber zuvor die „allgemeine militärische Grundausbildung, Spezialausbildung und Gruppenausbildung durchlaufen" hatte. Offiziersbewerbern aus dem zivilen Sektor sollten diese Kenntnisse in einem viermonatigen Vorbereitungslehrgang vermittelt werden[119]. Darüber hinaus befahl Hoffmann in Übereinstimmung mit den von Pech drei Monate zuvor geäußerten Überlegungen die Besetzung der vorhandenen Ingenieursplanstellen in den Streitkräften mit „Jungingenieuren aus dem zivilen Sektor". Diese sollten in speziellen Lehrgängen auf ihre „militärtechnischen" Aufgaben vorbereitet werden. Daneben wollte man auch versuchen, befähigte Offiziersschüler des dritten Lehrjahres in einem weiteren Jahr zum Ingenieur auszubilden[120].

Der SED gelang es, den Bildungs- und Ausbildungsstand der Offiziere in den nächsten Monaten weiter zu erhöhen. Zwar verfügten Anfang 1962 noch immer 65,9 Prozent der Offiziere nur über eine Volksschulbildung. Der Anteil der Offiziere, die eine weiterführende Schule besucht hatten, stieg jedoch an: 18,5 Prozent besaßen jetzt die Mittlere Reife und 15,6 Prozent das Abitur[121]. In bezug auf die militärische Qualifikation gab es kurzfristig aber keine nachhaltige Verbesserung. Zum 1. Januar 1962 verfügten 10,0 Prozent der Offiziere über eine einjährige, 10,7 Prozent über eine zweijährige, 23,0 Prozent über eine dreijährige und 1,0 Prozent über eine vierjährige Offiziersausbildung. 3,4 Prozent der Offiziere hatten die Militär-

---

[117] Heranbildung von Offizieren an den Offiziersschulen der NVA. Befehl Nr. 66/61 des Ministers für Nationale Verteidigung, 21. September 1961, BA-MA, VA-01/5905, Bl. 22.

[118] Ebenda, Bl. 23.

[119] Ebenda.

[120] Auswahl und Ausbildung der Ingenieurkader für die NVA. Befehl Nr. 63/61 des Ministers für Nationale Verteidigung, 21. September 1961, BA-MA, VA-01/5905, Bl. 7f. Der erkennbare Paradigmenwechsel in der Personalentwicklung des Offizierskorps nach dem 13. August 1961 erzeugte anscheinend bei der Gruppe ehemaliger NVA-Offiziere, die bereits als Offiziere in der Wehrmacht gedient hatten und ab 1957 in die Reserve versetzt worden waren, die Erwartung, für sie könnte sich erneut eine berufliche Perspektive in den Streitkräften eröffnen. Vermutlich in Anbetracht der Tatsache, daß im Zuge der Modernisierung der NVA der Bedarf an gutausgebildeten militärischen Fachleuten weiter anstieg, stellte eine Reihe von ihnen einen „Antrag auf Reaktivierung". Diese Anträge, wie der des Generalmajors der Reserve Hermann Rentzsch, wurden jedoch mit der Begründung abgelehnt, etwaige Reaktivierungen würden „zweifellos wieder Angriffspunkt des Gegners zur weiteren Hetze und Verleumdung" der bewaffneten Organe werden. Stellungnahme zur Kadervorlage, 24. November 1961, SAPMO-BArch, DY 30/IV 2/12/29, Bl. 79. 1962 gab es noch 84 ehemalige Wehrmachtsoffiziere in der NVA; 1965 waren es 67. Die meisten von ihnen waren in Ausbildungseinrichtungen tätig. Wenzke, Wehrmachtsoffiziere in den DDR-Streitkräften, S. 152f.

[121] Auswertung über die Personalstatistik des Offiziersbestandes der NVA, 1. Januar 1962, SAPMO-BArch, DY 30/IV 2/12/29, Bl. 137.

akademie und 34,6 Prozent Sonder- und Qualifizierungslehrgänge absolviert, 16,1 Prozent aber noch immer keine militärische Schule besucht[122].

Eine spürbare Verbesserung der Rahmenbedingungen der Rekrutierung erbrachte die Einführung der allgemeinen Wehrpflicht zum 24. Januar 1962. Das Gesetz verpflichtete alle männlichen Bürger der DDR, mit dem Erreichen des 18. Lebensjahres einen eineinhalbjährigen Grundwehrdienst in der NVA abzuleisten[123]. Infolgedessen war es nun zum einen wesentlich einfacher, geeignete Offiziersbewerber herauszufinden; zum anderen ließen sich Wehrpflichtige leichter als Zivilisten für den Offiziersberuf gewinnen. Bei der Begründung des Wehrpflichtgesetzes äußerte Hoffmann dementsprechend vor der Volkskammer: „In Verbindung mit dem freiwilligen Dienst in der Nationalen Volksarmee wird die allgemeine Wehrpflicht die kontinuierliche Auffüllung unserer Streitkräfte mit Soldaten, Unteroffizieren und Offiziersbewerbern garantieren, die bereits von der Schule und vom Beruf her über polytechnische Kenntnisse verfügen ...."[124] Die Erwartungen der Parteiführung erfüllten sich im Hinblick auf die Rekrutierung des Offiziersnachwuchses im Anschluß außerordentlich schnell.

Vor allem die Einführung der Wehrpflicht bewirkte, daß man nach Abschluß der Werbung der Offiziersbewerber für das Jahr 1963 feststellen konnte, es werde schon bald möglich sein, den Offiziersnachwuchs „voll aus Absolventen der erweiterten Oberschulen (Abitur) bzw. der allgemeinbildenden polytechnischen Oberschulen (10 Klassen) auszuwählen"[125]. So entsprachen von den bis Mitte Mai 1962 geworbenen Offiziersbewerbern 75 Prozent den Anforderungen hinsichtlich der Allgemeinbildung, die im Befehl vom 21. September 1961 formuliert worden waren. 1961 war dies nur bei 44 Prozent der angenommenen Offiziersbewerber der Fall gewesen[126]. Man stellte daher fest, die im Befehl enthaltenen Einschränkungen hinsichtlich der Allgemeinbildung könnten in Zukunft wegfallen[127].

Dem trug die erneute Erhöhung der verbindlichen Einstellungsvoraussetzungen für Offiziersbewerber Rechnung, die das Politbüro im Rahmen der „Grundsätze für die Änderung der politischen und militärischen Erziehungs- und Bildungsarbeit an den Offiziersschulen der NVA" am 3. Juli 1962 bestätigte[128]. Darin heißt es, die Veränderung der Gefechtsführung, die neue Ausrüstung und Bewaffnung der NVA und ihre zukünftigen Aufgaben verlangten die „allseitige Verbesserung der Aus-

122 Ebenda, Bl. 136.
123 Gesetz über die allgemeine Wehrpflicht. (Wehrpflichtgesetz). Vom 24. Januar 1962, GBl. I 1962, S. 2, 4.
124 Aus der Rede des Mitglieds des ZK der SED und Ministers für Nationale Verteidigung der DDR, Armeegeneral H. Hoffmann, zur Begründung des Wehrpflichtgesetzes vor der Volkskammer der DDR, 24. Januar 1961, in: Die Militär- und Sicherheitspolitik der SED, S. 297.
125 Einschätzung der Lage an den Offiziersschulen der NVA, 1962, SAPMO-BArch, DY 30/IV 2/12/32, Bl. 149.
126 Einschätzung der Werbung, Auswahl und Kommissionierung der Offiziersbewerber für das Ausbildungsjahr 1963. Protokoll des Kollegiums des Ministeriums für Nationale Verteidigung, 9. Juni 1962, BA-MA, AZN/28189, Bl. 79 f.
127 Ebenda, Bl. 84.
128 Protokoll Nr. 30/62 der Sitzung des Politbüros des ZK der SED, 3. Juli 1962, SAPMO-BArch, DY 30/J IV 2/2/837, Bl. 8.

wahl der Offiziersbewerber"[129]. Die höheren Anforderungen, die im Zuge dieser Entwicklung an die Offiziere gestellt würden, machten es daher notwendig, daß die „Offiziersbewerber das Niveau der 10-Klassen allgemeinbildenden polytechnischen Oberschulen bzw. der erweiterten Oberschulen (Abitur) besitzen" müßten: „Deshalb sind ab 1964 die Offiziersbewerber aus den Absolventen dieser Schulen auszuwählen."[130] Unteroffiziere und Soldaten, die diese geforderte schulische Bildung nicht nachweisen konnten, hatten somit in der Regel keine Chance mehr, in die Offizierslaufbahn übernommen zu werden, selbst wenn sie über eine langjährige Truppenerfahrung verfügten.

Die SED setzte jetzt unverhohlen auf die Professionalisierung des Offiziersberufes. Wenn auch nicht in der Theorie, so entfernte man sich doch in der praktischen Kaderpolitik ab 1962 vom Bild des Offiziers als Vertreter der Arbeiterklasse in Uniform. Jetzt hieß es statt dessen, da die Offiziersausbildung die „Vorbereitung auf den Offiziers-Beruf" sei, erscheine bei den Offiziersbewerbern eine „vorherige Ausbildung in einem anderen Beruf als nicht unbedingt erforderlich". Fehlende Erfahrungen in der sozialistischen Produktion glaubte man durch klassenmäßige Erziehung kompensieren zu können[131]. Die Werbung sollte daher vornehmlich unter den Absolventen weiterführender Schulen erfolgen, die unmittelbar „vor der Berufswahl" standen, wobei das Interesse vor allem auf Abiturienten gerichtet war[132]. Anscheinend versuchte die SED von nun an, den Offiziersberuf als eine ernstzunehmende Alternative zum Hochschulstudium und zu akademischen Berufen zu etablieren.

Es dürfte nicht zuletzt das Resultat dieser personalpolitischen Neuerungen gewesen sein, daß das Bildungsniveau der Offiziere bis Anfang 1963 spürbar anstieg. 17,7 Prozent der Offiziere verfügten jetzt über das Abitur und 31,4 Prozent über die Mittlere Reife. Nur noch 50,9 Prozent hatten allein eine Volksschulbildung vorzuweisen[133]. Obwohl Hoffmann auf der Kadertagung des Ministeriums für Nationale Verteidigung im Mai 1963 vermelden konnte, daß unterdessen 90 Prozent aller Offiziere der NVA eine abgeschlossene Offiziersausbildung besaßen und 80 Prozent der Regimentskommandeure über eine akademische Bildung verfügten[134], war die Bestandssituation bei Offizieren mit einer spezifisch naturwissenschaftlich-technischen Qualifikation weiterhin prekär. So konnten bis Juni 1963 die 3994 vorhandenen Planstellen für Ingenieure und vergleichbare Verwendungen nur zu 47 Prozent besetzt werden; die 4700 Planstellen von Technikern sogar nur zu 25 Prozent[135].

---

[129] Grundsätze für die Änderung der politischen und militärischen Erziehungs- und Bildungsarbeit an den Offiziersschulen der NVA, 1962, SAPMO-BArch, DY 30/IV 2/12/32, Bl. 126 ff.

[130] Ebd., Bl. 129.

[131] Einschätzung der Werbung, Auswahl und Kommissionierung der Offiziersbewerber für das Ausbildungsjahr 1963. Protokoll des Kollegiums des Ministeriums für Nationale Verteidigung, 9. Juni 1962, BA-MA, AZN/28189, Bl. 81.

[132] Ebenda, Bl. 84.

[133] Personalstatistik über die Zusammensetzung des Offiziersbestandes, 1. Januar 1963, BA-MA, VA-01/13877, Bl. 1.

[134] Referat des Ministers für Nationale Verteidigung auf der Kadertagung des Ministeriums für Nationale Verteidigung, 24. Mai 1963, BA-MA, VA-01/13871, Bl. 8.

[135] Probleme der Erziehung und Bildung in der NVA, die sich aus der modernen Militärtech-

Die SED äußerte daher, der Bildungsstand der Kader auf mathematisch-naturwissenschaftlichem und militär-technischem Gebiet bleibe hinter den „objektiven Erfordernissen" zurück[136]. Aus diesem Grund zielte man in den folgenden Jahren darauf ab, den Mangel an Fachleuten durch die „Werbung und Einstellung von Absolventen ziviler Hoch- und Fachschulen" auszugleichen[137].

Ende 1963 wurde dann ein einheitliches System der Weiterbildung aller Offiziere eingeführt, um deren Ausbildung weiter zu verbessern[138]. Bereits am 13. Juni 1963 hatte der Nationale Verteidigungsrat in diesem Zusammenhang die Auflösung der vierzehn Offizierschulen der verschiedenen Waffengattungen und Teilstreitkräfte beschlossen. Vom Ausbildungsjahr 1964 an wurde die zentralisierte und vereinheitlichte Offiziersausbildung nur noch an den vier neugeschaffenen Offiziersschulen der Landstreitkräfte, Luftstreitkräfte/Luftverteidigung, Volksmarine und Grenztruppen durchgeführt. Alle Offiziersschüler erwarben jetzt neben ihrer militärischen Qualifikation auch ein Staatsexamen als zivilberuflichen Abschluß[139]. Mit der Umstrukturierung reagierte man auf die Erkenntnis, daß es an den Offiziersschulen bis dahin eine „zu starke Spezialisierung" gegeben hatte[140], weshalb beispielsweise die „allgemeine militärische Ausbildung der Spezialisten ... gegenüber ihren Spezialfächern vernachlässigt" worden war[141].

Im Zuge dieser Veränderungen wurden die „allgemeinen Qualifikationsmerkmale", denen die NVA-Offiziere zu entsprechen hatten, weiter verschärft. So mußte ein Offizier der Landstreitkräfte nunmehr als „Minimum" die Kenntnisse der 10. Klasse der allgemeinbildenden polytechnischen Oberschule nachweisen können. Dieses Bildungsniveau reichte jedoch nicht für alle Dienststellungen aus; für einige war unterdessen ein Hochschulabschluß Voraussetzung. Offiziere, die ein Hochschulstudium etwa an der Militärakademie beginnen wollten, mußten die Kenntnisse der 12. Klasse der allgemeinbildenden Oberschule nachweisen können – zumindest in den Fächern Mathematik, Physik, Chemie und Russisch. Im Hinblick auf die Versetzung in höhere Dienststellungen waren jetzt aber nicht mehr nur schulische Bildung und fachliche Qualifikation entscheidend, sondern auch die Frage, inwieweit die Offiziere fundierte Erfahrungen in den jeweiligen Verwendungen im Truppen- oder Stabsdienst gesammelt hatten. In der Regel sollten Offiziere daher jeweils zwischen drei und vier Jahren in den einzelnen Dienststellungen eingesetzt worden sein, bevor sie erneut versetzt wurden[142]. Die SED war offensicht-

---

nik ergeben. Protokoll der 15. Sitzung des Nationalen Verteidigungsrates der DDR, 13. Juni 1963, BA-MA, DVW 1/39472, Bl. 49.

[136] Probleme der Erziehung und Bildung in der NVA, die sich aus der modernen Militärtechnik ergeben, 7. Juni 1963, SAPMO-BArch, DY 30/IV A2/12/38, o. Pag.

[137] Programm für die Mechanisierung und Automatisierung der Truppenführung in der NVA bis zum Jahre 1970. Protokoll der Sitzung der Leitung des Ministeriums für Nationale Verteidigung, 28. September 1964, BA-MA, AZN/28115, Bl. 73.

[138] Zeittafel zur Militärgeschichte, S. 181.

[139] Protokoll der 15. Sitzung des Nationalen Verteidigungsrates der DDR, 13. Juni 1963, BA-MA, DVW 1/39472, Bl. 6.

[140] Einschätzung der Lage an den Offiziersschulen der NVA, 1962, SAPMO-BArch, DY 30/IV 2/12/32, Bl. 145.

[141] Ebenda, Bl. 144.

[142] Katalog über die Qualifizierungsmerkmale der Offiziersdienststellen der Landstreitkräfte, 1964, BA-MA, VA-01/13881, Bl. 9f.

lich bestrebt, eine gewisse Kontinuität in die Beförderungspraxis zu bringen, die es vor allem aufgrund des Personalmangels in den fünfziger Jahren nicht gegeben hatte.

Bis 1965 gelang es der Partei, das Bildungs- und Ausbildungsniveau noch einmal entscheidend zu erhöhen, ohne letztlich jedoch den gewünschten Standard zu erreichen. Am Jahresende verfügten 19,0 Prozent aller Offiziere über das Abitur und 39,3 Prozent über die Mittlere Reife. Mit 41,7 Prozent war der Anteil der Offiziere mit Volksschulbildung nunmehr deutlich gesunken[143]. Hinsichtlich der fachlichen Qualifikation konnten bereits 10,4 Prozent der NVA-Offiziere eine akademische Bildung vorweisen, die sie an einer zivilen oder militärischen Hochschule erworben hatten. 0,8 Prozent hatten Kurse an Militärakademien besucht. 72,7 Prozent der Offiziere besaßen eine zivile oder militärische Fachschulausbildung. Dazu zählten auch diejenigen Offiziere, die das dritte oder vierte Jahr der Ausbildung an einer Offiziersschule absolviert hatten. 3,3 Prozent verfügten über eine zweijährige und 5,4 Prozent über eine einjährige Ausbildung an einer Offiziersschule. 2,1 Prozent der Offiziere hatten nur einen Kurzlehrgang und 2,2 Prozent ausschließlich eine zivile Parteischule absolviert. 3,5 Prozent der Offiziere hatten noch immer keine militärische Schule besucht[144].

Ein weiteres Kennzeichen für die Professionalisierung der NVA war der Versuch der SED-Führung, auch bei der Auswahl und Ausbildung der Politoffiziere ein höheres Niveau zu erreichen[145]. Am 23. Juni 1961 beschloß der Nationale Verteidigungsrat daher, die politische Bildung aller Offiziersbewerber zu verbessern, um im Anschluß an die allgemeine Offiziersausbildung aus diesem Kreis einen qualifizierteren Nachwuchs an Politoffizieren gewinnen zu können. Dies stellte eine konsequente Weiterentwicklung der Neuerungen des Vorjahres dar. Denn bereits 1960 war die grundsätzliche Eigenständigkeit der Politoffizierslaufbahn aufgegeben worden. Politoffiziere wurden seitdem aus den Reihen der politisch aktivsten Fachoffiziere gewonnen[146]. Vom 1. Januar 1961 an sollten nunmehr allen Offiziersschülern „als Minimum in der politischen Ausbildung die Kenntnisse des Programms einer Bezirksparteischule" vermittelt werden[147].

Der SED ging es aber auch darum, die politische, militärische und militär-technische Aus- und Weiterbildung der Politoffiziere erheblich zu verbessern. Diese sollte systematisiert werden und auf einem höheren Niveau erfolgen. So waren die Politoffiziere der Bataillone nunmehr auch in den Qualifizierungslehrgängen für Bataillonskommandeure auszubilden. Die zukünftigen Politoffiziere wurden dabei im Rahmen einer speziellen Ergänzungsausbildung auf ihren „vorgesehenen Einsatz" vorbereitet. Auf der nächsthöheren Ebene sollten die Politoffiziere der Regimenter an der Militärakademie „Friedrich Engels" ausgebildet werden. Als politische Zusatzqualifikation erhielten sie „als Minimum Kenntnisse des Ein-Jahreslehrganges

---

[143] Kaderjahrbuch 1965, BA-MA, VA-01/32444, Bl. 272.

[144] Ebenda, Bl. 177.

[145] Vgl. Fingerle, Waffen in Arbeiterhand?, S. 124.

[146] Vgl. Kap. III.3. dieser Studie.

[147] Plan zur Heranbildung politisch und militärisch hochqualifizierter Offiziere und zur Sicherung des Nachwuchses sowie der Qualifizierung von Partei- und Politkadern der NVA. Protokoll der 6. Sitzung des Nationalen Verteidigungsrates der DDR, 23. Juni 1961, BA-MA, DVW 1/39463, Bl. 95.

der Parteihochschule ‚Karl-Marx'". Die „höheren politisch-militärischen Kader" sollten in einem dreijährigen Studium am neuzuschaffenden „Institut für Gesellschaftswissenschaften der Militärakademie" ausgebildet werden[148]. Durch dieses verbesserte Ausbildungssystem hoffte man, „erfahrene Truppenkommandeure als Offiziere für politische Arbeit erhalten" zu können, die „größere Lebenserfahrung und hohe militärische Qualitäten besitzen" würden[149]. Diese Veränderungen machten es schließlich möglich, die Politschule der NVA, an der bis dahin auch die politische Ausbildung der zukünftigen Politoffiziere stattgefunden hatte, zum 31. Dezember 1961 aufzulösen[150]. In Anbetracht der „zahlenmäßigen Begrenzung" der Armee erachtete die Leitung des Ministeriums für Nationale Verteidigung die Einrichtung einer Politoffiziersschule als „nicht zweckmäßig"[151].

1963 wurden die speziellen Lehrgänge für die Politoffiziere der Bataillone jedoch offenbar eingestellt, so daß von da an „kein System der Heran- und Weiterbildung von Politoffizieren mehr" bestand, wie die Verwaltung Kader rückblickend feststellte. Anscheinend stieß das SED-Konzept vom Offizier als einem universell einsetzbaren und politisch wie militärisch qualifizierten Vorgesetzten jedoch bald an seine Grenzen. Zumindest stellten die Politische Hauptverwaltung und die ZK-Abteilung für Sicherheitsfragen 1964/1965 bei Kontrollen wiederholt fest, daß eine „Vielzahl von Politoffizieren ... keine ihrer Dienststellung entsprechende und für die politische Arbeit notwendige militärische Ausbildung" besaß. Anscheinend erwies es sich in der Praxis als nicht möglich, Politoffiziere auszubilden, die ohne weiteres auch in der militärischen Truppenführung einzusetzen waren. Insofern war es konsequent, wenn die Partei auf diesen Zustand mit einer wieder stärkeren Spezialisierung der Politoffiziersausbildung reagierte. 1965 wurden daher die Rekrutierungsrichtlinien neu fixiert. Die Auswahl der zukünftigen Politoffiziere sollte jetzt bereits frühzeitig an den Offiziersschulen erfolgen. Im Verlauf der Ausbildung galt es anhand der vorhandenen „Fähigkeiten und Neigungen der Offiziersschüler" festzustellen, für welche von ihnen ein späterer Einsatz als Politoffizier „zweckmäßig" erschien. Diese Offiziersschüler sollten dann durch „geeignete Maßnahmen" gefördert werden", um sie auf ihre zukünftige Verwendung vorzubereiten[152].

Kennzeichnend für die weitere Entwicklung der DDR-Streitkräfte nach dem Mauerbau war insbesondere ihre umfassende Modernisierung. Die SED bemühte sich dabei zum einen, die militärischen Führungsprozesse auf der Grundlage der

---

[148] Ebenda, Bl. 95 f.
[149] Konzeption zur Heranbildung politisch und militärisch hochqualifizierter Offiziere und zur Sicherung des Nachwuchses sowie der Qualifizierung von Politoffizieren. Protokoll der Sitzung der Leitung des Ministeriums für Nationale Verteidigung, 9. Juni 1961, BA-MA, AZN/28076, Bl. 102.
[150] Auflösung der Politschule der NVA. Befehl Nr. 50/61 des Ministers für Nationale Verteidigung, 9. August 1961, BA-MA, VA-01/5903, Bl. 117.
[151] Nach eigenen Angaben war die NVA dadurch die einzige sozialistische Armee, die nicht über spezielle Institutionen für die Ausbildung von Politoffizieren verfügte. Konzeption zur Heranbildung politisch und militärisch hochqualifizierter Offiziere und zur Sicherung des Nachwuchses sowie der Qualifizierung von Politoffizieren. Protokoll der Sitzung der Leitung des Ministeriums für Nationale Verteidigung, 9. Juni 1961, BA-MA, AZN/28076, Bl. 102.
[152] Teilbeitrag der Verwaltung Kader zur Einarbeitung in die Gesamtanalyse und Grundkonzeption der Entwicklung der NVA, 10. März 1967, BA-MA, VA-01/5679, Bl. 87 ff.

neuesten wissenschaftlichen Erkenntnisse zu reorganisieren und zu verbessern. Zum anderen kam es im Zuge der Ausstattung mit neuen Waffensystemen zu einer verstärkten Technisierung und Spezialisierung der NVA. Ulbricht teilte Chruschtschow in diesem Zusammenhang im Januar 1962 mit: „In Durchführung der Empfehlungen über die einheitliche Ausstattung der Streitkräfte der Teilnehmerstaaten des Warschauer Vertrages werden in der Nationalen Volksarmee ... moderne Kampftechnik und Bewaffnung, die bisher noch nicht vorhanden waren, eingeführt. Sämtliche Waffen und Geräte werden aus der UdSSR importiert."[153]

Im Rahmen der Umrüstung wurden 1962 unter anderem in den Landstreitkräften die neuen Waffengattungen „Truppenluftabwehr" und „Raketentruppen und Artillerie" geschaffen. Letztere erhielt sowohl taktische als auch operativ-taktische Boden-Boden-Raketen. Die NVA verfügte nunmehr über atomare Trägersysteme. Auch gehörte etwa der mittlere Kampfpanzer T-54 Mitte der sechziger Jahre zur Standardausrüstung der gepanzerten Verbände. Zu diesem Zeitpunkt begann man zudem mit der Einführung des mittleren Kampfpanzers T-55. Darüber hinaus wurden die motorisierten Schützeneinheiten jetzt mit Panzerabwehrlenkraketen ausgestattet[154]. Die Modernisierung der Luftstreitkräfte/Luftverteidigung war vor allem durch die Ausrüstung mit leistungsfähigeren MIG-21 Jagdflugzeugen bestimmt, die es der NVA ermöglichten, ihre Aufgaben im einheitlichen Luftverteidigungssystem des Warschauer Paktes zu erfüllen. Darüber hinaus wurde diese Teilstreitkraft auch mit Fla-Raketensystemen und neuen Mehrzweckkampfhubschraubern ausgerüstet. Die Seestreitkräfte erhielten seit 1962 Raketenschnellboote und begannen eigene Landungskapazitäten aufzubauen[155].

Im Hinblick auf die Modernisierung der militärischen Führungsprozesse in der NVA ging ein entscheidender Impuls vom XXII. Parteitag der KPdSU im Oktober 1961 aus. Die sowjetische Führung verfolgte allgemein die Absicht, mittels neuer Technologien wie der elektronischen Datenverarbeitung oder der verstärkten Automatisierung die Effizienz der staatlichen und ökonomischen Planungs- und Leitungssysteme sowie die allgemeine Arbeitsproduktivität zu steigern. Die von der KPdSU zu diesem Zweck propagierten Reformkonzepte der „wissenschaftlich-technischen Revolution" und der „Produktivkraft Wissenschaft" wurden von der SED im Anschluß mit gewisser zeitlicher Verzögerung auf dem VI. Parteitag im Januar 1963 rezipiert. Dies geschah im Rahmen des „Neuen Ökonomischen Systems der Planung und Leitung" der Volkswirtschaft (NÖSPL), mit dessen Hilfe die SED nach der Abriegelung der DDR nunmehr den „umfassenden Aufbau des Sozialismus" verwirklichen wollte. Das NÖSPL zielte dabei nicht zuletzt auf eine Verwissenschaftlichung der staatlichen und wirtschaftlichen Leitungsprozesse ab. Auf der Grundlage des „höchsten Standes von Wissenschaft und Technik" sollte unter anderem eine Versachlichung der Leitungstätigkeit erzielt werden. Dabei wollte die SED eine beschränkte Selbststeuerung der jeweiligen Teilbereiche zulassen, ohne jedoch die übergeordnete Kontrollkompetenz der Partei zu reduzieren[156].

---

[153] Ulbricht an Chruschtschow, 31. Januar 1962, SAPMO-BArch, DY 30/J IV 2/202/245, o. Pag.
[154] Höhn, Einige Entwicklungsprobleme der Landstreitkräfte der NVA, S. 419 f.
[155] Wenzke, Die Nationale Volksarmee, S. 446 ff.
[156] Vgl. Meuschel, Legitimation und Parteiherrschaft in der DDR, S. 183 ff.

Diesen Reformansatz übertrug die SED umgehend auch auf die Streitkräfte. Die bestehenden Defizite in den militärischen Führungsprozessen sowohl hinsichtlich des Grades der Technisierung als auch in bezug auf ihre Effizienz und Leistungsfähigkeit dürften der Parteiführung und der Leitung des Ministeriums für Nationale Verteidigung schon seit längerem hinlänglich bekannt gewesen sein[157]. Unter den veränderten politischen Bedingungen wurden sie jetzt aber offen thematisiert: So äußerte man, daß sich das System sowie die Formen und Methoden der Truppenführung im wesentlichen auf dem Stand „der letzten Jahre des 2. Weltkrieges" befänden. Die Strukturen der Stäbe seien „zu aufgebläht und unbeweglich", und die technische Ausstattung der Führungseinrichtungen entspreche im allgemeinen nicht den Anforderungen, die im Hinblick auf militärische Operationen im Rahmen der Ersten Strategischen Staffel erfüllt werden müßten[158]. Interessanterweise wurde dabei nicht nur auf „Rückstände" gegenüber den sowjetischen Streitkräften, sondern auch gegenüber der „US-Armee" verwiesen. Zudem monierte man das späte zeitliche „Aufgreifen der Problematik"[159].

Hoffmann stellte daher im Oktober 1963 grundsätzlich fest: „Der sich immer stärker abzeichnende Widerspruch zwischen der Ausrüstung der Truppen mit modernster Kampftechnik ... und den derzeitigen Führungsmethoden und -möglichkeiten der Kommandeure und Stäbe kann nur durch den Einsatz modernster Führungsmittel, verbunden mit der allseitigen Vervollkommnung der Arbeitsmethoden der Kommandeure und Stäbe, der Struktur der Führungsorgane und der Organisation der Führungsstellen sowie der Erhöhung des operativ-taktischen und militärtechnischen Ausbildungsstandes der Offizierskader gelöst werden." Daher sei die „Mechanisierung und Automatisierung der Truppenführung ... eine der wichtigsten Aufgaben" der nächsten Jahre. Durch die Anordnung vom 24. Oktober 1963 leitete der Minister erste Maßnahmen zu deren Lösung ein[160].

In der Folgezeit wurde ein Arbeitsprogramm zur „Ausarbeitung und Durchsetzung neuer Formen und Methoden in der Führungs- und Leitungstätigkeit der Nationalen Volksarmee und der Anwendung modernster technischer Führungsmittel" entworfen. In diesem Zusammenhang bezeichnete man die ZK-Beschlüsse zu den „Fragen des neuen ökonomischen Systems der Planung und Leitung der Volkswirtschaft" ausdrücklich als ein „Programm für die schöpferische Lösung der herangereiften Fragen der Truppenführung" in den Streitkräften. Zunächst sollte eine wissenschaftliche Analyse des „gesamten Führungsprozesses" in der NVA vorgenommen werden. Auf deren Basis beabsichtigte man unter Berücksichtigung der „neuen Auffassungen über die moderne Truppenführung" die „Erarbeitung und schrittweise Einführung eines komplexen automatisierenden Führungssystems". Die

[157] Vgl. Bericht der Brigade des ZK der SED in der 11. Mot. Schützendivision der NVA, 1961, SAPMO-BArch, DY 30/IV 2/12/24, Bl. 45 ff.
[158] Entwurf eines Arbeitsprogrammes zur Ausarbeitung und Durchsetzung neuer Formen und Methoden in der Führungs- und Leitungstätigkeit der NVA und der Anwendung modernster technischer Führungsmittel, 1964, SAPMO-BArch, DY 30/IV A2/12/49, o. Pag.
[159] Programm für die Mechanisierung und Automatisierung der Truppenführung in der NVA bis zum Jahre 1970. Protokoll der Sitzung der Leitung des Ministeriums für Nationale Verteidigung, 28. September 1964, BA-MA, AZN/28115, Bl. 16.
[160] Aufgaben auf dem Gebiet der Mechanisierung und Automatisierung der Truppenführung in der NVA. Anordnung Nr. 35/63 des Ministers für Nationale Verteidigung, 24. Oktober 1963, BA-MA, VA-01/5614, Bl. 1 ff.

technischen Grundlagen hierfür sollten Kybernetik, Funkelektronik und elektronische Rechenautomatik bilden. Auch wollte man eine „weitgehende Automatisierung und Mechanisierung der gesamten Stabsarbeit" mit den Mitteln „Kleinstautomatisierung und Mechanisierung" sowie der „modernen Bürotechnik" erreichen. Schließlich sollten diese Neuerungen ihren Niederschlag auch in veränderten Führungsstrukturen finden[161].

Der Nationale Verteidigungsrat bestätigte dann am 8. Januar 1965 das „Programm für die Mechanisierung und Automatisierung der Truppenführung in der Nationalen Volksarmee bis zum Jahre 1970". Die Ausrüstung der NVA mit den neuen technischen Führungsmitteln sollte beschleunigt werden, um die Mechanisierung der Truppenführung bereits 1967/1968 sicherstellen zu können. In bezug auf die Automatisierung war es das Ziel, 1970 „im wesentlichen" den Stand der Sowjetarmee zu erreichen. Daß dies in Abstimmung mit dem Vereinten Kommando des Warschauer Paktes geschehen sollte, hatte offensichtlich mit der Absicht zu tun, die Kompatibilität der Prinzipien, Mittel und Strukturen der militärischen Truppenführung innerhalb des Bündnisses zu optimieren[162]. Ferner befürwortete der Nationale Verteidigungsrat, Vereinbarungen mit der UdSSR über die Qualifizierung von NVA-Offizieren an den sowjetischen Militärakademien und zivilen Bildungseinrichtungen auf dem Gebiet der Mechanisierung und Automatisierung zu treffen. Darüber hinaus wurde beschlossen, diese Ausbildungsinhalte und „umfangreiche naturwissenschaftlich-technische Kenntnisse" auch in die zu überarbeitenden Ausbildungsprogramme der Offiziersschulen und der Militärakademie der NVA aufzunehmen[163]. Die herausragende Bedeutung, die der Modernisierung der militärischen Führungsprozesse durch die SED mittlerweile beigemessen wurde, kam nicht zuletzt darin zum Ausdruck, daß der Minister für Nationale Verteidigung im Mai 1965 befahl, die Dienststellung eines Stellvertreters „für Mechanisierung und Automatisierung der Truppenführung" zu schaffen[164].

Im Zuge der zunehmenden Modernisierung und Professionalisierung der NVA[165] reduzierte sich auch die direkte Einflußnahme der Parteiorganisationen und der Politorgane auf die spezifisch militärischen Entscheidungsprozesse. Eine Ursache für diese Entwicklung war die veränderte Arbeitsweise des Parteiapparates selbst, die die SED nach dem Mauerbau in Gang gesetzt hatte. Die Partei dürfte zu

---

161 Entwurf eines Arbeitsprogrammes zur Ausarbeitung und Durchsetzung neuer Formen und Methoden in der Führungs- und Leitungstätigkeit der NVA und der Anwendung modernster technischer Führungsmittel, 1964, SAPMO-BArch, DY 30/IV A2/12/49, o. Pag. Bis zu diesem Zeitpunkt etwa war der Personalumfang der Stäbe in der NVA im Vergleich zu den sowjetischen Streitkräfte noch um durchschnittlich 28 Prozent größer. Programm für die Mechanisierung und Automatisierung der Truppenführung in der NVA bis zum Jahre 1970. Protokoll der Sitzung der Leitung des Ministeriums für Nationale Verteidigung, 28. September 1964, BA-MA, AZN/28115, Bl. 20.
162 Programm für die Mechanisierung und Automatisierung der Truppenführung in der NVA bis zum Jahre 1970. Protokoll der 21. Sitzung des Nationalen Verteidigungsrates der DDR, 8. Januar 1965, BA-MA, DVW 1/39478, Bl. 29.
163 Ebenda, Bl. 40.
164 Über die weiteren Aufgaben zur Mechanisierung und Automatisierung der Truppenführung in der NVA. Befehl Nr. 22/65 des Ministers für Nationale Verteidigung, 30. April 1965, BA-MA, VA-01/12918, Bl. 63.
165 Vgl. Johnson, Die Streitkräfte des Warschauer Paktes in Mitteleuropa, S. 123 ff.

der Erkenntnis gelangt sein, daß sich eine anhaltend extensive Politisierung militärischer Diskussions- und Entscheidungsprozesse als ineffizient erweisen und im Hinblick auf die Erhöhung der Einsatzbereitschaft eine weitgehend kontraproduktive Wirkung entfalten würde. Ziel war es daher, die Einflußnahme der Partei auf die militärischen Führungsprozesse zu modifizieren. Einerseits sollten die Kontrollfunktion des Parteiapparates gestärkt werden und die direkten Interventionen demgegenüber an Bedeutung verlieren[166]. Andererseits strebte man die Versachlichung der Parteiarbeit an. So befand Hoffmann, die SED trete in der Periode des umfassenden Aufbaus des Sozialismus in eine neue, höhere Stufe ihrer Entwicklung ein. Die Parteiorganisationen in der NVA müßten dem durch „eine wirklich sach- und fachkundige Parteiarbeit" Rechnung tragen[167]. Diese Forderung präzisierte der Chef der Politischen Hauptverwaltung Verner Anfang 1964. Er sagte, die Parteiarbeit und die gesamte politische Arbeit seien näher an die militärischen Aufgaben heranzubringen. Die Politorgane und Parteiorganisationen müßten „noch tiefer in die Probleme der Gefechtsbereitschaft" eindringen und die „inneren Zusammenhänge" beachten: „Dann werden sie weitaus sachkundiger auf die Erfüllung aller Aufgaben der Gefechtsausbildung Einfluß nehmen und rechtzeitig Maßnahmen zur Beseitigung von Mängeln ... ergreifen können."[168]

Damit beschleunigte die SED jedoch den Prozeß der Autonomisierung der Truppenführung, der sich im Verlauf der Professionalisierung der NVA ohnehin immer deutlicher abzeichnete. Spätestens 1965 mußte die SED-Führung daher feststellen, daß sich die Rolle des Parteiapparates in den Streitkräften in einem Maße veränderte, das über das ursprünglich angestrebte Ziel hinausging. Hoffmann sah sich daher zu der Forderung gezwungen, es solle „endgültig von der falschen Praxis abgegangen" werden, „unter der Devise ‚Versachlichung der Parteiarbeit' Leitungssitzungen und Versammlungen so durchzuführen, daß sie sich in ihrem Inhalt nicht von Kommandeursbesprechungen und Dienstversammlungen" unterschieden[169]. In diesem Zusammenhang kritisierte man auch, daß die „politisch-ideologische Seite der Arbeit der Grundorganisation als ihre eigentliche Aufgabe zur maximalen Erfüllung der militärischen Aufgaben in den Hintergrund gedrängt und vernachlässigt" werde[170]. Je mehr aber an die Einsatzbereitschaft der NVA auch von Seiten der Parteiführung in erster Linie spezifisch militärische Bewertungsmaßstäbe angelegt wurden, desto mehr verlor eine rein politische Argumentationsweise in der Führungstätigkeit an Bedeutung. Auf diese Weise verringerte sich zugleich der Spielraum der Parteiorganisationen und Politorgane, auf die militärischen Diskussions- und Entscheidungsprozesse nachhaltig Einfluß zu nehmen. Ihre politischen Argumentationsmuster verfügten offenkundig kaum mehr über Anschlußfähigkeit an die militärischen Problemstellungen. Vor allem dürfte der Mangel an Problemlösungskompetenz ein entscheidender Grund dafür gewesen sein, weshalb der Parteiappa

---

[166] Vgl. Kap. VIII.2. dieser Studie.
[167] Aus dem Referat des Mitglieds des ZK der SED und Ministers für Nationale Verteidigung der DDR, Armeegeneral H. Hoffmann, auf der Kommandeurstagung der NVA, 11. November 1963, in: Die Militär- und Sicherheitspolitik der SED, S. 315.
[168] Verner, Für die weitere Stärkung der führenden Rolle der Partei, S. 167.
[169] Hoffmann, In den Parteiorganisationen, S. 4.
[170] Raubach, Das Ausbildungsjahr 1964/65 und die höheren Forderungen, S. 32.

rat sowohl im Rahmen der militärischen Führungsarbeit als auch im Truppenalltag selbst immer häufiger übergangen wurde[171].

Insofern war es symptomatisch, wenn im Anschluß an eine Übung der 11. Mot. Schützendivision im Frühjahr 1962 festgestellt wurde: „Die Politabteilung war kaum an einer Entschlußvorbereitung beteiligt, der Einfluß des Leiters der Politabteilung auf die Entschlußfassung fehlte völlig … ."[172] Die reduzierte Bedeutung des Parteiapparates zeigte sich beispielsweise auch darin, daß in der 9. Panzerdivision im ersten Halbjahr 1963 gegen 229 Mitglieder und Kandidaten der SED eine Disziplinarstrafe verhängt wurde, man jedoch nur gegen 11 von ihnen gleichzeitig Parteierziehungsmaßnahmen einleitete[173]. Zudem scheint immer häufiger die Neigung bestanden zu haben, Parteiversammlungen zu verschieben oder ganz ausfallen zu lassen. So kritisierte Verner im Dezember 1962, daß etwa im August des Jahres in 202 Grundorganisationen der SED in der NVA und im Oktober in 184 Grundorganisationen keine Parteiversammlungen stattgefunden hätten[174]. Darüber hinaus war es üblich geworden, daß leitende Offiziere nicht mehr regelmäßig an Parteiversammlungen teilnahmen[175]. Dies geschah nicht selten mit dem Hinweis auf die starke zeitliche Inanspruchnahme durch die militärische Führungstätigkeit. Im übrigen war es selten, daß man leitende Offiziere oder Kommandeure auf Parteiversammlungen im Zusammenhang mit ihrer dienstlichen Tätigkeit offen kritisierte[176]. Während der Überprüfung der Führungstätigkeit in der 9. Panzerdivision im Dezember 1963 etwa wurden Zweifel geäußert, ob „die leitenden Offiziere wegen mangelnder Erfüllung ihrer funktionellen Pflichten überhaupt kritisiert" werden könnten. Ein Parteisekretär sagte sogar: „Wir hatten Angst, Autoritäten zu kritisieren."[177] Diese Äußerungen verdeutlichen, daß die SED faktisch mit ihrem Anspruch gescheitert war, alle Parteimitglieder und damit auch die Vertreter der militärischen Truppenführung sollten gleichermaßen der einheitlichen Parteidisziplin unterliegen. Es erwies sich letztlich als Fiktion, die militärischen Vorgesetztenverhältnisse könnten in den Parteiorganisationen keine Rolle spielen. Eine Trennung beider Bereiche ließ sich in der Praxis kaum aufrechterhalten, da es sich, wenn auch in verschiedenen Funktionen, jeweils um dieselben Personen handelte[178].

Die Autonomisierung der militärischen Truppenführung war neben der Modernisierung der NVA eine entscheidende Voraussetzung für die zunehmende Leistungssteigerung der DDR-Streitkräfte in der Phase nach dem Mauerbau. Angesichts der 1961 beginnenden Eingliederung der NVA in die Erste Strategische Staffel

---

171 Vgl. Kap. IX. dieser Studie.
172 Information über einige Probleme im Verlauf der Übung bei der 11. MSD, 1962, SAPMO-BArch, DY 30/IV 2/12/38, Bl. 170.
173 Bericht über die Ergebnisse der Überprüfung der Führungstätigkeit in der 9. Panzerdivision, 2. Dezember 1963, BA-MA, VA-01/12945, Bl. 13.
174 Protokoll der 2. Tagung der IV. Delegiertenkonferenz der Parteiorganisationen der SED in der NVA, 1./2. Dezember 1962, BA-MA, VA-P-01/559, Bl. 62.
175 Protokoll der Parteiaktivtagung der SED in der NVA, 26. März 1962, BA-MA, VA-P-01/555, Bl. 35.
176 Vgl. Stellungnahme zur Jahresanalyse der Parteikontrollkommission bei der Politischen Hauptverwaltung der NVA, 19. Januar 1965, SAPMO-BArch, DY 30/IV A2/12/35, o. Pag.
177 Bericht über die Ergebnisse der Überprüfung der Führungstätigkeit in der 9. Panzerdivision, 2. Dezember 1963, BA-MA, VA-01/12945, Bl. 17.
178 Vgl. Lolland, Zu Befehl, Genosse Unterleutnant, S. 88ff.

des Warschauer Paktes war ein Verbesserung der militärischen Leistungsfähigkeit unerläßlich. Vor allem von sowjetischer Seite dürfte in diesem Zusammenhang massiv darauf gedrungen worden sein, schnell substantielle Veränderungen zu erzielen. Das war aber nicht zuletzt wegen der umfassenden Umrüstungsmaßnahmen in allen Teilstreitkräften kurzfristig nur bedingt möglich. So stellte Hoffmann im März 1962 fest, eine kurz zuvor vom Ministerium für Nationale Verteidigung zusammen mit Vertretern des Vereinten Kommandos durchgeführte Inspektion zweier Verbände der Landstreitkräfte und der Luftstreitkräfte/Luftverteidigung habe „in der Gesamteinschätzung der einzelnen Truppenteile und Einheiten … in der Regel genügende und befriedigende, manchmal auch gute Ergebnisse" erbracht. Bei der Herstellung der Gefechtsbereitschaft hätten sich jedoch noch genügend Mängel gezeigt[179]. Anläßlich der IV. Delegiertenkonferenz der Parteiorganisationen der SED in der NVA Ende Juni 1962 zog der damalige Chef der Verwaltung Ausbildung, Generalleutnant Kurt Wagner, insgesamt aber eine positive Bilanz: „Die Erfolge, die wir in der Gefechtsausbildung im 1. Halbjahr 1962 zu verzeichnen haben, sind ohne Zweifel im Verhältnis zum Stand der Gefechtsbereitschaft des Jahres 1961 große Schritte nach vorn gewesen."[180]

Großen Einfluß auf die Steigerung der Leistungsfähigkeit der NVA hatte die Anfang 1962 eingeführte allgemeine Wehrpflicht. Besonders positiv wirkte sich das durchschnittlich höhere Bildungsniveau und die bessere Motivation der als Mannschaftsdienstgrade dienenden Wehrpflichtigen aus. Diesbezüglich äußerte beispielsweise ein Oberstleutnant des MSR 23 Mitte des Jahres zufrieden: „Die erste Erfahrung ist die, daß die Erwartungen, die wir in unsere Wehrpflichtigen gesetzt hatten, weit in positiver Hinsicht übertroffen wurden. Wir haben Soldaten bekommen, die eine große Bereitwilligkeit, Aufgeschlossenheit und einen fleißigen Lerneifer zeigen."[181]

Insgesamt gelang es, die militärische Einsatzbereitschaft in den ersten zwei Jahren nach dem Mauerbau so zu steigern, daß die NVA bereits Ende 1963 dazu in der Lage war, im Rahmen von Großverbänden der Vereinten Streitkräfte des Warschauer Paktes zu operieren. Das Manöver „Quartett" im Oktober des Jahres zeigte die Befähigung der DDR-Streitkräfte, nunmehr auf Arme-Ebene mit den sowjetischen, tschechoslowakischen und polnischen Streitkräften zusammenwirken zu können. Zudem wurde der Nachweis erbracht, daß die militärische Truppenführung der NVA ihre operativen Fähigkeiten weiter optimiert hatte. So übernahm der Minister für Nationale Verteidigung die Leitung des Manövers, und hohe NVA-Generale kommandierten als Befehlshaber integrierte Armeen der Vereinten Streitkräfte[182]. In der anschließenden Bewertung hieß es, die beteiligten Stäbe, Verbände und Truppenteile der NVA hätten „bis zum Beginn der Übung einen bisher uner-

---

[179] Protokoll der Parteiaktivtagung der SED in der NVA, 26. März 1962, BA-MA, VA-P-01/555, Bl. 64.
[180] Protokoll der IV. Delegiertenkonferenz der Parteiorganisationen der SED in der NVA, 29. Juni – 1. Juli 1962, BA-MA, VA-P-01/558, Bl. 271.
[181] Ebenda, Bl. 224. Auch die DDR-Streitkräfte profitierten somit von den charakteristischen Vorzügen, die eine Wehrpflichtarmee gegenüber allein aus Freiwilligen bestehenden Streitkräften besitzt.
[182] Vgl. Kap. VII.1. dieser Studie.

reichten Stand der Gefechtsbereitschaft" erreicht[183]. Außerdem bezeichnete man es als bemerkenswert, daß die NVA-Einheiten bei den Manöveroperationen „den verbündeten Truppen nicht nachstanden"[184].

Das Politbüro stellte Ende 1963 fest, die weitere „Erhöhung der Gefechtsbereitschaft und der Kampfkraft der Truppenteile und Verbände" sei einer der bedeutenden Erfolge, den die NVA im abgelaufenen Ausbildungsjahr erzielt habe. Vor allem die großen Übungen im Bündnisrahmen hätten den „hohen operativ-taktischen Ausbildungsstand der Kommandeure, Stäbe und der Truppen" bewiesen. Als Fazit der bisherigen militärpolitischen Anstrengungen äußerte man: „Die Nationale Volksarmee ist in der Lage, gemeinsam mit der ruhmreichen Sowjetarmee und den anderen sozialistischen Bruderarmeen die ihr vom Vereinten Oberkommando übertragenen Aufgaben zu lösen und erfolgreiche Kampfhandlungen unter beliebigen Bedingungen der Lage, mit und ohne Einsatz von Kernwaffen zu führen."[185]

Vor allem wurden im Hinblick auf die verbesserten Führungsqualitäten der Offiziere mehr und mehr die Erfolge der versachlichten Personalpolitik sichtbar. Dies zeigte beispielsweise die Überprüfung der 1. Mot. Schützendivision im August 1964. Im Untersuchungsbericht heißt es, die Regimentskommandeure hätten ihre gewachsene Fähigkeit unter Beweis gestellt, „auch ohne auf Weisungen übergeordneter militärischer Organe zu warten, selbständig und schnell zu reagieren". Als einen entscheidenden Grund hierfür wertete man die „wachsende Zahl akademisch gebildeter Offiziere"[186]. Anscheinend bildete das Offizierskorps im Zuge der Professionalisierung der NVA ein zunehmend eigenverantwortliches, zielorientiertes und fachbezogenes Führungsverhalten aus.

Darüber hinaus verbesserten sich offenbar auch die Fähigkeiten der NVA-Teilstreitkräfte, gemeinsame militärische Operationen durchzuführen. Dies zeigte unter anderem eine Flottenübung, die im September 1964 stattfand. Im Ergebnis stellte man fest, die Übung habe bewiesen, daß die Einheiten und Verbände der Volksmarine in der Lage seien, „im Zusammenwirken mit den Land- und Luftstreitkräften/ Luftverteidigung ... erfolgreich taktische Seelandungen durchzuführen"[187]. Gerade das mangelhafte Zusammenwirken der Teilstreitkräfte war in den fünfziger Jahren eines der Hauptprobleme bei der Steigerung der Einsatzbereitschaft der NVA gewesen[188].

Am Ende des Ausbildungsjahres 1964/1965 gelangte die Leitung des Ministeriums für Nationale Verteidigung schließlich zu dem Schluß, die Resultate der Übungen und Überprüfungen gestatteten die „Einschätzung, daß die Stäbe, Verbände und Truppenteile aller Teile der Nationalen Volksarmee gefechtsbereit" seien. „Mit

---

183 Bericht über die in der Zeit vom 11. bis 15. September 1963 durchgeführte Übung „Quartett", 18. Januar 1964, BA-MA, VA-01/12946, Bl. 104.

184 Bericht über die in der Zeit vom 11. bis 15. September 1963 durchgeführte Übung „Quartett", 18. Januar 1964, BA-MA, VA-01/5199, Bl. 23.

185 Grundsätze der politischen und militärischen Arbeit der NVA im Ausbildungsjahr 1963/1964. Arbeitsprotokoll Nr. 39/63 der Sitzung des Politbüros des ZK der SED, 5. November 1963, SAPMO-BArch, DY 30/J IV 2/2A/997, o. Pag.

186 Bericht über die Untersuchung des Standes der politisch-ideologischen Arbeit in der 1. Mot. Schützendivision, 12. August 1964, BA-MA, VA-01/13870, Bl. 101.

187 Information über die vom 7. bis 12. September 1964 stattgefundene Flottenübung der Volksmarine, 15. September 1964, SAPMO-BArch, DY 30/IV A2/12/65, o. Pag.

188 Vgl. Kap. III.3. dieser Studie.

der weiteren Einführung und dem Einsatz neuer Kampftechnik im Verlaufe des Ausbildungsjahres ... wurde ihr Kampfwert und ihre Schlagkraft wesentlich erhöht".[189] Offenbar war es gelungen, nicht zuletzt bei der Optimierung der militärischen Führungsprozesse und -strukturen gewisse Fortschritte zu erreichen. Dieses Ziel hatte vor allem im Zusammenhang mit der Integration der NVA in die Erste Strategische Staffel des Warschauer Paktes besondere Bedeutung. Hierzu meinte das Ministerium für Nationale Verteidigung, die „seit Anfang 1963 unternommenen Anstrengungen, die Truppenführung durch rationellere Führungsmethoden und Organisationsformen der Stabsarbeit sowie geeignete Maßnahmen der Mechanisierung und Automatisierung systematisch zu einer neuen Qualität zu entwickeln", hätten „zu ersten sichtbaren Erfolgen" geführt[190].

Vor allem das Manöver „Oktobersturm" im Oktober 1965 bewies, daß die NVA innerhalb von nur vier Jahren weitgehend das Leistungsniveau der übrigen Armeen der Vereinten Streitkräfte erreicht hatte und problemlos an integrierten Operationen der Ersten Strategischen Staffel des Warschauer Paktes teilnehmen konnte[191]. Im Hinblick auf den nunmehr erreichten Stand der Einsatzbereitschaft der DDR-Streitkräfte formulierte der Chef der Politischen Hauptverwaltung Verner auf der 11. ZK-Tagung im Dezember 1965 daher als Fazit dieses Manövers: „Unter kompliziertesten Bedingungen haben unsere Soldaten, Unteroffiziere und Offiziere großartige und bisher nie dagewesene Leistungen vollbracht."[192]

---

[189] Beitrag zum Referat des Ministers: Auswertung des Ausbildungsjahres 1964/1965, BA-MA, VA-01/5181, Bl. 50.
[190] Ebenda, Bl. 64.
[191] Vgl. Kap. VII.1. dieser Studie.
[192] Stenografisches Protokoll der 11. Tagung des ZK der SED, 15.–17. Dezember 1965, SAPMO-BArch, DY 30/IV 2/1/336, Bl. 165.

VIII. Organisatorische Veränderungen im Verhältnis zwischen SED und NVA 1961–1965

1. Zentrale Institutionen und Instrumente zur Steuerung des Militärs

Der SED war es bereits bis zum Mauerbau gelungen, die organisatorische Ausformung der zentralen Institutionen und Instrumente zur Kontrolle und Steuerung der militärischen Diskussions- und Entscheidungsprozesse weitgehend zu vollenden. In diesem Bereich ihres Interventionssystems sah sich die Partei nach 1961 daher nur noch dazu veranlaßt, einige Modifikationen vorzunehmen, um die vorhandenen Strukturen den veränderten militärpolitischen Zielsetzungen und Rahmenbedingungen anzupassen.

So änderte etwa das Politbüro durch einen Beschluß vom 12. November 1963 die Zusammensetzung des Nationalen Verteidigungsrates. Sowohl der Chef des Hauptstabes der NVA, zu diesem Zeitpunkt Generalleutnant Siegfried Riedel, als auch der Chef der Politischen Hauptverwaltung, Admiral Waldemar Verner, wurden nunmehr voll stimmberechtigte Mitglieder dieses Gremiums[1]. Bis dahin hatten sie nur mit beratender Stimme teilgenommen[2]. Diese Veränderung resultierte vermutlich vor allem aus dem Umstand, daß sich der Nationale Verteidigungsrat nach dem Mauerbau im Gegensatz zur Sicherheitskommission in den fünfziger Jahren vermehrt mit militärischen Fragen der äußeren Sicherheit befaßte[3] und man diese beiden Stellvertreter des Ministers deshalb stärker in die politischen Entscheidungsprozesse einbeziehen wollte.

Ferner gab es im neuen Statut vom 14. Dezember 1963 einen Zusatz hinsichtlich der Arbeitsweise des Nationalen Verteidigungsrates. Ausdrücklich wurde jetzt der Beschlußfassungsmodus bestimmt: Prinzipielle Beschlüsse des Gremiums waren „mit Stimmenmehrheit" zu fassen[4]. So war es zumindest formal möglich, Ulbricht als Vorsitzenden des Nationalen Verteidigungsrates zu überstimmen. Es könnte daher an diesem neuen Passus gelegen haben, daß Ulbricht es als notwendig erachtete, im Hinblick auf den Einsatz der Streitkräfte über die Festlegungen des Statuts hinaus sich selbst als Vorsitzendem beziehungsweise Honecker in seiner Funktion als Sekretär eine privilegierte Entscheidungsbefugnis einzuräumen. Dementsprechend

---

[1] Zusammensetzung des Nationalen Verteidigungsrates der DDR. Protokoll Nr. 40/63 der Sitzung des Politbüros des ZK der SED, 12. November 1963, SAPMO-BArch, DY 30/J IV 2/2/905, Bl. 98.
[2] Vgl. S. 79 ff.
[3] Vgl. Wagner, Der Nationale Verteidigungsrat der DDR, S. 174 ff., 181 ff.
[4] Statut des Nationalen Verteidigungsrates der DDR. Protokoll der 17. Sitzung des Nationalen Verteidigungsrates der DDR, 14. Dezember 1963, BA-MA, DVW 1/39474, Bl. 14.

befahl Ulbricht 1965: „Der Einsatz der Nationalen Volksarmee zur Lösung von Gefechtsaufgaben im Bestand der Vereinten Streitkräfte der Staaten des Warschauer Vertrages sowie der Einsatz zur Lösung anderer Gefechtsaufgaben, wie zum Beispiel Zerschlagung von gegnerischen Gruppierungen[,] die den verdeckten Kampf führen, Übergang zur gefechtsmäßigen Sicherung der Staatsgrenze und ähnliches, bedarf meiner Bestätigung bzw. der des Sekretärs des Nationalen Verteidigungsrates."[5] Grundsätzlich allerdings dürften Mehrheitsbeschlüsse gegen die erklärte Auffassung Ulbrichts, der zugleich auch 1. Sekretär des ZK und Vorsitzender des Staatsrates war[6], unrealistisch gewesen sein, hätten sie doch automatisch Ulbrichts Machtposition innerhalb der Parteispitze in Frage gestellt.

Eine weitere organisatorische Neuerung war die Umwandlung der Politischen Verwaltung des Ministeriums für Nationale Verteidigung in die „Politische Hauptverwaltung der Nationalen Volksarmee" zum 1. Oktober 1961. Parallel dazu wurden die Politabteilungen der Kommandos der Teilstreitkräfte und der Militärbezirke zu Politischen Verwaltungen aufgewertet[7]. In seinem Befehl begründete Hoffmann diese Maßnahme vor allem mit der Absicht einer „weiteren Verbesserung der politischen Führungs- und Erziehungsarbeit"[8]. Insofern fügte sich die Schaffung der Politischen Hauptverwaltung in die allgemeine Zielsetzung der SED nach 1961 ein, die Politorgane vor dem Hintergrund der Konsolidierung der NVA außer zur Kontrolle der militärischen Truppenführung in Zukunft noch stärker zur Mobilisierung und Erziehung der Armeeangehörigen zu verwenden[9]. Im Zusammenhang mit dieser Intention wurden die Aufgaben der Politischen Hauptverwaltung durch die neue „Instruktion für die Parteiorganisationen der SED in der NVA und für die Politorgane der NVA", die das Politbüro am 5. November 1963 bestätigte, noch einmal erweitert. So war das „leitende Organ für die politische Arbeit" jetzt unter anderem auch dafür zuständig, die Lehrpläne für das „gesellschaftswissenschaftliche Studium" an der Militärakademie und den Schulen der NVA zu erstellen sowie die „wissenschaftliche Forschungsarbeit" der Lehrstühle für Gesellschaftswissenschaft zu kontrollieren[10]. Es ist daher nicht verwunderlich, daß die Bildung der Politischen Hauptverwaltung mit einer deutlichen quantitativen Steigerung des Politoffiziersbestandes innerhalb eines Jahres von 2790 Offizieren Anfang 1961 auf 3538 im Januar 1962 einherging[11]. Eine weiterer Grund für diese Umstrukturierungs-

---

[5] Festlegung der Entscheidungsbefugnisse über den Einsatz der NVA. Befehl Nr. 3/65 des Vorsitzenden des Nationalen Verteidigungsrates der DDR, 1965, BA-MA, VA-01/40335, Bl. 167.

[6] Zusammensetzung des Nationalen Verteidigungsrates der DDR. Protokoll Nr. 40/63 der Sitzung des Politbüros des ZK der SED, 12. November 1963, SAPMO-BArch, DY 30/J IV 2/2/905, Bl. 98.

[7] Einführung neuer Bezeichnungen für die Politische Verwaltung des Ministeriums für Nationale Verteidigung und die Politabteilungen der Kommandos der Teile und Militärbezirke. Befehl Nr. 82/61 des Ministers für Nationale Verteidigung, 18. Oktober 1961, BA-MA, VA-01/5906, Bl. 67f.

[8] Ebenda, Bl. 67.

[9] Vgl. Instruktion für die Parteiorganisationen der SED in der NVA und für die Politorgane der NVA. Protokoll Nr. 39/63 der Sitzung des Politbüros des ZK der SED, 5. November 1963, SAPMO-BArch, DY 30/J IV 2/2/904, Bl. 154 ff.

[10] Ebenda, Bl. 160 f.

[11] Stärkenachweisbuch – Gesamtbestand an Offizieren der NVA, Januar 1957–Juni 1967, BA-MA, VA-01/32458, Bl. 20 ff.

maßnahme dürfte gewesen sein, daß die Politorgane der NVA jetzt „im wesentlichen der Struktur der im Warschauer Vertrag vereinten sozialistischen Armeen" angeglichen werden sollten[12].

Im Rahmen der neuen Instruktion von 1963 wurde noch eine weitere organisatorische Veränderung verwirklicht. Die Politische Hauptverwaltung erhielt ein eigenes „Sekretariat", in dem alle grundsätzlichen Fragen der Parteiarbeit „beraten und beschlossen" werden sollten. Diese Beschlüsse wurden im Anschluß durch Direktiven und Anordnungen des Chefs der Politischen Hauptverwaltung implementiert[13]. Da das Sekretariat laut Instruktion zur „Festigung der Kollektivität bei der Beratung" geschaffen wurde[14], drängt sich die Vermutung auf, daß es das Ziel der Parteiführung war, in Zukunft unter anderem anhand dieses Gremiums eine wirksame Kontrolle der Leitung der Politischen Hauptverwaltung sicherzustellen.

Auch im Hinblick auf das Kadernomenklatursystem, mit dessen Hilfe die SED-Führung weiterhin die Besetzung aller militärischen Leitungspositionen steuerte, gab es eine grundsätzliche organisatorische Änderung. So läßt das neue Verzeichnis der Nomenklaturdienststellen aus dem Bereich der Streitkräfte die tendenzielle Absicht erkennen, die obersten Parteigremien in dieser Frage zu entlasten und ihre Entscheidungskompetenz auf die Besetzung der wichtigsten Dienststellungen zu beschränken. Ein Teil der Nomenklaturkader, die bisher in den Nomenklaturen der führenden Parteigremien enthalten waren, wurde daher in die Nomenklaturen des staatlichen Bereichs verlagert, so daß über die Besetzung zentraler Leitungspositionen der NVA nunmehr zunehmend in der Leitung des Ministeriums für Nationale Verteidigung entschieden wurde. Offenbar schätzte die SED ihr Regime nach dem Mauerbau auch in den Streitkräften als so gefestigt ein, daß sie im Zusammenhang mit dem Kadernomenklatursystem eine gewisse funktionale Differenzierung zuließ. Zudem war es der Partei in den Jahren zuvor gelungen, alle militärischen Führungspositionen mit hohen SED-Funktionären zu besetzen, die über ihre jeweiligen Nomenklaturen ohnehin die Besetzung der herausgehobenen Dienststellungen in den nachgeordneten Ebenen und Bereichen kontrollierten.

Gemäß der neuen Nomenklatur, die am 1. Juli 1962 in Kraft trat, entschied das Politbüro jetzt über die Besetzung der Dienststellungen des Ministers für Nationale Verteidigung sowie des Stellvertreters des Ministers und Chefs der Politischen Hauptverwaltung. Letztere war bis dahin in der Nomenklatur des Nationalen Verteidigungsrates geführt worden, erfuhr aber mit der Umbildung des leitenden Parteiorgans in der NVA auch hier eine Aufwertung. Ferner entschied das Politbüro über alle Ernennungen und Beförderungen von Generalen und Admiralen[15]. Die Dienststellungen der übrigen Stellvertreter des Ministers für Nationale Verteidi-

---

12 Prinzipien für die Struktur der Politorgane, Partei- und FDJ-Organe in der NVA für 1962 und vorgesehene Veränderungen der Struktur der Politorgane, des Partei- und FDJ-Aufbaus in der NVA. Protokoll der Sitzung der Leitung des Ministeriums für Nationale Verteidigung, 28. Juli 1961, BA-MA, AZN/28079, Bl. 12.

13 Instruktion für die Parteiorganisationen der SED in der NVA und für die Politorgane der NVA. Protokoll Nr. 39/63 der Sitzung des Politbüros des ZK der SED, 5. November 1963, SAPMO-BArch, DY 30/J IV 2/2/904, Bl. 160.

14 Ebenda, Bl. 153.

15 Verzeichnis der Dienststellungen der Nomenklatur, 12. Juni 1962, BA-MA, VA-01/23771, Bl. 2.

gung, wie des Chefs des Hauptstabes oder des Chefs Rückwärtige Dienste, wurden jetzt in der Nomenklatur des Ministerrates geführt. Der Ministerrat bestätigte formal auch die Entscheidungen über die Ernennungen und Beförderungen von Generalen und Admiralen, die zuvor durch das Politbüro gefällt worden waren. Die Beschlußfassung des Ministerrates über Nomenklaturkader der Streitkräfte erfolgte ohnehin erst nach „vorheriger Zustimmung durch den Nationalen Verteidigungsrat", so daß die SED-Führung letztlich auch hier immer den bestimmenden Einfluß ausübte[16]. In der Nomenklatur des ZK-Sekretariats wurde nunmehr die Dienststellung des Chefs der Verwaltung Kader geführt, was insofern konsequent war, als sich das Sekretariat zu einem großen Teil mit Kaderfragen befaßte[17].

Die Nomenklatur des Nationalen Verteidigungsrates war vor allem um die Stellvertreter des Ministers für Nationale Verteidigung verkleinert worden. Sie enthielt jetzt noch die Dienststellungen des Chefs der Verwaltung Ausbildung und der Chefs Artillerie, Nachrichten, Pionierwesen und Aufklärung. Ferner umfaßte die Nomenklatur die Chefs der Operativen sowie der 12. und 15. Verwaltung, die Stellvertreter des Chefs des Hauptstabes für Organisation und des Chefs der Politischen Hauptverwaltung sowie die Leiter der 14. Abteilung, der Auslandsabteilung und der Hauptabteilung Militärjustiz im Ministerium der Justiz sowie den Militäroberstaatsanwalt. Zudem wurden die Dienststellungen der Militärattachés in der UdSSR, der VR China, der VR Polen und der ČSSR durch den Nationalen Verteidigungsrat besetzt, ebenso wie die der Chefs der Militärbezirke und ihrer Stellvertreter, der Chefs der Volksmarine und der Grenztruppen und ihrer Stellvertreter sowie der Stellvertreter des Chefs der Luftstreitkräfte/Luftverteidigung. Weiterhin enthielt die Nomenklatur alle Divisionskommandeure der Landstreitkräfte und der Luftstreitkräfte/Luftverteidigung sowie die Flottillenchefs der Volksmarine und die Kommandeure der Grenzbrigaden. Sie endete mit der Dienststellung des Kommandeurs der Militärakademie „Friedrich Engels" und seines 1. Stellvertreters[18].

Im Hinblick auf die Nomenklatur der ZK-Abteilung für Sicherheitsfragen gab es 1962 eine Reihe von Änderungen. Sie wurde deutlich von rund 335 Dienststellungen Anfang 1961[19] auf 242 Mitte 1962[20] reduziert[21]. Ein Teil der Dienststellungen,

---

[16] Ebenda.
[17] Ebenda.
[18] Ebenda, Bl. 2 f.
[19] Vgl. S. 88 ff.
[20] Verzeichnis der Dienststellungen der Nomenklatur, 12. Juni 1962, BA-MA, VA-01/23771, Bl. 1.
[21] Die Nomenklatur umfaßte im wesentlichen die Dienststellungen der Chefs der Verwaltungen Organisation und Planung, Werbung und Auffüllung sowie Planung, ebenso gehörte dazu die Dienststellung des Chefs Kraftfahrzeug-Wesen. Zudem beinhaltete sie den Stellvertreter des Chefs des Hauptstabes für allgemeine Fragen und die Stellvertreter des Chefs der Verwaltung Kader sowie den 1. Sekretär der Kreisleitung des Ministeriums für Nationale Verteidigung und den 1. Sekretär der Parteileitung der Militärakademie. Auch die Militärattachés in Ungarn, Rumänien, Bulgarien, Korea und Vietnam, der 1. Stellvertreter des Militäroberstaatsanwalts sowie die Kommandeure der Schulen der Teilstreitkräfte wurden in der Nomenklatur der ZK-Abteilung für Sicherheitsfragen geführt ebenso wie die Stellvertreter der Leiter der Politischen Verwaltungen der Militärbezirke und Teilstreitkräfte. Sie enthielt die Dienststellungen der Chefs Artillerie und Luftabwehr sowie die Leiter der Kaderabteilungen der Kommandos der Militärbezirke und der Chefs der Wehrbezirkskommandos. Außerdem war die ZK-Abteilung für die Besetzung der Dienststellungen der 1. Stellvertre-

die bisher hier verzeichnet waren, überführte man in die Nomenklaturen der Leitung des Ministeriums für Nationale Verteidigung. So gingen etwa die Dienststellungen der Parteisekretäre der Kommandos der Militärbezirke und Teilstreitkräfte sowie der Regimentsparteisekretäre in die „Kontrollnomenklatur"[22] der Leitung des Ministeriums ein[23]. Letztlich überwachte die ZK-Abteilung für Sicherheitsfragen jedoch weiterhin die Besetzung dieser Positionen, wenn sie darüber selbst auch nicht mehr entschied. Denn die Leitung des Ministeriums mußte sich alle ihre Entscheidungen über Nomenklaturkader nach dem Beschluß der Kadervorlage durch die ZK-Abteilung für Sicherheitsfragen bestätigen lassen[24].

2. Der Parteiapparat

Trotz der Tatsache, daß dem Parteiapparat der SED in der NVA in der Phase der Konsolidierung und Professionalisierung der Streitkräfte ab Mitte 1961 im Hinblick auf die militärische Führungstätigkeit eine mehr kontrollierende als steuernde Funktion zukam, führte dies zu keiner Reduzierung seines Umfanges. Der Parteiapparat erfuhr nach dem Mauerbau sogar noch eine quantitative Erweiterung. Neben einer deutlichen Zunahme der Zahl der Politoffiziere[25] erhöhte sich nicht zuletzt auch die Zahl der Parteimitglieder und -kandidaten in der NVA von 37762 Armeeangehörigen 1958 auf 57518 im Jahr 1963[26].

Die SED-Führung vollzog jedoch auch einige organisatorische Modifikationen innerhalb des Parteiapparates[27]. In bezug auf die Parteiorganisationen beschloß das Sekretariat des ZK im März 1962 eine Änderung der noch immer gültigen „Instruktion für die Arbeit der Parteiorganisationen der SED in der NVA" von 1958: Parteigrundorganisationen waren jetzt nicht mehr auf der Ebene der Regimenter, sondern

ter, Politstellvertreter und Stabschefs der Divisionen der Landstreitkräfte sowie der Stellvertreter des Kommandeurs der Luftverteidigungsdivision verantwortlich, ferner für die Besetzung der Dienststellungen der Politstellvertreter und Stabschefs der Flottillen sowie der Chefs der Brigaden der Volksmarine. Schließlich enthielt die Nomenklatur die Funktionen der Politstellvertreter und Stabschefs der Grenzbrigaden der Grenztruppen ebenso wie der Regiments- und Geschwaderkommandeure der NVA. Außerdem hatte die ZK-Abteilung für Sicherheitsfragen weiterhin über alle Beförderungen zum Oberst und alle Delegierungen zu den Militärakademien der UdSSR zu entscheiden. Verzeichnis der Dienststellungen der Nomenklatur, 12. Juni 1962, BA-MA, VA-01/23771, Bl. 16ff.

[22] Kontrollnomenklaturen enthielten Dienststellungen, die aufgrund ihrer nachgeordneten Bedeutung nicht in der eigentlichen Nomenklatur eines Bereiches geführt wurden. Der jeweilige Nomenklaturvorgesetzte konnte sich anhand der Kontrollnomenklaturen jedoch jederzeit einen Eindruck von der personellen Besetzung dieser Dienststellungen verschaffen. Dies war insofern von Bedeutung, als diese Kader in der Regel als potentieller Nachwuchs für die Besetzung von Dienststellungen der Kadernomenklaturen galten. Vgl. Wagner, Das Nomenklatursystem, S. 27.

[23] Verzeichnis der Dienststellungen der Nomenklatur, 12. Juni 1962, BA-MA, VA-01/23771, Bl. 9ff.

[24] Ebenda, Bl. 16.

[25] Vgl. Kap. VIII.1. dieser Studie. Zu einem gewissen Teil war diese Zunahme jedoch auch auf die am 15. September 1961 vollzogene Eingliederung der Grenztruppen in die NVA zurückzuführen.

[26] Wenzke, Die Nationale Volksarmee, S. 438.

[27] Vgl. Herspring, East German Civil-Military Relations, S. 101ff.

bereits auf der der Bataillone und selbständigen Kompanien sowie Einheiten vergleichbarer Größe zu bilden[28]. Auf der Ebene der Züge und Kompanien gliederten sich diese Grundorganisationen in Parteigruppen[29]. Die Parteiorganisationen der Regimenter, die mit einer zivilen Betriebsparteiorganisation vergleichbar waren, setzten sich wiederum aus den Grundorganisationen der Bataillone zusammen[30]. Nach Auffassung der Leitung des Ministeriums für Nationale Verteidigung wurde diese Änderung erforderlich, weil die „bisher bestehenden Parteigrundorganisationen bei den Regimentern und Gleichgestellten es nicht ermöglichten, entsprechend dem Statut der Partei ein Parteileben der Grundorganisationen zu entwickeln"[31]. Vermutlich war es angesichts der steigenden Mitgliederzahlen nötig geworden, die operative Parteiarbeit auf die darunterliegende Ebene zu verlagern[32].

Darüber hinaus gab es im Zusammenhang mit der Umwandlung der Politischen Verwaltung des Ministeriums für Nationale Verteidigung in die Politische Hauptverwaltung der NVA im Oktober 1961 strukturelle Veränderungen auch in den nachgeordneten Politorganen: Zunächst wurden in den Kompanien und Batterien der Bataillone und Abteilungen sowie in den gleichgestellten Einheiten der übrigen Teilstreitkräfte „keine Politstellvertreter mehr eingesetzt"[33]. Nach Ansicht der SED war dies möglich, weil sich das „allgemeine Niveau" – sowohl die politische Zuverlässigkeit als auch die Führungsqualitäten – der Offiziere verbessert hatte. Damit glaubte man, gleichzeitig auch die Verwirklichung der „Einheit von politischer und militärischer Führung" weiter voranzutreiben[34]. Selbständige Kompanien und Batterien behielten jedoch ihre Politstellvertreter, da diese Einheiten nicht Teile eines Bataillons waren und anderenfalls keiner unmittelbaren Kontrolle durch ein Politorgan unterstanden hätten[35].

Parallel zu ihren erweiterten Aufgaben, die detailliert Eingang in die neue „Instruktion für die Parteiorganisationen der SED in der NVA und für die Politorgane der NVA" von 1963 fanden[36], erfolgte von der Bataillonsebene an aufwärts auch

---

[28] Änderung der bestätigten „Instruktion für die Arbeit der Parteiorganisationen der SED in der NVA". Protokoll Nr. 14/62 der Sitzung des Sekretariats des ZK der SED, 21. März 1962, SAPMO-BArch, DY 30/J IV 2/3/797, Bl. 5, 11.

[29] Beratung und Beschlußfassung von Strukturfragen der Politorgane sowie des Partei- und FDJ-Aufbaus in der NVA. Protokoll Nr. 9/61 der Sitzung der Leitung der Politischen Verwaltung, 22. Juni 1961, BA-MA, VA-P-01/027, Bl. 167.

[30] Prinzipien für die Struktur der Politorgane, Partei- und FDJ-Organe in der NVA für 1962 und vorgesehene Veränderungen der Struktur der Politorgane, des Partei- und FDJ-Aufbaus in der NVA. Protokoll der Sitzung der Leitung des Ministeriums für Nationale Verteidigung, 28. Juli 1961, BA-MA, AZN/28079, Bl. 16.

[31] Ebenda, Bl. 15.

[32] Tatsächlich handelte es sich bei dieser Änderung um keine wirkliche Neuerung. Vielmehr führte man Organisationsstrukturen wieder ein, die schon einmal im Rahmen der Instruktion von 1957 existiert hatten. Vgl. S. 99 ff.

[33] Veränderungen in den Politorganen der NVA. Verner an Borning, 14. Oktober 1961, SAPMO-BArch, DY 30/IV 2/12/9, Bl. 203.

[34] Prinzipien für die Struktur der Politorgane, Partei- und FDJ-Organe in der NVA für 1962 und vorgesehene Veränderungen der Struktur der Politorgane, des Partei- und FDJ-Aufbaus in der NVA. Protokoll der Sitzung der Leitung des Ministeriums für Nationale Verteidigung, 28. Juli 1961, BA-MA, AZN/28079, Bl. 11.

[35] Veränderungen in den Politorganen der NVA. Verner an Borning, 14. Oktober 1961, SAPMO-BArch, DY 30/IV 2/12/9, Bl. 203.

[36] Instruktion für die Parteiorganisationen der SED in der NVA und für die Politorgane der

eine organisatorische Spezifizierung der Politorgane. So wurde den Politoffizieren der Bataillone, der Abteilungen der Regimenter und der selbständigen Bataillone der Divisionen ein Offizier für Agitation und Propaganda unterstellt. In den selbständigen Bataillonen der Militärbezirke und Teilstreitkräfte erhielt das Politorgan zur Verstärkung einen Offizier für Organisationsfragen und politische Massenarbeit[37]. Ferner bekam der Politapparat auf Regimentsebene die Bezeichnung „Politgruppe". Die Politabteilungen der Divisionen untergliederten sich neuerdings in Unterabteilungen für Organisation und Instruktion sowie für Agitation und Propaganda. Die Politabteilungen der Militärbezirke und Teilstreitkräfte ihrerseits wurden in Politische Verwaltungen umbenannt. Sie waren ebenfalls in Abteilungen für Organisation und Instruktion sowie für Agitation und Propaganda unterteilt. Diese Struktur gab es auch auf der Ebene der Politischen Hauptverwaltung, wobei es sich hier um eigene Verwaltungen handelte[38].

Darüber hinaus war bereits im April 1961 nach Zustimmung des Sekretariats des ZK eine Kreisleitung der SED im Ministerium für Nationale Verteidigung gebildet worden[39]. Während diese in erster Linie die politische Arbeit in den Abteilungen und Verwaltungen des Ministeriums organisierte, übernahm die Politabteilung des Ministeriums die parteipolitischen Aufgaben in den Truppenteilen und Einrichtungen, die dem Ministerium direkt unterstellt waren[40]. Eine weitere SED-Kreisleitung wurde 1963 auch in der Militärakademie „Friedrich Engels" geschaffen[41].

Die entscheidende Modifikation, die die SED-Führung in der Phase zwischen 1961 und 1965 im Parteiapparat vornahm, betraf jedoch die Politstellvertreter und Parteisekretäre in den Einheiten. Dabei ging es zum einen um deren Verhältnis zueinander und zum anderen um die Kompetenzen, die sie besaßen, um Einfluß auf die spezifisch militärischen Diskussions- und Entscheidungsprozesse zu nehmen. Diesbezüglich galten nach dem 13. August 1961 formal zunächst auch weiterhin die Vorschriften, die bereits 1958/1959 fixiert worden waren. Demzufolge verfügten die Parteisekretäre in der Truppe über den größten Einfluß[42].

NVA. Protokoll Nr. 39/63 der Sitzung des Politbüros des ZK der SED, 5. November 1963, SAPMO-BArch, DY 30/J IV 2/2/904, Bl. 154 ff.

[37] Veränderungen in den Politorganen der NVA. Verner an Borning, 14. Oktober 1961, SAPMO-BArch, DY 30/IV 2/12/9, Bl. 204.

[38] Prinzipien für die Struktur der Politorgane, Partei- und FDJ-Organe in der NVA für 1962 und vorgesehene Veränderungen der Struktur der Politorgane, des Partei- und FDJ-Aufbaus in der NVA. Protokoll der Sitzung der Leitung des Ministeriums für Nationale Verteidigung, 28. Juli 1961, BA-MA, AZN/28079, Bl. 12.

[39] Bildung einer Kreisleitung im Bereich des Ministeriums für Nationale Verteidigung. Protokoll Nr. 17/61 der Sitzung des Sekretariats des ZK der SED, 19. April 1961, SAPMO-BArch, DY 30/J IV 2/3/734, Bl. 2.

[40] Prinzipien für die Struktur der Politorgane, Partei- und FDJ-Organe in der NVA für 1962 und vorgesehene Veränderungen der Struktur der Politorgane, des Partei- und FDJ-Aufbaus in der NVA. Protokoll der Sitzung der Leitung des Ministeriums für Nationale Verteidigung, 28. Juli 1961, BA-MA, AZN/28079, Bl. 16.

[41] Instruktion für die Parteiorganisationen der SED in der NVA und für die Politorgane der NVA. Protokoll Nr. 39/63 der Sitzung des Politbüros des ZK der SED, 5. November 1963, SAPMO-BArch, DY 30/J IV 2/2/904, Bl. 153.

[42] Vgl. S. 99 ff.

Im Zusammenhang mit der Abkehr von der chinesischen Militärkonzeption 1960/1961[43] und der zunehmenden Professionalisierung der NVA[44] scheint es dann entgegen den noch gültigen Bestimmungen in der Praxis zu einer zunehmenden Aufgabe dieses Organisationsschemas gekommen zu sein. Ende 1962 hieß es dementsprechend: „In den Fragen der Kaderauslese, Förderung und Entwicklung der bewaffneten Organe wurde doch den Parteiorganisationen durch den Beschluß des Politbüros vom 14. 01. 1958 größter Einfluß eingeräumt. Tatsache ist aber, daß eine Vielzahl von Einheiten, Truppenteilen und Dienststellen mit diesem Dokument in den letzten zwei Jahren wenig bzw. überhaupt nicht mehr gearbeitet haben."[45] Die schleichende Revision der exponierten Rolle der Parteisekretäre seit 1961 wurde schließlich im Rahmen der neuen Instruktion vom 5. November 1963 von der SED auch formal vollzogen.

Ein entscheidender Grund für diese Entwicklung war zum einen, daß sich die Einflußnahme auf die militärischen Entscheidungsprozesse durch die Parteisekretäre vor dem Hintergrund der von der SED-Führung angestrebten substantiellen Verbesserung der Leistungsfähigkeit der NVA im Zuge ihrer Integration in die Erste Strategische Staffel zunehmend als ineffizient herausstellte. Die Kritik an der Führungstätigkeit der Kommandeure und Offiziere in den Parteiorganisationen mochte Ende der fünfziger Jahre dazu geeignet gewesen sein, den Widerstand des Offizierskorps gegen die Verwirklichung der „führenden Rolle" der SED in der Armee zu brechen, einer Steigerung der Einsatzbereitschaft stand sie jedoch nachhaltig im Wege. Da diese Praxis nicht zuletzt die Autorität der Vorgesetzten untergrub und die militärische Entscheidungsfindung empfindlich störte, wurde nicht parteikonformes Verhalten leitender Offiziere nach dem Mauerbau auf Parteiversammlungen etwa durch Parteistrafen oder die Anwendung des Prinzips der Kritik und Selbstkritik immer seltener sanktioniert[46].

Insofern wurde beinahe zwangsläufig die Stellung der Politstellvertreter wieder gestärkt. Da sie den Stäben ihrer Einheiten regulär angehörten, konnten sie dort in bezug auf die militärischen Diskussions- und Entscheidungsprozesse jederzeit die Position der Partei vertreten. Auf diese Weise ließ sich die politische Kontrolle reibungsloser und damit effizienter ausüben. Dabei dürfte es sich als hilfreich erwiesen haben, daß die Politstellvertreter mittlerweile über eine immer bessere militärische Qualifikation verfügten, was im Hinblick auf die immer komplexeren Gefechtsaufgaben, die die NVA zu erfüllen hatte, von entscheidender Bedeutung war. Diese Veränderungen scheinen nicht zuletzt von leitenden Vertretern der Politorgane selbst gefordert und vorangetrieben worden zu sein. Diese suchten nach dem 13. August 1961 offenbar umgehend, den Ende der fünfziger Jahre erfolgten Machtverlust zu kompensieren[47]. Hierauf deutet beispielsweise die Äußerung eines Mitarbeiters der Verwaltung für Agitation und Propaganda der Politischen Hauptverwal-

---

[43] Vgl. Kap. V.3. dieser Studie.
[44] Vgl. Kap. VII.3. dieser Studie.
[45] Die Ergebnisse im Ausbildungsjahr 1962, SAPMO-BArch, DY 30/IV 2/12/38, Bl. 219.
[46] Vgl. Kap. VII.3. dieser Studie.
[47] Diese Absicht läßt der erste Entwurf für die Überarbeitung der „Instruktion für die Arbeit der Parteiorganisationen der SED in der NVA" und der „Bestimmungen für die Arbeit der Politorgane der NVA" erkennen, den die Politische Hauptverwaltung Ende 1961 erarbeitet hatte. Information, 17. November 1961, SAPMO-BArch, DY 30/IV 2/12/15, Bl. 143 ff.

tung hin, der Ende des Jahres sagte: „Ich denke, die Parteisekretäre sollen jetzt eine untergeordnete Rolle spielen."[48]

Der SED kam dabei zugute, daß sich das Verhältnis zwischen der Partei und dem Offizierskorps als Folge des Mauerbaus zunehmend normalisierte und sich die Mehrheit der Offiziere mit der umfassenden Präsenz der SED in den Streitkräften arrangierte.

Als das ZK der KPdSU am 17. Januar 1963 die neue „Instruktion für die Parteiorganisation der KPdSU in der Sowjetarmee und Seekriegsflotte" und die neuen „Bestimmungen über die Politorgane der Sowjetflotte und Seekriegsflotte" bestätigte[49], wurde deutlich sichtbar, daß die Stellung der Politstellvertreter in der NVA im Vergleich zu den sowjetischen Streitkräften grundsätzlich unterschiedlich geregelt war. Offenbar hielt es die SED-Führung nunmehr für geboten, eine formale Angleichung zu vollziehen. Bei der Auswertung der neuen sowjetischen Vorschriften arbeitete die ZK-Abteilung für Sicherheitsfragen die Abweichungen klar heraus. So hieß es, die Politstellvertreter beziehungsweise die Politorgane in der NVA hätten gemäß der noch gültigen Instruktion von 1958 die Arbeit der Parteiorganisationen allein anzuleiten und die Tätigkeit der Parteileitungen und Parteiaktive zu „unterstützen". Im Gegensatz dazu würden die Politstellvertreter in den sowjetischen Streitkräften für die Parteiarbeit, die sie zusammen mit den Parteileitungen und den Parteisekretären organisierten, jedoch die „unmittelbare Verantwortung" tragen[50]. Bei der Überarbeitung der Instruktion und der Bestimmungen von 1958 wurden diese prinzipiellen Unterschiede daher beseitigt. Indem die Parteisekretäre ihre herausgehobene Stellung verloren, wurden zugleich auch die letzten Überreste der chinesischen Militärkonzeption in der NVA getilgt. Deren Ursprung dürfte zu diesem Zeitpunkt jedoch außer den politisch und militärisch Verantwortlichen den meisten Armeeangehörigen nicht zuletzt wegen der Tabuisierung dieses Themas kaum mehr bekannt gewesen sein.

Durch die neue „Instruktion für die Parteiorganisationen der SED in der NVA und für die Politorgane der NVA" von 1963 wurde der Funktionswechsel der Politstellvertreter und Parteisekretäre formal implementiert: Neben der Zuständigkeit für politische Fragen hatten die Politstellvertreter jetzt ausdrücklich auch die Aufgabe, „sachkundig auf die Erfüllung aller Aufgaben der Gefechtsausbildung Einfluß zu nehmen" und „rechtzeitig Maßnahmen zur Beseitigung von Mängeln zu ergreifen, die die Erhöhung der Gefechtsbereitschaft" behinderten. Zudem sollten sie die „Wirksamkeit" der Ausbildung regelmäßig „analysieren"[51]. Die neue Instruktion ermächtigte die Politstellvertreter dazu, diese Aufgaben unmittelbar im Rahmen der militärischen Truppenführung zu erfüllen: zum einen, weil die Vorschrift einmal mehr die „Einzelleitung auf parteilicher Grundlage" postulierte, was bedeutete, daß

---

[48] Ebenda, Bl. 141.
[49] Information über die Berücksichtigung der Parteiinstruktion und der Bestimmungen über die Politorgane der Sowjetarmee bei der Überarbeitung der Instruktion für die Parteiorganisationen und Politorgane in der NVA, 5. Dezember 1963, SAPMO-BArch, DY 30/IV A2/12/34, o. Pag.
[50] Ebenda.
[51] Instruktion für die Parteiorganisationen der SED in der NVA und für die Politorgane der NVA. Protokoll Nr. 39/63 der Sitzung des Politbüros des ZK der SED, 5. November 1963, SAPMO-BArch, DY 30/J IV 2/2/904, Bl. 154 ff.

das Prinzip der kollektiven Beratung aller Entscheidungen auch weiterhin galt[52]. Die Politstellvertreter waren auf diese Weise immer an den Entscheidungen ihrer Kommandeure beteiligt.

Zum anderen verfügten sie innerhalb der militärischen Leitungen über eine große Eigenständigkeit, die es ihnen ermöglichte, eine wirkungsvolle Kontrolle der militärischen Truppenführung auszuüben. Denn sie waren den Kommandeuren allein als „Stellvertreter für politische Arbeit" unterstellt[53]. „Als leitende Parteifunktionäre" unterstanden die Politstellvertreter aber ausschließlich dem „Leiter des nächsthöheren Politorgans"[54]. Dadurch konnten sie unabhängig vom militärischen Dienstweg der in der Instruktion enthaltenen Verpflichtung nachkommen, „ernsthafte Unstimmigkeiten in der Befehlsgebung", die mit den Kommandeuren nicht zu „klären" waren, oder Verletzungen von Parteibeschlüssen und Gesetzen, „sofort" dem übergeordneten Parteiorgan, wenn nötig sogar dem ZK selbst zu melden[55]. Diesbezüglich diente es offenkundig der Wahrung der militärischen Effizienz, daß diese Bestimmung eine Einbeziehung der Parteileitungen und Parteisekretäre in derartigen Situationen explizit nicht mehr vorsah. Im übrigen war die dienstrechtliche Stellung der Politstellvertreter besonders gegenüber den Kommandeuren bereits dadurch gestärkt worden, daß der Politstellvertreter in Abänderung der Innendienstvorschrift von 1959 nun wieder „direkter Vorgesetzter aller Angehörigen" seiner Einheit war[56].

Die Parteisekretäre und Parteiorganisationen verfügten jetzt über keinen entscheidenden Einfluß auf die spezifisch militärischen Entscheidungsprozesse mehr. Die Instruktion gab den Parteisekretären der Einheiten zwar noch das „Recht, an den Beratungen der Kommandeure mit ihren Stellvertretern und an der Attestierung der Offiziere teilzunehmen"[57], eine dezidierte Verpflichtung der Kommandeure, die Parteisekretäre vor allen wichtigen militärischen Entscheidungen zu hören, bestand aber nicht mehr. Im Hinblick auf Status und Kompetenzen rangierten die Parteisekretäre jetzt immer hinter den Politstellvertretern. So hatten letztere beispielsweise auf die Kaderarbeit maßgeblichen Einfluß zu nehmen, jedoch nur „unter Berücksichtigung der Vorschläge der Parteiorganisationen"[58].

Ein Parteisekretär war jetzt in erster Linie für die Leitung der laufenden Arbeit der Parteiorganisation zuständig. Sogar den Entwurf des Arbeitsplanes der jeweiligen Parteileitung erstellte er nicht mehr selbständig, sondern „in Zusammenarbeit mit dem Stellvertreter des Kommandeurs für politische Arbeit"[59]. Dieser hatte die Parteiorganisationen anzuleiten und ihre Arbeit zu organisieren[60]. Die Forderung der Instruktion, dies solle „unter Wahrung der Leninschen Normen des Partei-

[52] Ebenda, Bl. 155.
[53] Ebenda, Bl. 153.
[54] Ebenda.
[55] Ebenda, Bl. 159.
[56] Innendienstvorschrift DV-10/3, 1963, S. 44.
[57] Instruktion für die Parteiorganisationen der SED in der NVA und für die Politorgane der NVA. Protokoll Nr. 39/63 der Sitzung des Politbüros des ZK der SED, 5. November 1963, SAPMO-BArch, DY 30/J IV 2/2/904, Bl. 171.
[58] Ebenda, Bl. 157.
[59] Ebenda, Bl. 171.
[60] Ebenda, Bl. 154, 167.

lebens" geschehen[61], stellte letztlich aber einen indirekten Hinweis darauf dar, wie weitreichend der Einfluß der Politstellvertreter auch in den Parteiorganisationen tatsächlich war.

Die Parteiorganisationen, insbesondere die Grundorganisationen der SED in der NVA hatten nun vor allem die Aufgabe, alle Parteimitglieder, aber auch die übrigen Armeeangehörigen ständig zu mobilisieren, etwa „für die weitere Erhöhung der Gefechtsbereitschaft", die „ununterbrochene Vervollkommnung des eigenen militärischen Könnens" oder die „Festigung der militärischen Disziplin und Ordnung". Ferner galt es, eine breit angelegte Erziehungsfunktion wahrzunehmen, um beispielsweise „hohe politische Wachsamkeit und sozialistische Soldatentugenden, wie Gehorsam, Willensstärke, Mut, Tapferkeit, Entschlossenheit, Kühnheit" zu vermitteln[62].

Besonders zeigte sich der Statusverlust der Parteisekretäre im Zusammenhang mit den real verbliebenen Möglichkeiten der Parteiorganisationen, das Verhalten verantwortlicher Offiziere der jeweiligen Einheit zu sanktionieren. Zwar legte die Instruktion erneut fest, daß es die Pflicht der Parteiorganisationen war, „unterschiedslos für alle Mitglieder und Kandidaten, ohne Ansehen der Person, des Dienstgrades und der Dienststellung eine einheitliche Parteidisziplin durchzusetzen". Auch Offiziere waren dementsprechend zu einer „selbstkritischen Einschätzung ihrer Arbeit" zu erziehen; denn es galt „Kritik zu entwickeln" und „Mängel in der Arbeit und im Verhalten jedes Mitgliedes aufzudecken", was die militärische Truppenführung grundsätzlich mit einschloß[63]. Andererseits enthielt die Instruktion jedoch eine entscheidende Einschränkung: Die Durchführung von Parteiverfahren sollte nur dann in der Grundorganisation erfolgen, wenn die Behandlung des Vergehens nicht die „militärische Disziplin oder militärische Geheimhaltung" gefährden konnte. In einem solchen Fall war das Parteiverfahren durch eine Parteikontrollkommission durchzuführen, wobei diese Entscheidung vom Leiter des zuständigen Politorgans getroffen wurde[64]. So verständlich diese Einschränkung angesichts eines zu erwartenden Autoritätsverlustes der Vorgesetzten bei ihren Untergebenen war, sie stellte letztlich die Ursache dafür dar, daß Parteiverfahren gegen Offiziere außer aus erzieherischen Gründen in Parteiversammlungen in der Regel kaum mehr stattfanden.

In der Truppe führte die gestärkte Stellung der Politstellvertreter und Politorgane offenbar zu gewissen Irritationen. Zumindest sah es der Chef der Politischen Hauptverwaltung Verner im Januar 1964 – bereits zwei Monate nach dem Inkrafttreten der Instruktion – als notwendig an, die Neuerungen zu erläutern, um etwaigen Mißverständnissen vorzubeugen. Er konstatierte, es stehe „keineswegs im Widerspruch" zu der Forderung nach einer breiten „Entfaltung der innerparteilichen Demokratie", wenn die Instruktion festlege, daß die Politstellvertreter die Parteiorganisationen „anzuleiten" hätten[65]. Anscheinend hatten die erweiterten Kompeten-

---

[61] Ebenda, Bl. 157.
[62] Ebenda, Bl. 173.
[63] Ebenda, Bl. 174f.
[64] Ebenda, Bl. 177.
[65] Protokoll Nr. 17/64 der Sitzung der Kreisleitung der SED im Ministerium für Nationale Verteidigung, 3. Januar 1964, BA-MA, VA-P-01/501, Bl. 218.

zen der Politstellvertreter jedoch gerade diesen Eindruck erweckt, zumal sie mit
einer sichtbaren Entmachtung der Parteisekretäre einhergingen.

Nach Ansicht Verners bestand die Bedeutung der Instruktion jedoch vor allem
darin, daß sie die bisher „nicht klar" bestimmten „Pflichten und Rechte" der Politstellvertreter definierte[66]. Offenbar wollte er zugleich einer möglichen Einschätzung entgegentreten, die Politstellvertreter könnten sich jetzt in einer Art Vorgesetztenverhältnis gegenüber dem Parteikollektiv befinden. Er betonte dagegen, die
Instruktion bestimme eindeutig, daß die Anleitung der Parteiorganisationen durch
die Politstellvertreter den „Charakter der Tätigkeit eines Instrukteurs des höheren
leitenden Politorgans" trage und „unter voller Wahrung der … Normen des innerparteilichen Lebens" erfolge[67]. Diese zunächst nur intern gemachten Ausführungen
wurden anschließend überarbeitet und in einem Grundsatzartikel in der Zeitschrift
„Militärwesen" veröffentlicht[68], was darauf hindeutet, daß die SED-Führung wegen der gestärkten Stellung der Politoffiziere durchaus negative Folgen für die innere Stabilität des Parteiapparates in der NVA befürchtete.

3. Der Staatsapparat

Auch auf der Ebene der staatlichen Institutionen und Instrumente zur Kontrolle
des Militärs gab es nach 1961 eine Reihe von Veränderungen. Bevor die SED jedoch
1962 umfassende Neuerungen vor allem auf dem Gebiet des Militärstrafrechts und
der Militärjustiz einleitete, kam es nach dem Mauerbau, in dessen Folge unter anderem ein spürbarer Anstieg von Befehlsverweigerungen zu verzeichnen war, zunächst zu einer zeitweiligen Verschärfung der Strafrechtspraxis in der NVA. Diese
beendete abrupt die Liberalisierungstendenzen, die sich nach dem Inkrafttreten des
Rechtspflegeerlasses vom 30. Januar 1961 in der gesamten DDR-Strafjustiz zunehmend durchgesetzt hatten[69]. Offenbar kam dieser Kurswechsel der SED-Führung
sowohl für die Militärstaatsanwaltschaft als auch für die zivilen Strafgerichte, die zu
dieser Zeit noch für Militärstraftaten zuständig waren, äußerst unvermittelt. So
konstatierte die Hauptabteilung II des Ministeriums der Justiz im September 1961:
„Die Urteile aus der Zeit nach dem 13. 8. 1961 zeigen, daß die Gerichte die Gesellschaftsgefährlichkeit der Straftaten gegen die militärische Disziplin noch nicht immer richtig einschätzen und deshalb zum Ausspruch falscher[,] im wesentlichen zu
niedriger Strafen kommen. In einer ganzen Reihe von Entscheidungen kommt die
in Deutschland gegenwärtig verschärfte Klassenkampfsituation nicht richtig zum
Ausdruck."[70]

Angesichts der erkennbaren Stabilisierung der DDR nach dem Mauerbau kam es
jedoch bereits Anfang 1962 erneut zu einer Entspannung in der Strafpolitik. Diese
erfolgte zeitgleich mit der Modifikation der in den Streitkräften gültigen strafrecht-

---

[66] Ebenda.
[67] Ebenda.
[68] Verner, Für die weitere Stärkung der führenden Rolle der Partei, S. 168.
[69] Vgl. Werkentin, Politische Strafjustiz in der Ära Ulbricht, S. 268 ff.
[70] Vorläufige Einschätzung der Rechtsprechung nach dem 13. August 1961 in Militärsachen,
      12. September 1961, SAPMO-BArch, DY 30/IV 2/12/47, Bl. 240.

lichen Bestimmungen. Es war die Absicht der SED, die gültigen rechtlichen Normen der veränderten militärpolitischen Situation anzupassen und auf diese Weise auch eine Normalisierung der zivil-militärischen Beziehungen zu bewirken. Zu diesem Zweck wurde als „Zweites Gesetz zur Ergänzung des Strafgesetzbuches" ein eigenständiges „Militärstrafgesetz" (MStG) erlassen, das den dritten Teil des Strafrechtsergänzungsgesetzes von 1957 ablöste und am 24. Januar 1962 in Kraft trat[71].

Durch das neue Militärstrafgesetz sollte eine Erweiterung der im Strafrechtsergänzungsgesetz nur ungenügend spezifizierten Straftatbestände verwirklicht werden. Schon 1959 hatte das Justizministerium auf diesen Mangel hingewiesen und geäußert: „Die Erfahrung in der Arbeit mit den Strafrechtsnormen über Verbrechen und Vergehen gegen die militärische Disziplin hat gezeigt, daß die §§ 32 ff. StEG nicht in jeder Beziehung klar und zweckentsprechend formuliert sind und Lücken enthalten, so daß dadurch in der Praxis zum Teil erhebliche Schwierigkeiten entstanden, die nur mit einer Neufassung beseitigt werden können."[72]

Neben einer Differenzierung strebte die SED anscheinend auch die Abkehr von der generalklauselartigen Formulierung der Straftatbestände an. Vor dem Hintergrund der Umwandlung der NVA von einer Freiwilligen- in eine Wehrpflichtarmee erwartete man von der weiteren Anwendung der Normen des Strafrechtsergänzungsgesetzes vermutlich eine für die innere Ordnung der Streitkräfte destabilisierende Wirkung. Bis zu diesem Zeitpunkt hatten der SED die Straftatbestände des Strafrechtsergänzungsgesetzes nicht zuletzt als ein Instrumentarium gedient, dem Widerstand des Offizierskorps gegen die politische Durchdringung der NVA wirksam begegnen zu können. Bei der Begründung des Militärstrafgesetzes vor der Volkskammer konstatierte die Justizministerin Hilde Benjamin dementsprechend, das Gesetz resultiere „unmittelbar aus der Einführung der Wehrpflicht". Im Hinblick auf das Strafrechtsergänzungsgesetz sagte sie: „Diese erste Regelung der Verbrechen gegen die militärische Disziplin im sozialistischen Strafrecht war kurz; sie umfaßte sieben Paragraphen und entsprach den damaligen Bedürfnissen." Dies sei jetzt jedoch nicht mehr genügend[73].

Das Militärstrafgesetz enthielt insgesamt 30 Bestimmungen: Neben den bereits im Strafrechtsergänzungsgesetz aufgeführten Tatbeständen „Fahnenflucht" (§ 4) und „Unerlaubte Entfernung" (§ 6) war jetzt auch das „Nichtanzeigen der Fahnenflucht" (§ 5) strafbewehrt. Als neue Delikte wurden „Dienstentziehung und Dienstverweigerung" (§ 7) sowie „Feigheit vor dem Feind" (§ 8) in das Militärstrafgesetz aufgenommen. Die Straftatbestände „Befehlsverweigerung" (§ 9) und „Nichtdurchführung eines Befehls" (§ 10), die im Strafrechtsergänzungsgesetz noch in einem Paragraphen zusammengefaßt waren, zerfielen in zwei gesonderte Ungehorsamstatbestände. Das Delikt „Angriff auf Vorgesetzte, Wachen oder Streifen" (§ 11) stellte eine Erweiterung der bisherigen Regelung um die letzten beiden Personenkreise dar. Straftaten gegen die militärische Disziplin und Ordnung waren zudem

---

[71] Vgl. Buth, Die Entwicklung des militärischen Befehlsrechts, S. 151.
[72] Begründung der vorgeschlagenen Strafrechtsnormen über Verbrechen und Vergehen gegen die Kampfkraft der Organe der Landesverteidigung der DDR, 25. April 1959, SAPMO-BArch, DY 30/IV 2/12/47, Bl. 21.
[73] Benjamin, Neue Bestimmungen zum Schutz der Kampfkraft, S. 109.

„Beleidigung Vorgesetzter oder Unterstellter" (§ 12) sowie „Mißbrauch der Dienstbefugnisse und Verletzung der Dienstpflichten" (§ 13), wobei Paragraph 13 gegenüber dem Strafrechtsergänzungsgesetz inhaltlich um den zweiten Tatbestand ergänzt worden war. Darüber hinaus enthielt das Militärstrafgesetz als Straftatbestände „Verletzung des Beschwerderechts" (§ 14), „Verletzung militärischer Geheimnisse" (§ 15), „Verletzung der Vorschriften über den Wachdienst" (§ 16), „Verletzung der Vorschriften des funktechnischen und Bereitschaftsdienstes" (§ 17),
„Verletzung der Vorschriften über den Grenzdienst" (§ 18), „Verletzung der Vorschriften über den Flugbetrieb" (§ 19), „Beeinträchtigung der Einsatzbereitschaft
der Kampftechnik und militärischen Ausrüstung" (§ 20) sowie „Verletzung der
Meldepflicht" (§ 21)[74].

Nach Aussage des Militärjuristen und späteren Präsidenten des Obersten Gerich-
tes der DDR, Günter Sarge, hatte das Militärstrafgesetzbuch zwei Hauptfunktio-
nen: zum einen die „Abwehr und rücksichtslose Bekämpfung der sich in schwer-
wiegenden Militärstraftaten widerspiegelnden Angriffe des Gegners auf die Kampfkraft der Armee und Bekämpfung schwerer Verstöße einzelner rückständiger Ar-
meeangehöriger auf die militärische Disziplin und Ordnung" und zum anderen die
„Beseitigung bürgerlicher Denk- und Lebensgewohnheiten bei zurückgebliebenen
Armeeangehörigen, wie Disziplinlosigkeit, Ungehorsam und andere negative Verhaltensweisen" sowie „die Erziehung zum sozialistischen Bewußtsein"[75].

Die stärkere Betonung des Erziehungsgedankens und die Differenzierung der
Straftatbestände im Militärstrafgesetz fügten sich nahtlos in die von der SED
1962/1963 postulierte rechtspolitische Linie ein. Im Zuge der Konsolidierung des
Regimes sollte jetzt anstelle der Repressiv- die Erziehungsfunktion der Rechtsprechung in den Vordergrund treten[76]. In der Phase des „umfassenden Aufbaus des Sozialismus" nach „Überwindung des Klassenantagonismus" in der DDR war es nach
Auffassung der Partei aufgrund der „zunehmenden bewußten Einhaltung des sozialistischen Rechts" durch die Bevölkerung nunmehr möglich, die „Einheit von Recht
und Erziehung" zu vertiefen. Die Funktion des Rechts sollte jetzt hauptsächlich auf
die Veränderung der gesellschaftlichen Beziehungen und der Menschen selbst zielen. Juristischer Zwang wurde daher lediglich als Hilfsmittel und als Hebel zur Her-
beiführung des bewußten Handelns begriffen[77]. Trotz dieser Linie lag die Strafandrohung des Militärstrafgesetzes zumeist jedoch über der des Strafrechtsergänzungsgesetzes[78]. Da nur dessen drittes Kapitel aufgehoben wurde, galt zudem auch
weiterhin der materielle Verbrechensbegriff[79].

---

[74] Weiterhin wurden vier Delikte in das Gesetz aufgenommen, die ausschließlich im Fall eines
Kampfeinsatzes der NVA Bedeutung hatten. Diese waren die „Schändung Gefallener und
Mißbrauch der Lage Verwundeter" (§ 22), die „Gewaltanwendung und Plünderung im
Kampfgebiet" (§ 23) sowie die „Verletzung der Rechte der Kriegsgefangenen" (§ 24) und die
„Verletzung der Zeichen des Roten Kreuzes" (§ 25). Zweites Gesetz zur Ergänzung des
Strafgesetzbuches. – Militärstrafgesetz –. Vom 24. Januar 1962, GBl. I 1962, S. 25 ff.
[75] Sarge, Das Militärstrafgesetz vom Januar 1962, S. 526.
[76] Vgl. Böckenförde, Die Rechtsauffassung im kommunistischen Staat, S. 78 ff.; Schuller, Ge-
schichte und Struktur des politischen Strafrechts der DDR, S. 400 ff.; Werkentin, Politische
Strafjustiz in der Ära Ulbricht, S. 268 ff.
[77] Thesen zum Wesen und zur Entwicklung des sozialistischen Rechts, S. 1841 ff.
[78] So konnten gemäß § 26 Militärstrafgesetz Militärstraftaten der Paragraphen 4 Absatz 3, 7
Absatz 3, 8 Absatz 1 und 2, 9 Absatz 3, 11 Absatz 2 und 4, 16 Absatz 2 b, 17 Absatz 2 b, 22

Die Hervorhebung der Erziehungsfunktion des Rechts im Anschluß an den Mauerbau fand ihren sichtbaren Ausdruck im Erlaß des Staatsrates über die grundsätzlichen Aufgaben und die Arbeitsweise der Organe der Rechtspflege vom 4. April 1963[80], auf dessen Grundlage die SED die weitere Umorientierung des Strafensystems betrieb. Mit Ausnahme von Staatsverbrechen sollten Freiheitsstrafen an Bedeutung verlieren und statt dessen Erziehung und Wiedereingliederung der Täter im Vordergrund stehen. Nicht die Bekämpfung, sondern die Aufdeckung und Untersuchung der gesellschaftlichen Ursachen von Kriminalität hatte jetzt im Mittelpunkt der Gerichtsverfahren zu stehen, weshalb die Mitwirkung gesellschaftlicher Organe und Kräfte an diesen verstärkt werden sollte[81]. Der Rechtspflegeerlaß forderte dementsprechend die „Erweiterung der unmittelbaren Teilnahme der Werktätigen an der Rechtsprechung und der Erziehung Gestrauchelter sowie die verstärkte kollektive Selbsterziehung der Bürger durch gesellschaftliche Organe der Rechtspflege"[82].

Dieser neue Ansatz wurde auch auf dem Gebiet der Militärjustiz verwirklicht. Dabei übernahmen in der NVA die jeweiligen militärischen Kollektive die Funktion der Schieds- bzw. Konfliktkommissionen im zivilen Bereich[83]. Durch die „Militärgerichtsordnung" vom 4. April 1963[84] wurde zudem die Tätigkeit von Militärschöffen eingeführt. Diese wirkten zum einen als Richter an den ebenfalls neugeschaffenen Militärgerichten. Zum anderen oblagen ihnen in der NVA Erziehungsaufgaben in Rechtsfragen[85]. Die Militärschöffen waren Angehörige der NVA oder der Organe des Wehrersatzdienstes, die in den Einheiten und Dienststellen für zwei Jahre in ihre Funktion gewählt wurden[86]. In den Verhandlungen vor den Militärgerichten und den Verhandlungen erster Instanz vor den Militärobergerichten nahmen neben dem jeweiligen Militärrichter jeweils zwei Militärschöffen teil[87], die das „Richteramt in vollem Umfange und mit gleichem Stimmrecht wie die Militärrichter" ausübten[88]. In der Truppe selbst waren die Militärschöffen im Rahmen ihres Erziehungsauftrages „an der vorbeugenden Tätigkeit" der Militärgerichte sowie „an der Propagierung und Durchsetzung des sozialistischen Rechts" beteiligt. Sie hatten die Armeeangehörigen zur Wahrung der sozialistischen Gesetzlichkeit zu „erziehen"[89]. Dies geschah etwa „durch die Erläuterung der Gesetze und durch die Auswertung geeigneter Verfahren", die an den Militärgerichten verhandelt wurden[90].

und 23 „in besonders schweren Fällen mit lebenslangem Zuchthaus oder mit dem Tode bestraft werden". Militärstrafgesetz, GBl. I 1962, S. 27.
[79] Buth, Die Entwicklung des militärischen Befehlsrechts, S. 153.
[80] Erlaß des Staatsrates der Deutschen Demokratischen Republik über die grundsätzlichen Aufgaben und die Arbeitsweise der Organe der Rechtpflege. Vom 4. April 1963, GBl. I 1963, S. 21 ff.
[81] Vgl. Böckenförde, Die Rechtsauffassung im kommunistischen Staat, S. 79 ff.
[82] Erlaß des Staatsrates, GBl. I 1963, S. 24.
[83] Vgl. Kap. VIII.4. dieser Studie.
[84] Erlaß des Staatsrates der Deutschen Demokratischen Republik über die Stellung und die Aufgaben der Gerichte für Militärstrafsachen. (Militärgerichtsordnung).Vom 4. April 1963, GBl. I 1963, S. 71 ff.
[85] Hatzius, Grundlagen und Entwicklung der Militärstrafgerichtsbarkeit, S. 88 ff.
[86] Militärgerichtsordnung, GBl. I 1963, S. 73.
[87] Ebenda, S. 74 f.
[88] Ebenda, S. 72.
[89] Stellung, Aufgaben und Wahl der Militärschöffen (Militärschöffenordnung). Anordnung

Die Bedeutung, die diese Institution in kurzer Zeit erlangte, läßt sich daran ablesen, daß die 1304 Militärschöffen, die in der NVA 1963 in 143 Militärschöffenkol-
lektiven tätig wurden, im Rahmen ihrer Erziehungsarbeit in den Einheiten unter anderem 1300 „vorbeugende Maßnahmen" durchführten. Dies waren Auswertungen,
Vorträge und Aussprachen, an denen insgesamt 49572 Armeeangehörige teilnahmen. Die SED stellte Anfang 1965 fest, die Militärschöffen hätten „die in sie ge-
setzte Erwartung voll erfüllt". Vor allem habe „ihre unmittelbare Kenntnis der militärischen Belange" in den Verhandlungen an den Militärgerichten eine „gründliche
und sachbezogene Aufklärung des Sachverhaltes und Einschätzung der Person" gewährleistet. In Zukunft, so forderte man, sollten die Militärschöffen „als Binde-
glied" zwischen den Militärgerichten und Kommandeuren „die Unterstützung der
militärischen Kollektive bei der kollektiven Selbsterziehung verstärken"[91].

Die Schaffung der Militärgerichte[92] auf der Grundlage des Gesetzes zur Ergänzung des Gerichtsverfassungsgesetzes der DDR vom 24. Januar 1962[93] erfolgte

---

Nr. 7/63 des Ministers für Nationale Verteidigung, 4. April 1963, BA-MA, VA-01/13993,
Bl. 27.
[90] Militärgerichtsordnung, GBl. I 1963, S. 72.
[91] Bericht über die Militärschöffentätigkeit in der ersten Wahlperiode, 20. März 1965,
SAPMO-BArch, DY 30/IV A2/12/51, o. Pag.
[92] Umstritten ist in der Literatur die Frage, ob die Militärgerichte als „Sondergerichte" zu qualifizieren seien. Schon 1963 ist einer derartigen Sicht von Seiten der SED offiziell widersprochen worden. Es hieß, die Militärgerichte seien „keine Sondergerichte, sondern ‚Gerichte für
besondere Sachgebiete' im Sinne des Artikels 134 der Verfassung" der DDR, die „auf der
Grundlage des Gerichtsverfassungsgesetzes, der Militärgerichtsordnung sowie der Strafprozeßordnung vom 2. 8. 1958" arbeiteten. Zudem sei kein „selbständiges zentrales Organ", wie
dies beim sogenannten Reichskriegsgericht der Fall gewesen sei, „für die höchstrichterliche
Rechtsprechung in Militärstrafsachen" zuständig. Vielmehr obliege auch diese dem Obersten Gericht der DDR. Ruf/Hartmann, Militärgerichte – neue sozialistische Rechtspflegeorgane, S. 831, 833. Nach Ansicht von Berthold Hatzius waren die Militärgerichte dagegen
„selbständige Gerichte", die „in jeder Instanz von den allgemeinen Strafgerichten völlig getrennt" waren und „nur der allen Gerichten der DDR gemeinsamen höchsten gerichtlichen
Instanz, dem Plenum des Obersten Gerichts" unterstanden. Hatzius, Grundlagen und Entwicklung der Militärstrafgerichtsbarkeit, S. 80. Erik Sündram wiederum hat kurz vor der
Auflösung der DDR die Auffassung vertreten, es habe sich bei den Militärgerichten zwar um
keine „Sondergerichte" gehandelt. Andererseits hätten sie sich aber offensichtlich weder in
der NVA noch in der Bevölkerung als „anerkannt-öffentliche Spruchkörper etablieren"
können. Letztlich hätten sie als „Strafgerichte" gegolten und seien als „repressiv verfemt"
gewesen. Sündram, Die Sondergerichte, S. 5. Zuletzt hat unter anderem Peter Joachim Lapp
geäußert, die Militärgerichte hätten zwar im Gerichtssystem der DDR eine „Sonderstellung" eingenommen. Sie könnten aber nicht als Sondergerichte bezeichnet werden, da es
„keine besonderen Verfahrensprinzipien" gegeben habe und die „maßgeblichen Rechtsvor-
schriften wie Strafgesetzbuch und Strafprozeßordnung" auch für sie verbindlich gewesen
seien. Lapp, Die Nationale Volksarmee 1956–1990, S. 1942. Diese Tatsachen dürften für die
Beurteilung der Militärgerichte jedoch nicht allein ausschlaggebend sein. Wichtig ist darüber
hinaus, daß wegen der fehlenden Gewaltenteilung in der DDR auch an den Militärgerichten
keine richterliche Unabhängigkeit existierte und die Rechtsprechung letztlich nach Maßgabe
der SED erfolgte. Letzteres dürfte durch die weitgehende institutionelle Trennung der Militärgerichtsbarkeit vom übrigen Gerichtssystem der DDR noch erleichtert worden sein. Aus
diesen Gründen verfügten die Militärgerichte, wenn auch nicht formal, so jedoch faktisch
über einen signifikanten Sonderstatus.
[93] Gesetz zur Ergänzung des Gerichtsverfassungsgesetzes der Deutschen Demokratischen Republik. Vom 24. Januar 1962, GBl. I 1962, S. 28.

nach Angaben des Nationalen Verteidigungsrates „in Anlehnung an die gesetzlichen und praktischen Erfahrungen der Militärgerichtsbarkeit der UdSSR und der Volksrepublik Polen"[94]. Die Entscheidung der SED, spezielle Gerichte für Militärstrafsachen zu bilden, dürfte aber auch darauf zurückzuführen sein, daß sich die bis dahin geübte Praxis als ineffizient erwiesen hatte. Die ZK-Abteilung für Staats- und Rechtsfragen stellte diesbezüglich im September 1961 fest, die Strafkammern der Kreisgerichte und die Strafsenate der Bezirksgerichte, die die Militärstrafsachen bearbeiteten, hätten zu diesen „keine richtigen Beziehungen". Zum Teil bestehe offensichtlich die Vorstellung, „Militärstrafsachen seien besondere Sachen und deshalb besonders zu behandeln"[95]. Zusätzlich betrachtete anscheinend die Oberste Staatsanwaltschaft die Militärstaatsanwaltschaft „nicht als Bestandteil der einheitlichen Staatsanwaltschaft der DDR", so daß in der Militärstaatsanwaltschaft wegen der ungenügenden Aufsicht ebenfalls die Auffassung vorherrschte, es würden „für den Bereich der Armee Besonderheiten bei der Strafverfolgung gelten". Im Ergebnis, so konstatierte man, verfüge der Leiter der Militärstaatsanwaltschaft gegenüber den anderen Zweigen der Staatsanwaltschaft über „eine Sonderstellung"[96]. Eine der prinzipiellen Schlußfolgerungen lautete daher, es solle „geprüft werden, ob jetzt nicht der Zeitpunkt herangereift" sei, „wo an die Vorbereitung der Bildung von Militärgerichten geschritten werden" könne[97].

Durch die Militärgerichtsordnung von 1963 wurde festgelegt, daß die „Rechtsprechung in Strafsachen gegen Militärpersonen und gegen Teilnehmer an Straftaten, die gegen die militärische Sicherheit gerichtet" waren, von den neugeschaffenen Gerichten für Militärstrafsachen ausgeübt werden sollte, die „als Teile des Gerichtssystems" der DDR arbeiteten[98]. Als oberstes Militärgericht fungierte ein beim Obersten Gericht der DDR eingerichtetes „Kollegium für Militärstrafsachen". Vergleichbar mit den Bezirksgerichten waren die auf der mittleren Ebene gebildeten Militärobergerichte. Die Militärgerichte der unteren Ebene entsprachen den Kreisgerichten[99].

Auch in bezug auf die Tätigkeit der Hauptabteilung I des MfS in den Streitkräften gab es nach dem Mauerbau 1961 einige organisatorische Neuerungen. Die ZK-Abteilung für Sicherheitsfragen hatte schon Anfang des Jahres gefordert, zwischen der Politischen Verwaltung des Ministeriums für Nationale Verteidigung und der Hauptabteilung I des MfS müsse eine „Aussprache" über die „Prinzipien und Methoden der Zusammenarbeit" stattfinden[100]. Im Zuge der Konsolidierung der NVA kam es zwar offenbar zu keiner Verminderung der Kompetenzen der im Ministe-

---

94 Bericht über den Stand des Aufbaues der Militärgerichte der DDR. Protokoll der 12. Sitzung des Nationalen Verteidigungsrates der DDR, 14. September 1962, BA-MA, DVW 1/39469, Bl. 38. Eckart Busch hat in diesem Zusammenhang darauf hingewiesen, daß auch ein „Rückgriff auf Vorschriften des ‚Militärstrafgesetzbuches für das Deutsche Reich' vom 20. 6. 1872 ... unverkennbar" sei. Busch, Das Militärstrafrecht der SBZ, S. 156.
95 Schlußfolgerungen zur Verbesserung der Arbeit der Militäroberstaatsanwaltschaft, 28. Oktober 1961, SAPMO-BArch, DY 30/IV 2/12/47, Bl. 275.
96 Ebenda.
97 Ebenda., Bl. 277.
98 Militärgerichtsordnung, GBl. I 1963, S. 71.
99 Ebenda, S. 73 ff.
100 Analyse der Feindarbeit im Jahre 1960 unter besonderer Berücksichtigung des IV. Quartales, 1961, SAPMO-BArch, DY 30/IV 2/12/47, Bl. 170.

rium als Verwaltung 2000 firmierenden Hauptabteilung I in der militärischen Aufklärungs- und Abwehrarbeit. Insofern unterlag die militärische Truppenführung wie in den fünfziger Jahren der intensiven Überwachung durch das MfS, deren Effizienz nicht zuletzt auf dem verzweigten IM-Netz basierte. Veränderungen ergaben sich aber infolge der erkennbaren Absicht der SED, die Stellung der Verwaltung 2000 in der NVA auf formaler Grundlage umfassend zu regeln. Offenbar zielte die Parteiführung im Zuge des 1962 vollzogenen Kurswechsels in der Strafrechtspflege darauf ab, die Tätigkeit der MfS-Mitarbeiter auch in den Streitkräften einer allgemeinen Normierung zu unterziehen.

Denn wie aus einem an Ulbricht gerichteten „Bericht über die Arbeit des MfS" aus demselben Jahr hervorgeht, scheint die Untersuchungspraxis des Staatssicherheitsdienstes in der SED-Führung zunehmend auf Kritik gestoßen zu sein. In dem Bericht hieß es, daß „Gesetzverletzungen bei der Durchführung der Ermittlungs- und Untersuchungsarbeit" und aufgrund der „gesellschaftlichen Entwicklung heute nicht mehr notwendig" seien und „zu Störungen der Beziehungen mancher Bürger zu unserem Staat führen" könnten. Daher solle die Verhaftung von Beschuldigten in Zukunft „in der Regel auf Grundlage eines richterlichen Haftbefehls erfolgen". Laut dem Bericht war es aber nach wie vor üblich, daß „die beschuldigten Personen größtenteils ohne richterlichen Haftbefehl festgenommen" wurden, und dieser „erst nach der Festnahme" erwirkt wurde. Kritisiert wurde auch die „Beeinflussung der Inhaftierten durch Mitarbeiter der Untersuchungsorgane auf den Verzicht der Anwendung von Rechtsmitteln"[101].

Im übrigen moniert man, daß die Staatsanwälte zu wenig die „Aufsicht über laufende Vorgänge" führten. Zumeist beginne ihre Arbeit erst, „wenn das Verfahren seitens des Untersuchungsorgans abgeschlossen" sei und der Schlußbericht vorliege[102]. Dies widersprach der Pflicht der Staatsanwälte, über alle Untersuchungshandlungen – so auch über die des MfS – die Aufsicht auszuüben. Ferner heißt es im Bericht, es gebe in der Praxis „keine klare Abgrenzung" zwischen den Untersuchungsorganen des Ministeriums des Innern und des MfS bei der Durchführung von Ermittlungs- und Untersuchungsverfahren. In diesem Zusammenhang wurde darauf hingewiesen, daß in den Verantwortungsbereich des MfS allein die Staatsverbrechen gemäß der Paragraphen 13–26 des Strafrechtsergänzungsgesetzes von 1957 und die Militärstraftaten laut Militärstrafgesetz von 1962 fielen[103].

Obwohl sich der Bericht auf das MfS im ganzen bezog, ist anzunehmen, daß die aufgeführten Kritikpunkte im einzelnen genauso auf die Hauptabteilung I zutrafen. In Anbetracht der erreichten Stabilisierung des SED-Regimes sah die Parteiführung die bewußte Mißachtung rechtlicher Normen und Gesetze durch das MfS, die vor dem Mauerbau offenbar üblich gewesen und akzeptiert worden war, jetzt nicht mehr als opportun, innenpolitisch sogar als kontraproduktiv an.

---

[101] Bericht über die Arbeit des MfS, 1962, SAPMO-BArch, DY 30/J IV 2/202/62, o. Pag.

[102] Allein in den Jahren 1961 und 1962 wurden von Seiten des MfS gegen 5593 Militärpersonen Ermittlungsverfahren durchgeführt. Im Zeitraum von Januar 1961 bis November 1965 waren es insgesamt 13 773. Darunter befanden sich als Delikte unter anderem 196 Fälle von Staatsgefährdender Hetze und Propaganda, 2339 Fälle von Fahnenflucht und 209 Fälle von Staatsverleumdung. Statistische Übersicht über Straftaten von Militärpersonen in den Jahren 1961–1965, 24. Dezember 1965, BStU, ZA, MfS HA IX 11964/MF, Bl. 1 f.

[103] Bericht über die Arbeit des MfS, 1962, SAPMO-BArch, DY 30/J IV 2/202/62, o. Pag.

Es dauerte jedoch bis zum 15. November 1963, bis eine formale „Vereinbarung über die Zusammenarbeit und das Zusammenwirken der Organe des Ministeriums für Staatssicherheit und des Ministeriums für Nationale Verteidigung" getroffen wurde[104]. Mit dem Ziel einer „Zusammenfassung bestehender Einzelregelungen" und einer klaren „Abgrenzung der Aufgaben und der gegenseitigen Befugnisse" sollte die Zusammenarbeit der beiden Ministerien verbessert werden. Gemäß der Vereinbarung bestand die Aufgabe der Verwaltung 2000 in der „Gewährleistung der staatlichen Sicherheit in der Nationalen Volksarmee". Im Rahmen der Abwehr kam ihr vor allem die Aufgabe zu, „Pläne und Absichten des Gegners, die gegen die Nationale Volksarmee gerichtet" waren, „aufzuklären und Maßnahmen zu ihrer Verhinderung zu ergreifen". Sie hatte „Spione, Agenten und andere staatsfeindliche Elemente in der Nationalen Volksarmee zu entlarven und unschädlich zu machen". Auf dem Gebiet der Aufklärung bestimmte die Vereinbarung als Aufgabe, „das Vorfeld und die Tiefe des gegnerischen Territoriums aufzuklären" und hierbei „die Tätigkeit des Gegners in der Grenzzone der DDR, insbesondere im 500- bzw. 100-m-Schutzstreifen, aufzuklären, zu bekämpfen und zu liquidieren"[105].

Die Verwaltung 2000 gliederte sich entsprechend den militärischen Ebenen in Abteilungen, Unterabteilungen, Operativgruppen und Offiziere für „Abwehr" oder „Aufklärung" bei den Kommandos der Teilstreitkräfte und Militärbezirke sowie bei der Stadtkommandantur Berlin und bei den Stäben der Verbände, Truppenteile, Grenzbataillone[106] sowie den Dienststellen der NVA[107]. Die Mitarbeiter der

---

[104] Frank Petzold hat angenommen, daß infolge dieser Vereinbarung das Unterstellungsverhältnis der Mitarbeiter der Verwaltung 2000 sowohl in den Grenztruppen als auch in der gesamten NVA geändert worden sei. Nunmehr hätten die MfS-Offiziere „bei ihrer Tätigkeit das militärische Vorgesetztenverhältnis und die Verantwortung zum NVA-Kommandeure zwar noch zu ‚beachten'" gehabt, „sich diesen aber keinesfalls verbindlich fügen" müssen. Petzold, Der Einfluß des MfS auf das DDR-Grenzregime, S. 145 f. Tatsächlich handelte es sich bei der Vereinbarung zwischen den Ministerien für Nationale Verteidigung und Staatssicherheit aber wohl in erster Linie um die formale Zusammenfassung von Einzelregelungen, die zumeist schon seit den fünfziger Jahren existierten. Vgl. S. 122 ff.

[105] Vereinbarung über die Zusammenarbeit und das Zusammenwirken der Organe des Ministeriums für Staatssicherheit und des Ministeriums für Nationale Verteidigung, 15. November 1963, BA-MA, AZN/32572, Bl. 5 ff.

[106] Als Folge der Eingliederung der Grenztruppen in die NVA im September 1961 existierten zunächst zwei Abschirmdienste in den Streitkräften: neben der Verwaltung 2000 war dies der ursprünglich eigenständige Aufklärungsdienst der ehemaligen eigenen Grenzpolizei. Obwohl er zu diesem Zeitpunkt offenbar bereits umfassend vom MfS unterwandert worden war, war er diesem jedoch formal nicht unterstellt. Vgl. Petzold, Der Einfluß des MfS auf das DDR-Grenzregime, S. 140 ff. Mielke gelang es im Anschluß innerhalb eines Vierteljahres, dieses Unterstellungsverhältnis zugunsten des MfS zu verändern. Gemäß seinem Befehl vom 10. Dezember 1961 wurden die „Aufklärungsorgane der Grenztruppen, ... aus der Unterstellung, [dem] Struktur- und Stellenplan der Grenztruppen der Nationalen Volksarmee herausgelöst" und dem Ministerium für Staatssicherheit unterstellt. Befehl Nr. 598/61 des Ministers für Staatssicherheit, 10. Dezember 1961, BStU, ZA, MfS BdL/Dok. Nr. 000592, Bl. 1. Unklar bleibt aber, ob er dabei auf Widerstand des Ministeriums für Nationale Verteidigung stieß. Zumindest sah es Mielke als geboten an, in einem weiteren Befehl vom 19. Januar 1962 die Gültigkeit des neuen Unterstellungsverhältnisses nochmals zu bekräftigen. Dort heißt es: „Die Abteilung Aufklärung beim Kommando Grenze der NVA befindet sich mit Wirkung vom 10. 12. 1961 im Befehls- und Unterstellungsverhältnis der Hauptabteilung -I- des Ministeriums für Staatssicherheit. ... Die Mitarbeiter der Diensteinheiten der Abteilung Aufklärung beim Kommando Grenze der NVA ... sind Angehörige

Verwaltung 2000 trugen im Dienst die Uniform ihrer jeweiligen Einheit[108], waren jedoch Angehörige des Ministeriums für Staatssicherheit und den NVA-Kommandeuren ihrer jeweiligen Einheit „weder unterstellt noch rechenschaftspflichtig"[109]. Der Minister für Nationale Verteidigung selbst hatte keinerlei Einfluß auf die Stellenpläne der Verwaltung 2000. Diese wurden ihm nur „zur Kenntnisnahme übersandt"[110]. Trotz ihrer Unterstellung unter das MfS hatten die Offiziere der Verwaltung 2000 entsprechend der Vereinbarung bei ihrer Tätigkeit die „Verantwortung der Kommandeure ... als militärische Vorgesetzte und Einzelleiter" zu achten. Auch waren sie dazu verpflichtet, die militärische Disziplin und Ordnung zu wahren und sich streng an die in ihrem Verantwortungsbereich geltenden militärischen Bestimmungen zu halten[111].

Der Chef der Verwaltung 2000 sollte eine „enge dienstliche Verbindung" sowohl zum Minister für Nationale Verteidigung als auch zum Chef der Politischen Hauptverwaltung und dem Chef des Hauptstabes unterhalten und diese informieren. Er hatte das Recht, „an allen Sitzungen des Kollegiums des Ministeriums für Nationale Verteidigung mit beratender Stimme teilzunehmen"[112]. Die Abwehr- und Aufklärungsoffiziere in der Truppe waren ihrerseits dazu verpflichtet, die Kommandeure, Chefs und Leiter in der NVA über die Erkenntnisse und Ergebnisse zu informieren, die sie bei ihrer Arbeit gewonnen hatten. Die „Regeln der Konspiration" waren jedoch „streng zu beachten und einzuhalten"[113]. Im Gegenzug sollten die Mitarbeiter der Verwaltung 2000 bei ihrer Arbeit von den Kommandeuren und auch den übrigen Angehörigen der NVA unterstützt werden[114].

Die Vereinbarung zwischen dem MfS und dem Ministerium für Nationale Verteidigung gestattete den Mitarbeitern der Verwaltung 2000 den „Zugang zu allen Stellen in ihrem Verantwortungsbereich". Sie hatten das Recht, Armeeangehörige „ohne vorheriges Einverständnis des jeweiligen Kommandeurs ... zu Aussprachen und Vernehmungen zu bestellen", wobei aber die militärischen Bestimmungen einzuhalten waren. Für die Vernehmung von Kommandeuren vom Bataillonskommandeur an aufwärts und von Stabsoffizieren bedurfte es jedoch einer „vorherigen Bestätigung" durch den Chef der Verwaltung 2000. Ausdrücklich wurde jetzt festgelegt, daß die Festnahme von NVA-Angehörigen den Kommandeuren ab Divisionskommandeur „unmittelbar nach erfolgter Durchführung bekanntzugeben" war. Zudem sollte der Minister für Nationale Verteidigung vom Chef der Verwaltung 2000 „in der Regel vor der Festnahme" in Kenntnis gesetzt werden[115].

---

des Ministeriums für Staatssicherheit." Befehl Nr. 56/62 des Ministers für Staatssicherheit, 19. Januar 1962, BStU, ZA, MfS BdL/Dok. Nr. 000813, Bl. 1.
[107] Vereinbarung über die Zusammenarbeit und das Zusammenwirken der Organe des Ministeriums für Staatssicherheit und des Ministeriums für Nationale Verteidigung, 15. November 1963, BA-MA, AZN/32572, Bl. 6.
[108] Ebenda, Bl. 10.
[109] Ebenda, Bl. 6.
[110] Ebenda.
[111] Ebenda, Bl. 9f.
[112] Ebenda, Bl. 8.
[113] Ebenda, Bl. 8f.
[114] Ebenda, Bl. 8.
[115] Ebenda, Bl. 9.

Zusätzlich zu dieser Vereinbarung legte das Politbüro im Rahmen der am 25. Juni 1965 beschlossenen „Grundsätze des Führungssystems im Verteidigungszustand" auch die Aufgaben des MfS für diesen Fall fest und grenzte sie von denen der NVA ab. In den Zuständigkeitsbereich des MfS im Kriegsfall fiel die Aufrechterhaltung der inneren Sicherheit und Ordnung. Im Hinblick auf die Ministerien des Innern und für Nationale Verteidigung betraf dies „alle Fragen der Bekämpfung der subversiven Handlungen des Gegners mit spezifischen Mitteln, der Bekämpfung von Staatsverbrechen und anderer Verbrechen", die auf die „Lähmung der Verteidigungsfähigkeit" der DDR gerichtet waren. Zudem oblag dem MfS die „Koordinierung der Aufgaben der Rechtspflegeorgane des Ministeriums für Staatssicherheit und des Ministeriums des Innern, insbesondere aller strafrechtlichen Untersuchungshandlungen". Darüber hinaus war das MfS einerseits zuständig für „alle Fragen der Außenaufklärung und andere einschlägige aktive Maßnahmen", die mit der militärstrategischen Aufklärung des Ministeriums für Nationale Verteidigung zu koordinieren waren; andererseits fielen auch „alle Fragen der inneren Sicherheit" der im Bereich des Oberkommandos der Vereinten Streitkräfte eingesetzten Verbände und Truppenteile der NVA und ihrer „territorialen Einheiten" in das Aufgabengebiet des MfS sowie „alle Fragen der Sicherheit und Ordnung im Operationsgebiet der Verbände und Truppenteile der Nationalen Volksarmee" entsprechend der gemeinsamen Planung des Oberkommandos der Vereinten Streitkräfte. Durch die ergänzende Bestimmung, die Kräfte des MfS seien den zuständigen NVA-Kommandeuren im Operationsgebiet „direkt unterstellt", wird erkennbar, daß dies außerhalb dieses Bereiches offensichtlich nicht der Fall war[116].

Das ist ein deutlicher Hinweis auf den weitreichenden Handlungsspielraum des MfS im Falle eines von der DDR geführten bewaffneten Konfliktes. Für diese Annahme spricht zudem, daß das MfS laut Politbürobeschluß für „alle Fragen der inneren Sicherheit in Haft-, Kriegsgefangenen- und Internierungslagern" zuständig war[117], ebenso wie für deren „Einrichtung, Verwaltung und Betreuung"[118]. Insbesondere die Tatsache, daß die Aufsicht über die Kriegsgefangenenlager nicht in den Kompetenzbereich der NVA fiel, zeigt, daß die SED trotz der Konsolidierung und Professionalisierung des Militärs auch 1965 nicht dazu bereit war, der militärischen Truppenführung in Kernbereichen, die sie als besonders sicherheitsrelevant betrachtete, mehr Verantwortung und Autonomie einzuräumen.

4. Das Militär

Ab 1961 bestand in der NVA-Spitze und auch von Seiten der SED das erkennbare Bemühen, die Stellung der militärischen Leitungen und insbesondere der Kommandeure zu stärken. Dies geschah vor allem in der Absicht, die Effizienz der militärischen Führungstätigkeit zu verbessern. Aus diesem Grund wurde die Einzelleitung

---

[116] Grundsätze des Führungssystems im Verteidigungszustand. Protokoll Nr. 25/65 der außerordentlichen Sitzung des Politbüros des ZK der SED, 25. Juni 1965, SAPMO-BArch, DY 30/J IV 2/2/993, Bl. 11 f.
[117] Ebenda, Bl. 13.
[118] Ebenda, Bl. 15.

als gültiges Führungsprinzip in den Streitkräften wieder in erster Linie nach militärischen Gesichtspunkten definiert.

So war etwa ein Regimentskommandeur gemäß der Innendienstvorschrift DV-10/3 von 1959 dazu verpflichtet gewesen, die „Einheit der politischen und militärischen Führung in Zusammenarbeit mit der Parteileitung zu verwirklichen"[119]. Die neue Innendienstvorschrift, die am 1. Januar 1963 in Kraft trat, wich jedoch entscheidend von diesem Schema ab. Sie betonte vielmehr die unabhängige Entscheidungskompetenz des Kommandeurs als „Einzelleiter", der jetzt über die „ungeteilte Kommando- und Befehlsgewalt über die ihm Unterstellten" verfügen sollte. Eine direkte Beteiligung der Parteiorganisationen an der militärischen Entschlußfassung sah die Vorschrift nicht mehr vor. Gefordert wurde allein, daß sich der Kommandeur auf die Parteiorganisationen „stützen" und „ihren Einfluß" auf die erfolgreiche Erfüllung der Aufgaben der Einheit voll ausnutzen sollte[120]. Gemäß der offiziellen Sichtweise galt hinsichtlich der Einzelleitung von nun an: „Dieses Prinzip ... verbietet es, daß andere Organe, ja selbst dienststellungs- und rangmäßig höhere Offiziere, die nicht der Linie nach direkte Vorgesetzte sind, sich in die Belange der militärischen Führung der Einheit, des Truppenteils beziehungsweise Verbandes einmischen, irgendwelche Weisungen erteilen oder Maßnahmen ... treffen."[121]

Als die SED diese Änderung knapp anderthalb Jahre nach dem Mauerbau initiierte, befürchtete sie anscheinend nicht mehr, daß die gestärkte Entscheidungsautonomie der militärischen Truppenführung die „führende Rolle" der Partei in der NVA gefährden könnte. Im übrigen hatte die Neubestimmung der Führungsgrundsätze keinen entscheidenden Einfluß auf das Verhältnis der Kommandeure zu den Politorganen und Parteiorganisationen. Die Leiter der Politorgane unterstanden den Kommandeuren nach wie vor nur in der Funktion als Stellvertreter für politische Arbeit. Die Politorgane als parallel zur militärischen Hierarchie bestehender eigenständiger Kontrollapparat fielen jedoch auch weiterhin nicht unter die Befehlsbefugnis der Kommandeure. In ihrer Parteiorganisation erhielten die Kommandeure ebenfalls keinen anderen Status zugesprochen. Der Parteiapparat in der NVA war mittlerweile soweit fortentwickelt worden, daß die SED jederzeit die Möglichkeit hatte, die Entschlußfassung einer militärischen Leitung zu überprüfen und, wenn nötig, zu intervenieren. Trotzdem aber war die formale Stärkung der Stellung der Kommandeure als Einzelleiter mit einem gewissen Zuwachs an Entscheidungskompetenz verbunden: dies galt nicht zuletzt für ihre Aufgaben als Disziplinarvorgesetzte[122] und in Kaderfragen.

So waren die Disziplinarvorgesetzten gemäß der neuen Disziplinarvorschrift DV-10/6, die am 1. Januar 1963 in Kraft trat, nicht mehr dazu verpflichtet, sich vor der Entscheidung über eine Disziplinarmaßnahme mit dem Politstellvertreter und dem Parteisekretär des zu Bestrafenden zu beraten. Die bis dahin gültige Disziplinar- und Beschwerdeordnung von 1957 hatte diese Verpflichtung enthalten[123]. Ent-

---

[119] Innendienstvorschrift DV-10/3, 1959, S. 16 f.
[120] Innendienstvorschrift DV-10/3, 1963, S. 31 f.
[121] Hartmann, Die Abgabe von Straftaten an den Kommandeur, S. 43.
[122] Vgl. Herspring, East German Civil-Military Relations, S. 109.
[123] Vgl. S. 136 ff.

sprechend den neuen Bestimmungen hatte der Disziplinarvorgesetzte bei einem
Verstoß eines NVA-Angehörigen gegen die militärische Disziplin oder die öffentliche Ordnung zu entscheiden, ob er diesen ermahnen sollte, das Vergehen durch
ein militärisches Kollektiv zu behandeln oder eine Disziplinarstrafe zu verhängen
war[124]. Wie Hoffmann im Mai 1963 konstatierte, war nunmehr „eindeutig" fixiert
worden, „daß der Kommandeur darüber entscheidet, welche Disziplinarmaßnahmen angewandt werden sollen"[125]. Und auch die Behandlung des Disziplinarver-
stoßes in einem Kollektiv bedeute nicht, so der Minister, daß der Kommandeur
„seine Disziplinarbefugnisse aus der Hand" gebe[126]. Diese Sicht bestätigte auch die
neue Melde- und Untersuchungsordnung vom Dezember 1964, aus der zudem her-
vorging, daß die Entscheidung, ob es sich bei dem Vergehen eines Untergebenen um
einen bloßen Disziplinarverstoß oder aber um eine Straftat handelte, weiterhin vom
zuständigen Militärstaatsanwalt, nicht jedoch vom jeweiligen Kommandeur und
Disziplinarvorgesetzten selbst gefällt wurde. So heißt es in der Melde- und Untersuchungsordnung: „Hat ein Angehöriger der Nationalen Volksarmee eine unge-
setzliche Handlung begangen, die vom Militärstaatsanwalt überprüft wurde, jedoch
nur einen Disziplinarverstoß darstellt, obliegt die Erledigung ausschließlich dem
Kommandeur."[127]

Die Disziplinarvorschrift von 1963 ermöglichte es jedem Disziplinarvorgesetzten, ein Vergehen gegen die militärische Disziplin durch ein militärisches Kollektiv
behandeln zu lassen. Diese Neuerung erfolgte in Übereinstimmung mit der neuen
rechtspolitischen Linie der SED, die verstärkt auf Formen kollektiver Selbsterziehung als Sanktionsinstrumente setzte[128]. Die Innendienstvorschrift von 1963 bestimmte sogar, daß sich ein Kommandeur bei der Erziehung von Armeeangehörigen, die die „militärische Disziplin oder die öffentliche Ordnung" verletzt hatten,
„weitgehend auf das Kollektiv des Truppenteils bzw. der Einheit" stützen sollte[129].
Die Mitglieder dieser Kollektive bestanden jeweils aus Angehörigen derselben
Dienstgradgruppe, der auch der Beschuldigte angehörte. Verstöße von Offizieren
sollten demnach auf Versammlungen der im Dienstgrad oder der Dienststellung
gleichgestellten Offiziere auf Regimentsebene behandelt werden[130]. Die Kollektive
hatten entsprechend der Melde- und Untersuchungsordnung von 1964 das „Recht,
dem Kommandeur Vorschläge zur Erziehung des Täters zu unterbreiten". Dabei
konnte es sich beispielsweise um eine Entschuldigung beim Geschädigten oder die
Wiedergutmachung des eingetretenen Schadens handeln[131]. Dies bedeutete aber

[124] Disziplinarvorschrift der Nationalen Volksarmee DV-10/6, 1963, S. 22.
[125] Hoffmann, Die Arbeit mit den Kadern – ein Hauptanliegen der Führungstätigkeit. Aus dem
Referat auf der I. Kaderkonferenz der Nationalen Volksarmee, 24. Mai 1963, in: Ders.,
Sozialistische Landesverteidigung, T. 1, S. 25.
[126] Ebenda.
[127] Ordnung über die Meldung, Untersuchung und Bearbeitung von strafbaren Handlungen,
besonderen Vorkommnissen und disziplinaren Verstößen, die Zusammenarbeit mit den Militärjustizorganen sowie über die Einbeziehung der Armeeangehörigen in die Rechtspflege
– Melde- und Untersuchungsordnung –, 7. Dezember 1964, BA-MA, VA-01/5622, Bl. 81.
[128] Vgl. Kap. VIII.3. dieser Studie.
[129] Innendienstvorschrift DV-10/3, 1963, S. 33.
[130] Disziplinarvorschrift der Nationalen Volksarmee DV-10/6, 1963, S. 22.
[131] Ordnung über die Meldung, Untersuchung und Bearbeitung von strafbaren Handlungen,
besonderen Vorkommnissen und disziplinaren Verstößen, die Zusammenarbeit mit den Mi-

offensichtlich nicht, daß die Vorschläge für den Disziplinarvorgesetzten bindend waren. Zu dieser Frage hieß es später erläuternd: „Es sind eben nur Vorschläge, über die der Kommandeur endgültig entscheidet. Deshalb beeinträchtigen sie keineswegs das Prinzip der militärischen Einzelleitung." Es könne durchaus auch Fälle geben, „in denen der Kommandeur entgegen den Vorschlägen entscheiden" müsse, nämlich insbesondere dann, wenn sie auf „überspitzten Entscheidungen" beruhten[132].

In gewisser Weise stellten die Offizierskollektive eine Wiedereinführung der 1961 aufgelösten Offiziersehrenräte als korporative Institutionen kollektiver Selbstkontrolle dar, da bei ihrer Zusammensetzung primär der Dienstgrad, nicht aber die Parteizugehörigkeit entscheidend war. Da dies aber nicht der Absicht der SED entsprach, sah sich der Chef der Politischen Hauptverwaltung Verner bereits vor dem Inkrafttreten der neuen Disziplinarvorschrift im Dezember 1962 genötigt klarzustellen: „Selbstverständlich werden mit der kollektiven Selbsterziehung in unserer Armee keine neuen Ehrengerichte geschaffen."[133] Zudem ist anzunehmen, daß der Politstellvertreter und der Parteisekretär einer Einheit, sofern sie Offizier waren, über eine Sonderstellung innerhalb eines solchen Offizierskollektivs verfügten, so daß sich eine autonome Selbstkontrolle nicht entfalten konnte.

Auf der Grundlage der Melde- und Untersuchungsordnung wurden den Kommandeuren Mitte der sechziger Jahre durch die Militärstaatsanwälte und Militärgerichte zunehmend auch Straftaten von Militärangehörigen „infolge Geringfügigkeit oder geringer Schuld des Täters" zur Entscheidung übergeben. In einem solchen Fall hatte der Kommandeur „unverzüglich … seine Entscheidung über die zu ergreifenden Disziplinarmaßnahmen zu treffen". Gemäß der Bestimmungen war er hierbei formal unabhängig. Er sollte sich jedoch zuvor mit der Leitung der Parteibeziehungsweise FDJ-Grundorganisation beraten[134]. Hier zeigte sich ebenfalls die gestärkte Stellung der Disziplinarvorgesetzten und Kommandeure[135].

Auch im Hinblick auf Personalentscheidungen gab es im Zeitraum nach 1961 einige organisatorische Veränderungen, die den Kommandeuren mehr Verantwortung zukommen ließen. Bereits vor dem Mauerbau hatte die ZK-Abteilung für Sicherheitsfragen nach einer Überprüfung der Verwaltung Kader im Juni 1960 konstatiert, zur „Sicherung der Einsatzfähigkeit" der Streitkräfte sei es nötig, „das Prin-

litärjustizorganen sowie über die Einbeziehung der Armeeangehörigen in die Rechtspflege – Melde- und Untersuchungsordnung –, 7. Dezember 1964, BA-MA, VA-01/5622, Bl. 83.

132 Hartmann, Die Abgabe von Straftaten an den Kommandeur, S. 83.

133 Ausführungen des Stellvertreters des Ministers für Nationale Verteidigung, Admiral Verner, vor dem Kollegium des Ministeriums für Nationale Verteidigung über den „Entwurf des Erlasses des Staatsrates der DDR über die grundsätzlichen Aufgaben und die Arbeitsweise der Organe der Rechtspflege", 21. Dezember 1962, SAPMO-BArch, DY 30/IV 2/12/47, Bl. 462.

134 Ordnung über die Meldung, Untersuchung und Bearbeitung von strafbaren Handlungen, besonderen Vorkommnissen und disziplinaren Verstößen, die Zusammenarbeit mit den Militärjustizorganen sowie über die Einbeziehung der Armeeangehörigen in die Rechtspflege – Melde- und Untersuchungsordnung –, 7. Dezember 1964, BA-MA, VA-01/5622, Bl. 81 ff.

135 So wurden ihnen 1963 etwa 17 Prozent aller angefallenen Straftaten zur Behandlung nach der Disziplinarvorschrift übergeben. Dieser Anteil erhöhte sich 1964 auf 21 Prozent und betrug 1965 schließlich rund 24 Prozent. Hartmann, Die Abgabe von Straftaten an den Kommandeur, S. 36.

zip der Einzelleitung auf dem Gebiet der Kaderarbeit voll durchzusetzen"[136]. Anscheinend war es nach Ansicht der SED-Führung jedoch erst unter den geänderten politischen Rahmenbedingungen nach dem 13. August 1961 möglich, grundlegende Modifikationen einzuleiten. Dies geschah parallel zur Verringerung der Zahl militärischer Nomenklaturkader in den Nomenklaturen der leitenden Parteigremien Mitte 1962[137]. Auch in der NVA sollte eine Reduzierung der Kadernomenklaturen der militärischen Führung und eine Verlagerung der Verantwortlichkeit auf nachgeordnete Führungsebenen erreicht werden. Die Nomenklatur der NVA wurde entsprechend dieser Absicht auf der Grundlage der „vorläufigen Richtlinie für die Arbeit mit der Kadernomenklatur des ZK der SED" neu geregelt und am 13. April 1962 durch den Befehl Nr. 33/62 des Ministers für Nationale Verteidigung eingeführt[138].

Das Ergebnis dieser Neuregelung war eine weitere Differenzierung der Kadernomenklatur der NVA. Zusätzlich zu den bereits bestehenden Nomenklaturen der Leitung des Ministeriums für Nationale Verteidigung, der Leitungen der Teilstreitkräfte, Militärbezirke und der Stadtkommandantur Berlin sowie der Kommandeure der Verbände schuf man auch Nomenklaturen der Kommandeure der Militärakademie „Friedrich Engels" und der Offiziersschulen sowie der Kommandeure der dem Ministerium für Nationale Verteidigung unmittelbar unterstellten Truppenteile[139]. Allein die Nomenklatur des Chefs der Politischen Verwaltung wurde gestrichen, was vermutlich auf die Bildung der Politischen Hauptverwaltung zurückzuführen war[140]. Spätestens jedoch durch den Beschluß vom 13. April 1964 bestätigte das Sekretariat der Politischen Hauptverwaltung eine neue Nomenklatur[141]. Wie die Verwaltung Kader rückblickend feststellte, wurde durch die Erweiterung der Kadernomenklatur der NVA die Verantwortlichkeit „für viele Dienststellungen[,] die bisher einer höheren Nomenklatur angehörten, den nachgeordneten Chefs bzw. Kommandeuren übertragen"[142].

Trotz dieser Veränderungen scheinen die Nomenklaturvorgesetzten – vor allem unterhalb der Ebene des Ministeriums – zunächst weiter über keinen großen Spielraum verfügt zu haben, auf Personalentscheidungen über Nomenklaturkader sowie über Offiziere, die keiner Nomenklatur angehörten, Einfluß zu nehmen. Bestimmend bei der operativen Gestaltung der Personalpolitik blieben offenbar die Kaderorgane, deren Vorschläge auch jetzt noch einer „maßgeblichen" Einflußnahme durch die Politorgane und Parteiorganisationen unterliegen sollten[143]. Die Zustän-

---

[136] Bericht der Brigade des ZK der SED in der Verwaltung Kader des Ministeriums für Nationale Verteidigung, 15. Juni 1960, SAPMO-BArch, DY 30/IV 2/12/22, Bl. 299.

[137] Vgl. Kap. VIII.1. dieser Studie.

[138] Teilbeitrag der Verwaltung Kader zur Einarbeitung in die Gesamtanalyse und Grundkonzeption der Entwicklung der NVA, 10. März 1967, BA-MA, VA-01/5679, Bl. 158.

[139] Durchführungsbestimmung zum Erlaß des Staatsrates der DDR über den aktiven Wehrdienst in der NVA, 13. April 1962, BA-MA, VA-01/8738, Bl. 76.

[140] Teilbeitrag der Verwaltung Kader zur Einarbeitung in die Gesamtanalyse und Grundkonzeption der Entwicklung der NVA, 10. März 1967, BA-MA, VA-01/5679, Bl. 159.

[141] Ebenda, Bl. 164.

[142] Ebenda, Bl. 160.

[143] Instruktion für die Parteiorganisationen der SED in der NVA und für die Politorgane der NVA. Protokoll Nr. 39/63 der Sitzung des Politbüros des ZK der SED, 5. November 1963, SAPMO-BArch, DY 30/J IV 2/2/904, Bl. 157, 174.

digkeit der Kommandeure beschränkte sich darauf, die Vorschläge der Kaderorgane zu bestätigen, obwohl die Nomenklaturvorgesetzten formal dazu berechtigt waren, „personelle Veränderungen nach den gültigen Festlegungen zu entscheiden und Vorschläge" darüber „einzureichen"[144].

Angesichts dieser Situation kritisierte Hoffmann auf der Kadertagung im Mai 1963, in der Vergangenheit sei die Verantwortung der Kaderorgane „nicht immer im Rahmen der Einzelleitung gesehen" worden. Es habe Versuche gegeben, zwischen der Verantwortung der Kommandeure und der der Kaderorgane eine „Trennung" zu machen. Damit werde jedoch die „Verantwortung der Kommandeure als Einzelleiter in unzulässiger Weise herabgemindert". Auch seien die Kaderorgane „keine selbständigen Organe", weshalb sie „nicht ihre eigene Kaderpolitik betreiben" könnten. Eine solche „Selbständigkeit", die auch in der Verwaltung Kader „hier und da" noch bestehe, dürfe es nicht geben[145].

Um diesen Mangel zu beheben, sollten neue Grundsätze für die Arbeit mit der Kadernomenklatur herausgegeben werden. Hoffmann erklärte im April 1964, bei der Überarbeitung der bisherigen Bestimmungen sei darauf zu achten, daß der Kommandeur in bezug auf seine Nomenklaturkader in Zukunft „nicht nur eine Entscheidung" herbeiführe, sondern daß er auch „voll und ganz für diese verantwortlich" sei[146]. Die Grundsätze sollten daher unter anderem mit dem Ziel modifiziert werden, eine „Differenzierung der Verantwortlichkeiten in der Arbeit mit den Nomenklaturkadern herbeizuführen und die Verantwortung der Nomenklaturvorgesetzten, der unmittelbaren Vorgesetzten und der Kaderorgane klarer abzugrenzen und konkreter zu bestimmen". Vor allem aber galt es, „das Prinzip der persönlichen Verantwortung" in der Arbeit mit den Nomenklaturkadern „voll durchzusetzen"[147]. Kaderentscheidungen sollten zwar weiter auf den Vorarbeiten der Kaderorgane fußen, ihre Gültigkeit jedoch erst durch die direkte Mitwirkung der Nomenklaturvorgesetzten erlangen. Daher wurde festgelegt, daß Personalfragen in den militärischen Leitungen und Stäben „im Kollektiv zu beraten" waren. Die Entscheidung sollte jedoch „auf der Grundlage des Prinzips der Einzelleitung" erfolgen[148]. Im Ergebnis waren Nomenklaturvorgesetzte und auch unmittelbare Vorgesetzte dazu berechtigt, selbst „personelle Veränderungen" von Kadern und Nomenklaturkadern einzureichen. Die Aufgaben der Kaderorgane richteten sich nun vor allem auf die „Erarbeitung von Einschätzungen des Nomenklaturbestandes und von Vorschlägen zur Besetzung der Nomenklaturdienststellungen"[149]. Diese Änderungen traten im Rahmen der von der Leitung des Ministeriums für Nationale Verteidigung

---

144 Durchführungsbestimmung zum Erlaß des Staatsrates der DDR über den aktiven Wehrdienst in der NVA, 13. April 1962, BA-MA, VA-01/8738, Bl. 77.
145 Referat des Ministers für Nationale Verteidigung auf der Kadertagung des Ministeriums für Nationale Verteidigung, 24. Mai 1963, BA-MA, VA-01/13871, Bl. 19ff.
146 Protokoll der Sitzung der Leitung des Ministeriums für Nationale Verteidigung, 21. April 1964, BA-MA, AZN/28111, Bl. 4.
147 Grundsätze für die Arbeit mit der Kadernomenklatur. Protokoll der Sitzung der Leitung des Ministeriums für Nationale Verteidigung, 21. April 1964, BA-MA, AZN/28111, Bl. 43.
148 Ebenda, Bl. 33.
149 Ebenda, Bl. 35.

am 25. Mai 1964 beschlossenen Neufassung der „Bestimmungen für die Arbeit mit den Kadern in der NVA" in Kraft[150].

Eine weitere Versachlichung der Personalpolitik in den Streitkräften bewirkte die Einführung sogenannter Attestationen durch einen Befehl des Ministers für Nationale Verteidigung vom 25. Mai 1964. Von diesem Zeitpunkt an sollten die Offiziere des aktiven Wehrdienstes in der Regel alle drei Jahre im Hinblick auf ihre „politische Haltung und Zuverlässigkeit, die militärischen und spezialfachlichen Qualitäten sowie die persönlich-moralischen Eigenschaften" eingeschätzt werden. Da die Attestationen von den „unmittelbaren Vorgesetzten" auszuarbeiten waren[151] und die Grundlage „sowohl für die Einschätzung des Offiziersbestandes insgesamt, als auch für personelle Veränderungen (Beförderung/Einsatz usw.) des einzelnen Offiziers" bildeten, dürfte sich der Einfluß der militärischen Leiter auf die Kaderentwicklung erheblich erhöht haben[152]. Anschließend waren die Attestationen von speziell gebildeten Kommissionen zu überprüfen und durch den nächsthöheren direkten Vorgesetzten zu bestätigen[153]. Die Beurteilungen standen jedoch auch in dieser Form weiterhin unter der Aufsicht der Partei. Zum einen erfolgte die Erarbeitung der Attestationen unter Mitarbeit des Parteisekretärs, wobei aber ausdrücklich darauf hingewiesen wurde, daß die Attestationen „keinesfalls in Sitzungen der Parteileitungen oder in Versammlungen beraten werden" sollten. Dies hätte die Autorität der Vorgesetzten untergraben können. Zum anderen verwirklichte die Partei ihren Einfluß „durch die Arbeit der Kommissionen". Denn bis zur Ebene der Truppenteile gehörten ihnen die Politstellvertreter und Parteisekretäre an. Ab Verbandsebene aufwärts war der Leiter des Politorgans Mitglied der Kommission des jeweiligen Kommandeurs bzw. Chefs[154].

Der Chef der Verwaltung Kader sah als ein Ergebnis dieser Neuerungen, daß „in der Einschätzung und Beurteilung unserer Kader eine echte Wende zu verzeichnen ... und eine neue, höhere Qualität erreicht" worden sei. Die Kommandeure und Vorgesetzten seien gezwungen gewesen, „sich gründlicher als bisher mit den ihnen unterstellten Offizieren zu beschäftigen, um eine allseitige und objektive Einschätzung erarbeiten zu können"[155]. Diese in einen Vorwurf gekleidete Feststellung bewies letztlich aber nur, daß die Kommandeure und Vorgesetzten erst durch die erweiterten Kompetenzen in den Stand versetzt worden waren, bei der Beurteilung und Entwicklung des eigenen Personalbestandes selbst entscheidende Impulse zu geben.

---

[150] Teilbeitrag der Verwaltung Kader zur Einarbeitung in die Gesamtanalyse und Grundkonzeption der Entwicklung der NVA, 10. März 1967, BA-MA, VA-01/5679, Bl. 162.
[151] Attestierung der Offiziere der NVA. Befehl Nr. 53/64 des Ministers für Nationale Verteidigung, 25. Mai 1964, BA-MA, VA-01/17198, Bl. 28.
[152] Über einige Aufgaben der Politorgane und Parteiorganisationen bei der Attestierung der Offiziere, 21. Dezember 1964, BA-MA, VA-01/17198, Bl. 101.
[153] Attestierung der Offiziere der NVA. Befehl Nr. 53/64 des Ministers für Nationale Verteidigung, 25. Mai 1964, BA-MA, VA-01/17198, Bl. 28.
[154] Über einige Aufgaben der Politorgane und Parteiorganisationen bei der Attestierung der Offiziere, 21. Dezember 1964, BA-MA, VA-01/17198, Bl. 99 f.
[155] Bericht über die Durchführung der Attestierung des Offiziersbestandes der NVA, 15. Dezember 1965, BA-MA, VA-01/17198/1, Bl. 281.

IX. Das Verhältnis zwischen SED und Offizierskorps 1961–1965

Die begrenzte Zunahme der militärischen Selbstorganisationsfähigkeit sowie die Professionalisierung der NVA im Zuge ihrer Modernisierung und der Verbesserung ihrer Einsatzbereitschaft bewirkten zwischen 1961 und 1965 im allgemeinen eine gewisse Entspannung im Verhältnis zwischen der SED und dem Offizierskorps. Ein Ergebnis dieser Entwicklung war offenbar die wieder größer werdende Distanz zwischen den einzelnen Dienstgradgruppen, die zeigte, daß die Ende der fünfziger Jahre nach chinesischem Vorbild angewandten Erziehungsmethoden keinen bleibenden Erfolg erzielen konnten. So mußte die ZK-Abteilung für Sicherheitsfragen im März 1965 bei einer Überprüfung der 6. Flottille der Volksmarine feststellen, daß dort anstelle der „Festigung der klassenmäßigen Beziehungen zwischen Soldaten, Unteroffizieren und Offizieren" eine klare Trennung der jeweiligen Dienstgradgruppen befürwortet wurde. Besonders bedenklich dürfte es dabei für die Partei gewesen sein, daß man dies mit spezifischen „Marinetraditionen" begründete[1].

Tatsächlich scheint sich nach dem Mauerbau die Mehrheit der Offiziere immer mehr vom Leitbild des Offiziers als gleichermaßen politischem und militärischem Führer entfernt zu haben. Es war vermutlich vor allem eine Folge des steigenden Bildungsgrades, daß viele Offiziere ihre Tätigkeit zunehmend als hochspezialisierte Profession begriffen. Der Chef der Politischen Hauptverwaltung Verner klagte 1963, es gebe Anzeichen dafür, daß die „verstärkten Anstrengungen zur Erweiterung der technischen und naturwissenschaftlichen Kenntnisse der Offiziere von einigen Genossen als ein ‚Abwerten' der Gesellschaftswissenschaften aufgefaßt" würden[2].

Wenn es die Offiziere in der Praxis vielfach ablehnten, „jede politische Arbeit" zu leisten und statt dessen „nur ‚Fachoffiziere' sein" wollten[3], so scheinen sie sich nach dem 13. August 1961 jedoch mehrheitlich mit der umfassenden Präsenz der Partei in den Streitkräften arrangiert zu haben, zumal ein berufliches Fortkommen in der NVA anderenfalls ausgeschlossen war. Während die meisten Offiziere die vom Parteiapparat betriebene politische Erziehung der Armeeangehörigen weitgehend widerspruchslos hinnahmen, tendierten einige Offiziere andererseits immer noch dahin, die Einflußnahme der Politorgane und Parteiorganisationen auf die rein militärischen Diskussions- und Entscheidungsprozesse soweit wie möglich zu unterbinden. So bezeichnete der Stabschef des Ausbildungsregimentes 12 die Politorgane

---

[1] Bericht über den Brigadeeinsatz der ZK-Abteilung für Sicherheitsfragen in der 6. Flottille. Protokoll der Sitzung des Kollegiums des Ministeriums für Nationale Verteidigung, 4. März 1965, BA-MA, AZN/28207, Bl. 106.

[2] Protokoll der Sitzung des Kollegiums des Ministeriums für Nationale Verteidigung, 25. Januar 1963, BA-MA, AZN/28193, Bl. 21.

[3] Informationsbericht Nr. 1/64 der Politabteilung der 9. Panzerdivision, 30. Januar 1964, BA-MA, VA-P-01/2258, Bl. 10.

als ein „lästiges Übel"[4]. Ein Major des Mot. Schützenregimentes 7 begründete seine ablehnende Haltung gegenüber der Tätigkeit der Politorgane damit, „daß Politoffiziere in den Einheiten überhaupt nicht benötigt würden, da sie nichts mach[t]en und die gesamte Arbeit auf den operativen Offizieren ruhen würde"[5].

War die Truppenführung in der zweiten Hälfte der fünfziger Jahre bemüht, nach der Einführung kollektiver Entscheidungsmechanismen ihre Autonomie in rein militärischen Fragen wenigstens teilweise zu bewahren, so versuchte sie nach dem Mauerbau, diese wieder auszuweiten. Zudem führte die Konzentration auf die Steigerung der militärischen Leistungsfähigkeit ab 1961 dazu, daß politische Gesichtspunkte in der Führungstätigkeit beinahe automatisch in den Hintergrund traten. Vor dieser Tendenz waren anscheinend auch die höheren militärischen Führungsebenen nicht gefeit. In diesem Zusammenhang kritisierte die ZK-Abteilung für Sicherheitsfragen beispielsweise, vom Einsatz der Pionierbataillone der Divisionen „zum pioniermäßigen Ausbau der Staatsgrenze West" 1961 hätten laut dem schriftlichen Befehl nur die Divisionskommandeure wissen dürfen, nicht aber die Politorgane der Einheiten. Daher hätten die Politorgane die „Angehörigen der Bataillone auf diesen Einsatz politisch nicht vorbereiten bzw. unsichere Armeeangehörige auswechseln" können. Ebenso seien im Vorfeld einige Parteisekretäre darüber „verwundert" gewesen, daß von den „Vorbereitungen zum 13. August" nur die Kommandeure und Stabschefs der Regimenter sowie die Bataillonskommandeure gewußt hätten, „aber nicht die Parteisekretäre und Politstellvertreter der Regimenter"[6].

Offensichtlich waren nur wenige Kommandeure und militärische Vorgesetzte bemüht, ihre Befehle und Entschlüsse zunächst im Kollektiv der militärischen Leitungen oder mit den Politorganen und Parteiorganisationen zu beraten. Vielmehr scheinen sie die Einzelleitung entgegen der offiziellen Lesart vorrangig als in jeder Hinsicht ungeteilte Befehlsbefugnis des militärischen Führers interpretiert zu haben. In diesem Zusammenhang beklagte die Leitung des Ministeriums für Nationale Verteidigung etwa die „noch nicht überwundene falsche Praxis eines großen Teiles der Disziplinarvorgesetzten, nicht das Kollektiv in die Erziehung einzuschalten, sondern die mit weniger Zeitaufwand verbundene Disziplinarstrafe auszusprechen"[7]. Doch scheint die Leitung des Ministeriums selbst nicht den Eindruck vermittelt zu haben, ihre Arbeit einer kritischen Bewertung unterziehen zu wollen. Dementsprechend äußerte der zu diesem Zeitpunkt stellvertretende Leiter der ZK-Abteilung für Sicherheitsfragen Wansierski gegenüber Honecker bezüglich der Auswertung des Ausbildungsjahres 1961 im Dezember des Jahres in Dresden: „Of-

---

4   Bericht über einige Probleme der politisch-ideologischen Erziehungsarbeit und politisch-militärischen Leitungstätigkeit in den Einheiten, Verbänden und Truppenteilen der NVA, 29. November 1962, BStU, ZA, MfS ZAIG 691, Bl. 9.
5   Bericht über einige Schwächen und Mängel in den Einheiten der NVA, 5. März 1962, BStU, ZA, MfS ZAIG 606, Bl. 12.
6   Information, 17. November 1961, SAPMO-BArch, DY 30/IV 2/12/15, Bl. 142 f.
7   Jahresbericht über „Die Entwicklung der militärischen Ordnung und Disziplin und den Stand der strafbaren Handlungen, besonderen Vorkommnisse und disziplinaren Verstöße". Protokoll der Sitzung des Kollegiums des Ministeriums für Nationale Verteidigung, 2. Oktober 1964, BA-MA, AZN/28200, Bl. 79.

fene Kritik an der Arbeit des Ministeriums für Nationale Verteidigung war fast nicht vorhanden."[8]

Nach dem Mauerbau offenbarten vor allem die Offiziere der Truppenführung wieder verstärkt die ohnehin latent vorhandene Neigung, sich jeder kollektiven Beurteilung und Kritik an ihrer Führungstätigkeit im Rahmen der Parteiorganisationen zu entziehen oder diese zu unterbinden. So äußerte die Politische Verwaltung des Militärbezirkes V, der Kommandeur des Panzerregimentes 21 habe „grob gegen wichtige Prinzipien der Parteiarbeit verstoßen", indem er lange Zeit die Kritik der Bataillonskommandeure seiner Einheit „an Mängeln in seiner Führungstätigkeit" unterdrückt habe. Einer daraufhin „geforderten parteilichen Aussprache über das sozialistische Verhältnis der Offiziere untereinander" sei er vier Monate aus dem Wege gegangen[9]. Und auch noch 1965 gab es offenbar Offiziere, die nach Ansicht der Partei „selbstherrlich und überheblich" auftraten. In dieser Hinsicht monierte man: „Nach wie vor gibt es Beispiele, daß Offiziere die parteiliche Kritik an ihrer Arbeit und ihrem Verhalten nicht berücksichtigen bzw. nicht anerkennen und sich der Parteierziehung entziehen." Diesem Verhalten wurde zum Teil offensichtlich auch dadurch Vorschub geleistet, daß einige Parteiorganisationen in den Einheiten jetzt nicht mehr über genügend Autorität gegenüber den leitenden Offizieren verfügten. Zumindest beklagte man, daß viele Parteiorganisationen darauf „verzichten" würden, die „parteiliche Kritik ohne Ansehen der Person und des Dienstgrades zu entwickeln", was diese Tendenz begünstige[10].

Vereinzelt führte die nach Auffassung der Partei bestehende „Kritikempfindlichkeit" einer großen Zahl vor allem leitender Offiziere sogar dazu, daß Kritikern „Repressalien" angedroht wurden[11]. In der Regel aber, so Verner 1962, vollziehe sich die „Unterdrückung der Kritik" nur noch „selten in offener Weise"[12]. Anscheinend tendierten die Offiziere dazu, „mit Worten die führende Rolle der Partei an[zu]erkennen", um Sanktionen von Seiten der Politorgane und Parteiorganisationen vorzubeugen. Offensichtlich handelten sie jedoch häufig „in der Praxis nicht nach diesem Grundsatz"[13]. In jedem Fall versuchte eine Reihe von Offizieren, an Parteiversammlungen möglichst selten teilzunehmen. So konstatierte die Parteikontrollkommission der Politischen Hauptverwaltung, im gesamten Verlauf des Jahres 1964 hätten beispielsweise im Wachregiment der Kommandeur und der Stabschef, aber auch der Politstellvertreter nur an drei von sechs Parteiversammlungen teilgenommen[14].

[8] Information über die Auswertung des Ausbildungsjahres 1961 durch das Ministerium für Nationale Verteidigung und die Kommandos Grenze und Volksmarine, 19. Dezember 1961, SAPMO-BArch, DY 30/IV 2/12/15, Bl. 187f.

[9] Informationsbericht Nr. 10/63 der Politischen Verwaltung des Militärbezirkes V, 31. Oktober 1963, BA-MA, VA-P-01/2225, Bl. 159.

[10] Analyse über die Ergebnisse bei der Durchsetzung der Instruktion für die Parteiorganisationen und Politorgane in der NVA, 5. März 1965, BA-MA, VA-P-01/2256, Bl. 56.

[11] Information über die Durchführung der Direktive des Sekretariats des ZK der SED vom 13. Oktober 1961, SAPMO-BArch, DY 30/IV 2/12/15, Bl. 78.

[12] Protokoll der 2. Tagung der IV. Delegiertenkonferenz der Parteiorganisationen der SED in der NVA, 1./2. Dezember 1962, BA-MA, VA-P-01/559, Bl. 61.

[13] Analyse über die Ergebnisse bei der Durchsetzung der Instruktion für die Parteiorganisationen und Politorgane in der NVA, 5. März 1965, BA-MA, VA-P-01/2256, Bl. 56.

[14] Jahresanalyse der PKK bei der PHV, 18. Dezember 1964, BA-MA, VA-P-01/6178, Bl. 83f.

Trotz der Tatsache, daß sich das Verhältnis zwischen der SED und dem Offizierskorps zunehmend normalisierte, scheint das weiterhin in vielen Bereichen bestehende Defizit an Selbstorganisationskompetenz und militärischer Autonomie beim Offizierskorps im hohen Maße Unzufriedenheit über die eigene berufliche Situation erzeugt zu haben. So ergab eine vom Ministerium für Nationale Verteidigung 1965 durchgeführte repräsentative Befragung von Offizieren, ob sie sich „auf Grund Ihrer Erfahrungen als Offizier erneut für den Offiziersberuf entscheiden" würden, daß insgesamt 56 Prozent diese Frage verneinten[15].

Als Reaktion auf die fortgesetzte politische Durchdringung der NVA gab es von Seiten des Offizierskorps auch nach dem Mauerbau Formen der Verweigerung, des Protestes und politisch nicht systemkonformen Verhaltens. So lehnten es offenbar immer wieder vor allem junge Offiziere ab, in die SED einzutreten. Dies geht beispielsweise aus einem Bericht des Politstellvertreters des Mot. Schützenregimentes 16 vom März 1964 hervor. Dort heißt es zu der Position eines jungen Unterleutnants in dieser Frage: „Nach seiner Meinung befragt, wie er darüber denke[,] Kandidat der Partei zu werden, äußerte er, mein Bruder war 10 Jahre K[om]-p[anie].-Chef in der NVA und nicht Mitglied der Partei, darum brauche ich es auch nicht."[16]

Darüber hinaus äußerten Offiziere auch weiterhin – zum Teil sehr freimütig – ihre Zweifel an der Politik der SED. So brachte ein Hauptmann nach dem VI. Parteitag der SED 1963 zum Ausdruck, dort habe man „viel Kritik geübt an Mängeln und Schwächen in der Entwicklung unserer Republik". Er wandte aber ein: „Daran können doch nicht allein die Menschen schuld sein, da muß doch an der Politik unserer Partei etwas nicht in Ordnung gewesen sein ...."[17] Für die Politische Verwaltung der Stadtkommandantur Berlin war dies ein „krasses Beispiel" für die im Offizierskorps noch bestehende Unklarheit in politisch-ideologischen Fragen[18]. Diese nach Auffassung der SED vorhandenen Unklarheiten scheinen bei einer Reihe von Offizieren jedoch noch weiter gegangen zu sein. So stellte man auf der Parteiaktivtagung im März 1962 mit großem Mißfallen fest, daß es Offiziere gab, die mehr als ein halbes Jahr nach dem Mauerbau auf die Frage, worin die „nationale Frage in Deutschland" bestehe, „prompt" erklärten: „... in der Spaltung Deutschlands besteht für die Nation die größte Gefahr"[19].

Offenbar betrachteten einige Offiziere aber nicht nur die Existenz der DDR als Provisorium, sondern auch die der NVA selbst. Mielke führte 1962 diesbezüglich den Fall eines Majors im Bereich Rückwärtige Dienste des Ministeriums für Nationale Verteidigung an: Dieser habe unter anderem geäußert, daß „im NATO-Rat auch einer von ‚uns'" sitze, wenn man es „von der Position Gesamtdeutschlands aus" betrachte, womit er den Bundeswehrgeneral Heusinger gemeint habe[20]. An-

---

[15] Darstellung der Ergebnisse einer Befragung im Offiziersbestand der NVA in der Zeit vom 1. bis 30. November 1965, BA-MA, VA-01/17191, Bl. 38.

[16] Informationsbericht des Politstellvertreters des MSR 16, 18. März 1964, BA-MA, VA-P-01/2224, Bl. 19.

[17] Parteiinformation März 1963 der Politischen Verwaltung der Stadtkommandantur Berlin, 4. April 1963, BA-MA, VA-P-01/2241, Bl. 88.

[18] Ebenda.

[19] Parteiaktivtagung der SED in der NVA, 26. März 1962, BA-MA, VA-P-01/555, Bl. 144.

[20] Bericht über einige Probleme der politisch-ideologischen Erziehungsarbeit und politisch-

dere Offiziere bezeichneten die NVA offen „als ‚Hilfstruppe' im Warschauer Vertrag"[21]. Auch wurde die Auffassung vertreten, „sich bei einer militärischen Auseinandersetzung neutral zu verhalten und nicht auf Deutsche zu schießen"[22].

Neben der Kritik an der Politik der SED gab es auch politischen Protest von Offizieren. Vor allem nach dem 13. August 1961 verzeichnete man ein „besonders ernstes Ansteigen der feindlichen Hetze und Staatsverleumdung"[23]. Die Partei führte dies nicht zuletzt auf das auch bei Offizieren verbreitete „Anhören westlicher Rundfunksender" zurück, das man als Hauptursache für „falsche Auffassungen und negative Stimmungen" ansah[24]. Mielke beklagte 1962, in der NVA gebe es unter anderem „Hetze gegen die DDR und ihre Repräsentanten in Partei und Regierung sowie gegen die Länder des Sozialismus" und eine „Verherrlichung der Verhältnisse in Westdeutschland"[25]. Exemplarisch für die fortgesetzte Weigerung einiger Offiziere, die „führende Rolle" der SED anzuerkennen, kann die Aussage eines Bataillonskommandeurs im Panzerregiment 1 gelten, der nach dem Mauerbau „äußerte, als er vom Treuebekenntnis zur Arbeiter-und-Bauernmacht erfuhr: ‚Damit könnt ihr mich mal gern haben'"[26].

Es läßt sich nicht zuletzt auf die politische Durchdringung der NVA zurückführen, daß sich auch nach dem 13. August 1961 einige Offiziere dazu entschlossen, aus den Streitkräften zu desertieren und in den Westen zu fliehen. Politische Kontrolle und ideologische Indoktrination stellten für sie offenbar eine nicht zu bewältigende Belastung dar. Der Chef des Hauptstabes Riedel sagte im April 1962, die „ideologischen Ursachen für Fahnenfluchten" seien auch bei einigen Offizieren „noch nicht beseitigt"[27]. Neben politischen gab es jedoch auch weiterhin persönliche und allgemein dienstliche Motive, die Armeeangehörige dazu bewogen, den nach dem Mauerbau um ein Vielfaches erschwerten Schritt der Desertion zu gehen. 1961 begingen 78 NVA-Angehörige Fahnenflucht. Unter ihnen waren 4 Offiziere. Hinzuzuzählen sind zudem 110 Desertionen bei den Grenztruppen im IV. Quartal 1961, da diese im September in die NVA eingegliedert wurden[28]. Als Folge dieser Eingliederung verlagerte sich von nun an „der Schwerpunkt der Fahnenfluchten auf diesen Teil der

militärischen Leitungstätigkeit in den Einheiten, Verbänden und Truppenteilen der NVA, 29. November 1962, BStU, ZA, MfS ZAIG 691, Bl. 7.

21 Protokoll der Delegiertenkonferenz der Parteiorganisationen der SED im Ministerium für Nationale Verteidigung, 26./27. Mai 1962, BA-MA, VA-P-01/1954, Bl. 17.

22 Zusammenfassung der 1. Beratung mit den in den Truppenteilen der NVA eingesetzten Parteiarbeitern, 1961, SAPMO-BArch, DY 30/IV 2/12/15, Bl. 70.

23 Ebenda, Bl. 71.

24 Ebenda.

25 Bericht über einige Probleme der politisch-ideologischen Erziehungsarbeit und politisch-militärischen Leitungstätigkeit in den Einheiten, Verbänden und Truppenteilen der NVA, 29. November 1962, BStU, ZA, ZAIG 691, Bl. 6.

26 Zusammenfassung der 1. Beratung mit den in den Truppenteilen der NVA eingesetzten Parteiarbeitern, 1961, SAPMO-BArch, DY 30/IV 2/12/15, Bl. 74.

27 Bericht über die Entwicklung der militärischen Disziplin und Ordnung und den Stand der strafbaren Handlungen, besonderen Vorkommnisse und Disziplinarverstöße im Ausbildungsjahr 1961. Protokoll der Sitzung des Kollegiums des Ministeriums für Nationale Verteidigung, 9. April 1962, BA-MA, AZN/28188, Bl. 46.

28 Jahresbericht Nr. 10/62 über den Stand der Gefechtsbereitschaft, der politischen und operativen Gefechtsausbildung der NVA der DDR nach dem Stand vom 1. Januar 1962, 5. Februar 1962, BA-MA, VA-01/18803, Bl. 8 f.

NVA"[29]. Denn die Abriegelung der DDR machte es für Angehörige der übrigen Teilstreitkräfte sehr viel schwerer, aus der Armee zu desertieren. Nachdem die Zahl der Desertionen 1962 dann auf insgesamt 473 NVA-Angehörige, darunter 9 Offiziere, anstieg[30], betrug sie 1963 insgesamt 380 Fahnenflüchtige, von denen 5 Offiziere waren[31]. Nach einem weiteren Rückgang 1964 auf 152 Armeeangehörige einschließlich 3 Offizieren[32] stieg die Zahl der Desertionen 1965 wieder leicht an und betrug insgesamt 218, darunter 4 Offiziere[33].

Als Folge der Abriegelung der DDR stieg auch die Zahl der Armeeangehörigen, die die Selbsttötung als einzigen Ausweg aus ihrer persönlichen Zwangslage ansahen. Hatte es bis zum 13. August 1961 in der NVA 17 Selbstmorde gegeben, von denen 4 von Offizieren verübt worden waren[34], so stieg die Zahl nach dem Mauerbau stark an, so daß es in diesem Jahr insgesamt 46 Suizide von NVA-Angehörigen gab; von diesen ereigneten sich 11 im Kommando Grenze, 8 wurden von Offizieren verübt. Dazu kamen noch einmal 82 Selbstmordversuche, darunter 8 von Offizieren[35]. 1962 begingen 132 Armeeangehörige Selbstmord oder unternahmen Selbstmordversuche[36]. Auch in den folgenden drei Jahren scheinen die Selbstmorde von Soldaten und auch Offizieren für die SED ein großes Problem gewesen zu sein. So gab es 1965 allein in den Monaten Mai und Juni 15 Suizide[37].

Offenbar bewirkte der „Anstieg der Selbstmorde" bei der Partei- und Militärführung zunehmend die Einsicht, eine „einseitige Orientierung hinsichtlich der Beweggründe" der Selbstmordopfer aufzugeben[38]. Bis dahin hatte man in erster Linie persönliche Motive angenommen, wobei man anscheinend auch davon ausging, daß bei einem Teil der Selbstmorde kein wirklicher Selbsttötungsvorsatz vorlag, sondern die Handlungen mit dem Ziel begangen wurden, „eine vorfristige Entlassung aus

---

[29] Bericht über die Entwicklung der militärischen Disziplin und Ordnung und den Stand der strafbaren Handlungen, besonderen Vorkommnisse und Disziplinarverstöße im Ausbildungsjahr 1961. Protokoll der Sitzung des Kollegiums des Ministeriums für Nationale Verteidigung, 9. April 1962, BA-MA, AZN/28188, Bl. 46.

[30] Teilbericht zum Jahresbericht über den Stand der Gefechtsbereitschaft – Anzahl und Charakter der besonderen Vorkommnisse und disziplinaren Verstöße und ihre wesentlichen Ursachen, 17. Januar 1962, BA-MA, VA-01/13499, Bl. 1, 3.

[31] Bericht über einige Mängel und Schwächen im politisch-moralischen Zustand der Grenzsicherungskräfte an der Staatsgrenze zu Westberlin und Westdeutschland, 28. Mai 1964, BStU, ZA, MfS ZAIG 902, Bl. 1 f.

[32] Nachweisbuch über Fahnenfluchten, Dezember 1963 – Juni 1966, BA-MA, VA-01/18899, Bl. 6 ff.

[33] Ebenda, Bl. 60 ff.

[34] Vgl. Kap VI. dieser Studie.

[35] Bericht über einige Schwächen und Mängel in den Einheiten der NVA, 5. März 1962, BStU, ZA, MfS ZAIG 606, Bl. 24.

[36] Bericht Nr. 11/62 über den Stand der Gefechtsbereitschaft der NVA der DDR nach dem Stand vom 1. Januar 1963, 30. Januar 1963, BA-MA, VA-01/18804, Bl. 6.

[37] Notiz über den Stand der besonderen Vorkommnisse in den Monaten Mai und Juni 1965, 1965, BA-MA, VA-01/18898, Bl. 51. Auf der Grundlage der Quellenrecherche haben sich für die Jahre 1963–1965 keine konkreten Zahlen über Selbstmorde ergeben. Im Vergleich dazu lag die Selbstmordrate in der Bundeswehr zwischen 1962 und 1966 auf 100 000 Mann gesehen bei durchschnittlich 16,9 Soldaten pro Jahr. Preuschoff, Suizidales Verhalten in deutschen Streitkräften, S. 253.

[38] Notiz über den Stand der besonderen Vorkommnisse in den Monaten Mai und Juni 1965, 1965, BA-MA, VA-01/18898, Bl. 51.

der Armee zu erreichen"[39]. Mitte der sechziger Jahre richtete die Abteilung für Kommandantendienst beim Hauptstab ihren Blick jetzt auch auf die spezifischen Gründe für die anhaltend hohe Selbstmordrate, die aus der konkreten inneren Situation der NVA resultierten. So wurde selbstkritisch geäußert: „Eine Reihe von Selbstmorden sind der Beweis, daß diese Armeeangehörigen mit ihren Problemen nicht allein fertig geworden sind und nicht das Vertrauen besaßen, sich an ihre Vorgesetzten zu wenden."[40] Die Existenz dieser Gründe führte man jedoch nicht auf die politische Durchdringung des Militärs zurück. Daß die umfassende Präsenz der Partei in den Streitkräften, die daraus resultierenden armeeinternen Bedingungen und die Ziele der SED-Militärpolitik selbst entscheidende Ursachen für die Selbstmorde waren, darauf weist exemplarisch der Suizid eines Hauptmanns hin, der im Zusammenhang mit dem Mauerbau an der Staatsgrenze eingesetzt war. In seinem Abschiedsbrief schrieb er: „Ich bin nicht mehr in der Lage[,] meine Aufgaben zu erfüllen. Ich bin zu schwach dazu. Meine Frau soll mir verzeihen. Es ist besser so."[41]

[39] Bericht über die Entwicklung der militärischen Disziplin und Ordnung und den Stand der strafbaren Handlungen, besonderen Vorkommnisse und Disziplinarverstöße im Ausbildungsjahr 1961. Protokoll der Sitzung des Kollegiums des Ministeriums für Nationale Verteidigung, 9. April 1962, BA-MA, AZN/28188, Bl. 56.
[40] Notiz über den Stand der besonderen Vorkommnisse in den Monaten Mai und Juni 1965, 1965, BA-MA, VA-01/18898, Bl. 51.
[41] Bericht über die Fahnenfluchten in den bewaffneten Kräften der DDR in der Zeit vom 1. Juli bis 31. August 1961 sowie über Erscheinungen der Hetze, Staatsverleumdung, Befehlsverweigerung und Selbstmorde seit dem 13. August 1961, 15. September 1961, SAPMO-BArch, DY 30/IV 2/12/47, Bl. 254.

Zusammenfassung

Zwischen 1956 und 1965 waren die zivil-militärischen Beziehungen in der DDR maßgeblich durch zwei Faktoren geprägt: zum einen durch das Bestreben der SED, die umfassende politische Kontrolle und Durchdringung der NVA zu verwirklichen, sowie zum anderen durch die Absicht der Truppenführung der neugeschaffenen Streitkräfte, in rein militärischen Belangen über ein gewisses Maß an Autonomie zu verfügen. Diese gegensätzlichen Zielvorstellungen erzeugten zwischen beiden Teilsystemen ein Spannungsverhältnis, dessen Folge massive Konflikte zwischen der Partei und dem Offizierskorps waren, die vor allem nach der Einführung des kollektiven Führungsprinzips 1957 vorherrschten.

Anhand des systemtheoretischen Ansatzes dieser Studie konnte gezeigt werden, daß die Friktionen weder auf einen vermeintlich „natürlichen" Gegensatz zwischen Militär und Politik zurückzuführen waren noch daß sie durch die totale Kontrolle der Partei über die Armee ausgelöst wurden. Die entscheidende Ursache war vielmehr die Störung der militärischen Selbstorganisationsfähigkeit in Folge der extensiven politischen Interventionen der SED. Diese äußerten sich insbesondere in einem Übermaß an Zentralisierung der Führungsgremien, in der Übersteuerung der fachlichen Entscheidungsprozesse durch den parallel zu der militärischen Bürokratie bestehenden Parteiapparat sowie in der Entdifferenzierung spezifisch militärischer Belange, die deren Politisierung und Radikalisierung Vorschub leistete.

Die SED hatte von Beginn an die strukturellen Voraussetzungen für die umfassende politische Durchdringung der gesamten Militärorganisation geschaffen. Das Politbüro des ZK der SED war dabei das zentrale Entscheidungsgremium. Alle grundlegenden und wichtigen Beschlüsse hinsichtlich der Streitkräfte wurden hier gefällt und nicht auf staatlicher Ebene durch den Ministerrat oder das Ministerium für Nationale Verteidigung. Auch die Sicherheitskommission und der 1960 aus ihr hervorgegangene Nationale Verteidigungsrat waren dem Politbüro hinsichtlich der Entscheidungskompetenz nachgeordnet. Beide Institutionen fungierten als Fachorgane des Politbüros für alle Fragen der inneren und äußeren Sicherheit. Auf der Ebene unterhalb dieser Institutionen war die ZK-Abteilung für Sicherheitsfragen im Rahmen der operativen Arbeit für die Ausführung der Beschlüsse der übergeordneten Parteigremien und deren Kontrolle zuständig. Die Politische Verwaltung des Ministeriums für Nationale Verteidigung und ab Oktober 1961 die Politische Hauptverwaltung der NVA dienten als weitere zentrale Institutionen zur Kontrolle und Steuerung der Streitkräfte. Sie waren Bestandteil der militärischen Organisationsstruktur. Ihr Chef bekleidete zugleich den Posten des Stellvertreters des Ministers für Nationale Verteidigung für politische Arbeit. Andererseits existierte aber ein doppeltes Unterstellungsverhältnis, da die Politische Verwaltung und die Politische Hauptverwaltung zugleich die Rechte einer Abteilung des ZK der SED besaßen. Durch den Politbürobeschluß vom 14. Januar 1958 wurde ihr Einfluß zusätzlich gestärkt, indem sie sich als leitendes Parteiorgan nur noch gegenüber dem ZK

zu verantworten hatten und der Minister für Nationale Verteidigung ausschließlich
Hinweise zur Lösung ihrer Aufgaben geben konnte.

Das Kadernomenklatursystem schließlich war ein weiteres entscheidendes Instrument der SED, um ihre „führende Rolle" in den Streitkräften durchzusetzen.
Mit seiner Hilfe stellte die Partei die Besetzung aller militärischen Führungspositionen mit leitenden Parteifunktionären sicher. Dementsprechend sollte die Besetzung
primär nach den Interessen der Partei und nur in zweiter Linie auf der Grundlage
der fachlichen Qualifikation erfolgen.

Mit dem Parteiapparat verfügte die SED über einen weitgehend eigenständigen,
hierarchisch gegliederten Befehls- und Meldeweg parallel zu den militärischen
Strukturen, der letztlich bei der Parteiführung endete. Seine beiden wichtigsten Bestandteile waren die Politorgane und die Parteiorganisationen. Nach 1956 oblag es
zunächst den Politorganen, vor allem den Politstellvertretern der jeweiligen Kommandeure und Einheitsführer, die Kontrolle der militärischen Truppenführung sicherzustellen und auf die militärischen Entscheidungsprozesse Einfluß zu nehmen.
Hierzu waren die Politstellvertreter befähigt, weil sie ihren Kommandeuren dienstlich nur als Stellvertreter für politische Arbeit unterstanden. Ansonsten aber waren
sie den übergeordneten Politorganen gegenüber verantwortlich. Zudem waren sie
nach Gründung der NVA zunächst auch noch direkte Vorgesetzte des gesamten
Personalbestandes ihrer Einheit. Die Parteiorganisationen der SED dienten dagegen
anfangs vor allem der Überwachung, Mobilisierung und Erziehung nicht nur der
Parteimitglieder, sondern aller Armeeangehörigen.

Durch die neue „Instruktion für die Arbeit der Parteiorganisationen der SED in
der NVA" und die neuen „Bestimmungen für die Arbeit der Politorgane der NVA"
vom Mai 1957 wurde dieses Organisationsmodell substantiell modifiziert. Nach
Ansicht der SED war die Arbeit der Politorgane bis dahin zu ineffektiv gewesen.
Die direkte politische Einflußnahme auf die militärischen Diskussions- und Entscheidungsprozesse der Truppenführung sollte statt dessen durch die Implementierung kollektiver Führungsmechanismen erreicht werden. Die Parteiorganisationen
erhielten daher ein Mitspracherecht in rein militärischen Fragen. So konnten sie auf
Mängel in der Kampfausbildung hinweisen und den Kommandeuren Verbesserungsvorschläge unterbreiten. Die Einzelleitung als Führungsprinzip bedeutete
nicht mehr die ungeteilte Befehlsbefugnis des Kommandeurs, sondern setzte jetzt
die kollektive Beratung aller Entschlüsse voraus. Notfalls wurde dies durch die Anwendung des Prinzips der Kritik und Selbstkritik ohne Ansehen der Person er-
zwungen, dem sich jetzt auch die Kommandeure als Parteimitglieder unterziehen
mußten. Obwohl direkte Kritik an Befehlen nicht erlaubt war, bedeutete dies einen
massiven Eingriff in die Entscheidungsautonomie der Truppenführung. Die Neuerungen waren so tiefgreifend, daß sich das Politbüro gezwungen sah, sie auf einer
eigens einberufenen Versammlung – der Eggersdorfer Tagung – im Juni 1957 zu erläutern.

Die 1957 eingeführten organisatorischen Veränderungen führten zu massiven
Störungen der militärischen Diskussions- und Entscheidungsprozesse. Ihre Effizienz wurde sowohl durch die kollektive Beratung der Entschlüsse beschränkt als
auch durch die dysfunktionale Dopplung der Entscheidungsgremien. Beide Faktoren erzeugten eine permanente Verzögerung und Übersteuerung der militärischen
Führungstätigkeit durch die Partei.

Aufgrund der daraus resultierenden zunehmenden Auseinandersetzungen zwischen der Partei und dem Offizierskorps in der zweiten Jahreshälfte 1957 vollzog die SED im Rahmen des Politbürobeschlusses „Über die Rolle der Partei in der NVA" vom 14. Januar 1958 und der überarbeiteten „Instruktion für die Arbeit der Parteiorganisationen der SED in der NVA" vom Juni 1958 weitere Änderungen. Die Einflußnahme der SED auf die operativen Entscheidungen der militärischen Truppenführung durch deren kollektive Beratung wurde nun anstatt in den Parteiversammlungen in den Parteileitungen und den Militärräten der Militärbezirke und Teilstreitkräfte verwirklicht. Demzufolge stiegen die hauptamtlichen Parteisekretäre anstelle der Politstellvertreter zu den einflußreichsten Parteifunktionären in den Einheiten auf. Die Parteisekretäre erhielten das Recht, selbständig an den Beratungen der militärischen Leitungen teilzunehmen und zu allen Fragen Stellung zu nehmen. Andererseits wurden die Kommandeure verpflichtet, die Parteisekretäre zu den Beratungen der militärischen Leitungen hinzuzuziehen.

Wegen der steigenden Anforderungen, die infolge der Integration der NVA in die Erste Strategische Staffel ab 1961 an die militärische Truppenführung gestellt wurden, erwies sich das 1957 eingeführte Organisationsschema jedoch zunehmend als ineffizient. Dies führte zunächst zu einer schleichenden Revision und zur erneuten Stärkung der Stellung der Politstellvertreter auf Kosten der Parteisekretäre. Formal wurde das Schema durch die neue „Instruktion für die Parteiorganisationen der SED in der NVA und für die Politorgane der NVA" vom November 1963 aufgehoben. Jetzt erfolgte die Einflußnahme der Partei auf die militärischen Diskussions- und Entscheidungsprozesse wieder direkt in den militärischen Leitungen und Stäben. Die Politstellvertreter wurden ausdrücklich ermächtigt, sachkundig auf die Gefechtsausbildung Einfluß zu nehmen. Sie waren ihren Kommandeuren weiterhin nur in ihrer Funktion als Stellvertreter für politische Arbeit unterstellt, wurden 1963 aber wieder Vorgesetzte aller Angehörigen ihrer Einheiten. Die organisatorischen Veränderungen ermöglichten reibungslosere Interventionen der Partei, die sich mittlerweile aber auf Kernfragen beschränkten. Dies verbesserte die militärinternen Abläufe und damit zugleich auch die militärische Leistungsfähigkeit der Streitkräfte.

Die SED verfügte auch auf staatlicher Ebene über Instrumente und Institutionen, die ihr die Kontrolle des Militärs ermöglichten. So hatte das Strafrecht diesbezüglich eine Repressivfunktion zu erfüllen. Um die Effizienz der Strafverfolgung in den Streitkräften zu erhöhen, erfolgte durch das Strafrechtsergänzungsgesetz von 1957 eine Differenzierung der Straftatbestände. Zur Sicherung der Verteidigungsbereitschaft und der inneren Ordnung der NVA wurden in dieses Gesetz neben Staatsverbrechen zusätzlich Verbrechen gegen die militärische Disziplin aufgenommen. Wegen der politischen Durchdringung auch des DDR-Rechtssystems bestand für die Armeeangehörigen hinsichtlich der Anwendung des Strafrechts keine Rechtssicherheit: zum einen, weil innerhalb des Staates grundsätzlich keine Gewaltenteilung existierte; zum anderen, weil jetzt der materielle Verbrechensbegriff aus dem sowjetischen Strafrecht übernommen wurde. Danach war für die Erfüllung eines Straftatbestandes nicht nur der Wortlaut des Gesetzes, sondern auch die Gesellschaftsgefährlichkeit eines Vergehens entscheidend. Nach dem Mauerbau kam es durch das Militärstrafgesetz von 1962 zu einer weiteren Spezifizierung der militärischen Straftatbestände, die nicht zuletzt wegen der Einführung der allgemeinen Wehrpflicht

notwendig wurde. Zudem trat mit der Stabilisierung des SED-Regimes bei der Strafrechtspflege auch in der NVA der Erziehungsgedanke in den Vordergrund.

Ein massiver Eingriff in die Autonomie der Truppenführung ging darüber hinaus
auch von der Tätigkeit der Militärstaatsanwälte aus. Die Disziplinargewalt der
Kommandeure und Vorgesetzten wurde dadurch beschränkt, daß sie nicht die
Kompetenz hatten, eigenverantwortlich über die weitere Behandlung besonderer
Vorkommnisse zu entscheiden. Vielmehr entschieden die Militärstaatsanwälte, ob
ein Delikt durch den Disziplinarvorgesetzten zu ahnden oder ein strafrechtliches
Ermittlungsverfahren einzuleiten war.

Formal führten die Militärstaatsanwälte in der NVA die Aufsicht über Ermittlungen aller Untersuchungsorgane. Faktisch entschieden jedoch von vornherein die
Verbindungsoffiziere der Hauptabteilung I des MfS, die im Ministerium für Nationale Verteidigung als Verwaltung 2000 firmierte, welche rechtliche Qualität die Delikte hatten und somit auch, wer die Untersuchungen führte. Während das MfS die
Bearbeitung aller Staatsverbrechen an sich zog, oblagen der Militärstaatsanwaltschaft allein Verbrechen gegen die militärische Disziplin. In Verdachtsfällen führte
das MfS zudem eigenständige Untersuchungen durch, von denen die Militärstaatsanwaltschaft erst im Fall der Anklageerhebung erfuhr. Vor allem vor dem Mauerbau
kam es verstärkt zu Gesetzesverletzungen bei der Ermittlungsarbeit des Staatssicherheitsdienstes. So erfolgte etwa die Inhaftierung von Armeeangehörigen häufig
ohne Haftbefehl.

Der Staatssicherheitsdienst war neben dem Parteiapparat der SED das herausragende Instrument zur umfassenden politischen Kontrolle des Militärs. Nach 1956
operierte die Hauptabteilung I in den Streitkräften zunächst auf der Grundlage
eines informellen Statuts, das allein mit dem Minister für Nationale Verteidigung
abgestimmt worden war. Erst 1963 kam es zu einer formalen Vereinbarung über die
Zusammenarbeit des Ministeriums für Nationale Verteidigung mit den Organen des
MfS, in der die Kompetenzen der Hauptabteilung I verbindlich festgelegt wurden.

Die Verbindungsoffiziere des MfS waren in allen Einheiten präsent und konnten
sich dort ohne Einschränkungen bewegen. Sie hatten das Recht an allen Stabs- und
Leitungsbesprechungen teilzunehmen und waren den NVA-Kommandeuren weder
unterstellt noch rechenschaftspflichtig. Auch im Verteidigungsfall unterstanden die
MfS-Mitarbeiter diesen gemäß einem Politbürobeschluß von 1965 ausschließlich im
Operationsgebiet der Streitkräfte. Obwohl die MfS-Mitarbeiter bei ihrer Tätigkeit
die militärischen Dienstvorschriften einzuhalten hatten, kam es vor allem in der Zeit
vor dem Mauerbau immer wieder zum Mißbrauch ihrer weitreichenden Kompetenzen. Die Überwachung der NVA durch das MfS erfolgte zudem anhand der Inoffi-
ziellen Mitarbeiter in den Einheiten.

Die Existenz dieses für sozialistische Streitkräfte charakteristischen Parteiapparates war das Ergebnis der SED-Zielsetzung, sowohl ihre „führende Rolle" in der
NVA sicherzustellen als auch über leistungsfähige und in einem Krieg gegen die
NATO jederzeit einsetzbare Streitkräfte zu verfügen. Denn im Hinblick auf die
spezifisch militärischen Strukturen wurde die NVA gemäß der marxistisch-leninistischen Militärkonzeption und der sowjetischen Vorgaben von vornherein nach
den allgemeinen Grundsätzen der Militärwissenschaft als moderne und hochspezialisierte Kaderarmee aufgebaut. Volksbewaffnungs- und Milizkonzeptionen spielten
daher keine Rolle.

Nach der Einbeziehung der NVA-Kontingente in die Vereinten Streitkräfte des Warschauer Paktes durch den Beschluß des Politischen Beratenden Ausschusses 1956 ging es jedoch nicht nur darum, die DDR-Streitkräfte für den Einsatz zur Landesverteidigung und im Rahmen des Bündnisses zu befähigen. Vielmehr war die NVA bis 1961 außer für militärische Einsätze nach außen entsprechend den Erwartungen der SED-Führung im wesentlichen auch für die Erfüllung von Aufgaben im Innern vorgesehen. Angesichts der anhaltenden Instabilität des Regimes begriff die SED die Streitkräfte bis zum Mauerbau als ihr innenpolitisches Machtinstrument. Insbesondere nach dem Ungarn-Aufstand im Herbst 1956 stellte die Partei konkrete Planungen an, die der NVA die Funktion zuwiesen, gegebenenfalls konterrevolutionäre Aktionen und Umsturzversuche zu zerschlagen sowie bewaffnete Provokationen abzuwehren. Diese Aufgaben wurden von der Sicherheitskommission 1958 erneut fixiert. Dabei rechnete die SED-Führung mit der Notwendigkeit eines militärischen Vorgehens der NVA gegen breite Teile der DDR-Bevölkerung. Es handelte sich um die gesellschaftlichen Gruppen, die bereits im Vorfeld als potentielle Regimegegner identifiziert worden waren.

Anfang der sechziger Jahre erfolgte hinsichtlich der Funktionen der NVA eine eindeutige Verschiebung. Mit Beginn des Eingliederung der NVA in die Erste Strategische Staffel und insbesondere im Zuge der innenpolitischen Stabilisierung der DDR nach dem Mauerbau hatten die DDR-Streitkräfte vorrangig Aufgaben in der sozialistischen Militärkoalition zu übernehmen. Der Integrationsprozeß fand 1965 seinen Abschluß durch das Manöver „Oktobersturm". Obwohl die SED nach 1961 das Militär zur Bekämpfung von Umsturzversuchen nicht mehr einsetzen wollte, sollte die NVA weiterhin dazu befähigt sein, kurzfristig Aufgaben im Innern zu erfüllen. Wie schon in den fünfziger Jahren sahen Vereinbarungen zwischen der SED und der KPdSU zudem vor, dabei notfalls auch die in der DDR stationierten sowjetischen Streitkräfte heranzuziehen, wenn die bewaffneten Kräfte der DDR dafür nicht mehr ausreichten.

Das Aufgabenspektrum der NVA beeinflußte maßgeblich auch die militärpolitischen Zielsetzungen der SED. Nach der Umwandlung der KVP in reguläre Streitkräfte war es eine vorrangige Absicht, das militärische Leistungsvermögen des DDR-Militärs zügig zu steigern. Dafür mußte insbesondere das Bildungs- und Ausbildungsniveau der Offiziere gehoben werden, das 1956 bei rund 90 Prozent von ihnen noch nicht den gestiegenen Anforderungen genügte. Bis zum Mauerbau schätzte die SED-Führung eine hohe politische Zuverlässigkeit insbesondere des Offizierskorps jedoch als noch wichtiger ein. Der Grund dafür waren vor allem die Erfahrungen der sowjetischen Streitkräfte während des Ungarn-Aufstandes, die anhaltend hohe Desertionsrate von NVA-Angehörigen und der mögliche Einsatz der DDR-Streitkräfte im Innern.

Den bestehenden Zielkonflikt zwischen den sachlogisch kaum zu vermittelnden Zielsetzungen versuchte die SED dialektisch zu überwinden. Als Voraussetzung für die Erhöhung der Einsatzbereitschaft postulierte sie die Erhöhung des sozialistischen Bewußtseins. Erst in zweiter Linie sollten spezifisch militärische Gesichtspunkte wie etwa der Ausbildungsstand entscheidend sein. Damit nahm die SED in den fünfziger Jahren eine suboptimale militärische Einsatzfähigkeit der NVA bewußt in Kauf.

Die Folgen der massiven politischen Durchdringung der spezifisch militärischen

Organisationsprozesse zeigten sich besonders in der Personalpolitik. Nach 1956 war zunächst eine größere Zahl von Abiturienten für die Verwendung als Offizier geworben worden. Wegen der bereits bestehenden Politisierung der NVA waren gerade bei ihnen Engagement und Disziplin häufig gering. Anstatt die politisch motivierten Interventionen zu reduzieren, machte die SED die vermeintlich fehlende politische Überzeugung für den mangelhaften Stand der Einsatzbereitschaft der NVA verantwortlich. Nachdem sie diesen Begriff aus dem genuin militärischen Sinnzusammenhang herausgelöst hatte, war es ihr möglich, ihn ideologisch zuzuspitzen. Dementsprechend traten jetzt bei der Kaderpolitik politische Gesichtspunkte in den Vordergrund: Zum einen wurde der Anteil der Parteimitglieder unter den Offizieren von 77,7 Prozent 1956 auf 95,6 Prozent 1961 gesteigert. Zum anderen konzentrierte sich die Rekrutierung von Offizieren seit 1958 vor allem auf die besten und zuverlässigsten Unteroffiziere und Soldaten, die vor ihrem Eintritt in die NVA Arbeiter oder werktätige Bauern gewesen waren. Da die Offiziersbewerber aber nur nach Möglichkeit über die Mittlere Reife verfügen sollten, blieb das Bildungsniveau der Offiziere auch in den folgenden Jahren gering: von 1956 bis 1961 ging der Anteil derer, die die Volksschule besucht hatten, von 78,7 Prozent nur auf 71,5 Prozent zurück, wohingegen der Anteil der Offiziere mit Mittlerer Reife unwesentlich von 10,5 Prozent auf 12,1 Prozent, der der Abiturienten von 10,8 Prozent auf 16,1 Prozent anstieg.

Angesichts der steigenden militärischen Anforderungen erhöhte die weitere Verschärfung der politisch konditionierten Vorgaben in der Kaderpolitik die bestehenden Funktionsstörungen in der NVA in einem sich wechselseitig verstärkenden Prozeß. Denn die einseitige Verschärfung des politischen Faktors der Einsatzbereitschaft reduzierte wegen der fehlenden Anschlußfähigkeit innerhalb des militärischen Organisationszusammenhanges das Problemlösungspotential noch weiter.

Auch die fachliche Qualifikation vieler Offiziere war mangelhaft. Anfang 1961 verfügten 16,4 Prozent noch immer über keinerlei militärische Ausbildung. Auch die verbliebenen ehemaligen Wehrmachtsoffiziere in der NVA konnten das Defizit an qualifiziertem Führungspersonal nicht kompensieren, zumal die SED sie als möglichen politischen Unsicherheitsfaktor ab 1957 aus den Kommandeurspositionen entfernte, was die Lage jedoch noch zuspitzte. Folglich blieb der militärische Wert der NVA bis zum Mauerbau gering. So besaßen die Stäbe 1958 Führungsfähigkeit nur unter einfachen Lagebedingungen. Nach Auffassung des sowjetischen Militärs entsprachen die operativ-taktische Ausbildung und die militär-technischen Kenntnisse der NVA-Offiziere nicht den Anforderungen der modernen Kriegsführung. Ende der fünfziger Jahre war daher ein Einsatz der NVA im Zusammenwirken mit den sowjetischen Streitkräften weder unter realistischen Manöverbedingungen noch in einem wirklichen militärischen Konflikt möglich.

Im Zuge der Integration in die Erste Strategische Staffel des Warschauer Paktes ab 1961 war eine nachhaltige Steigerung der militärischen Leistungsfähigkeit der NVA jedoch unerläßlich, zumal diese von der UdSSR gefordert wurde. Bei Teilen der militärischen Führung der NVA, vor allem bei Hoffmann, reifte die Erkenntnis, daß aus diesem Grund in der Militärpolitik ein Prioritätenwechsel notwendig war.

Die Voraussetzung hierfür war jedoch eine allgemeine Konsolidierung der NVA. Letztlich stellte daher die Abriegelung der DDR auch im Hinblick auf die Lage des Militärs eine conditio sine qua non dar: Nur durch sie ließ sich die destabilisierende

Wirkung reduzieren, die beispielsweise von der anhaltend hohen Zahl von Desertionen ausging. Erst der Mauerbau ermöglichte eine Verringerung der extensiven politischen Durchdringung der NVA, ohne daß durch die Erweiterung der militärischen Selbstorganisationsfähigkeit die führende Rolle der Partei in Frage gestellt worden wäre. Jetzt sah sich die SED dazu in der Lage, eine Neudefinition der Einsatzbereitschaft auf der Grundlage militärspezifischer und nicht mehr primär politischer Kriterien vorzunehmen. Zudem ermöglichte erst der Mauerbau die Einführung der allgemeinen Wehrpflicht 1962. Nachdem die Werbung Freiwilliger bereits 1960 völlig unzureichend verlaufen war, stellte sich die Umwandlung der NVA in eine Wehrpflichtarmee als alternativlos dar. Ulbricht gab Ende 1961 zu, daß die NVA ohne die Einführung der Wehrpflicht ihre Sollzahl gemäß dem Warschauer Vertrag nicht mehr hätte erfüllen können.

Die weitere Modernisierung der NVA und die zunehmende Reduzierung der extensiven politischen Einflußnahme in der ersten Hälfte der sechziger Jahre ermöglichten eine Professionalisierung der DDR-Streitkräfte. Die Entpolitisierung und Versachlichung spezifisch militärischer Diskussions- und Entscheidungsprozesse bewirkten einen begrenzten Autonomiegewinn der Truppenführung. Daher verfügte eine ausschließlich politisch konditionierte Argumentationsweise kaum mehr über Anschlußfähigkeit und Problemlösungskompetenz innerhalb der Führungsprozesse, weshalb es für die Politorgane immer schwerer wurde, über die Kontrollfunktion hinaus militärische Entschlüsse aktiv zu beeinflussen.

Auch das Leitbild des Offiziers unterlag in der Praxis einer Entpolitisierungstendenz. Nach dem Mauerbau sollte er nicht mehr primär politischer Funktionär, sondern vor allem ein umfassend qualifizierter Militärspezialist sein. Dies schlug sich auch in der Personalpolitik nieder. Die Klassenzugehörigkeit als restriktive Rekrutierungsvoraussetzung für den Offiziersberuf spielte spätestens 1963 keine Rolle mehr. Um den politischen Auswahlkriterien gerecht zu werden, genügte es jetzt, als Offizier SED-Mitglied zu sein und sich politisch zu engagieren. Dementsprechend erreichte der Anteil von Parteimitgliedern unter den Offizieren 1964 mit 98,0 Prozent den vorläufig höchsten Stand. Durch die Änderung der politischen Rekrutierungskriterien gelang es zudem, den Offiziersberuf für eine größere Zahl von Abiturienten, Angehörigen der sogenannten Intelligenz sowie zivilen Spezialisten und Hochschulabsolventen zu öffnen. Wegen der forschreitenden Spezialisierung, Technisierung und Modernisierung der NVA, etwa im Zuge der Einführung neuer Waffengattungen wie der Raketentruppen, war die Verbesserung des Bildungs- und Ausbildungsniveaus der Offiziere dringend geboten.

Die SED leitete daher im Anschluß einen tiefgreifenden Kurswechsel in der Kaderpolitik ein. Die Rekrutierung sollte jetzt primär auf der Grundlage der schulischen und beruflichen Qualifikation erfolgen. Bereits im September 1961 wurde festgelegt, daß Offiziersbewerber aus dem zivilen Sektor sowie Unteroffiziere und Soldaten, die die Offizierslaufbahn einschlagen wollten, das Abitur oder Kenntnisse der 10. Klasse der allgemeinbildenden polytechnischen Oberschule und nach Möglichkeit eine Berufsausbildung besitzen sollten. Ab 1964 waren diese Einstellungsvoraussetzungen für Offiziersbewerber verbindlich. Dadurch gelang eine entscheidende Verbesserung des Bildungs- und Ausbildungsniveaus des Offizierskorps. 1965 hatten 19,0 Prozent der NVA-Offiziere das Abitur, 39,3 Prozent die Mittlere Reife und noch 41,7 Prozent nur eine Grundschulbildung; 10,4 Prozent besaßen eine akademische Ausbildung, 72,7% eine zivile oder militärische Fachschulausbildung und nur noch 3,5 Prozent hatten bisher keine militärische Schule besucht.

Der Autonomiegewinn und die Modernisierung der NVA bewirkten zunehmend auch eine Verbesserung der militärischen Leistungsfähigkeit. Bereits im Herbst 1963 bewiesen die DDR-Streitkräfte im Rahmen des Manövers „Quartett", daß sie nunmehr dazu befähigt waren, auf der Ebene einer Armee gemeinsam mit Verbänden anderer Warschauer Pakt-Staaten unter beliebigen Lagebedingungen zu operieren. In den folgenden zwei Jahren erhöhte die NVA ihren Kampfwert durch die Zuführung neuer Waffen und Ausrüstung. Im Manöver „Oktobersturm" 1965 erbrachte die NVA schließlich den Nachweis, daß sie jetzt über ein Leistungsniveau verfügte, um an integrierten Operationen im Rahmen der Ersten Strategischen Staffel des Warschauer Paktes teilzunehmen.

Die NVA wurde zunächst ausschließlich nach dem Vorbild der sowjetischen Streitkräfte organisiert. Dementsprechend war die neue „Instruktion für die Arbeit der Parteiorganisationen der SED in der NVA" von 1957 auf der Grundlage der im April desselben Jahres in Kraft getretenen „Instruktion für die Parteiorganisationen der KPdSU in der sowjetischen Armee und Flotte" ausgearbeitet worden. In Übereinstimmung mit den Beschlüssen des XX. Parteitages der KPdSU sollten auch in der NVA kollektive Entscheidungsmechanismen implementiert und dafür der Einfluß der Parteiorganisationen verstärkt werden. Die sowjetische Führung wollte mit der neuen Instruktion dem Versuch des Verteidigungsministers Schukow begegnen, vor allem in Fragen der militärischen Truppenführung den Einfluß der Partei zu reduzieren. Zudem waren beim Ungarn-Aufstand massive Loyalitätsdefizite in der Truppe sichtbar geworden. Die SED ihrerseits hoffte durch die Neuerungen, insbesondere hinsichtlich des Offizierskorps der NVA, endlich im gewünschten Maß den Einfluß der Partei durchzusetzen.

Wegen der innenpolitischen Krise in der UdSSR im Juni 1957 geriet die Einführung der Instruktion in den sowjetischen Streitkräften jedoch ins Stocken. Dies änderte sich erst durch Schukows Ablösung auf dem „Oktoberplenum" des ZK der KPdSU 1957. Wegen der Entwicklung in den Vormonaten war in der NVA die für die Implementierung notwendige Unterstützung durch das sowjetische Militär offensichtlich ausgeblieben. Bei der SED scheint dies die bereits bestehende Tendenz befördert zu haben, sich zusätzlich an der chinesischen Militärkonzeption zu orientieren. Deutlich wurde dies im Politbürobeschluß vom 14. Januar 1958, der organisatorische Neuerungen enthielt, die vom sowjetischen Modell abwichen. Anders als dort erhielten die Parteisekretäre in der NVA nun größere Kompetenzen als die Politstellvertreter.

Zwischen 1957 und 1960 verfügte die SED über genügend Handlungsspielraum, eigene militärpolitische Ansätze zu verwirklichen. Wegen der politischen Lage und der Entwicklung in der DDR konnten nach Ansicht des Ministers für Nationale Verteidigung Stoph in der NVA nicht alle sowjetischen Vorgaben schematisch übernommen werden. Nachdem die SED nach Chruschtschows Kritik an Stalin auf dem XX. Parteitag der KPdSU 1956 im allgemeinen eine Annäherung an die Politik der KPCh eingeleitet hatte, adaptierte sie als Resultat der Reise einer NVA-Militärdelegation in die VR China im September 1957 auch einige Elemente der chinesischen Militärkonzeption. Von dieser erwartete man sich in der konkreten Lage probatere

Lösungsansätze für die eigenen militärpolitischen Probleme. Im Anschluß kam es in gewisser Hinsicht zu einer „Maoisierung" der DDR-Streitkräfte.

So erfolgte die Verwirklichung des kollektiven Führungsprinzips ab 1958 wie in der chinesischen VBA vornehmlich in den Parteileitungen. Ebenso wie dort wurden jetzt auch in der NVA die Mehrheit der Kommandeure in die Parteileitungen gewählt. Zugleich stärkte man die Position der Parteisekretäre, die jetzt in den militärischen Leitungen vertreten waren, und dehnte die Einflußnahme der Parteiorganisationen auch auf spezifisch militärische Belange aus.

Auswirkungen auch auf die DDR-Streitkräfte hatte darüber hinaus die Orientierung der SED an der im Rahmen des „Großen Sprungs nach vorn" von der KPCh propagierten Massenlinie. Auf dem V. Parteitag im Juli 1958 beschloß die SED, daß Partei- und Staatsfunktionäre und damit auch die NVA-Offiziere zeitweise in der sozialistischen Produktion arbeiten sollten. 1959 wurden daraufhin 1706 Offiziere für den Produktionseinsatz freigestellt. Dadurch wollte man vor allem die Bindung des Militärs zur Arbeiterklasse und die Beziehungen zwischen den Offizieren und den Untergebenen verbessern. Die Maßnahme stellte die direkte Übernahme eines gleichlautenden Beschlusses des ZK der KPCh vom Mai 1957 dar.

Auf der 4. Tagung des ZK der SED im Januar 1959 kam es zu einer weiteren Zuspitzung dieser Konzeption, die aus Zweifeln an der politischen Zuverlässigkeit des Offizierskorps auf Umerziehung und sozialistische Bewußtseinsbildung setzte. Ulbricht schlug dort den zeitweiligen Einsatz von Generalen, Admiralen und Offizieren der NVA in den unteren Einheiten als Soldaten vor, der anschließend durch das Politbüro beschlossen wurde. Honecker versprach sich davon – in Übereinstimmung mit der Diktion der KPCh – einen großen Sprung nach vorn in der Kampfbereitschaft der NVA. Als Grundlage des Beschlusses diente der SED eine Verordnung der Politischen Hauptverwaltung der VBA über den jährlich einmonatigen Dienst der Offiziere als einfache Soldaten in den Kompanien vom September 1958.

Die zunehmende Verschärfung des sino-sowjetischen Konfliktes ab 1960 zwang die SED jedoch dazu, eine Abkehr von der Orientierung an der chinesischen Politik einzuleiten. Öffentlich geschah dies erstmals durch einen Artikel im „Neuen Deutschland" vom 17. Juni 1960, in dem sich die SED von den chinesischen Volkskommunen distanzierte und deren Übertragbarkeit auf andere sozialistische Länder verneinte. Im Zusammenhang mit dieser Entwicklung war bereits am 15. Juni 1960 durch den Nationalen Verteidigungsrat der DDR die Änderung der Beschlüsse über den Produktionseinsatz der Offiziere und den Dienst als Soldat in der Truppe beschlossen worden. Der Oberkommandierende der Vereinten Streitkräfte Konew hatte die Erziehungsmaßnahmen gegenüber Ulbricht bereits auf dem XXI. Parteitag der KPdSU 1959 kritisiert, weil er den geforderten Ausbildungsstand der NVA nicht mehr garantiert sah. In den sowjetischen Streitkräften gab es keine vergleichbaren Maßnahmen.

Die SED war jedoch nicht gewillt, die Erziehungsmaßnahmen gänzlich aufzugeben, die sie weiterhin für wirksam und zweckmäßig hielt. Offensichtlich hatte die Führung der KPdSU dies zu diesem Zeitpunkt in letzter Konsequenz auch noch nicht eingefordert. Um aber den Zweifeln der sowjetischen Militärs an der Einsatzbereitschaft der DDR-Streitkräfte zu begegnen, die im übrigen auch von der Truppenführung der NVA geäußert wurden, nahm die Partei einige substantielle Einschränkungen vor.

Nachdem sich die ideologische Auseinandersetzung zwischen der UdSSR und der VR China in den folgenden Monaten weiter zuspitzte, vollzog die SED im September 1960 den grundsätzlichen Bruch mit der chinesischen Politik. Auf der 11. ZK-Tagung im Dezember 1960 wurde daher die endgültige Aufgabe der chinesischen Elemente in der Militärpolitik beschlossen. Nachdem das Politbüro im Januar 1961 den Beschluß des V. Parteitages über die regelmäßige Teilnahme der Staats- und Parteifunktionäre an der Produktion aufgehoben hatte, ordnete der Minister für Nationale Verteidigung im Februar an, fortan keine Offiziere mehr für den Dienst als Soldat und Unteroffizier in der Truppe sowie für den Produktionseinsatz freizustellen. Im Ergebnis hatte die Orientierung an der chinesischen Militärkonzeption zu einer verstärkten Entdifferenzierung der spezifisch militärischen Organisationsmechanismen und damit zu Funktionsstörungen geführt, die eine massive Minderung der Leistungsfähigkeit der NVA bewirkten.

Die extensiven Interventionen der Partei in die militärischen Diskussions- und Entscheidungsprozesse führten vor allem in den fünfziger Jahren zu Konflikten zwischen der SED und dem Offizierskorps. Die ablehnende Haltung vor allem von Seiten der militärischen Truppenführung gegenüber der politischen Durchdringung der NVA war dabei überwiegend nicht politisch motiviert, sondern resultierte aus der umfassenden Störung der Selbstorganisationskompetenz der Streitkräfte. Die Forderungen der Offiziere nach mehr Autonomie in spezifisch militärischen Belangen wurden von der SED als „Nurfachmann-Standpunkt" angegriffen. Die Partei versuchte, die Ausbildung eines selbstbestimmten, professionellen und unpolitischen Selbstverständnisses des Offizierskorps konsequent zu unterdrücken.

Nach Gründung der NVA richtete sich die Kritik der Offiziere vor allem gegen die Politorgane, deren Zweckmäßigkeit allgemein in Frage gestellt wurde, weshalb einige Offiziere offen ihre Abschaffung forderten. In dieser Phase war es üblich, daß die Kommandeure den Parteiorganisationen Befehle erteilten, obwohl sie SED-Mitglieder waren. Auch wandten sie sich gegen die starke Präsenz der Justiz- und Sicherheitsorgane in der Truppe. Viele Kommandeure weigerten sich, mit den Mitarbeitern der Hauptabteilung I des MfS zusammenzuarbeiten.

Die Implementierung des kollektiven Führungsprinzips 1957/1958, die Interventionen der Parteiorganisationen auch in rein militärischen Fragen ermöglichte, bewirkte eine weitere Verschärfung des Verhältnisses zwischen der SED und dem Offizierskorps. Die Offiziere kritisierten die Beschränkung ihrer Befehlsbefugnis durch die vorhergehende kollektive Beratung der Entschlüsse. Zudem wehrten sie sich dagegen, daß auch sie sich jetzt dem Prinzip der Kritik und Selbstkritik unterziehen mußten und dazu verpflichtet waren, sich gegenüber den Parteimitgliedern ihrer Einheit für ihre militärische Führungstätigkeit zu rechtfertigen. Unwillen regte sich darüber hinaus gegen die von der chinesischen VBA übernommenen Erziehungsmethoden, die viele NVA-Offiziere als unvereinbar mit ihrer Stellung als Vorgesetzte ansahen.

Die Reaktionen der Offiziere auf die umfassende politische Durchdringung der militärischen Sphäre waren sehr unterschiedlich. Aus Angst vor Fehlern in der Führungsarbeit und daraus resultierenden Parteisanktionen weigerten sich viele Offiziere, eigenständig Entscheidungen zu treffen und Initiative zu zeigen. Vor allem Ende der fünfziger Jahre versuchte eine Reihe von ihnen, die Führungsarbeit gänzlich auf die Parteiorgane abzuschieben. Einige Vorgesetzte waren andererseits bemüht, ihren Autoritätsverlust durch besondere Härte vor allem gegenüber den Untergebenen zu kompensieren. Charakteristische Reaktionen waren jedoch ebenso die innere Emigration und ein Rückzug ins Privatleben. Doch auch hier griff die SED zunehmend ein. So zwang man die Offiziere etwa dazu, aus der Kirche auszutreten und „bürgerliche" Lebensgewohnheiten aufzugeben. Auf der anderen Seite war der verbreitete Alkoholismus ein Zeichen für die resignative Stimmung unter vielen NVA-Offizieren. Die desolate innere Lage der Armee, die ideologische Indoktrination und die politisch motivierten Strafverfolgungsmaßnahmen erzeugten bei einer Reihe von Offizieren einen hohen psychischen Druck. Einige von ihnen wie auch andere Armeeangehörige wußten sich diesem nicht anders als durch Selbstmord zu entziehen. So nahmen sich beispielsweise 1959 insgesamt 36 Armeeangehörige das Leben, wobei zum Teil auch private Motive ausschlaggebend waren. Darunter befanden sich neun Offiziere.

Die NVA-Offiziere brachten ihre Kritik an der Partei zum Teil auch durch dezidiert politische Äußerungen zum Ausdruck. Diese richteten sich sowohl gegen die politische Einflußnahme der SED in den Streitkräften als auch gegen die Politik der Partei im allgemeinen. So wurde unter anderem die Oder-Neiße-Grenze in Zweifel gezogen oder die Überzeugung geäußert, der Aufbau des Sozialismus in der DDR gefährde die Wiedervereinigung Deutschlands. Vereinzelt sprachen sich Offiziere auch gegen die sowjetische Intervention in Ungarn aus. Den Aussagen lag jedoch nicht in jedem Fall eine fundierte politische Überzeugung zugrunde. Vielfach sollte allein der vorhandene Unmut zum Ausdruck gebracht werden, oder es handelte sich um gezielte Provokationen. Vereinzelt kam es dabei auch zu nazistischen Meinungsäußerungen.

Einige NVA-Offiziere sahen in der Desertion und der Flucht in den Westen die einzige Möglichkeit, der Zwangslage zu entgehen, die aus der politischen Durchdringung der Streitkräfte resultierte. Es gab aber auch hier rein persönliche Gründe für Fahnenfluchten von Armeeangehörigen. In den Jahren vor dem Mauerbau desertierte 1960 mit 18 von insgesamt 133 Armeeangehörigen die größte Anzahl von Offizieren. Gerade diese Fahnen- und Republikflucht ist zum Teil als Widerstand zu qualifizieren, nämlich in den Fällen, in denen etwa ein Offizier aus Gewissensgründen und wegen der Einschränkung individueller Freiheits- und Menschenrechte, wie der Meinungs- und Religionsfreiheit, desertierte, und dabei die drohende schwere Bestrafung dieser Handlung bewußt in Kauf nahm.

Nach dem 13. August 1961 kam es im Zuge der Konsolidierung der NVA und der Ausweitung der militärischen Autonomie zu einer zunehmenden Entspannung in den Beziehungen zwischen der Partei und dem Offizierskorps. Infolge des Mauerbaus arrangierten sich die Offiziere mehrheitlich mit der weiterhin umfassenden Präsenz der Partei in den Streitkräften. Qualitativ gab es jedoch noch immer das gesamte Spektrum an Reaktionen auf die Parteiinterventionen, das auch schon in den fünfziger Jahren vorzufinden war. Die Zahl der Desertionen etwa erreichte 1962 den höchsten Stand. Unter den 473 Fahnenflüchtigen waren neun Offiziere. Auch die Zahl der Selbstmorde verharrte auf gleichbleibendem Niveau. 1961 beispielsweise nahmen sich insgesamt 46 NVA-Angehörige das Leben, darunter waren acht Offiziere.

Abkürzungsverzeichnis

AMBl.	Anordnungs- und Mitteilungsblatt des Ministeriums für Nationale Verteidigung
AOP	archivierter Operativer Vorgang
AZN	Aktenzugangsnummer
BA-MA	Bundesarchiv-Militärarchiv, Freiburg i. Br.
BP	Bereitschaftspolizei
BdL	Büro der Leitung
BGBl.	Bundesgesetzblatt
BStU	Bundesbeauftragter für die Unterlagen des Staatssicherheitsdienstes der ehemaligen DDR
CDU	Christlich-Demokratische Union
ČSSR	Tschechoslowakische Sozialistische Republik (Československá Socialistická Republika)
DA	Deutschland Archiv
DDR	Deutsche Demokratische Republik
DFD	Demokratischer Frauenbund Deutschlands
DGP	Deutsche Grenzpolizei
DV	Dienstvorschrift
DVdI	Deutsche Verwaltung des Innern
EVG	Europäische Verteidigungsgemeinschaft
FAZ	Frankfurter Allgemeine Zeitung
FDJ	Freie Deutsche Jugend
GB	Großbritannien
GBl.	Gesetzblatt der DDR
GHI	Geheimer Hauptinformator
GI	Geheimer Informator
GSSD	Gruppe der Sowjetischen Streitkräfte in Deutschland
HA	Hauptabteilung
HA GP/B	Hauptabteilung Grenzpolizei und Bereitschaften
HVA	Hauptverwaltung Ausbildung
HVS	Hauptverwaltung Seepolizei
HJ	Hitler-Jugend

IM	Inoffizieller Mitarbeiter
JHS	Juristische Hochschule des MfS, Potsdam-Eiche
Kp.	Kompanie
KP	Kommunistische Partei
KPCh	Kommunistische Partei Chinas
KPD	Kommunistische Partei Deutschlands
KPdSU	Kommunistische Partei der Sowjetunion
KPR	Kommunistische Partei Rußlands
KVP	Kasernierte Volkspolizei
KZfSS	Kölner Zeitschrift für Soziologie und Sozialpsychologie
LPG	Landwirtschaftliche Produktionsgenossenschaft
MB	Militärbezirk
MdI	Ministerium des Innern
MfS	Ministerium für Staatssicherheit
MGFA	Militärgeschichtliches Forschungsamt, Potsdam
MGI	Militärgeschichtliches Institut der NVA, Potsdam
MSD	Motorisierte Schützendivision
MSR	Motorisiertes Schützenregiment
MStG	Militärstrafgesetz
NATO	North Atlantic Treaty Organization
ND	Neues Deutschland
NJ	Neue Justiz
NÖSPL	Neues ökonomisches System der Planung und Leitung
NVA	Nationale Volksarmee
o. Pag.	ohne Paginierung
PD	Panzerdivision
PHV	Politische Hauptverwaltung
PK	Polit-Kultur
PKK	Parteikontrollkommission
PR	Peking Review
PV	Politische Verwaltung
SA	Sturmabteilung
SAPMO-BArch	Stiftung Archiv der Parteien und Massenorganisationen der DDR im Bundesarchiv, Berlin
SBZ	Sowjetische Besatzungszone
SED	Sozialistische Einheitspartei Deutschlands
SMAD	Sowjetische Militäradministration in Deutschland
SPD	Sozialdemokratische Partei Deutschlands
SS	Schutzstaffel

StEG	Strafrechtsergänzungsgesetz
StrRehaG	Strafrechtliches Rehabilitierungsgesetz
UdSSR	Union der Sozialistischen Sowjetrepubliken
USA	Vereinigte Staaten von Amerika (United States of America)
VBA	Volksbefreiungsarmee
VfK	Verwaltung für Koordinierung
VfS	Verwaltung für Schulung
VP	Volkspolizei
VR	Volksrepublik
ZA	Zentralarchiv
ZAIG	Zentrale Auswertungs- und Informationsgruppe
ZfS	Zeitschrift für Soziologie
ZMG	Zeitschrift für Militärgeschichte
ZK	Zentralkomitee
ZPA	Zentrales Parteiarchiv der SED, Berlin

Quellen- und Literaturverzeichnis

1. Ungedruckte Quellen

Bundesarchiv-Militärarchiv, Freiburg i. Br. (BA-MA)

Bestand AZN   Ministerium für Nationale Verteidigung
         DVH 3   Kasernierte Volkspolizei
         DVW 1   Sicherheitskommission/Nationaler Verteidigungsrat
         VA-01   Ministerium für Nationale Verteidigung
         VA-P-01   Politische Verwaltung/Politische Hauptverwaltung des Ministeriums
                    für Nationale Verteidigung

Stiftung Archiv der Parteien und Massenorganisationen der DDR im Bundesarchiv, Berlin (SAPMO-BArch)

Bestand DY 30   Sozialistische Einheitspartei Deutschlands
         DY 30/IV 1   Parteitage der SED
         DY 30/IV 1   Parteikonferenzen der SED
         DY 30/IV 2/1   ZK-Tagungen
         DY 30/IV 2/2   ZK-Abteilung für Internationale Verbindungen
         DY 30/IV 2/12   ZK-Abteilung für Sicherheitsfragen
         DY 30/IV A2/12   ZK-Abteilung für Sicherheitsfragen (Arbeitsprotokolle)
         DY 30/J IV 2/2   Politbüro des ZK der SED
         DY 30/J IV 2/2A   Politbüro des ZK der SED (Arbeitsprotokolle)
         DY 30/J IV 2/3   ZK-Sekretariat
         DY 30/J IV 2/202   Büro Ulbricht
         DY 30   Büro Honecker

Bestand Nachlässe
         NY   Walter Ulbricht

Bundesbeauftragter für die Unterlagen des Staatssicherheitsdienstes der ehemaligen DDR, Berlin (BStU)

Bestand ZA, MfS   Ministerium für Staatssicherheit
         ZA, MfS AOP   Archivierte Operative Vorgänge
         ZA, MfS BdL   Büro der Leitung des MfS
         ZA, MfS HA I   Hauptabteilung I des MfS
         ZA, MfS HA IX   Hauptabteilung IX des MfS
         ZA, MfS ZAIG   Zentrale Auswertungs- und Informationsgruppe des MfS
         ZA, JHS   Juristische Hochschule des MfS

2. Gedruckte Quellen

Allgemeine Erklärung der Menschenrechte vom 10. Dezember 1948, in: Menschenrechte. Dokumente und Deklarationen, hrsg. v. d. Bundeszentrale für politische Bildung, 2., akt. u. erw. Aufl., Bonn 1995, S. 37–43

Bestimmungen für die Arbeit der Politorgane der Nationalen Volksarmee der Deutschen Demokratischen Republik. Bestätigt vom Zentralkomitee der Sozialistischen Einheitspartei Deutschlands am 21. Mai 1957, o. O. [1957]

Bestimmungen für die Arbeit der Politorgane der Nationalen Volksarmee der DDR. Bestätigt vom Zentralkomitee der Sozialistischen Einheitspartei Deutschlands am 17. Juni 1958, o. O. [1958]

Die DDR und China 1949 bis 1990: Politik – Wirtschaft – Kultur. Eine Quellensammlung, hrsg. v. Werner Meißner, Berlin 1995

Die Dienstleistung der Offiziere als Soldat bzw. Unteroffizier in der Truppe und die Freistellung der Offiziere zur Aneignung von sozialistischen Produktionserfahrungen. Anordnung Nr. 6/61 des Ministers für Nationale Verteidigung, 1. Februar 1961, AMBl. Teil B Nr. 1/10. Februar 1961, S. 1

Disziplinarordnung der Kasernierten Volkspolizei DV-10/6, o. O. [1954]

Disziplinar- und Beschwerdeordnung der Nationalen Volksarmee DV-10/6, hrsg. v. Ministerium für Nationale Verteidigung der DDR, Berlin [Ost] 1957

Disziplinarvorschrift der Nationalen Volksarmee DV-10/6, o. O. 1963

Engels, Friedrich: Herrn Eugen Dührings Umwälzung der Wissenschaft, Stuttgart [8]1914

Engels, Friedrich: Ausgewählte militärische Schriften, 2 Bde., Berlin [Ost] 1958/1964

Frunse, Michail W.: Ausgewählte Schriften, Bd. 1, 3. verb. Aufl., Berlin [Ost] 1956

Gesetz über die Rehabilitierung und Entschädigung von Opfern rechtsstaatswidriger Strafverfolgungsmaßnahmen im Beitrittsgebiet (Strafrechtliches Rehabilitierungsgesetz – StrRehaG). In der Neufassung vom 1. Juli 1997, BGBl. I 1997, S. 1614–1619

Gesetzblatt der Deutschen Demokratischen Republik Teil I 1949–1990

Hoffmann, Heinz: Das Militärprogramm der sozialistischen Revolution. Lektion, gehalten an der Parteihochschule „Karl Marx" beim ZK der SED, Berlin [Ost] 1962

Hoffmann, Heinz: Sozialistische Landesverteidigung. Aus Reden und Aufsätzen 1963 bis Februar 1970, 2 Tle., Berlin [Ost] 1971

How the Revolution Armed. The Military Writings and Speeches of Leon Trotsky, 4 vols., London 1979/1981

Innendienstvorschrift der Nationalen Volksarmee DV-10/3, hrsg. v. Ministerium für Nationale Verteidigung der DDR, Berlin [Ost] 1959

Innendienstvorschrift DV-10/3, durch Erlaß des Staatsrates der DDR vom 26. November 1962 (GBl. I S. 93) mit Wirkung vom 1. Januar 1963 in Kraft gesetzt, Berlin [Ost] 1963

Instruktion für die Arbeit der Parteiorganisationen der Sozialistischen Einheitspartei Deutschlands in der Nationalen Volksarmee. Bestätigt vom Zentralkomitee der Sozialistischen Einheitspartei Deutschlands am 21. Mai 1957, o. O. [1957]

Instruktion für die Arbeit der Parteiorganisationen der Sozialistischen Einheitspartei Deutschlands in der Nationalen Volksarmee. Bestätigt vom Zentralkomitee der Sozialistischen Einheitspartei Deutschlands am 17. Juni 1958, o. O. [1958]

Lenin, Wladimir I.: Werke, 40 Bde. u. 2 Registerbde., Berlin [Ost] 1955–1964

Lenin, Wladimir I.: Über Krieg, Armee und Militärwissenschaft, 3 Bde., Berlin [Ost] 1959/1961

Marx, Karl/Engels, Friedrich: Werke, 39 Bde. u. 2 Ergänzungsbde., Berlin [Ost] 1957–1968

Marx, Karl/Engels Friedrich: Ausgewählte Schriften, 2 Bde., Berlin [Ost] 1968

Meissner, Boris (Hrsg.): Der Warschauer Pakt. Dokumentensammlung, Köln 1962

Die Militär- und Sicherheitspolitik der SED 1945 bis 1988. Dokumente und Materialien, Berlin [Ost] 1989

Die NVA in der sozialistischen Verteidigungskoalition. Auswahl von Dokumenten und Materialien 1955/56 bis 1981, hrsg. v. Wilfried Hanisch, Berlin [Ost] 1982

Das Programm des Sozialismus und die geschichtliche Aufgabe der Sozialistischen Einheitspartei Deutschlands, in: Protokoll der Verhandlungen des VI. Parteitages der Sozialistischen Einheitspartei Deutschlands, Bd. 1, Berlin [Ost] 1963, S. 28–250

Statut der Sozialistischen Einheitspartei Deutschlands. Angenommen vom IV. Parteitag, April 1954, in: Die Entwicklung der Parteistatuten in der Deutschen Arbeiterbewegung, hrsg. v. d. Parteihochschule „Karl Marx" beim ZK der SED, Berlin [Ost] 1958, S. 118–128

Trotzki, Leo: Die Geburt der Roten Armee. Reden, Befehle, Aufrufe und Thesen aus dem Gründungsjahr der Roten Armee, Wien 1924

Ulbricht, Walter: Grundfragen der Politik der Sozialistischen Einheitspartei Deutschlands. 30. Tagung des Zentralkomitees der Sozialistischen Einheitspartei Deutschlands. 30. Januar bis 1. Februar 1957, Berlin [Ost] 1957

Vorläufige Innendienstvorschrift der Kasernierten Volkspolizei DV-10/3, o. O. [1953]

3. Literatur

Abrahamsson, Bengt: Military Professionalization and Political Power, Beverly Hills/London 1972

Arendt, Hannah: Elemente und Ursprünge totaler Herrschaft. Antisemitismus, Imperialismus, totale Herrschaft, München/Zürich ⁵1996

Arlt, Kurt: Sowjetische (russische) Truppen in Deutschland (1945–1994), in: Diedrich, Torsten/ Ehlert, Hans/Wenzke, Rüdiger (Hrsg.): Im Dienste der Partei. Handbuch der bewaffneten Organe, Berlin 1998, S. 593–632

Armee für Frieden und Sozialismus. Geschichte der Nationalen Volksarmee der DDR, Berlin [Ost] 1985

Auerbach, Ludwig: Der Stellenwert der Nationalen Volksarmee in der Gesellschaft der DDR, in: Riemer, Rudolf (Hrsg.): Streitkräfte im geteilten Deutschland, München 1976, S. 67–83

Avidar, Yosef: The Party and the Army in the Soviet Union, Jerusalem 1983

Backerra, Manfred (Hrsg.): NVA. Ein Rückblick für die Zukunft. Zeitzeugen berichten über ein Stück deutscher Militärgeschichte, Köln 1992

Backes, Uwe/Jesse, Eckhard: Totalitarismus und Totalitarismusforschung. Zur Renaissance einer lange tabuisierten Konzeption, in: Jahrbuch Extremismus und Demokratie, Bd. 2, Bonn 1992, S. 7-27

Bald, Detlef (Hrsg.): Die Nationale Volksarmee. Beiträge zu Selbstverständnis und Geschichte des deutschen Militärs von 1945–1990, Baden-Baden 1992

Bald, Detlef/Brühl, Reinhard/Prüfert, Andreas (Hrsg.): Nationale Volksarmee – Armee für den Frieden: Beiträge zu Selbstverständnis und Geschichte des deutschen Militärs 1945–1990, Baden-Baden 1995

Benjamin, Hilde: Die dialektische Einheit von Gesetzlichkeit und Parteilichkeit durchsetzen. Durchsetzung des demokratischen Zentralismus durch engere Zusammenarbeit zwischen den örtlichen Organen der Staatsmacht und den Justizorganen, in: NJ 11 (1958), S. 365–368

Benjamin, Hilde: Neue Bestimmungen zum Schutz der Kampfkraft der Nationalen Volksarmee. Begründung des Militärstrafgesetzes sowie der Gesetze zur Ergänzung des Gerichtsverfassungsgesetzes und des Staatsanwaltschaftsgesetzes durch den Minister der Justiz, Dr. Hilde Benjamin, vor der Volkskammer am 24. Januar 1962, in: NJ 4 (1962), S. 109f.

Blanke, Burckhard: NVA und Innere Sicherheit, in: Duve, Freimut (Hrsg.): Die Nationale Volksarmee. Ein Anti-Weißbuch zum Militär in der DDR, Reinbek b. Hamburg 1976, S. 143–204

Blanke, Burckhard: Zum Verhältnis Militär – Partei – Gesellschaft in der DDR, in: Die Nationale Volksarmee der DDR im Rahmen des Warschauer Paktes, hrsg. v. Arbeitskreis für Wehrforschung, München 1980, S. 178–216

Böckenförde, Ernst-Wolfgang: Die Rechtsauffassung im kommunistischen Staat, München 1967

Bogisch, Gerhard: Über die militärpolitische Bedeutung der 30. Tagung des ZK der SED (1957), in: ZMG 2 (1964), S. 149–166

Bohn, Helmut u. a.: Die Aufrüstung in der Sowjetischen Besatzungszone Deutschlands, hrsg. v. Ministerium für Gesamtdeutsche Fragen, 2., durchges. u. erg. Aufl., Bonn/Berlin 1960

Borning, Walter: Unter Führung der Partei erringen wir Erfolge, in: Die Volksarmee 73 (24. Juni 1958), S. 1 f.

Borning, Walter: Die Nationale Volksarmee erfüllt ihre geschichtliche Aufgabe, weil sie von der Partei der Arbeiterklasse geführt wird, in: Militärwesen 12 (1965), S. 1635–1646

Brühl, Reinhard: Klio und die Nationale Volksarmee. Gedanken zur Militärgeschichtsschreibung der DDR, in: Backerra, Manfred (Hrsg.): NVA. Ein Rückblick für die Zukunft. Zeitzeugen berichten über ein Stück deutscher Militärgeschichte, Köln 1992, S. 233–254

Brunner, Georg: Staatsapparat und Parteiherrschaft in der DDR, in: Materialien der Enquete-Kommission „Aufarbeitung von Geschichte und Folgen der SED-Diktatur in Deutschland" (12. Wahlperiode des Deutschen Bundestages), Bd. II/2, Machtstrukturen und Entscheidungsmechanismen im SED-Staat und die Frage der Verantwortung, Baden-Baden 1995, S. 989–1029

Buddrus, Michael: „Kaderschmiede für den Führungsnachwuchs"? Die Kadettenschule der Nationalen Volksarmee in Naumburg 1956–1961. Ein Beitrag zur Geschichte der Militär- und Jugendpolitik der SED, in: Mehringer, Hartmut (Hrsg.): Von der SBZ zur DDR. Studien zum Herrschaftssystem in der Sowjetischen Besatzungszone und in der Deutschen Demokratischen Republik, München 1995, S. 167–232

Busch, Eckart: Das Militärstrafrecht der SBZ im Schnittpunkt von Rezeption und Tradition, in: Recht in Ost und West 4 (1965), S. 156–163

Buth, Matthias: Die Entwicklung des militärischen Befehlsrechts unter besonderer Berücksichtigung des Militärstrafrechts der DDR, [Masch.-schr.] Diss., Köln 1985

Clarius: Über die politische Erziehung der Offiziere. Alle Offiziere der Nationalen Volksarmee müssen in erster Linie politische Erzieher sein, in: Die Volksarmee 79 (8. Juli 1958), S. 2

Colton, Timothy J.: Civil-Military Relations in the Soviet Union: The Development Perspective, in: Studies in Comparative Communism 3 (1978), S. 213–224

Colton, Timothy J.: Commissars, Commanders, and Civilian Authority. The Structure of Soviet Military Politics, Cambridge [USA]/London 1979

Courtois, Stéphane: Die Verbrechen des Kommunismus, in: Ders. (Hrsg.): Das Schwarzbuch des Kommunismus. Unterdrückung, Verbrechen und Terror, München/Zürich ²1998, S. 11–43

Day, Alan J. (Hrsg.): China and the Soviet Union 1949–84, Burnt Mill, Harlow [GB] 1985

De Bruyn, Günter: Zwischenbilanz. Eine Jugend in Berlin, Frankfurt a. M. 1994

Deutsch, Karl W.: Politische Kybernetik. Modelle und Perspektiven, Freiburg i. Br. ²1970

Deutscher, Isaac: Trotzki, Bd. 1, Der bewaffnete Prophet 1879–1921, Stuttgart 1962

Dickel, Friedrich: Die Notwendigkeit einer allseitig wissenschaftlich-technischen Qualifizierung des Offizierskorps der Nationalen Volksarmee, in: Militärwesen 7 (1961), S. 867–876

Diefenbach, Karl: Militärgeschichte nach dem Zweiten Weltkrieg. Vom Kalten Krieg zur Entspannung, in: Neugebauer, Karl-Volker (Hrsg.): Grundzüge der deutschen Militärgeschichte, Bd. 1, Freiburg i. Br. 1993, S. 458–471

Diedrich, Torsten/Ehlert, Hans/Wenzke, Rüdiger (Hrsg.): Im Dienste der Partei. Handbuch der bewaffneten Organe der DDR, Berlin 1998

Diedrich, Torsten/Ehlert, Hans/Wenzke, Rüdiger: Die bewaffneten Organe der DDR im System von Partei, Staat und Landesverteidigung. Ein Überblick, in: Diedrich, Torsten/Ehlert, Hans/Wenzke, Rüdiger (Hrsg.): Im Dienste der Partei. Handbuch der bewaffneten Organe, Berlin 1998, S. 1–67

Diedrich, Thorsten/Wenzke, Rüdiger: Die getarnte Armee: Geschichte der Kasernierten Volkspolizei der DDR 1952 bis 1956, Berlin 2001

Duve, Freimut (Hrsg.): Die Nationale Volksarmee. Ein Anti-Weißbuch zum Militär in der DDR, Reinbek b. Hamburg 1976

Ehlert, Hans (Hrsg.): Die Militär- und Sicherheitspolitik in der SBZ/DDR. Eine Bibliographie (1945–1995), München 1996

Eisenfeld, Bernd: Nazistischer Geist im sozialistischen Waffenrock. In der Nationalen Volksarmee waren rechtsradikale Umtriebe weit verbreitet, in: FAZ 65 (18. März 1999), S. 14

Eisert, Wolfgang: Zu den Anfängen der Geschichte der Militärjustiz, in: Über die Justiz im Staat der SED, Wissenschaftlicher Begleitband zur Ausstellung des Bundesministeriums der Justiz, Leipzig 1994, S. 113–119

Eisert, Wolfgang: Zu den Anfängen der Sicherheits- und Militärpolitik der SED-Führung 1948 bis 1952, in: Thoß, Bruno (Hrsg.): Volksarmee schaffen – ohne Geschrei! Studien zu den Anfängen einer „verdeckten Aufrüstung" in der SBZ/DDR 1947–1952, München 1994, S. 141–204

Elchlepp, Friedrich/Flohr Dieter: „Chinesische Erziehungsmethoden", in: Marineforum 4 (1998), S. 26–28

Engels: Die führende Rolle der Partei verstärken, in: Armeerundschau 7 (1958), S. 285

Die Entwicklung der chinesischen Kriegskunst im III. revolutionären Bürgerkrieg, in: Militärwesen 1 (1958), S. 113–140

Etzioni, Amitai: Die aktive Gesellschaft. Eine Theorie gesellschaftlicher und politischer Prozesse, Opladen 1975

Fingerle, Stephan: Waffen in Arbeiterhand? Zur Rekrutierung der Offiziere der Nationalen Volksarmee, in: Bald, Detlef/Brühl, Reinhard/Prüfert, Andreas (Hrsg.): Nationale Volksarmee – Armee für den Frieden: Beiträge zu Selbstverständnis und Geschichte des deutschen Militärs 1945–1990, Baden-Baden 1995, S. 119–142

Fischer, Karsten: Totalitarismus als komparative Epochenkategorie – Zur Renaissance des Konzepts in der Historiographie des 20. Jahrhunderts, in: Söllner, Alfons/Walkenhaus, Ralf/Wieland, Karin (Hrsg.): Totalitarismus. Eine Ideengeschichte des 20. Jahrhunderts, Berlin 1997, S. 284–296

Ford, Harold P.: The Eruption of Sino-Soviet Politico-Military Problems, 1957–60, in: Garthoff, Raymond L. (Hrsg.): Sino-Soviet Military Relations, New York 1966, S. 100–113

Forrester, J. W.: Grundsätze einer Systemtheorie, Wiesbaden 1972

Forster, Thomas M.: NVA. Die Armee der Sowjetzone, Köln 1964

Forster, Thomas M.: Die NVA. Kernstück der Landesverteidigung der DDR, 6., überarb. Aufl., Köln 1983

Fricke, Hans: Davor – Dabei – Danach. Ein ehemaliger Kommandeur der Grenztruppen der DDR berichtet, 2. überarb. Aufl., Schkeuditz 1999

Fricke, Karl Wilhelm: Die DDR-Staatssicherheit: Entwicklung, Strukturen, Aktionsfelder, 3. akt. u. erg. Aufl., Köln 1989

Fricke, Karl Wilhelm: MfS intern: Macht, Strukturen, Auflösung der DDR-Staatssicherheit. Analyse und Dokumentation, Köln 1991

Fricke, Karl Wilhelm: Politik und Justiz in der DDR. Zur Geschichte der politischen Verfolgung 1945–1968. Bericht und Dokumentation, Köln ²1990

Froh, Klaus: Sechs Jahre war sie im Warschauer Pakt die einzige Armee ohne Wehrpflicht, in: Trend 10 (1990), S. 8

Froh, Klaus: Das chinesische Prinzip, in: Trend 15 (1990), S. 8

Garthoff, Raymond L.: Die Sowjetarmee. Wesen und Lehre, Köln 1955

Gaus, Günther: Wo Deutschland liegt. Eine Ortsbestimmung (1983), in: Ders.: Über Deutschland und die Deutschen, Berlin 1990, S. 15–296

Die 10 Gebote des sozialistischen Menschen. Auf dem V. Parteitag von Genossen Walter Ulbricht dargelegt, in: Die Volksarmee 92 (2. August 1958), S. 1

Glaser, Günther: Die Initiative des Zentralkomitees der SED im Mai und Juni 1957 zur Festigung der Einzelleitung in der NVA, in: ZMG 3 (1968), S. 294–309

Glaser, Günther: Zur Entwicklung der militärischen Einzelleitung in den kasernierten Volkspolizeiformationen und in der Nationalen Volksarmee (1949 bis 1960), [Masch.-schr.] Diss., Leipzig 1969

Godau, Heinz: Verführter Verführer. „Ich war Politoffizier der NVA", Köln 1965

Goldbach, Joachim: Die Nationale Volksarmee – eine deutsche Armee im Kalten Krieg, in: Bald, Detlef (Hrsg.): Die Nationale Volksarmee. Beiträge zu Selbstverständnis und Geschichte des deutschen Militärs von 1945–1990, Baden-Baden 1992, S. 125–138

Gosztony, Peter: Die Rote Armee. Geschichte und Aufbau der sowjetischen Streitkräfte seit 1917, Wien 1980

Gray, Jack: Rebellions and Revolutions. China from the 1800s to the 1980s, Oxford 1990

Greese, Karl: Die Bedeutung der ersten gemeinsamen Übung der NVA und der Sowjetarmee 1957 für die Entwicklung des kollektiven Schutzes der DDR und für die deutsch-sowjetische Waffenbrüderschaft, in: ZMG 1 (1968), S. 92–98

Greese, Karl/Voerster, Alfred: Probleme der Auswahl und Förderung der Offizierskader in der NVA (1956–1963), in ZMG 1 (1966), S. 32–47

Griffith, Samuel B.: The Chinese People's Liberation Army, London 1968

Haack, J. F.: Zur Rolle sowjetischer Erfahrungen beim Aufbau und bei der Entwicklung der NVA bis zur Mitte der 60er Jahre, in: Militärwesen 2 (1988), S. 16–20

Haftendorn, Helga: Sicherheit und Entspannung. Zur Außenpolitik der Bundesrepublik Deutschland 1955–1982, Baden-Baden 1983

Hampel, Heinz: Im Ministerium für Nationale Verteidigung, in: Backerra, Manfred (Hrsg.): NVA. Ein Rückblick für die Zukunft. Zeitzeugen berichten über ein Stück deutscher Militärgeschichte, Köln 1992, S. 181–203

Hanisch, Wilfried/Wenzke, Rüdiger: Die Geschichte des Offizierskorps der ehemaligen NVA, in: Klein, Paul/Kuhlmann, Jürgen/Rohde, Horst (Hrsg.): Soldat – ein Berufsbild im Wandel, Bd. 2: Offiziere, Bonn/Dortmund 1993, S. 61–75

Hartmann, Alfred: Die Abgabe von Straftaten an den Kommandeur zur Behandlung nach der Disziplinarvorschrift der Nationalen Volksarmee DV-10/6. Die Behandlung im militärischen Kollektiv, Berlin [Ost] 1968

Hasemann, Erich: Als Soldat in der DDR. Erinnerungen aus über dreißigjähriger Dienstzeit in den bewaffneten Organen der DDR, Berlin 1997

Hatzius, Berthold: Grundlagen und Entwicklung der Militärstrafgerichtsbarkeit in der DDR in Friedenszeiten, [Masch.-schr.] Diss., Würzburg 1968

Haueis, Eberhard: Die führende Rolle der SED in der Nationalen Volksarmee. Eine kritische Nachbetrachtung, Dresden 1997

Haueis, Eberhard: Die führende Rolle der SED in der Nationalen Volksarmee, in: Wünsche, Wolfgang (Hrsg.): Rührt euch! Zur Geschichte der Nationalen Volksarmee in der DDR, Berlin 1998, S. 432–450

Heller, Michail/Nekrich, Alexander: Geschichte der Sowjetunion, Bd. 2: 1940–1980, Königstein i. Ts. 1982

Herbst, Ludolf: Das nationalsozialistische Deutschland 1933–1945. Die Entfesselung der Gewalt: Rassismus und Krieg, Frankfurt a. M. 1996

Herspring, Dale R.: East German Civil-Military Relations. The Impact of Technology, 1949–1972, New York 1973

Herspring, Dale R.: Technology and the Changing Political Officer in the Armed Forces: The Polish and East German Cases, in: Studies in Comparative Communism 4 (1977), S. 370–393

Höhn, Hans: Einige Entwicklungsprobleme der Landstreitkräfte der NVA in den sechziger Jahren, in: Militärgeschichte 4 (1978), S. 418–426

Höhn, Reinhard: Sozialismus und Heer, Bd. 1: Heer und Krieg im Bild des Sozialismus, Bad Homburg 1959

Hoffmann, Heinz: Für die volle Durchsetzung der Einzelleitung in der Nationalen Volksarmee, in: Militärwesen 1 (1961), S. 7-21

Hoffmann, Heinz: Wie erreichen wir in der Armee den wissenschaftlich-technischen Höchststand?, in: Militärwesen 2 (1963), S. 170–174

Hoffmann, Heinz: In den Parteiorganisationen täglich den Kampf um hohe Gefechtsbereitschaft führen, in: Parteiarbeiter 1 (1965), S. 3-7

Hoffmann, Heinz: Der VII. Parteitag und die Verantwortung der Nationalen Volksarmee, in: Militärwesen 6 (1967), S. 755–762

Hoffmann, Heinz: Moskau – Berlin: Erinnerungen an Freunde, Kampfgenossen und Zeitumstände, Berlin [Ost] 1989

Holzweißig, Gunter: Militärwesen in der DDR, Berlin 1985

Hübner, Werner: Zur Rolle der Partei in der Nationalen Volksarmee, in: Wünsche, Wolfgang (Hrsg.): Rührt euch! Zur Geschichte der Nationalen Volksarmee der DDR, Berlin 1998, S. 451–470

Huntington, Samuel P.: The Soldier and the State. The Theory and Politics of Civil-Military Relations, Cambridge [USA] 1957

Huntington, Samuel P.: Officership as a Profession, in: Wakin, Malham M. (Hrsg.): War, Morality, and the Military Profession, Boulder/London 1986, S. 23–34

Ilsemann, Carl Gero von: Die Innere Führung in den Streitkräften, Regensburg 1981

Ilter, Karl: Die sozialistische Offizierspersönlichkeit. Probleme und Gedanken zum Bild des sozialistischen Offiziers, in: Militärwesen 11 (1967), S. 1543–1552

Jablonsky, Walter: Die NVA im Staat der SED, in: Naumann, Klaus (Hrsg.): NVA: Anspruch und Wirklichkeit. Nach ausgewählten Dokumenten, Berlin 1993, S. 15–28

Jablonsky, Walter: Die NVA in den Vereinten Streitkräften, in: Naumann, Klaus (Hrsg.): NVA. Anspruch und Wirklichkeit. Nach ausgewählten Dokumenten, Berlin 1993, S. 29–76

Jacobs, Walter Darnell: The Leninist Revival in Soviet Military Doctrine, in: Military Review 4 (1958), S. 23–31

Jacobs, Walter Darnell: Frunze: The Soviet Clausewitz 1885–1925, The Hague 1969

Jencks, Harlan W.: From Muskets to Missiles: Politics and Professionalism in the Chinese Army, 1945–1981, Boulder 1982

Jesse, Eckhard: War die DDR totalitär?, in: Aus Politik und Zeitgeschichte 10 (1994), S. 12–23

Jesse, Eckhard: Sammelrezension: Totalitarismus auf dem Vormarsch?, in: Jahrbuch Extremismus und Demokratie, Bonn 1994, S. 247–261

Jochum, Dietmar: „Das Politbüro auf der Anklagebank", Berlin 1996

Joffe, Ellis: Party and Army: Professionalism and Political Control in the Chinese Officer Corps, 1949–1964, Cambridge [USA] 1965

Johnson, A. Ross/Dean, Robert W./Alexiev, Alexander: Die Streitkräfte des Warschauer Paktes in Mitteleuropa: DDR, Polen und CSSR, Stuttgart 1982

Jungermann, Peter: Die Wehrideologie der SED und das Leitbild der Nationalen Volksarmee vom sozialistischen deutschen Soldaten, Stuttgart 1973

Kaljadin, I.: Fragen der parteipolitischen Arbeit in den sowjetischen Streitkräften, in: Wojennaja Mysl 10 (1958), unveröffentl. Übersetzung im Bestand der Bibliothek des MGFA

Kallmann, K.: Einzelleitung und kollektive Beratung sind eine dialektische Einheit, in: Die Volksarmee 27 (4. März 1958), S. 2

Kaschkat, Hannes: Militärjustiz in der DDR, in: Materialien der Enquete-Kommission „Aufarbeitung von Geschichte und Folgen der SED-Diktatur in Deutschland" (12. Wahlperiode des Deutschen Bundestages), Bd. IV: Recht, Justiz und Polizei im SED-Staat, Baden-Baden 1995, S. 585–603

Kleßmann, Christoph: Zwei Staaten, eine Nation. Deutsche Geschichte 1955–1970, Bonn 1988

Kocka, Jürgen: Die Geschichte der DDR als Forschungsproblem. Einleitung, in: Ders. (Hrsg.): Historische DDR-Forschung. Aufsätze und Studien, Berlin 1993, S. 9-26

Kolkowicz, Roman: The Soviet Military and the Communist Party, Princeton 1967

Krutzsch, Walter: Die Bedeutung des Strafrechtsergänzungsgesetzes. Bericht über die Tagung der Abteilung des Deutschen Instituts für Rechtswissenschaft, in: NJ 24 (1957), S. 790–794

Lackner, Karl/Kühl, Kristian: Strafgesetzbuch mit Erläuterungen, 23., neubearb. Aufl., München 1999

Lapp, Peter Joachim: Die Nationale Volksarmee 1956–1990, in: Materialien der Enquete-Kommission „Aufarbeitung von Geschichte und Folgen der SED-Diktatur in Deutschland" (12. Wahlperiode des Deutschen Bundestages), Bd. II/3, Machtstrukturen und Entscheidungsmechanismen im SED Staat und die Frage der Verantwortung, Baden-Baden 1995, S. 1900–1972

Lieberthal, Kenneth: The Great Leap Forward and the Split in the Yan'an Leadership 1958–65, in: MacFarquhar, Roderick (Hrsg.): The Politics of China 1949–1989, Cambridge 1993, S. 87–147

Lolland, Jörg: Zu Befehl, Genosse Unterleutnant. Authentische Berichte aus dem Alltag der Nationalen Volksarmee, Stuttgart 1971

Ludz, Peter-Christian: Parteielite im Wandel. Funktionsaufbau, Sozialstruktur und Ideologie der SED-Führung. Eine empirisch-systematische Untersuchung, Köln/Opladen ²1968

Luhmann, Niklas: Soziale Systeme. Grundriß einer allgemeinen Theorie, Frankfurt a.M. ⁵1994

Luhmann, Niklas: Die Gesellschaft der Gesellschaft, 2 Teilbde., Frankfurt a. M. 1998

Martin, Friedrich P.: SED-Funktionäre in Offiziersuniform. Wer befiehlt in der „Nationalen Volksarmee"?, Köln 1962

Masuch, Michael: Die sowjetische Entscheidungsweise. Ein Beitrag zur Theorie des realen Sozialismus, in: KZfSS 33 (1981), S. 642–667

Matern, Hermann: Die Führung der Nationalen Volksarmee durch die SED – die Quelle ihrer Kraft und Stärke, in: Militärwesen 2 (1958), S. 197–204

Meier-Welcker, Hans (Hrsg.): Offiziere im Bild von Dokumenten aus drei Jahrhunderten, Stuttgart 1964

Merkel, Gerhard: Entstehung und Charakter der NVA, in: Merkel, Gerhard/Wünsche, Wolfgang: Die Nationale Volksarmee der DDR – Legitimation und Auftrag. Alte und neue Legenden kritisch hinterfragt, Berlin 1996, S. 5-27

Merkel, Gerhard/Wünsche, Wolfgang: Die Nationale Volksarmee der DDR – Legitimation und Auftrag. Alte und neue Legenden kritisch hinterfragt, Berlin 1996

Meuschel, Sigrid: Legitimation und Parteiherrschaft in der DDR. Zum Paradox von Stabilität und Revolution in der DDR 1945–1989, Frankfurt a. M. 1992

Militärpolitik für Sozialismus und Frieden. Grundfragen der Politik der SED zum militärischen Schutz der revolutionären Errungenschaften und des Friedens von der Gründung der DDR bis zur Gestaltung der entwickelten sozialistischen Gesellschaft, Berlin [Ost] 1976

Molnau, Karl A.: Die Babelsberger Konferenz von 1958, in: Über die Justiz im Staat der SED, Wissenschaftlicher Begleitband zur Ausstellung des Bundesministeriums der Justiz, Leipzig 1994, S. 231–235

Münkler, Herfried: Widerstand, in: Nohlen, Dieter (Hrsg.): Wörterbuch Staat und Politik, Bonn 1991, S. 790–792

Die Nationale Volksarmee. Politführung und inneres Gefüge, Köln 1962

Die Nationale Volksarmee der DDR im Rahmen des Warschauer Paktes, hrsg. v. Arbeitskreis für Wehrforschung, München 1980

Naumann, Klaus (Hrsg.): NVA: Anspruch und Wirklichkeit. Nach ausgewählten Dokumenten, Berlin 1993

Odom, William: The Soviet Volunteers: Modernization and Bureaucracy in a Public Mass Organization, Princeton 1973

Otto, Siegfried: Die politische Verantwortung des Kommandeurs, in: Die Volksarmee 48 (24. April 1957), S. 4

Otto, G.: Über die Anwendung der Bestimmungen des Strafrechtsergänzungsgesetzes zur Festigung der militärischen Disziplin, in: Militärwesen 3 (1958), S. 412–421

Otto, Siegfried: Über die Rolle des Zentralkomitees der Sozialistischen Einheitspartei Deutschlands bei der Gründung und Entwicklung der Nationalen Volksarmee in den Jahren 1955–1961. Dargestellt an den Beschlüssen und Maßnahmen der Parteiführung, [Masch.-schr.] Diplomarbeit, Dresden 1973

Owsjanko, D. M.: Offiziersehrengerichte, in: Sowjetische Militärenzyklopädie, Heft 18, Berlin [Ost] 1982, S. 93 f.

Patzer, Werner: Die personelle Auffüllung der NVA, in: Wünsche, Wolfgang (Hrsg.): Rührt euch! Zur Geschichte der Nationalen Volksarmee der DDR, Berlin 1998, S. 363–390

Perlmutter, Amos: The Military and Politics in Modern Times. On Professionals, Praetorians, and Revolutionary Soldiers, New Haven/London 1977

Petzold, Frank: Der Einfluß des MfS auf das DDR-Grenzregime an der innerdeutschen Grenze. Anmerkungen zur Rolle des MfS bei der Errichtung des DDR-Grenzregimes, in: Mertens, Lothar/Voigt, Dieter (Hrsg.): Opfer und Täter im SED-Staat, Berlin 1998, S. 135–167

Preuschoff, Klaus-Jürgen: Suizidales Verhalten in deutschen Streitkräften, Regensburg 1988

Raubach, Rudi: Das Ausbildungsjahr 1964/65 und die höheren Forderungen an die Parteiarbeit, in: Parteiarbeiter 1 (1965), S. 29–33

Ruf, G./Hartmann, Alfred: Militärgerichte – neue sozialistische Rechtspflegeorgane in der Nationalen Volksarmee, in: Militärwesen 6 (1963), S. 827–838

Sarge, Günter: Das Militärstrafgesetz vom Januar 1962 und die Aufgaben der Kommandeure, in: Militärwesen 4 (1962), S. 525–530

Schirmer, Klaus: Auftrag und Legitimation der NVA, in: Wünsche, Wolfgang (Hrsg.): Rührt euch! Zur Geschichte der Nationalen Volksarmee der DDR, Berlin 1998, S. 75–99

Schössler, Dietmar: Militärsoziologie, Königstein i. Ts. 1980

Schroeder, Friedrich-Christian: Das Strafrecht des realen Sozialismus, Opladen 1983

Schroeder, Klaus: Der SED-Staat. Partei, Staat und Gesellschaft 1949–1990, München/Wien 1998

Schuller, Wolfgang: Geschichte und Struktur des politischen Strafrechts der DDR bis 1968, Ebelsbach 1980

Scott, Harriet Fast/Scott, William F.: The Armed Forces of the USSR, Boulder 1979

Slawisch: Mehr Aufmerksamkeit den Offiziersehrengerichten, in: Die Volksarmee 5 (11. September 1956), S. 2

Spank, Richard/Hillmann, Benno: Einige Probleme der Verbrechen gegen die militärische Disziplin, in: NJ 17 (1959), S. 581–584

Staatssicherheit, in: Kleines Politisches Wörterbuch, 3., überarb. Aufl., Berlin [Ost] 1978, S. 877

Die Stärke der Sowjetarmee liegt in der Führung durch die Partei und in der festen Verbundenheit mit dem Volk. Artikel von Marschall der Sowjetunion Konew in der „Prawda", in: Die Volksarmee 131 (5. November 1957), S. 3, 5

Steike, Jörn: Von den „Inneren Truppen" zur Bereitschaftspolizei (1953–1990), in: Diedrich, Torsten/Ehlert, Hans/Wenzke, Rüdiger (Hrsg.): Im Dienste der Partei. Handbuch der bewaffneten Organe, Berlin 1998, S. 69-95

Stellungnahme des Politbüros des ZK der SED zum Beschluß des ZK der KPdSU, in: Die Volksarmee 131 (5. November 1957), S. 3

Storkmann, Klaus P.: Das chinesische Prinzip in der NVA. Vom Umgang der SED mit den Generalen und Offizieren in der frühen NVA, Berlin 2001

Streletz, Fritz: Der Nationale Verteidigungsrat der DDR und das Vereinte Kommando des Warschauer Vertrages, in: Wünsche, Wolfgang (Hrsg.): Rührt euch! Zur Geschichte der Nationalen Volksarmee der DDR, Berlin 1998, S. 130–173

Strobel, Georg W.: Der Warschauer Vertrag und die nationale Volksarmee, Bonn 1965

Sündram, Erik: Die Sondergerichte, in: Trend 15 (1990), S. 5

Sylla, Horst Egon: Die Landstreitkräfte der Nationalen Volksarmee, in: Wünsche, Wolfgang (Hrsg.): Rührt euch! Zur Geschichte der Nationalen Volksarmee der DDR, Berlin 1998, S. 174–219

Tao, Huan: Die Geschichte und die besten Traditionen der Volksbefreiungsarmee Chinas, in: Militärwesen 5 (1958), S. 721–732

Thesen der KPdSU – ein wichtiges Lehrbuch, in: Die Volksarmee 127 (26. Oktober 1957), S. 4

Thesen zum Wesen und zur Entwicklung des sozialistischen Rechts, in: Staat und Recht 11 (1963), S. 1841–1850

Thoß, Bruno (Hrsg.): Volksarmee schaffen – ohne Geschrei! Studien zu den Anfängen einer „verdeckten Aufrüstung" in der SBZ/DDR 1947–1952, München 1994

Trommer, Peter: Struktur, Organisation und Wirkungsweise der „politisch-ideologischen Arbeit" in den DDR-Streitkräften, unveröffentl. Studie im Auftrag des MGFA, überarb. Fassung, Potsdam 1995

Tyrell, Hartmann: Anfragen an die Theorie der gesellschaftlichen Differenzierung, in: ZfS 2 (1978), S. 175–193

Über das Prinzip der Einzelleitung in der Nationalen Volksarmee, in: Der Politarbeiter 17/18 (1956), S. 657–660

Uschakow, Alexander/Frenzke, Dietrich: Der Warschauer Pakt und seine bilateralen Bündnisverträge: Analyse und Texte, Berlin 1987

Vego, Milan: Flottenübungen des Warschauer Paktes seit 1956, in: Österreichische Militärische Zeitschrift 4 (1989), S. 310–317

Verner, Waldemar: Für die weitere Stärkung der führenden Rolle der Partei in der Nationalen Volksarmee, in: Militärwesen 2 (1964), S. 163–170

Voerster, Alfred: Die Aprilübung 1965 und das Manöver „Oktobersturm" Höhepunkte der sozialistischen Waffenbrüderschaft, in: ZMG 2 (1969), S. 171–179

Volk, Rüdiger/Squarr, Thorsten: Zum inneren Zustand der NVA, in: Farwick, Dieter (Hrsg.): Ein Staat – eine Armee. Von der NVA zur Bundeswehr, Frankfurt a. M./Bonn 1992, S. 235–267

Volkskammer beschloß: Gesetz zur Ergänzung des Strafgesetzbuches, in: Armeerundschau 1 (1958), S. 21 f.

Wagner, Armin: Der Nationale Verteidigungsrat der DDR als sicherheitspolitisches Exekutivorgan der SED, in: Suckut, Siegfried/Süß, Walter (Hrsg.): Staatspartei und Staatssicherheit. Zum Verhältnis von SED und MfS, Berlin 1997, S. 169–198

Wagner, Armin: Die Kampfgruppen der Arbeiterklasse (1953–1990), in: Diedrich, Torsten/Ehlert, Hans/Wenzke, Rüdiger (Hrsg.): Im Dienste der Partei. Handbuch der bewaffneten Organe, Berlin 1998, S. 281–337

Wagner, Matthias: Das Nomenklatursystem – Hauptinstrument der Kaderpolitik der SED, Potsdam 1995

Wagner, Matthias: Gerüst der Macht. Das Kadernomenklatursystem als Ausdruck der führenden Rolle der SED, in: Bauernkämper, Arnd/Danyel, Jürgen/Hübner, Peter/Roß, Sabine (Hrsg.): Gesellschaft ohne Eliten? Führungsgruppen in der DDR, Berlin 1997, S. 87–108

Wallach, Jehuda L.: Die Kriegslehre von Friedrich Engels, Frankfurt a. M. 1968

Weber, Hermann: DDR: Grundriß der Geschichte 1945–1990, vollst. überarb. u. erg. Neuaufl., Hannover 1991

Weber, Hermann: Immer noch Probleme mit Archiven, in: DA 6 (1992), S. 580–587

Weber, Hermann: Die DDR 1945–1990, 3. überarb. u. erw. Aufl., München 1999

Weinke, Annette: Strukturen und Funktionen politischer Strafjustiz in der DDR, in: Timmermann, Heiner (Hrsg.): Diktaturen in Europa im 20. Jahrhundert – der Fall DDR, Berlin 1996, S. 81–93

Wenzel, Otto: Kriegsbereit: Der Nationale Verteidigungsrat der DDR 1960 bis 1989, Köln 1995

Wenzke, Rüdiger: Die NVA ist fest in der sozialistischen Verteidigungskoalition verankert. Zum 30. Jahrestag des Beschlusses über die Bestätigung der Einbeziehung der NVA in die Vereinten Streitkräfte, in: Militärwesen 6 (1988), S. 9-15

Wenzke, Rüdiger: Auf dem Weg zur Kaderarmee. Aspekte der Rekrutierung, Sozialstruktur und personellen Entwicklung des entstehenden Militärs in der SBZ/DDR bis 1952/53, in: Thoß, Bruno (Hrsg.): Volksarmee schaffen – ohne Geschrei! Studien zu den Anfängen einer „verdeckten Aufrüstung" in der SBZ/DDR 1947–1952, München 1994, S. 205–272

Wenzke, Rüdiger: Wehrmachtsoffiziere in den DDR-Streitkräften, in: Bald, Detlef/Brühl, Reinhard/Prüfert, Andreas (Hrsg.) (Hrsg.): Nationale Volksarmee – Armee für den Frieden, Beiträge zu Selbstverständnis und Geschichte des deutschen Militärs 1945–1990, Baden-Baden 1995, S. 143–156

Wenzke, Rüdiger: Militärjustiz und Disziplinarrecht in der NVA, in: Militärgeschichtliche Beiträge (1995), S. 41–47

Wenzke, Rüdiger: Fahnenflucht in den Streitkräften der DDR, in: Bröckling, Ulrich/Sikora, Michael (Hrsg.): Armeen und ihre Deserteure. Vernachlässigte Kapitel einer Militärgeschichte der Neuzeit, Göttingen 1998, S. 252–287

Wenzke, Rüdiger: Die Nationale Volksarmee (1956–1990), in: Diedrich, Torsten/Ehlert, Hans/Wenzke, Rüdiger (Hrsg.): Im Dienste der Partei. Handbuch der bewaffneten Organe, Berlin 1998, S. 423–535

Wenzke, Rüdiger: Chinesische Experimente, in: Informationen für die Truppe 1 (1999), S. 54–58

Werkentin, Falco: Politische Strafjustiz in der Ära Ulbricht, Berlin 1995

Willke, Helmut: Leitungswissenschaft in der DDR. Eine Fallstudie zu Problemen der Planung und Steuerung in einer entwickelten sozialistischen Gesellschaft, Berlin 1979

Willke, Helmut: Systemtheorie II: Interventionstheorie. Grundzüge einer Theorie der Intervention in komplexe Systeme, 2., bearb. Aufl., Stuttgart 1996

Willke, Helmut: Systemtheorie III: Steuerungstheorie. Grundzüge einer Theorie der Steuerung komplexer Sozialsysteme, Stuttgart/Jena 1995

Wolf, Joachim: Gedanken zu einer gemeinsamen Truppenübung der NVA und der GSSD im August 1957, in: Militärgeschichte 1 (1989), S. 66–74

Wünsche, Wolfgang (Hrsg.): Rührt euch! Zur Geschichte der Nationalen Volksarmee der DDR, Berlin 1998

Zeittafel zur Militärgeschichte der Deutschen Demokratischen Republik 1949 bis 1984, Berlin [Ost] 1985

Zimmermann, Hartmut: Probleme der Analyse bolschewistischer Gesellschaftssysteme. Ein Diskussionsbeitrag zur Frage der Anwendbarkeit des Totalitarismusbegriffs, in: Gewerkschaftliche Monatshefte 4 (1961), S. 193–206

Zöbisch, Rainer: Manöver „Oktobersturm" – militärisches Examen im Herbst 1965, in: Militärgeschichte 5 (1985), S. 431 f.

Zolling, Hermann/Höhne, Heinz: Pullach intern. Die Geschichte des Bundesnachrichtendienstes, in: Der Spiegel 23 (31. Mai 1971), S. 100–116

Zur Klärung einer Frage, in: ND 165 (17. Juni 1960), S. 3

Personenregister